TEORIA DO
FATO JURÍDICO
PLANO DA EFICÁCIA
1ª PARTE

Marcos Bernardes de Mello

Professor Emérito da Universidade Federal de Alagoas. Doutor em Direito pela PUCSP. Mestre pela Faculdade de Direito do Recife (UFPE). Professor Voluntário de Direito Civil (Graduação) e da disciplina Conceitos Jurídicos Fundamentais do Curso de Mestrado da Faculdade de Direito de Alagoas (UFAL). Membro da Academia Alagoana de Letras Jurídicas. Membro do Instituto dos Advogados Brasileiros. Membro do Instituto Histórico e Geográfico de Alagoas. Advogado. Conferencista. Parecerista.

TEORIA DO FATO JURÍDICO

PLANO DA EFICÁCIA

1ª PARTE

12ª edição

2022

saraiva jur

saraiva EDUCAÇÃO | saraiva jur

Av. Paulista, 901, 3º andar
Bela Vista – São Paulo – SP – CEP: 01311-100

SAC sac.sets@saraivaeducacao.com.br

Diretoria executiva Flávia Alves Bravin
Diretoria editorial Ana Paula Santos Matos
Gerência editorial e de projetos Fernando Penteado

Novos projetos Aline Darcy Flôr de Souza
Dalila Costa de Oliveira

Gerência editorial Isabella Sánchez de Souza
Edição Estevão Bula Gonçalves

Produção editorial Daniele Debora de Souza (coord.)
Cintia Aparecida dos Santos
Daniela Nogueira Secondo

Arte e digital Mônica Landi (coord.)
Camilla Felix Cianelli Chaves
Claudirene de Moura Santos Silva
Deborah Mattos
Guilherme H. M. Salvador
Tiago Dela Rosa

Projetos e serviços editoriais Daniela Maria Chaves Carvalho
Emily Larissa Ferreira da Silva
Kelli Priscila Pinto
Klariene Andrielly Giraldi

Diagramação Lais Soriano
Revisão Carolina Massanhi
Capa Karina Kempter
Produção gráfica Marli Rampim
Sergio Luiz Pereira Lopes
Impressão e acabamento

DADOS INTERNACIONAIS DE CATALOGAÇÃO NA PUBLICAÇÃO (CIP)
VAGNER RODOLFO DA SILVA - CRB-8/9410

M527t Mello, Marcos Bernardes de

Teoria do Fato Jurídico – Plano da Eficácia (1ª parte) / Marcos Bernardes de Mello. – 12. ed. - São Paulo : SaraivaJur, 2022.

312 p.

ISBN 978-65-536-2090-2 (Impresso)

1. Direito. 2. Direito civil. 3. Atos jurídicos. 4. Fatos jurídicos. 5. Negócio jurídico. 6. Lato sensu. 7. Situações jurídicas. 8. Norma jurídica. I. Título.

CDD 347
2022-290 CDU 347.13

Índices para catálogo sistemático:

1. Direito civil 347
2. Direito civil : Atos jurídicos - Fatos jurídicos 347.13

Data de fechamento da edição: 23-3-2022

Dúvidas? Acesse www.editorasaraiva.com.br/direito

CL 607737 CAE 792116

ÍNDICE

Capítulo III —

DAS SITUAÇÕES JURÍDICAS (*LATO SENSU*)

Capítulo IV —

DA SITUAÇÃO JURÍDICA BÁSICA

Capítulo V —

DAS SITUAÇÕES JURÍDICAS SIMPLES OU UNISSUBJETIVAS

Capítulo VI —

DAS SITUAÇÕES JURÍDICAS COMPLEXAS OU INTERSUBJETIVAS UNILATERAIS

Capítulo VII —

DA RELAÇÃO JURÍDICA

Capítulo VIII —

APRESENTAÇÃO

Este trabalho constitui, basicamente, a tese que apresentamos à Pontifícia Universidade Católica de São Paulo (PUC/SP) com a finalidade de obter o título de Doutor, na área de Direito do Estado. Foi defendida perante uma Banca Examinadora presidida pelo Professor Doutor Paulo de Barros Carvalho, que foi nosso orientador, e integrada pelos Professores Doutores José Souto Maior Borges, Eros Roberto Grau, Celso Fernandes Campilongo e Eurico Marcos Diniz de Santi, sendo-lhe atribuída nota máxima (10).

Pelo seu conteúdo, esta obra consiste em um estudo sistemático sobre a eficácia jurídica, restrito, no entanto, à análise dos conceitos fundamentais que a regem, em especial das situações jurídicas, desde as mais simples às mais complexas, que configuram as relações jurídicas. Nela buscamos desenvolver uma análise da natureza da eficácia jurídica identificando: (*a*) o fato jurídico como sua fonte única; (*b*) as vicissitudes a que está sujeita; (*c*) seus modos de ser; (*d*) como atua; (*e*) as categorias eficaciais básicas, que são as situações jurídicas, dentre as quais estão as relações jurídicas, a mais importante de todas elas e que constitui uma das noções fundamentais da juridicidade, nas opiniões de Pontes de Miranda (*Tratado de direito privado*, t. I, p. XVI — Prefácio) e de Lourival Vilanova (*Causalidade e relação no direito*, p. 238).

O texto é, como dissemos acima, basicamente o da tese. No entanto, como o concluímos no mês de novembro de 2001, agora o tivemos de ajustar, quanto aos exemplos e situações jurídicas colhidas do Direito Civil, ao atual Código Civil, promulgado em 10 de janeiro de 2002 (Lei n. 10.406), que, em vários pontos, embora poucos, alterou o sistema do Código de 1916.

Como em obras anteriores que desenvolvemos sobre a teoria do fato jurídico, nesta procuramos examinar os fundamentos teóricos dos institutos jurídicos pertinentes sob a óptica das concepções formuladas por Pontes de Miranda, estabelecendo as necessárias precisões científicas, mas dando ênfase especial, sempre, às suas implicações referentes à realidade do fenômeno jurídico. É, portanto, obra que, embora dê realce à pura indagação teórica, a ela não se cinge, pois busca dar-lhe sentido objetivo, tornar suas conclusões instrumento e base para a solução dos problemas que surgem na experiência jurídica.

O tema da eficácia jurídica, tratado aqui no plano da Teoria Geral do Direito, constitui matéria de importância fundamental para a Ciência Jurídica. O conhecer as diversas categorias eficaciais, saber distingui-las entre si, poder manejá-las e aplicá-las, não se impõe, apenas, como uma exigência teórica, mas, sim, como uma necessidade pragmática, da *praxis*, permitindo tratar as questões jurídicas com eficiência e correção, dando-lhes as adequadas soluções.

Afora o *Tratado de direito privado* de Pontes de Miranda, t. V, onde a matéria foi exposta com a maestria e a profundidade que lhe são peculiares, há de se ressaltar a notável obra de Lourival Vilanova, *Causalidade e relação no direito* — editada inicialmente pela Seccional de Pernambuco da Ordem dos Advogados do Brasil, hoje em 4ª edição pela Revista dos Tribunais —, que se dedica à análise de aspectos fundamentais da eficácia jurídica, mas o faz com uma visão bastante específica. Há, ainda, outras obras importantíssimas que estudaram o tema, mas, apenas, sob determinados aspectos, como as de Roubier (*Droits subjectifs et situations juridiques*), Thon (*Rechtsnorm und subjectives Recht*), Torquato Castro (*Teoria da situação jurídica em direito privado nacional*: estrutura, causa e título legitimário do sujeito), Serpa Lopes (*Exceções substanciais*: a exceção do contrato não cumprido), Bolaffi (*Le eccezioni nel diritto sostanziale*), Domenico Rubino (*La fattispecie e gli effetti giuridici preliminari*), Clóvis do Couto e Silva (*A obrigação como processo*), José Souto Maior Borges (*A obrigação tributária*: uma introdução metodológica), que citamos apenas como exemplos, além de artigos em revistas especializadas e estudos incluídos em enciclopédias, tratados e obras gerais.

Com este trabalho, trazemos a lume a parte geral de nossa prometida *Teoria do fato jurídico*: plano da eficácia, que logo será completada com o estudo das questões específicas relativas à eficácia jurídica.

Como o fizemos nas obras anteriores, queremos declarar que estamos abertos a críticas e sugestões, que sempre nos têm sido muito úteis ao aperfeiçoamento de nosso trabalho.

Marcos Bernardes de Mello
Rua Prof. Vital Barbosa, 10
Ponta Verde — Maceió (AL)
CEP 57.035-400
E-mail: mbmello@uol.com.br

NOTA À 12ª EDIÇÃO

Durante esse tempo que decorreu desde a primeira edição desta obra, vimos nos dedicando a analisar os conceitos até agora consolidados, em doutrina, sobre eficácia jurídica com a finalidade de verificar sua pertinência, notadamente buscando constatar se esgotam a matéria. Dessas análises resultou a convicção de que as concepções até agora construídas, algumas não explicam corretamente o fenômeno a que se referem, outras o fazem com inadequação, e ainda outras desconhecem a realidade do que ocorre no plano da eficácia jurídica. Por isso, nesta edição nos dedicamos a ajustar conceitos à realidade que explicam e corrigir erros que cometemos ao tratar espécies eficaciais novas, adequando o conteúdo desta obra às novidades que serão expostas na sua segunda parte, em fase final de elaboração (que não é sem tempo).

Uma dessas correções se refere à precisão na grafia da palavra *direito*, que, doravante, será sempre escrita com letra maiúscula (*Direito*) quando se tratar de designar o processo de adaptação social, a Ciência Jurídica ou algum de seus ramos, e com letra minúscula quando se referir à categoria eficacial *direito*. Outra inovação terminológica consiste no emprego da expressão *sujeito jurídico* para designar o ente que seja titular de uma situação jurídica qualquer, reservando as expressões *sujeito de direito* e *sujeito de dever* para nomear quem seja titular de um direito e de um dever, respectivamente.

Finalmente, desejamos confirmar que continuamos à disposição de quantos desejem nos prestigiar com suas sempre pertinentes observações sobre este trabalho, com o que nos dão a oportunidade de aperfeiçoá-lo, ao tempo em que não nos esquecemos de que devemos a Deus a força e a luz para nos manter contribuindo, que temos a consciência de ser em um mínimo, para a cultura jurídica nacional.

Maceió (AL), em Ponta Verde, setembro de 2021

Marcos Bernardes de Mello
Rua Prof. Vital Barbosa, 10
CEP 57035-400
E-mail: mbmello@uol.com.br

NOTA À 11ª EDIÇÃO

O Estatuto da Pessoa com Deficiência (Lei n. 13.146, de 6 de julho de 2015), que será referida no texto apenas como EPD, trouxe modificações profundas no sistema jurídico nacional no tocante à capacidade das pessoas, como decorrência da plena capacidade civil concedida às pesoas com deficiência. A repercussão maior é no campo das invalidades (Plano da Validade do Mundo Jurídico), uma vez que deixaram de ser nulos ou anuláveis, conforme o caso, os atos e negócios jurídicos praticados por pessoa com deficiência, seja de que natureza for e seja qual for o seu grau.

Por isso, fizemos para esta edição uma revisão com a finalidade principal de adequar o seu texto à nova legislação. Para este trabalho, contei com a inestimável e dedicada contribuição de um de meus netos, Manoel Victor de Mello Vianna, a quem desejo expressar meus agradecimentos.

Continuamos à disposição de quantos desejem nos prestigiar com suas sempre pertinentes observações sobre este trabalho, com o que nos dão a oportunidade de aperfeiçoá-lo, ao tempo em que continuamos a agradecer a Deus a força para continuar contribuindo, embora em um mínimo, para a cultura jurídica nacional.

Maceió (AL), em Ponta Verde, junho de 2018

Marcos Bernardes de Mello
Rua Prof. Vital Barbosa, 10
CEP 57035-400
E-mail: mbmello@uol.com.br

NOTA À 10ª EDIÇÃO

Antes de mais nada, quero expressar meus agradecimentos ao Prof. Mario Godoy, jurista pernambucano que, espontaneamente, com competência e dedicação, procedeu a uma rigorosa leitura crítica do texto da 9ª edição deste livro, identificando e apontando imperfeições, a maioria das quais foram reparadas.

Considerando a recente sanção da Lei n. 13.105, de 16 de março de 2015, que decretou o novo Código de Processo Civil, decidimos rever as remissões ao CPC de 1973, passando a citar já as novas normas processuais. Assim, a matéria processual já está atualizada, apesar de o novo CPC somente entrar em vigor em 16 de março de 2016 (CPC, art. 1.045). As citações relativas a processo de execução contra devedor insolvente continuam a ser as mesmas, considerando que o novo CPC não tratou da matéria, mantendo em vigor as normas do CPC de 1973, que deverão continuar a ser aplicadas, até que nova legislação seja adotada (novo CPC, art. 1.052).

Outra observação. Em outubro de 2014, a Argentina adotou um novo Código Civil. No entanto, até o momento desta revisão ainda não conseguimos ter acesso ao seu texto oficial. Nem as editoras mais importantes oferecem edições dele. Acrescente-se que, segundo informações veiculadas por sites jurídicos, há um grande desconforto nos meios jurídicos argentinos com o Código, inclusive alegações de que seria formalmente inconstitucional. Por esses motivos, decidimos manter a remissão ao Código de 1869, fazendo expressa menção a esse fato.

Continuamos à disposição de quantos desejem nos prestigiar com suas sempre pertinentes observações sobre este trabalho, com o que nos dão a oportunidade de aperfeiçoá-lo, ao tempo em que continuamos a agradecer a Deus a força para continuar contribuindo, embora em um mínimo, para a cultura jurídica nacional.

Maceió (AL), em Ponta Verde, março de 2015

Marcos Bernardes de Mello
Rua Prof. Vital Barbosa, 10
CEP 57035-400
E-mail: mbmello@uol.com.br

NOTA À 9ª EDIÇÃO

Além de alguns reparos no texto e nas notas, para atualização, nesta edição modificamos o critério que usávamos para fazer as citações do *Tratado de direito privado*, de Pontes de Miranda, indicando o tomo e a página respectiva. Como nos outros volumes desta *Teoria do fato jurídico*, a partir desta edição, a citação mencionará o tomo e o parágrafo, com a alínea, se houver, em que a obra é dividida. Esse critério, nós o adotamos para facilitar a conferência pelo leitor, levando em consideração que há várias edições da obra publicadas por editoras diferentes, e, notadamente, a última, promovida pela Editora Revista dos Tribunais, que, mantendo o texto original, a ele adicionou trabalhos de atualização legislativa, doutrinária e jurisprudencial, aumentando em muito o número de páginas de cada tomo. Por isso, na indicação bibliográfica, não indicamos uma edição específica, mas qualquer uma, de qualquer editora.

Reiteramos, aqui, nossos agradecimentos àqueles que nos ajudam a aprimorar este livro, suscitando dúvidas e questões, bem como fazendo-lhe críticas e observações. Continuamos à disposição.

Maceió (AL), em Ponta Verde, outubro de 2013

Marcos Bernardes de Mello
Rua Prof. Vital Barbosa, 10
CEP 57035-400
E-mail: mbmello@uol.com.br

Introdução

§ 1º Precisões terminológicas

Na vida dos fatos jurídicos há a considerar três situações distintas: (*a*) sua criação, (*b*) a irradiação das consequências que a norma jurídica lhes imputa relativamente à conduta humana em sua interferência intersubjetiva e (*c*) a efetivação dessas consequências no plano social. Porque cada uma delas tem características específicas, o que as torna inconfundíveis entre si e faz com que constituam, *per se,* momentos próprios no desenvolvimento do fenômeno jurídico[1], Pontes de Miranda, cientista do Direito que primou por uma terminologia precisa e pelo rigor científico no emprego dos termos e dos conceitos jurídicos, as tratou com especificidade, com denominação e conceituação próprias, a saber:

(*a*) *Eficácia normativa,* expressão sinônima de *incidência da norma jurídica*[2]: define o efeito que tem a norma jurídica de juridicizar o seu su-

1. A matéria relativa à fenomenologia da juridicização, fundamental à plena compreensão deste capítulo, está exposta minuciosamente em nosso *Teoria do fato jurídico*: plano da existência, I Parte, §§ 1 a 24, especialmente. A indicação bibliográfica minuciosa se encontra ao final da obra. Nesse mesmo sentido, distinguindo os três momentos em que se desenvolve o fenômeno jurídico, a saber: (*a*) da eficácia normativa (= criação do fato jurídico); (*b*) da eficácia jurídica (produção dos efeitos atribuídos ao fato jurídico) e (*c*) da efetividade social desses efeitos, *vide* Eurico Marcos Diniz de Santi, *Lançamento tributário*, p. 56.

2. *Eficácia normativa* e *incidência da norma jurídica* são expressões que correspondem àquelas cunhadas por Pontes de Miranda, *eficácia legal* e *incidência da lei*, empregadas, hoje, largamente, pela doutrina e pela jurisprudência pátrias. Em atenção às terminologias adotadas pelo mestre, sempre as empregamos em nossos trabalhos e exposições, apesar de não considerá-las plenamente adequadas, do ponto de vista semântico, em face de que a referência à *lei* implica um sentido que as restringe a essa espécie normativa, quando não somente a *lei* (em sentido estrito) tem essa eficácia, mas toda e qualquer norma jurídica, inclusive, portanto, as *supralegais* (de *direito das gentes* e constitucionais) e as *infralegais* (decretos, resoluções etc.). Por isso optamos por passar a usar a expressão *eficácia normativa* em vez de *eficácia legal,* e *incidência da norma jurídica* (que já antes usávamos), buscando uma maior precisão de linguagem, sem modificação de conceito.

porte fáctico quando concretizado no mundo das realidades, gerando o fato jurídico. É, portanto, *prius* em relação ao fato jurídico, uma vez que constitui pressuposto essencial condicionante de sua existência. A eficácia normativa se realiza, portanto, na criação do fato jurídico.

(*b*) *Eficácia jurídica*, diferentemente, designa o conjunto das consequências (= efeitos[3]) imputadas pelas normas jurídicas ao fato jurídico, desde as situações jurídicas mais simples, como os estados pessoais, às relações jurídicas mais complexas, das quais se irradiam direitos e deveres, pretensões e obrigações, ações e exceções às sanções, ônus e premiações, sendo, destarte, *posterius* em relação ao fato jurídico. Eficácia jurídica constitui decorrência específica e exclusiva de fato jurídico.

Essas duas expressões, como se vê, definem situações que se passam na dimensão normativa do direito, portanto, em plano (lógico) de valência[4], no campo da pura dogmática jurídica. Dizem respeito ao fato jurídico quanto à sua criação e às consequências que lhe são imputadas e que poderá produzir no mundo jurídico.

(*c*) *Eficácia do Direito* (expressão que não é usual na obra de Pontes de Miranda), por sua vez, é usada na literatura jurídica, predominantemente, para designar a efetiva realização da norma jurídica no meio social a que se destina, referindo-se à circunstância de se tornarem realidades aquelas consequências por ela imputadas, hipoteticamente, ao fato jurídico. A locução *direito eficaz*, no sentido empregado por boa parte da doutrina, inspirada na terminologia kelseniana, define o dado de ser a norma jurídica obedecida, ao

---

3. Pontes de Miranda, *Tratado de direito privado, passim*; Lourival Vilanova, *Causalidade e relação no direito, passim*; nossos, *Teoria do fato jurídico*: plano da existência e *Teoria do fato jurídico*: plano da validade, *passim.*

4. *Plano de valência* é expressão que empregamos para evitar confusão com *plano de validade,* que, na concepção ponteana, significa a parte do mundo jurídico onde se apura se o ato jurídico é *válido* (não tem defeito invalidante) ou é *inválido* (= nulo ou anulável). Além disto, *validade,* em doutrina comum, denota qualidade de perfeição de ato jurídico (chegamos a usar antes *validez*, que resolvemos abandonar por se tratar de palavra do idioma castelhano). Anotamos que os dicionários consultados registram *valência* como palavra própria da terminologia da Química e da Biologia, que se refere à capacidade de combinação. No entanto, em seu étimo, vem do latim *valentia, æ,* substantivo apelativo feminino que significa "força corpórea, vigor, robustez, coragem, valentia" (Saraiva, *Novíssimo dicionário latino-português,* 10. ed., Rio de Janeiro e Belo Horizonte, Livraria Garnier, 1993). Com o sentido que aqui estamos a empregá-la, a encontramos, na literatura jurídica nacional, em Lourival Vilanova (*Causalidade e relação em direito,* p. 33 e 103) e em Paulo de Barros Carvalho (*Curso de direito tributário,* p. 59), por exemplo.

menos em um mínimo, pela comunidade jurídica respectiva, que se comporta segundo seus ditames. Trata-se, a nosso ver, de conceito peculiar à dimensão sociológica do fenômeno jurídico. Constitui expressão a que corresponde outra, *efetividade do direito*, largamente empregada na terminologia do direito internacional público, preferível para evitar ambiguidades semânticas[5].

Apesar de distintas, na linguagem jurídica comum, em manuais, tratados, documentos judiciais e extrajudiciais e mesmo em textos legislativos, essas três expressões são empregadas, de regra, como se fossem sinônimas[6]. Além disso, outros termos, como *vigência*, *existência*, *validade*, são usados com sentido idêntico ou semelhante a alguma dessas locuções, o que levou Carlos Cossio a observar que "em nenhuma outra parte da literatura jurídica é maior o caos conceptual dos autores que neste ponto"[7]. Essa imprecisão terminológica tem reflexos extremamente negativos em relação ao trato científico desses temas, prejudicando sua perfeita compreensão.

Neste estudo, cada um desses termos será sempre empregado no sentido exato de seu significado, segundo as conceituações feitas acima.

§ 2º Delimitação temática

Na vida do fato jurídico é possível que: (*a*) exista, seja válido e eficaz (exemplo: casamento de duas pessoas capazes, sem impedimento dirimente, realizado perante autoridade investida em poder para casar e competente para tal[8], havendo registro); (*b*) exista, seja válido e ineficaz (exemplo:

---

5. *Vide* nosso *Teoria do fato jurídico*: plano da existência, nota 11 (a partir da 19ª edição, quando houve uma renumeração das notas. Nas edições anteriores era nota 9-A). Usa-a, também, Lourival Vilanova, *Causalidade e relação no direito*, p. 143, por exemplo.

6. Basta lembrar o emprego da locução *para os efeitos legais*, tão usual, mas com absoluta impropriedade, em leis, arrazoados e jurisprudência, com o sentido de *para as finalidades legais* ou *para fins de direito*.

7. Carlos Cossio, *Teoría de la verdad jurídica*, p. 180. *Vide*, ainda, nosso *Direito*: uma concepção de sua validade, p. 17 e s.

8. No negócio jurídico do casamento a autoridade que o celebra deve ser titular de duas qualificações, a saber: (*a*) estar investido no *poder de celebrar casamento* (ser juiz de direito, juiz de paz, ou outra autoridade judiciária a que a Organização Judiciária atribua esse poder, ou padre, pastor, ministro de Igreja regular, p. ex.); e (*b*) ter, quando se tratar de autoridade judiciária, *competência funcional e territorial, para celebrar o matrimônio*. Essas duas qualificações têm consequências diferentes: a primeira (*a*) constitui *pressuposto de existência* do casamento, porque é elemento

testamento feito por pessoa capaz, com observância das formalidades legais, enquanto vivo o testador); (*c*) exista, seja nulo e ineficaz (exemplo: doação feita por pessoa absolutamente incapaz); (*d*) exista, seja nulo e eficaz (exemplo: casamento putativo); (*e*) exista e seja eficaz (exemplo: nascimento com vida de um ser humano); e (*f*) excepcionalmente, exista e seja ineficaz (as situações (*e*) e (*f*) se referem, exclusivamente, a fatos jurídicos *stricto sensu*, atos-fatos jurídicos e fatos jurídicos ilícitos *lato sensu*, sendo que a última (*f*) é aqui mencionada apenas por ser *possível* de acontecer, uma vez que, em geral, as normas jurídicas não contêm a geração da eficácia dessas es-

---

completante de seu suporte fáctico, e a segunda (*b*) constitui *pressuposto de sua validade*, pois é elemento complementar do suporte fáctico referente à validade (*vide* Mello, Marcos Bernardes de, *Teoria do fato jurídico*: plano da existência, § 12.6). Em decorrência dessa distinção, a falta de *poder para celebrar o casamento* da autoridade acarreta a inexistência do negócio jurídico, por não se compor o suporte fáctico suficiente. Portanto, uma solenidade "matrimonial" presidida por Delegado de Polícia, por Promotor de Justiça, por Comandante de navio, *e. g.*, simplesmente não constitui casamento e nunca um casamento nulo. O mesmo ocorre se a autoridade judiciária é incompetente *rationae materiae* (Pontes de Miranda, *Tratado de direito privado,* t. VII, § 808, 6; Paulo Luiz Neto Lobo, *Famílias,* 6.1), salvo se estiver regularmente autorizada na forma da Lei da Organização Judiciária a presidir a celebração do casamento em situação específica. Assim, não existe casamento quando celebrado perante Juiz de Vara de Execuções Penais, ou da Vara da Fazenda Pública, por exemplo. Por isso, não pode ser objeto de ação desconstitutiva (= constitutiva negativa, na terminologia ponteana), mas, de ação declaratória para reconhecimento da inexistência do ato e desconstituição de seu registro. Por se tratar de inexistência, não há possibilidade de sanação, razão pela qual a ação declaratória não está sujeita a prazos prescricionais ou decadenciais, podendo ser proposta a qualquer tempo.

Diferentemente, o casamento celebrado por autoridade que tem *poder de celebrar o casamento*, mas, lhe falta *competência funcional ou territorial*, existe, porém é inválido por anulabilidade (Código Civil, art. 1.550, VI), de modo que terá de ser desconstituído por meio de ação anulatória que está sujeita a prazo decadencial de dois anos. Por isso, se não for proposta a ação no prazo previsto, convalidar-se-á o casamento, tornando-se perfeito e acabado.

O Código Civil, art. 1.554, no entanto, cria uma exceção à regra da invalidade por incompetência da autoridade ao dispor que *subsiste o casamento celebrado por aquele que, sem possuir a competência exigida na lei, exercer publicamente as funções de juiz de casamentos e, nessa qualidade, tiver registrado o ato no Registro Civil*. O casamento nessas circunstâncias não é anulável. É norma que dá eficácia à aparência e à boa fé dos nubentes (*vide*, adiante, no § 14, em especial as notas 127 a 131). Essa regra, porém, não diz respeito à existência do casamento, mas apenas à sua validade. Deve-se entender, portanto, que é às competências funcional e territorial que se refere o dispositivo do Código, não ao poder de realizar casamento.

pécies de fatos jurídicos: os efeitos se produzem imediatamente após a existência).

A constatação dessas possibilidades levou Pontes de Miranda a conceber a estruturação do mundo jurídico em três planos: da existência, da validade e da eficácia, nos quais se desenvolve a *vida* dos fatos jurídicos, consideradas todas as vicissitudes a que podem estar sujeitos. No plano da existência entram todos os fatos que recebem a incidência juridicizante de norma jurídica. Portanto, concretizado suficientemente o suporte fáctico, a norma jurídica que o prevê incide e lhe dá entrada no mundo jurídico no plano da existência, sem exceção. Em se tratando de atos jurídicos lícitos, *lato sensu* (negócios jurídicos e atos jurídicos *stricto sensu*), esses passam, necessariamente, para o plano da validade, onde será aferida a sua perfeição: se são válidos ou se são inválidos. Sendo válido, o ato jurídico passa ao plano da eficácia, onde, estando apto (porque sua eficácia pode estar diferida para o futuro em razão de condições suspensivas ou termos iniciais), poderá produzir seus efeitos específicos. Do mesmo modo, têm acesso ao plano da eficácia os atos jurídicos nulos a que o ordenamento jurídico atribua certos efeitos (putatividade) e os anuláveis (que produzem, plenamente, sua eficácia até serem desconstituídos ou continuarão a produzi-la se vierem a tornar-se definitivos, por força de convalidação ou sanação). O nulo a que não se atribui eficácia putativa não passa do plano da validade, nele *morrendo*, por assim dizer. Já os fatos jurídicos *stricto sensu,* os atos-fatos jurídicos e os fatos jurídicos ilícitos *lato sensu* vão diretamente do plano da existência ao plano da eficácia, não passando pelo plano da validade[9].

Neste trabalho, que constitui o resultado de uma investigação sobre o fato jurídico no plano da eficácia, buscamos, sistematicamente, identificar os conceitos fundamentais que regem a eficácia jurídica, expondo-os em sua generalidade, mas com especial referência à categoria *situação jurídica* em suas várias espécies.

---

9. Essa divisão do mundo jurídico é de extrema utilidade no trato das questões jurídicas, não permitindo que se confundam situações absolutamente inconfundíveis, como existir, valer e ser eficaz, mas que, por desatenção a essas distinções, costumam ser tratadas encambulhadamente em obras doutrinárias, arrazoados forenses e decisões judiciais.

CAPÍTULO I

Noções Gerais sobre Eficácia Jurídica

Seção I

Definição do mundo jurídico

§ 3º Norma jurídica, fato jurídico e eficácia jurídica

1. Mundo dos fatos e mundo jurídico

O mundo é uma sucessão permanente de fatos[10]. Sempre que fatos, sejam eventos, sejam condutas, interferem de modo relevante nas relações inter-humanas, gerando a possibilidade de entrechoques de interesses, a comunidade jurídica, através de normas jurídicas, os erige à categoria de

10. Nesta exposição o vocábulo *fato* será sempre empregado para referir a algo que acontece no mundo e que o compõe, segundo a concepção a que se chega a partir desta definição de *mundo* que fez Pontes de Miranda: "a soma de todos os fatos que ocorreram e o campo em que os fatos futuros se vão dar" (*Tratado de direito privado*, t. I, § 1º, 2). Adotando um critério bastante simples, mas de abrangência total, aprendido com Lourival Vilanova, é possível classificar os fatos em (*a*) *eventos* e (*b*) *condutas*, tendo em sua origem a diferença específica entre eles, a saber: (*a*) *eventos* são os puros fatos da natureza, aqueles que acontecem independentemente de atuação humana ou, quando há presença dessa atuação em sua origem, esta resulta, exclusivamente, da sua condição natural, biológica (como na concepção, no nascimento, na morte de alguém, por exemplo), e (*b*) *condutas*, os atos humanos volitivos ou mesmo avolitivos que não sejam decorrência exclusiva de sua natureza animal. Portanto, fato e evento, aqui, não são empregados com o significado ensinado por Tercio Sampaio Ferraz Jr. (*Introdução ao estudo do direito*, p. 274), adotado por doutrinadores de escol, como Paulo de Barros Carvalho (*Direito tributário*: fundamentos jurídicos da incidência, p. 85), *e. g.* Também não guarda relação com o sentido que lhe dá Eurico Marcos Diniz de Santi (*Decadência e prescrição no direito tributário*, p. 111-113).

fatos jurídicos, regulando-os e atribuindo-lhes consequências jurídicas que dizem respeito a essas relações[11].

O ser fato jurídico e o poder irradiar consequências jurídicas, portanto, constituem, respectivamente, uma qualificação e uma imputação[12] que a norma jurídica faz a fatos da vida por sua relevância para o homem no meio social. A atribuição de qualificação jurídica a um fato tem cunho, eminentemente, axiológico[13] e não constitui característica intrínseca sua, sendo um *plus* quanto à sua natureza própria, estranho à sua essência natural[14]. Por isso, nem todo fato é fato jurídico e, como decorrência, nem todo fato pode gerar efeitos jurídicos.

---

11. Matar alguém voluntariamente (com dolo ou culpa) constitui conduta reprovada pela sociedade. Para coibi-la, a sociedade estabelece norma que a proíbe, declarando-a um fato jurídico ilícito *lato sensu*, denominado crime de homicídio, ao qual imputa uma pena privativa da liberdade, algumas vezes, até da própria vida para quem o praticar; do mesmo modo, normas jurídicas fazem do fato biológico do nascimento com vida de um ser humano um fato jurídico e lhe agregam uma série de consequências no campo das relações sociais (direitos da personalidade, direitos das relações de parentesco, por exemplo). O número de fatos jurídicos é, praticamente, coincidente com os fatos significativos da vida social, nestes incluídos os fatos da natureza que interferem, de algum modo, na vida humana. Sobre isso, *vide* nosso *Teoria do fato jurídico*: plano da existência, especialmente os §§ 12 e 13.

12. Kelsen, *Teoria pura do direito*, v. I, p. 150 *et passim*.

13. Lourival Vilanova, *Causalidade e relação no direito*, p. 216. O caráter axiológico da revelação das normas jurídicas ressalta da circunstância de que a norma jurídica constitui o resultado da valoração dos fatos da vida com base nos valores fundamentais da juridicidade e nos próprios da comunidade, resultantes de sua cultura. A relevância do fato a que se refere Pontes de Miranda como requisito para que se defina um fato jurídico somente pode ser medida por critérios valorativos (axiológicos), embora possa haver arbítrio do legislador. A questão está analisada mais detidamente em nosso *Teoria do fato jurídico*: plano da existência, §§ 6º e 14.

14. O fenômeno jurídico, na sua dimensão normativa, desenvolve-se em plano lógico, *plano de valência* (expressão aqui usada para não confundir com *plano da validade*, que, na concepção ponteana, define a parte do mundo jurídico em que se constata a validade ou invalidade dos atos jurídicos, como mencionado na nota 4), não no plano da existência física. O ser fato jurídico e o produzir eficácia jurídica se passam no mundo de nossos pensamentos, não no campo da facticidade material. O ser juridicamente capaz, o ser proprietário, o ser solteiro, o ser herdeiro, não altera, em nada, a natureza do ser humano; não lhe acrescenta ou subtrai, fisicamente, coisa alguma, porque apenas são atribuições (imputações) que as normas jurídicas lhe fazem. Suas repercussões no plano social são constatáveis, como quando vemos o proprietário usar o bem que lhe pertence, por exemplo. *Vide*, sobre a logicidade do fenômeno jurídico, nosso *Teoria do fato jurídico*: plano da existência, §§ 4º e 5º.

Somente fato qualificado pela norma é jurídico e poderá produzir alguma situação jurídica, da mais simples à mais complexa. Lourival Vilanova destaca muito bem esse aspecto ao ensinar que "*sem as proposições normativas do Direito Positivo, nenhum fato do mundo pertence ao universo jurídico*"[15].

Diante disso, no trato do direito é indispensável considerar, no mundo (geral), a dicotomia *fatos* e *fatos jurídicos*[16]. A correta percepção dessa realidade levou Pontes de Miranda a adotar a essencial distinção, rigorosamente lógica, no mundo em geral, entre mundo dos fatos (= parte do mundo composta dos fatos não jurídicos) e mundo jurídico (= parte do mundo formada apenas pelos fatos jurídicos). O mundo jurídico, assim, constitui a parte do mundo (geral) formada, exclusivamente, por fatos jurídicos e onde se irradia a eficácia jurídica própria atribuída a cada um deles. No mundo jurídico, por essa razão, somente são admitidos os fatos que as normas jurídicas qualificam como jurídicos. A juridicização do fato cria *fato novo* no mundo (o fato jurídico), distinto do fato que constituiu seu suporte fáctico[17]. Por isso e em decorrência de seu caráter lógico, a incidência apanha

15. Lourival Vilanova, *As estruturas lógicas e o sistema do direito positivo*, p. 118, e também em *Causalidade e relação no direito*, p. 53, 59 e 136. No mesmo sentido, porém com terminologia um pouco distinta, Paulo de Barros Carvalho, *Direito tributário*: fundamentos jurídicos da incidência, p. 8; Oertmann, *Introducción al derecho civil*, p. 174, por exemplo.

16. Por isso, diz Pontes de Miranda que a norma jurídica tem função classificadora dos fatos em relevantes (fatos jurídicos) e irrelevantes (fatos não jurídicos) (*Tratado de direito privado*, t. I, § 7º, 1).

17. Conforme demonstrado em nosso *Teoria do fato jurídico*: plano da existência, § 13, fato, suporte fáctico e fato jurídico são três conceitos que não se podem confundir. O fato (real), mesmo quando entre sozinho (sem outros fatos) na composição de suporte fáctico, dele difere porque este contém o elemento valorativo, portanto, suporte fáctico = fato + valoração. O fato jamais entra em suporte fáctico em sua simplicidade de fato puro. A norma jurídica o toma sempre em certo sentido que, no mínimo, consiste na sua referência utilitária à vida humana em interferência intersubjetiva. O nascimento de um animal, por exemplo, será suporte fáctico (do fato jurídico da frutificação) se este tiver dono, porque sua cria a ele pertencerá, por se tratar de fruto de bem de sua propriedade, e não o será se o animal que deu cria é adéspota (*res nullius*), simplesmente por sua irreferibilidade a alguém.

Por sua vez, entre o suporte fáctico e o fato jurídico a distinção consiste: (*a*) O suporte fáctico contém mais de um elemento fáctico, às vezes até omissões, silêncio, não acontecimento. Raramente suporte fáctico e fato jurídico são coextensivos. Ademais, nem tudo o que compõe o suporte fáctico entra no mundo jurídico. Na usucapião, apenas a posse tem entrada no mundo jurídico como fato jurídico, uma vez que os outros elementos ou são não fatos (inexistência de oposição e de interrupção), ou fato

o fato, o faz jurídico, sem, contudo, excluí-lo do mundo em geral ou alterá-lo em sua substância. Assim é que o mesmo fato pode entrar várias vezes no mundo jurídico, compondo *n* suportes fácticos, simultaneamente ou não. A posse de Cesar sobre o imóvel *I*, por exemplo, pode ser suporte fáctico (*a*) da usucapião, (*b*) de interditos possessórios, (*c*) da tradição a Caio, *e. g.*

Os fatos irrelevantes para o direito é que, por não serem adjetivados como jurídicos, não têm acesso ao mundo jurídico, permanecendo no mundo dos fatos, sem poder gerar qualquer consequência jurídica. Isso não quer dizer, porém, que o mundo jurídico seja um compartimento estanque dentro do mundo em geral. Ao contrário, o mundo jurídico integra o mundo geral. Os fatos jurídicos coexistem e convivem com os fatos não juridicizados. O fato jurídico é fato do mundo, apenas *qualificado, especificado* (= *tornado espécie*) por força da incidência, de modo que *está* no mundo geral, mas *com uma adjetivação a mais: jurídico.* Por isso, Pontes de Miranda, que considera a incidência infalível, a compara a uma prancha de impressora que *colore* o fato como jurídico; é como se a norma jurídica nele gravasse o sinete de *jurídico*[18]. Essa *marca* (jurídico) constitui o dado que o distingue

---

de outra dimensão (tempo). (*b)* Por outro lado, o fato jurídico é sempre considerado como *unidade*. O contrato, embora seja composto de oferta e aceitação, é tratado unitariamente. Ao contrário, o suporte fáctico tem sempre estrutura complexa, jamais sendo necessário considerá-lo, mesmo conceptualmente, como unidade. (*c*) O suporte fáctico é sempre transeunte: concretiza-se, recebe a incidência da norma jurídica e se extingue. O fato jurídico, ao contrário, mesmo desaparecendo o suporte fáctico e mesmo sendo revogada a lei que incidiu, continua a existir como fato jurídico.

18. Pontes de Miranda, *Tratado de direito privado*, t. I, § 2º, 3. Esse caráter de infalibilidade (que implica automaticidade) da incidência quando ocorrem os suportes fácticos da norma jurídica é admitido por grande parte dos juristas que trataram do assunto, como Geraldo Ataliba (*Hipótese de incidência tributária*, p. 40 e 43), Alfredo Augusto Becker (*Teoria geral do direito tributário*, p. 307 *et passim*), que a procuram explicar comparando-a a uma descarga eletromagnética, e José Souto Maior Borges (*Isenções tributárias*, p. 176), por exemplo.

Diversa é a concepção desenvolvida, com a invulgar mestria que lhe é peculiar, por Paulo de Barros Carvalho (*Direito tributário*: fundamentos jurídicos da incidência, p. 9, por exemplo), segundo a qual a incidência depende do ato humano que faça a *subsunção do conceito do fato ao conceito da norma* (*Curso de Direito Tributário*, p. 157) *e promova a implicação que o preceito normativo determina.* Em rigor, essa concepção conduz a que se tenha incidência = aplicação da norma jurídica, uma vez que a *subsunção do conceito do fato ao conceito da norma* constitui ato que importa duas operações: (*a*) valoração do conteúdo semântico da norma jurídica para fixar-lhe o *conceito* e (*b*) valoração do fato concretizado, para constatar se a "ocorrência da vida real" satisfaz "a todos os critérios identificadores tipificados na hipó-

dos outros fatos (= não jurídicos). Reconhecer e identificar no mundo geral o fato jurídico e distingui-lo dos fatos não jurídicos constitui operação que possibilita a boa aplicação do direito.

2. Definição do mundo jurídico

Dessas assertivas chega-se à evidência de que a delimitação do mundo do direito é feita por meio das normas jurídicas, uma vez que lhes cabe, com exclusividade, a definição dos fatos jurídicos e de sua consequente eficácia. Daí poder-se afirmar que constituem dados essenciais da juridicidade: (*a*) a norma jurídica e (*b*) os fatos por ela qualificados. Sem norma jurídica e sem a ocorrência dos fatos por ela previstos, não é possível falar em direito. Qualquer tentativa de tratar o fenômeno jurídico sem considerar, conjuntamente, esses dois elementos tenderá, fatalmente, a fracassar, por desprezar a sua própria substância.

A norma jurídica, enquanto não se realizam no mundo os fatos por ela previstos, constitui tão somente uma proposição linguística, sem qualquer consequência prática no plano jurídico[19]. Fica-se em plano meramente lógico, apesar da realidade da norma que consiste em sua presença no mundo físico.

Do mesmo modo, enquanto somente existem fatos, mesmo relevantes, que não tenham sido qualificados por normas jurídicas, está-se em plano apenas fáctico, sem repercussão jurídica alguma. Somente a cópula norma-suporte fáctico produzida pela *incidência* constrói o mundo do direito.

3. A atuação da norma jurídica (fenomenologia da juridicização)[20]

O fenômeno jurídico, visto em sua dimensão normativa[21], desenvol-

---

tese". Nessa mesma linha científica estão Eurico Marcos Diniz de Santi (*Lançamento tributário*, p. 55) e Gabriel Ivo (*A incidência da norma jurídica*, *passim*).

19. Nosso *Teoria do fato jurídico*: plano da existência, § 16.1 *et passim*. No mesmo sentido, Lourival Vilanova, *Causalidade e relação no direito*, p. 139 e 144; Paulo de Barros Carvalho, *Curso de direito tributário*, p. 158; Geraldo Ataliba, *Hipótese de incidência tributária*, p. 40; Alfredo Augusto Becker (*Teoria geral do direito tributário*, p. 303 *et passim*); José Souto Maior Borges (*Isenções tributárias*, p. 176).

20. Esse tema está desenvolvido com minúcia em nosso *Teoria do fato jurídico*: plano da existência, especialmente no Capítulo IV.

21. O fenômeno jurídico se desenvolve, necessariamente, em três dimensões: (*a*) axiológica, ou política, em que os fatos sociais são valorados e as normas jurí-

ve-se desde a incidência da norma, que juridiciza os suportes fácticos, criando os fatos jurídicos (= eficácia normativa), à final eficácia jurídica, de modo que, esquematicamente, pode ser assim expressado:

norma jurídica
↓ = fato jurídico → eficácia jurídica
suporte fáctico

Por isso, um estudo do fenômeno jurídico nessa dimensão impõe que sejam considerados os dados a saber:

(i) *a existência de norma jurídica, com vigência*, que faz o traçamento do mundo jurídico, definindo, abstratamente, os suportes fácticos e atribuindo aos fatos jurídicos respectivos a eficácia jurídica própria;

(ii) *a eficácia da norma jurídica,* que é constituída por sua *incidência* sobre seu suporte fáctico, juridicizando-o (= criando o fato jurídico);

(iii) *a verificação da eficiência dos elementos do suporte fáctico,* constatando-se a perfeição dos atos jurídicos *lato sensu* lícitos e da *aptidão dos fatos jurídicos lato sensu de produzirem sua eficácia final.*

i) Sobre a existência da norma jurídica, com vigência[22]

Para a análise desse dado é necessário que sejam fixados: (i') o conceito de norma jurídica, (i'') as condições de sua existência.

i') Conceito de norma jurídica

Vigem, no meio social, normas de conduta de várias espécies, todas, porém com a mesma finalidade de adaptar o homem à convivência inter-humana: são as normas da moral, da religião, da economia, da política, da ciência, da arte, da moda, da etiqueta e do direito. Embora todas tenham cunho comportamental e se destinem a um mesmo objetivo, não são iguais no que diz respeito ao poder vinculante das condutas humanas a que se referem. Segundo a visão ponteana do fenômeno jurídico, consiste na *incidência*, que

---

dicas reveladas (postas), regulando-os; (*b*) normativa, ou dogmática, em que já existe a norma jurídica devidamente vigente, a qual, incidindo sobre os fatos que constituem seu suporte fáctico, cria os fatos jurídicos e constrói a juridicidade; (*c*) sociológica, que diz respeito à efetivação das normas no ambiente social. Sobre isso, mais detidamente, *vide* nosso *Teoria do fato jurídico*: plano da existência, § 6º.

22. Nosso *Teoria do fato jurídico*: plano da existência, § 17.

implica *obrigatoriedade,* a diferença específica que faz das normas do direito (jurídicas) espécie distinta no gênero normas de conduta humana[23]. Em verdade, dentre as normas dos diversos processos de adaptação social somente as normas jurídicas se revestem de obrigatoriedade, que se escuda na coercibilidade (= possibilidade de coerção para efetivar as normas jurídicas) de que a comunidade dota o direito, como um todo. Nenhuma outra norma comportamental possui essa característica. A *incidência* e a consequente *obrigatoriedade* constituem uma qualidade exclusiva e ínsita à natureza do direito, por isso é dado que se põe *a priori,* dispensando demonstração ou fundamentação que se alicerce em elementos externos, estranhos à própria juridicidade.

Embora o direito contenha em si, necessariamente, a obrigatoriedade, esta se torna concreta em suas normas *per se* em decorrência de seu poder de incidir e transformar em fatos jurídicos os fatos da vida por elas regulados (= suportes fácticos). A incidência sobre o suporte fáctico, criando o fato jurídico, que se dá infalivelmente, é que faz obrigatória a norma jurídica. Portanto, enquanto não incide, a obrigatoriedade da norma jurídica existe *in potentia*; torna-se efetiva em decorrência da infalibilidade da incidência, porque após incidir sua aplicação é obrigatória. Se se concretizam no mundo os fatos *ABC*, que constituem o suporte fáctico da norma jurídica NJ^1, que gera o fato jurídico *A'* ao qual imputa a eficácia EJ^1, ter-se-á de aplicar a norma incidente (NJ^1), atribuindo ao fato jurídico *A'* o específico efeito EJ^1, e não outro qualquer. Norma que incide é norma que deve ser *obrigatoriamente aplicada, sob pena de violação da ordem jurídica. A não aplicação de norma que incidiu ou a aplicação de norma não incidente, inclusive quando é feita em lugar da norma incidente, caracterizam aplicações* "*contra legem*", uma vez que, desatendida a incidência, há infringência da norma jurídica e desrespeito à obrigatoriedade do direito. *Incidência* e *obrigatoriedade*, como se pode concluir, implicam-se, reciprocamente[24].

23. Nosso *Teoria do fato jurídico*: plano da existência, § 9º, 2, *e*, 20. ed., São Paulo, Saraiva, 2013. Nesse mesmo sentido, Jellineck (*Teoría general del estado*, p. 274) afirma: "é nota necessária a todo Direito a sua obrigatoriedade". Legaz y Lacambra (*Filosofía del derecho*, p. 422), por sua vez, entende que "seria um contrassenso falar de um Direito nem obrigatório nem exigível".

24. Em nosso *Direito*: uma concepção de sua validade, p. 13, dissemos: "A incidência – que é a atuação incondicional das normas jurídicas – é que caracteriza as normas do Direito. Nela, incidência, está a obrigatoriedade do Direito e o critério definitivo para a distinção entre o jurídico e os outros *processos de adaptação social*. A obrigatoriedade não existe por si só em todas as normas jurídicas. Há delas que

A atribuição de obrigatoriedade (= caráter jurídico) a uma regra de conduta humana somente pode resultar de ato de quem detenha, na comunidade jurídica, poder para tanto, segundo procedimentos específicos já regulados por normas jurídicas. O direito tem a característica de regular a criação de suas próprias normas[25].

---

não obrigam imperativamente (= normas dispositivas e interpretativas), mas que existem, são editadas, para suprir lacunas deixadas pela vontade humana, por não ter sido manifestada (= dispositivas) ou, se manifestada, deva o intérprete entendê-la de tal maneira (= interpretativas).

Mas, se há composição do suporte fáctico de norma *não cogente* ela incide e a partir daí é de ser aplicada.

O não ver que a obrigatoriedade da norma jurídica é, também, a sua incidência, é que levou muitos juristas e jusfilósofos a negar juridicidade às chamadas *leges imperfectae*, como refere Jellineck (*Teoría general del estado*, pág. 276)".

25. Hans Kelsen, *Teoria pura do direito*, p. 216 *et passim*, e *Teoria geral das normas*, p. 129 *et passim*; Lourival Vilanova, *As estruturas lógicas e o sistema do direito positivo*, p. 164, e *Causalidade e relação no direito*, p. 140.

É preciso destacar que o processo de elaboração das normas jurídicas envolve dois aspectos:

(*a*) um eminentemente axiológico, de natureza política, porque na *revelação da norma jurídica* há *escolha e valoração* por parte do órgão legislativo (Lourival Vilanova, *As estruturas lógicas e o sistema de direito positivo*, p. 98);

(*b*) outro tipicamente jurídico, pois que a produção das normas jurídicas resulta da observância de um conjunto ordenado de atos (jurídicos) regido por normas jurídicas, denominadas *normas-de-formação* do sistema jurídico ou *normas-sobre-normas* (Lourival Vilanova, *Causalidade e relação no direito*, p. 140, e *As estruturas lógicas e o sistema de direito positivo*, p. 164), ou *regras de estrutura* (Paulo de Barros Carvalho, *Direito tributário*: fundamentos jurídicos da incidência, p. 37), ou, ainda, normas de *sobredireito*, na linguagem de Pontes de Miranda. É o processo jurislativo (dito, em geral, legislativo), nos sistemas de direito escrito. É preciso notar que o procedimento de elaboração das normas jurídicas não é peculiar apenas aos sistemas de direito escrito. Nestes, adota-se, em regra, um processo jurislativo formal. Nos sistemas de direito consuetudinário, diferentemente, o reconhecimento de um costume ou de precedentes judiciais como norma jurídica geral e abstrata também está sujeito a procedimentos próprios, só que aqui se desenvolvem segundo princípios e normas-de-formação diferentes. Não há um processo legislativo estruturado formalmente, mas há normas sobre competências e de como proceder para que se possa dar *status* normativo a certo costume ou generalidade a certo precedente judicial. Nem o costume, nem a tradição, nem o precedente judicial, só por si, possuem caráter normativo. É preciso que sejam reconhecidos como tal pelo órgão competente da comunidade jurídica, segundo as normas procedimentais específicas de cada sistema. Mesmo nesses sistemas, quando se trata de norma editada pelo legislador (Parlamento), há normas de estrutura a observar.

Partindo das assertivas de que a *obrigatoriedade de uma norma,* que constitui o dado caracterizador da juridicidade, decorre de imputação feita a regras de conduta por quem seja titular do poder de revelar o direito, conforme normas próprias de criação de normas jurídicas, e de que essa *obrigatoriedade* resulta de sua *incidência*, é possível afirmar, corretamente, que só se pode considerar norma jurídica a regra de conduta humana a que a comunidade jurídica atribua o poder de juridicizar suportes fácticos (= incidir). Assim, pode-se conceituar *norma jurídica como toda regra obrigatória de conduta humana ditada por quem tenha o poder na comunidade jurídica para dizer o direito*[26].

---

26. Essa conceituação de norma jurídica, parece evidente, conflita, de modo absoluto, com a concepção kelseniana das *normas individuais*, segundo a qual, de todo ato de aplicação de normas jurídicas gerais, sejam consubstanciados em sentenças e outros atos de autoridade ou em negócios jurídicos, resultaria a criação de uma norma jurídica inferior (Hans Kelsen, *Teoria pura do direito*, p. 260 *et passim*, e *Teoria geral das normas*, p. 64 *et passim*), precisamente porque a essas ditas normas individuais falta, evidentemente, o poder de juridicizar (= incidir). Em verdade, ao contrário de poderem criar fatos jurídicos (= juridicizar), os atos de autoridade (que não sejam, é claro, específicos atos normativos), aí incluídas as decisões judiciais, e os negócios jurídicos são em si, apenas, atos jurídicos (*lato sensu*), portanto, atos humanos que se tornaram jurídicos em consequência da incidência de normas jurídicas. Seus conteúdos não têm poder de normas jurídicas, mas constituem, tão somente, aplicações de normas incidentes a fatos concretos (suportes fácticos). Quando um Governador nomeia um servidor público, não edita norma jurídica individual, mas, tão só aplica regras jurídicas que incidiram sobre uma situação fáctica (a pessoa nomeada fora aprovada em concurso público, havendo cargo vago, por exemplo). Ao dar posse ao servidor nomeado, a autoridade competente também não emite norma individual: apenas concretiza suporte fáctico de norma jurídica. Quando o juiz decreta a falência da empresa *X*, apenas dá aplicação à norma jurídica da Lei n. 11.101/2005 (Lei de Recuperação de Empresas), reconhecendo concretizada alguma das situações fácticas descritas como caracterizadoras da insolvência irreversível da empresa; nesse ato não há, de maneira nenhuma, criação de norma jurídica alguma (uma decisão judicial, eventualmente, pode ter conteúdo normativo, mas isso somente é possível quando o próprio sistema jurídico, segundo as *regras de estrutura*, atribui ao juiz o poder de *revelar norma jurídica*, como pode ocorrer, no sistema jurídico brasileiro, com decisão do Supremo Tribunal Federal que julgue procedente "arguição de descumprimento de preceito fundamental", em que lhe cabe fixar "as condições e o modo de interpretação e aplicação do preceito fundamental" – Lei n. 9.882/99, art. 10, ou "ação direta de inconstitucionalidade", em que se lhe atribui o poder de, pelo voto de dois terços de seus membros, restringir os efeitos da declaração de inconstitucionalidade ou decidir que ela só tenha eficácia a partir de seu trânsito em julgado ou de outro momento que venha a fixar – Lei n. 9.868/99, art. 27. Nessas espécies o STF está autorizado a ditar normas jurídicas específicas,

As normas jurídicas, ao contrário do que pode parecer, não são apenas as expressadas por meio dos chamados diplomas legislativos (constituições, tratados, leis, medidas provisórias, decretos-leis, e outras formas normativas infralegais, como decretos, resoluções etc.), ou dos precedentes judiciais, nos sistemas de direito consuetudinário. Toda norma de conduta que exista no meio social com *caráter de obrigatoriedade*, seja qual for a sua vestimenta formal, inclusive os costumes, estes quando reconhecidos como jurídicos pela comunidade jurídica respectiva, independentemente de que tenham caráter de generalidade ou de abstração, é norma jurídica. A generalidade e a abstração constituem *virtudes* das normas jurídicas e mesmo um avanço democrático, uma conquista do súdito em face do poder absoluto do príncipe, porque lhe reduzem o poder de arbítrio no dizer o direito, mas não são dados que as caracterizem. Não há como negar a possibilidade de norma editada para regular um só caso, uma só hipótese, de modo que incida somente uma vez[27]. O que caracteriza a norma jurídica, porque lhe atribui obrigatoriedade, é o haver sido estabelecida por titular do poder de legislar (*lato sensu*).

i") Os pressupostos de existência da norma jurídica

Sem levar em consideração as questões relativas à validade e efetividade das normas jurídicas, por impertinentes ao âmbito desta investigação, na *vida* da norma jurídica hão de se considerar três situações distintas: (*a*) existência, simplesmente; (*b*) existência com vigência; (*c*) existência com eficácia.

(*a*) "*Existir é estar no mundo e poder dar-se forma*"[28]. Existir é situação fáctica constatável na realidade. Nesse sentido, existe a norma jurídica que está posta no mundo, independentemente de ser vigente, de ser válida ou de

---

que são obrigatórias e incidentes nas espécies que regula. Sem essa atribuição de poder não é possível falar de norma jurídica emitida por meio de decisão judicial). Quando se trata de negócios jurídicos, mesmo aqueles realizados em áreas em que, por não haver normatização, haja, por consequência, ampla possibilidade de exercício do poder de autorregramento da vontade (área da chamada autonomia privada ou autonomia da vontade), seus enunciados verbalizam, apenas, a subsunção dos conceitos dos fatos aos conceitos da norma jurídica (= constatação de que os fatos da vida ocorridos correspondem à descrição do suporte fáctico contida na norma jurídica). Nessas espécies extremas (atos praticados em campo deixado pelas normas do direito positivo ao autorregramento da vontade) há de se entender que constituem aplicação de regra implícita no ordenamento, segundo a qual *está permitido o que não está proibido.*

27. Hans Kelsen (*Teoria geral das normas*, p. 11).

28. Legaz y Lacambra, *Horizontes del pensamiento jurídico*, p. 116, e *Filosofía del derecho*, p. 748.

ser eficaz[29]. No ordenamento jurídico brasileiro, a técnica legislativa adotou duas espécies de atos que definem o termo inicial da existência das normas jurídicas: (*a*') a promulgação e (*a*'') a publicação.

(*a*') O ato de promulgar constitui a declaração formal pela autoridade competente da existência do ato legislativo. Nem todos os atos legislativos estão sujeitos a promulgação. Na atualidade, apenas a Constituição, as emendas constitucionais e as leis complementares, ordinárias e delegadas são objeto de promulgação. Promulgado o ato legislativo, começa ele a existir, mesmo que só venha a ser publicado posteriormente.

---

29. Essa concepção destoa frontalmente daquela de Hans Kelsen segundo a qual a existência da norma jurídica se consubstancia em sua validade: "'Validade' é a específica existência da norma..." (*Teoria geral das normas*, p. 3). A validade de uma norma jurídica, por sua vez, residiria no "fato de que uma norma *deve* ser cumprida e, se não cumprida, *deve* ser aplicada..." (idem, p. 4), sendo "estabelecida por um ato de vontade" (p. 5). (Na tradução de João Baptista Machado da *Teoria pura do direito*, p. 11, está a existência relacionada com a vigência (às vezes escrita entre aspas), em várias passagens, dentre as quais merecem destaque as seguintes: "Com a palavra 'vigência' designamos a existência específica de uma norma"; "Se designarmos a existência específica da norma como a sua 'vigência'..."; "A 'existência' de uma norma positiva, a sua vigência, é diferente...". Adiante, porém, está dito: "A norma pode valer (ser vigente)...". Apreciando observação feita em nosso *Direito*: uma concepção de sua validade, p. 17, baseados na terminologia empregada na tradução portuguesa da *Teoria pura do direito,* de que em Kelsen "validade" seria sinônimo de "vigência", Lourival Vilanova anotou que no original da obra a palavra empregada é "*Geltung*", que pode ter os dois significados, tendo o tradutor optado pelo segundo, em alguns momentos.) Para Kelsen, portanto, somente começa a existência de uma norma jurídica a partir de sua vigência (validade), de modo que não se poderia considerar jurídica uma norma regularmente posta pelo órgão competente da comunidade jurídica enquanto não entrar em vigor (em *vacatio legis,* por exemplo). Essa visão não parece correta, pelas razões seguintes: (*a*) *validade* constitui uma *qualidade* de norma, portanto de norma que *exista*; o que *não existe* não pode ser qualificado, senão como *inexistente*. Portanto, para ser considerada *válida* (ou *inválida*) é essencial que a norma jurídica *exista no sentido de estar no mundo*; (*b*) a norma depois de regularmente posta no mundo (promulgada e/ou publicada) para entrar em vigor em certo momento no futuro (*vacatio legis*), somente não entrará em vigência se for regularmente revogada; se não houver revogação, no dia aprazado iniciar-se-á sua vigência, vinculando as condutas a que se referir. Por aí se vê que a só existência da norma no mundo já produz a eficácia jurídica mínima de vincular a comunidade jurídica a ela, de modo que se não for revogada a tempo entrará em vigência. Como dizer inexistente algo que cria vínculos jurídicos?

Na visão ponteana, a validade é considerada apenas do ponto de vista dogmático da perfeição da norma jurídica (não ser inconstitucional, por exemplo), não afetando nem se referindo à sua existência.

(*a*") As demais espécies normativas, tais como medidas provisórias, resoluções, decretos e outros atos normativos infralegais, não estão sujeitas a promulgação. Por isso, começam a existir a partir de sua publicação. Os tratados internacionais passam a integrar o ordenamento jurídico nacional (= existir como ato normativo) após a publicação de sua ratificação pela autoridade nacional competente.

(*b*) Embora exista a partir da promulgação ou da publicação, conforme a espécie, a norma apenas tem força vinculante das condutas a que se destina quando vigente. A vigência, que tem por pressuposto a publicação regular da norma jurídica, constitui o dado que lhe atribui a força de incidência; a norma jurídica só pode incidir se vigente. Portanto, a vigência se caracteriza pela possibilidade de incidir da norma. Por isso, enquanto dura a *vacatio legis,* o que ocorre quando a norma é promulgada e publicada para entrar em vigor em certo dia no futuro, não imediatamente, ela existe, mas a falta de vigência a impede de incidir e criar fatos jurídicos. Há opiniões, no entanto, segundo as quais a vigência se caracterizaria pela aplicabilidade da norma, de modo que seria vigente a norma que pudesse ser aplicada. No entanto, como anota Pontes de Miranda, e demonstramos em nosso *Teoria do fato jurídico*: plano da existência, § 17, especialmente a partir de sua 4ª edição (1991), é possível existir norma vigente sem aplicabilidade. Exemplo dessa espécie é o art. 13 do ADCT da Constituição Federal de 1988, que criou o Estado do Tocantins, mas dispôs que somente poderia ser instalado a partir de 1º de janeiro de 1989, observados certos pressupostos. Embora o art. 13 do ADCT haja incidido de imediato e criado desde logo o novo membro da Federação, sua aplicação ficou suspensa até aquela data.

A possibilidade de haver norma jurídica existente sem vigência se comprova pelos inúmeros casos de *vacatio legis*, situação, inclusive, legalmente prevista (Lei de Introdução às Normas do Direito Brasileiro, art. 1º – denominação inadequada dada à Lei de Introdução ao Código Civil, Dec.-Lei n. 4.657, de 4-9-1942).

ii) A eficácia da norma jurídica[30]

30. Esse conceito de eficácia da norma jurídica também é completamente diverso daquele ensinado por Hans Kelsen, de que a eficácia de uma norma jurídica resulta de seu cumprimento, nem que seja em um mínimo, pela comunidade a que se destina. Em verdade, o conceito kelseniano de eficácia corresponde àquele que denominamos *efetividade da norma*, e não constitui dado inerente à juridicidade em si, mas é questão que se situa na dimensão sociológica do fenômeno jurídico.

Se a norma existe com vigência e é válida, ou, sendo inválida, ainda não teve sua nulidade decretada por quem, dentro do sistema jurídico, tenha poder para tanto[31], poderá ser eficaz desde que se concretizem no mundo os fatos que constituem seu suporte fáctico. Se os fatos previstos pela norma como seu suporte fáctico não se materializarem, integralmente, no plano das realidades, a norma jamais será eficaz (= não incidirá); existirá com vigência, porém sem eficácia. A eficácia da norma jurídica (= incidência) tem como pressuposto essencial a concreção de todos os elementos descritos como núcleo de seu suporte fáctico (= suporte fáctico suficiente).

Por aí se vê que, enquanto não se realizam no mundo os fatos por ela previstos, a norma jurídica, mesmo com vigência, constitui mera proposição linguística referente a hipóteses, não se podendo falar em geração de qualquer consequência jurídica. Está-se no plano lógico da normatividade, não no mundo do direito, que somente se compõe a partir dos fatos juridicizados[32].

iii) A verificação da eficiência dos elementos do suporte fáctico

Já presente o fato jurídico no mundo do direito, procede-se à *verificação da perfeição dos atos jurídicos "lato sensu"*, apurando-se, no *plano da validade*, se é válido ou inválido, e, em relação a todos os fatos jurídicos, se as consequências a eles imputadas (eficácia jurídica) poderão ser irradiadas, fazendo gerar as situações jurídicas e todas as demais categorias eficaciais que lhe correspondem.

---

31. Pontes de Miranda, *Tratado de direito privado*, t. I, § 15, 2; Paulo de Barros Carvalho, *Direito tributário*: fundamentos jurídicos da incidência, p. 56.

32. Essa afirmativa não conflita com a realidade de que a atividade legislativa já é, em si, jurídica, uma vez que se desenvolve através da prática de atos jurídicos, portanto, *já dentro do mundo do direito.*

Antes de existir a norma jurídica, não se pode falar em direito, ainda que abstratamente. Enquanto não revelada a norma jurídica por quem tenha poderes para tanto na comunidade jurídica, há o *nihil* jurídico. Mesmo enquanto se desenvolve o processo de elaboração da norma jurídica, o que há, essencialmente, é atividade política, oportunidade em que os fatos sociais são valorados, considerando-se sua relevância para a convivência humana. Está-se, portanto, na dimensão axiológica do direito, momento de revelação da norma jurídica, de definição do fato jurídico. Em sentido estrito e em relação à situação fáctica objeto da normatização, não se pode ainda falar em dimensão normativa (dogmática) do direito porque, enquanto em processo de elaboração, norma jurídica ainda não há. Mesmo depois de publicada, durante a *vacatio legis* a norma jurídica apenas existe, mas sem vigência, o que implica não ter ainda força vinculante das condutas. Somente quando vigente pode a norma jurídica incidir e vincular as condutas a que se destina, independentemente de que possa ser aplicada, porque incidência e aplicação são dois momentos distintos na vida da norma jurídica; a incidência é *prius* em relação à aplicação.

§ 4º Causalidade no mundo jurídico

De tudo o que foi exposto parece resultar claro que existe um *nexo causal* entre eficácia jurídica, fato jurídico e norma jurídica, uma vez que, com caráter de necessidade, não pode haver eficácia jurídica sem fato jurídico de que provenha, nem existir fato jurídico sem que decorra da incidência de norma jurídica. Assim, nessa ordem, pode-se dizer que (*a*) a norma jurídica é *causa* do fato jurídico e (*b*) este o é da eficácia jurídica[33]. Por reconhecer esse essencial nexo de antecedente e consequente é que doutrinadores[34] se referem à existência de um *princípio da causalidade jurídica*, que definiria a relação de determinação entre o fato jurídico e sua eficácia.

Sobre o *princípio de causalidade,* não somente na área jurídica como também no campo das Ciências Naturais existem acentuadas divergências teóricas. Desde os albores da filosofia grega, culminando com Aristóteles, o problema da causalidade sempre foi considerado ponto de absoluta relevância nas preocupações científicas. A constatação de que no mundo nada surge do nada nem se torna nada só por si, mas que tudo, para acontecer ou para modificar-se, depende de uma causa condicionante, levou à enunciação da *lei da causalidade*, segundo a qual entre causa e efeito existiria uma relação de constância e univocidade (que caracteriza a infalibilidade), de modo que à mesma *causa* se seguiria, inexoravelmente, o mesmo *efeito*. Portanto, dadas as condições próprias (causa), ter-se-iam, necessariamente, as mesmas consequências (efeito)[35]. Ainda mais. Em face da constância e

---

33. O mesmo não ocorre na ordem inversa. Pode haver: (*a*) norma jurídica sem que haja fato jurídico, bastando que seu suporte fáctico não se concretize, (*b*) como fato jurídico que não produza sua eficácia própria (testamento antes da morte do testador, *e. g.*).

34. Pontes de Miranda, *Tratado de direito privado*, t. I, § 6º, 3; Hans Kelsen, *Teoria pura do direito*, v. I, p. 180 *et passim*; Lourival Vilanova, *Causalidade e relação no direito*, *passim*, e *As estruturas lógicas e o sistema do direito positivo*, p. 104 *et passim*; Paulo de Barros Carvalho, *Direito tributário*: fundamentos jurídicos da incidência, p. 238; Carnelutti, *Teoría general del derecho*, p. 245; Betti, *Teoria generale del negozio giuridico*, p. 8 e s.; Domenico Rubino, *La fattispecie e gli effetti giuridici preliminari*, p. 27 e s.; Von Tuhr, *Teoría general del derecho civil alemán*, v. II, t. 1º, p. 10; Engisch, *Introdução ao pensamento jurídico*, p. 46 e s.; Schreier, *Conceptos y formas fundamentales del derecho*, p. 146; Korkounov, *Cours de théorie générale du droit*, p. 211, *e. g.*

35. Por exemplo, a dilatação dos gases constitui efeito de seu aquecimento (causa), como a queda de um objeto (efeito) tem por causa a força da gravidade. Se acelero o motor de um carro em condições normais, ele, necessariamente, aumenta-

univocidade com que se daria a relação de causa e efeito, seria possível prever o desenvolvimento do fenômeno, conhecer o comportamento posterior dos fatos envolvidos no processo. Pela aplicação da *lei da queda livre dos corpos*, por exemplo, é possível calcular a velocidade com que cairá um objeto que despenque de um edifício; na mesma situação, sabendo-se de seu estado em determinado momento da trajetória da queda, poder-se-á precisar-lhe o comportamento ulterior. Mercê dessas concepções que, parece, cristalizaram-se com foros de cientificidade no século XVII, como resultado do desenvolvimento da mecânica quântica, assentou-se como dogma científico que a natureza se regeria, sem exceções, pela lei da causalidade.

Especialmente a partir dos fins do século XIX e na primeira metade do século XX, porém, mercê do notável desenvolvimento da física quântica, cientistas passaram a questionar o caráter infalível da causalidade física e a correção de sua concepção. Estudos de física subatômica demonstraram que, ao menos nesse campo, nem tudo ocorre infalivelmente, segundo um modelo previsível, como costuma acontecer no macrocosmo e mesmo no mundo microscópico, mas, em verdade, apenas dentro de certa *probabilidade*. As observações de Werner Heisenberg, das quais resultaram o enunciado de seu *princípio da indeterminação*, e de outros extraordinários cientistas, como Niels Bohr, levaram a ter-se a *probabilidade* como o conceito fundamental, negando-se a própria *causalidade*. A causalidade, assim, seria um conceito superado[36]. A probabilidade, que substituiria a ideia de infalibilidade, imporia falar-se de *condicionalidade*, considerando-se o signifi-

---

rá a velocidade; ao contrário, se utilizo os freios, o carro parará. Sempre. Jamais aplicados os freios o veículo aumentará sua velocidade, ou freará se acelerado.

36. Essa atitude está refletida na seguinte afirmativa de Von Neumann: "Não há hoje nenhuma razão que permita afirmar a existência da causalidade na natureza e nenhuma experiência pode dar-nos prova dela" (*Les fondements mathématiques de la mécanique quantique*, p. 147 e s., apud Nicola Abbagnano, *Dicionário de filosofia*, p. 122). Comungando dessa opinião Abbagnano (op. cit., p. 122) afirma: (em Ciência) "vai-se formando uma nova terminologia na qual os termos condição e condicionamento... definíveis segundo os processos em uso nas várias disciplinas científicas, tomam o lugar do venerando e ora inservível conceito de causa". Também M. Bunge (*La causalidad*: el principio de causalidad en la ciencia moderna, p. 481), após transcrever texto de Bertrand Russel (*Our knowledge of the external world*, p. 223), segundo o qual "em uma ciência suficientemente avançada, a palavra 'causa' não aparecerá em qualquer enunciado de leis invariáveis", refere que, conforme uma concepção em voga, o domínio da causalidade tenderia a desaparecer, passando a demonstrar que todas as leis da natureza e da sociedade seriam estatísticas e a provar que o conceito de causação seria um mito.

cado de *condição* como *aquilo que torna possível a previsão provável de um evento*[37]. As relações estabelecer-se-iam entre um *condicionante* e um *condicionado.*

Apesar da relevância de tais objeções, conforme bem destaca M. Bunge, não é possível desconsiderar o *determinismo*[38] que está presente em toda a realidade, mesmo no campo dos fenômenos da física subatômica, atentando-se para que não haja inícios absolutos ou finais absolutos (princípio genético); coisa alguma é causa de si mesma porque "seria a um tempo causa e efeito, o que destruiria a polaridade relacional dos dois termos"[39]. Consoante ainda observa M. Bunge[40], no campo dos fenômenos da física subatômica, para que haja a transição de um sistema físico de um estado (1) a outro estado (2), não se pode dispensar uma força que a determina. Essa força, evidentemente, constitui sua *causa determinante,* só que seus efeitos não se produzem de modo constante e unívoco, como sugere o princípio da causalidade. Portanto, no campo das probabilidades, a determinação está presente, não, porém, a causalidade infalível, conforme tradicionalmente concebida.

De outro lado, não é possível negar que em todo o cosmos (macrocosmos e microcosmos), com exceção, parece, apenas do que se passa no campo da física subatômica, a relação de causalidade está sempre presente em todos os fenômenos da natureza, de modo que se tem de considerá-la (a causalidade) como um caso particular do *princípio da determinação*[41], aplicável, essencialmente, sempre que a relação de determinação se realize de forma *constante* e *unívoca,* por condições *externas.* De conseguinte, se há no mundo relações dessa espécie (que se desenvolvem de modo constante e univocamente por condições externas), não é possível, simplesmente,

37. Segundo Abbagnano, *Dicionário de filosofia*, p. 157.

38. M. Bunge, *La causalidad*: el principio de causalidad en la ciencia moderna, p. 48-49, que assim enuncia o princípio da determinação: "determinismo, em sentido amplo, é aquela teoria ontológica cujos componentes necessários e suficientes são: o *princípio genético* ou princípio de produtividade, segundo o qual nada pode surgir do nada nem converter-se em nada; e o *princípio de legalidade*, segundo o qual nada acontece de forma incondicional nem completamente irregular, ou seja, de modo ilegal ou arbitrário" (as expressões *princípio da legalidade* e o vocábulo *ilegal* usados no texto de M. Bunge não se referem às leis do direito, mas da natureza).

39. Lourival Vilanova, *Causalidade e relação no direito*, p. 28.

40. *La causalidad*: el principio de causalidad en la ciencia moderna, p. 33.

41. M. Bunge, *La causalidad*: el principio de causalidad en la ciencia moderna, p. 48-49.

negar sua pertinência, embora não se possa continuar a considerá-la como princípio universal.

Portanto, a polêmica em torno da cientificidade do princípio de causalidade a nosso ver deve ser solucionada em sentido positivo.

No campo do direito sempre divergiram os doutrinadores sobre se seria possível falar em *causalidade jurídica,* não pelos mesmos motivos que agitaram físicos e filósofos, mas, precisamente, por considerar que a infalibilidade e a necessidade, caracterizadoras da causalidade, somente existiriam no plano do *ser,* não sendo admissíveis no desenvolvimento dos fenômenos que se passam no plano do *dever-ser,* onde se põe o direito[42]. Nesse plano, diferentemente do que ocorreria no mundo da natureza, a relação entre o fato jurídico e suas consequências, por ser produto de atribuição humana (= imputação), poderia não efetivar-se, ou efetivar-se de modo diverso do previsto[43]. Além disso, não caberia, em terminologia jurídica, usar linguagem que seria própria das Ciências Naturais. Mais correto seria falar em condição e consequência do que em causa e efeito[44].

Esses argumentos, em face dos avanços científicos e das novas concepções sobre causalidade, acima brevemente mencionados, parecem destituídos de consistência, fazendo soar falsa a objeção, como se procurará demonstrar a seguir.

Em primeiro lugar, conforme já destacado, constitui matéria ainda não superada, e pelo que se vê insuperável, a existência de um *princípio universal de determinação*, que rege não apenas os fenômenos da natureza, mas é constatável em todo o domínio dos objetos reais, onde está presente como uma

42. As leis naturais são meramente descritivas dos fenômenos a que se referem; não prescrevem como se desenvolvem, mas, apenas, constatam uma realidade física. Nisso diferem, fundamentalmente, das leis jurídicas, que são imputacionais, ou seja, atribuem consequências a fatos, inclusive naturais, que repercutem no relacionamento intersubjetivo, como observou Kelsen (*Teoria pura do direito*, v. I, p. 151 *et passim*).

43. Exemplificando: o juiz, aplicando a lei, condena o devedor inadimplente a indenizar o credor por perdas e danos; no entanto, pode ocorrer que, por impossibilidade resultante de sua situação econômica (*e. g.*, não tem patrimônio para responder pela indenização), o credor não possa receber a sua indenização; o assassino que não foi condenado por não se ter conseguido provar que fora ele o autor do homicídio, ou, mesmo provada a autoria, foi absolvido pelo júri.

44. Nesse sentido, K. Larenz, *Metodología de la ciencia del derecho*, p. 171, e R. Stammler, *Tratado de filosofía del derecho*, p. 317, que sustenta não se poder falar de causalidade jurídica, porque em direito a relação é de meio a fim, por exemplo.

constante. Daí, sempre que houver determinação unívoca e constante em relação de causa e efeito, é pertinente falar de *causalidade,* seja em que domínio dos objetos reais for. Não importa, portanto, se o objeto é cultural ou natural[45].

Por isso, o argumento de Karl Larenz de que causalidade é lei restrita à natureza e, assim, estranha ao direito parece não ter substância. A distinção entre a causalidade natural e a jurídica prende-se ao fato de que esta resulta de um nexo implicacional entre a norma jurídica e o fato jurídico e suas consequências. Resta, entretanto, analisar o argumento de que não caberia falar em causalidade jurídica na relação *fato jurídico R efeitos jurídicos* porque nela não haveria infalibilidade: os efeitos poderiam não realizar-se no mundo social.

Consoante se mostrou antes, não parece passível de dúvida que constitui *relação de determinação* o que ocorre entre a norma jurídica e o fato jurídico e entre este e as consequências que lhe são atribuídas, uma vez que: (*a*) a existência (criação) do fato jurídico é resultante necessária da incidência da norma jurídica sobre seu suporte fáctico e (*b*) somente há eficácia jurídica como decorrência de fato jurídico. Como se podem descrever essas relações de determinação na dimensão dogmática do direito? Como relações de probabilidade ou como relações unívocas e constantes (causais)?

Responde-se. Na dimensão dogmática do direito, no campo da normatividade, o fenômeno jurídico se desenvolve em plano de valência, no mundo de nossos pensamentos, donde ser imodificável em sua veracidade[46].

---

45. Consoante ensina Lourival Vilanova (*Causalidade e relação no direito*, p. 27 *et passim*), "a causalidade não é uma relação específica, quer dizer, restringida a este ou àquele domínio de objetos. É um gênero de determinação que, em princípio, pode valer para todo o vasto domínio dos objetos reais – para todo o domínio fáctico, excluindo-se, então, os objetos abstratos ou formais (a área dos objetos lógicos e dos objetos matemáticos)".

46. Pontes de Miranda, *Tratado de direito privado*, t. I, § 5º, 1. Nosso *Teoria do fato jurídico*: plano da existência, § 4º. *O passar-se no mundo de nossos pensamentos* não significa que se trate de algo puramente abstrato, sem realidade, mas quer dizer que, mesmo sendo realidade, (*a*) não afeta a natureza própria dos fatos que qualifica e (*b*) é imodificável em sua veracidade. (*a*) O fato natural e a conduta humana que constituam suporte fáctico de norma jurídica não se alteram em sua substância por força da incidência da norma; já adjetivados, porém, passam a ser novas realidades no mundo e suas consequências se refletem em novas condutas e qualificações, sem que percam sua natureza. (*b*) Ocorrida a incidência, os fatos são juridicizados independentemente de que seja aplicada a norma incidente; se se aplica outra norma, há aplicação *contra legem*, mas não modificação da realidade da incidência. A imodificabilidade da *veracidade da incidência* (= como se deu, efetivamente) resulta de sua fatalidade. O direito, portanto, é objetividade no mundo

Por isso, concretizando-se no mundo dos fatos o suporte fáctico de uma norma jurídica, ocorre necessariamente sua incidência e, portanto, o surgimento do fato jurídico correspondente. A eficácia normativa (= incidência), que se traduz na juridicização do suporte fáctico, não é tão só uma possibilidade, mas se dá infalivelmente em se materializando seu suporte fáctico[47]: a incidência é insuscetível de não ocorrer e, ocorrendo, de não criar o fato jurídico correspondente. Havendo infalibilidade, fica caracterizado que existe uma relação de determinação unívoca e constante, por condição externa, portanto de causalidade, não apenas de *probabilidade*. Há, assim, uma relação de causalidade em que a incidência da norma jurídica constitui a *causa* e o fato jurídico o *efeito*, donde não haver impropriedade em afirmar que há um *princípio de causalidade normativa* (expressão preferível, por sua generalidade, em lugar de *causalidade da eficácia legal*).

O mesmo, porém, não se passa com a relação existente entre o fato jurídico e sua eficácia, porque esta, embora só possa existir como consequência daquele, não é necessária (unívoca e constante), uma vez que pode não ocorrer. Conforme demonstrado antes, apesar de a eficácia jurídica ser a finalidade última e a razão de ser do fato jurídico, em face de sua própria natureza ou de condições que lhe são estranhas, é suscetível de não irradiar-se (testamento, negócios jurídicos sob condição suspensiva, negócios jurídicos nulos, por exemplo). Falta, portanto, à relação *fato jurídico R eficácia jurídica* univocidade e constância, o que é bastante para descaracterizar a relação como de causalidade; define-se ela ao invés como de probabilidade. Não há como negar, porém, a presença de relação de determinação, pois a eficácia jurídica somente pode resultar, necessariamente, de um fato jurídico. Por isso, é de se negar exista uma *causalidade jurídica* (= causalidade na relação fato jurídico/efeito jurídico), devendo-se afirmar que há uma relação de *condicionalidade,* em que o fato jurídico constitui o *condicionante* (= antecedente) e sua eficácia o *condicionado* (= consequente).

Este, ao que parece, constitui o fundamento correto para negar a causalidade da eficácia jurídica. No entanto, a doutrina, como já aludido, baseia-se, em geral, em outro argumento, qual seja, a possibilidade de que a eficácia jurídica não se efetive no mundo das relações sociais como prevista na norma jurídica. Embora seja verdadeira a constatação, essa vicissitude não pode servir de premissa ao raciocínio que conduz àquela conclusão,

---

das relações sociais na medida em que nelas interfere criando aos homens por ele afetados permissivos, poderes e faculdades, bem assim obrigações e proibições.

47. Pontes de Miranda, *Tratado de direito privado*, t. I, § 5º, 1.

porque se trata de circunstância que diz respeito à dimensão sociológica do direito (a efetividade da norma jurídica no meio social), enquanto o problema da causalidade se localiza em sua dimensão dogmática; a mistura de conceitos de diferentes domínios do conhecimento jurídico prejudica a cientificidade da conclusão. Demonstrar-se-á.

A plena realização da norma jurídica, sem dúvida, ocorre quando sua aplicação, que depende de ato humano, coincide com sua incidência, que se dá independentemente de ato humano, de forma que as consequências por ela previstas se materializam no plano da realidade social. A respeitabilidade da incidência, que caracteriza a obrigatoriedade da norma jurídica, impõe que em sua aplicação: (*a*) seja identificado o fato jurídico a que a norma jurídica incidente se refere, não outro qualquer; (*b*) a ele seja atribuída a eficácia jurídica tal como nela prescrita, e não outra. Se no mundo dos fatos se concretizaram os fatos *ABC,* que constituem o suporte fáctico da norma jurídica NJ^1, que atribui ao fato jurídico respectivo A^1 o efeito jurídico E^1, não pode o aplicador ter como incidente e aplicar a norma jurídica NJ^2, cujo suporte fáctico seja *A'B'C',* nem atribuir-lhe o efeito jurídico E^2 prescrito por essa norma para o fato jurídico A^2. A aplicação da norma jurídica, por ser ato do homem, que é falível por natureza, está exposta à possibilidade de erro, dando como incidente norma diferente daquela que realmente incidiu (= norma cujo suporte fáctico se materializou), ou atribuindo ao fato jurídico efeitos que lhe não são imputados. No ato de aplicação, portanto, pode haver cumprimento ou descumprimento da norma jurídica, conforme se atenda ou desatenda à incidência.

O desatendimento à incidência, entretanto, não afeta sua veracidade nem faz com que perca sua infalibilidade, de modo que não se poderá ter como incidente a norma erroneamente aplicada, mas, sim, considerar *contra legem* os atos que fizeram incoincidentes a incidência da norma e sua aplicação. Por isso, a aplicação em desacordo com a incidência constitui violação da norma jurídica, o que acarreta como decorrência estar sujeita à revisão, inclusive em seu grau maior, a rescisão. Este é o tratamento correto que se deve dar ao problema da aplicação da norma jurídica na dimensão dogmática do direito. Nessa dimensão, a natureza lógica da incidência impõe que sua eficácia (criação do fato jurídico) e a eficácia do fato jurídico resultante independam de sua efetiva repercussão no plano da experiência (= dimensão sociológica). O erro que houver na aplicação deve ser corrigido para aplicar-se corretamente a norma que incidiu, nunca ter-se como não incidente a norma por não ter sido aplicada. Se, por alguma razão teratológica, persiste o erro, sempre terá existido e existirá situação de violação da norma jurídica, mesmo quando se venha a tornar definitivo pela impossibilidade de revê-lo, por precluir a ação rescisória, *e. g.*, em respeito à imutabilidade da coisa julgada. O erro do aplicador, ainda quando reiterado, em nada afeta a existência, validade ou a eficácia (= incidência) da norma jurídica. Durante quase cinquenta anos, a contar da vigência do Código Civil de 1916, o STF insistiu no erro de afirmar que a venda de ascendente a descendente por interposta pessoa seria ato anulável, porque seria ato simulado (Súmula 152), aplicando erroneamente o art. 1.132 daquele Código. Somente em 1964 corrigiu o erro, passando a entender, corretamente, que o caso era de fraude à lei, e não de simulação, sendo nulo o negócio jurídico (Súmula 494). Isso mostra que a habitualidade do erro na aplicação não afeta a força vinculativa da norma. Mesmo na vigência do Código de 1916, quando a competência para julgar matéria infraconstitucional passou ao STJ, este voltou ao equívoco de considerar a interposição de pessoa como ato simulado e anulável o negócio jurídico de compra e venda com violação do art. 1.132.

As questões da aplicação das normas jurídicas e de sua efetividade no meio social, como se vê, põem-se na dimensão sociológica do direito, não em sua dimensão dogmática, como mencionado antes. Por isso, parece impertinente imiscuir essa questão quando se analisa o fenômeno jurídico segundo o prisma da dogmática. Encambulham-se conceitos de dimensões diferentes, o que prejudica a pureza metodológica no trato científico do direito e, pior, conduz a erros.

Por tudo isso, mostra-se correto concluir que a *causalidade no mundo jurídico* se restringe ao *princípio da causalidade normativa,* que define a relação de determinação entre a norma jurídica e o fato jurídico, estando no campo da *probabilidade* a relação de determinação entre o fato jurídico e sua eficácia.

Seção II
Fonte da eficácia jurídica

§ 5º Fato jurídico: fonte única de eficácia jurídica

1. A doutrina tradicional

A doutrina costuma, tradicionalmente, tratar do problema da eficácia jurídica referindo-se, apenas, à fonte das obrigações. Tal atitude decorre da influência definitiva que teve, e ainda tem, o direito romano na formação da cultura jurídica do Ocidente. Desde Gaio, que tratou da matéria sob esse prisma, propondo uma classificação tripartite das fontes das obrigações, cuja influência levou à cristalização da classificação quadripartite adotada no *Corpus Juris Civilis* em contrato (*ex contractu*), quase contrato (*quasi ex contractu*), delito (*ex maleficio*) e quase delito (*quasi ex maleficio*)[48], essa atitude metodológica chegou prestigiada até nós pela autoridade das lições de Pothier, que lhe adicionou mais uma fonte: a lei[49].

Modernamente, a crítica doutrinária encabeçada, principalmente, por Planiol e Colin et Capitant[50], demonstrou a impropriedade da classificação romana, condenando, em especial, as categorias quase contrato e quase delito e passando a referir-se, analiticamente, a várias espécies de fatos jurídicos, dentre elas incluindo a lei[51], ou a apenas duas fontes[52]: o contrato (ou a vontade de livremente obrigar-se) e a lei (*casos de obrigações que nasceriam sem que houvesse vontade específica de obrigar-se, como as decorrentes dos ilícitos*)[53].

Hoje, muitos juristas preferem acompanhar Planiol, referindo-se apenas ao contrato e à lei[54]. Alguns, como Silvio Rodrigues, Franzen de Lima e

48. *Institutas*, L. III, Tít. XIII (XIV), 2. Atribui-se a Gaio a origem dessa classificação quadripartite. Em verdade, no entanto, em suas *Institutas*, v. III, p. 88, Gaio se referia apenas a duas fontes: *ex contractu* e *ex delicto*. Em obra posterior (*Res cottidianae*) Gaio ampliou a referência, substituindo a expressão *delictum* por *maleficium* e passando a mencionar *variae causarum figurae,* conforme informa Alfredo di Pietro, em sua tradução das *Institutas* (Introdução, nota 38), citando Honoré (*Gaius, a biography*). Para Alfredo di Pietro, na expressão *variae causarum figurae* estariam implícitos os conceitos de *quasi ex contractu* e *quasi ex delicto*. A nosso ver, porém, a divisão proposta por Gaio é tripartite: *ex contractu, ex maleficio* e *ex variae causarum figurae,* embora se deva admitir sua influência definitiva e relevante em relação às *Institutas* de Justiniano.

49. Pothier, *Tratado das obrigações*, p. 29.

50. *Traité élémentaire de droit civil*, v. II, p. 268 e s., e *Cours élémentaire de droit civil français*, v. II, p. 4 e s., respectivamente.

51. Colin et Capitant, op. e loc. cits.; Josserand, *Cours de droit civil positif français*, v. II, p. 6, por exemplo.

52. Planiol, *Traité élémentaire de droit civil*, v. II, p. 268 e s.

53. De Gasperi, *Tratado de las obligaciones*, v. I, p. 101, e *Tratado de derecho civil*, v. II, p. 133 e s., faz minuciosa exposição sobre a evolução doutrinária e legislativa relativa à matéria.

54. Paulo Nader, *Introdução ao estudo do direito*, n. 166, p. 2; Miguel Reale, *Lições preliminares de direito*, p. 214; De Ruggiero, *Instituições de direito civil*, v.

Orlando Gomes, por exemplo, sustentam ser a lei a única fonte[55]. Boa parte, no entanto, continua a fazer enumeração de fatos jurídicos que poderiam ser fontes de obrigações, seguindo a orientação adotada por Colin et Capitant[56].

2. Crítica à doutrina tradicional

Há nessas orientações evidente imprecisão de três ordens, que prejudica o correto tratamento científico do tema, a saber:

(*a*) limitação do estudo apenas às obrigações que nascem no campo do direito das obrigações, que poderiam ser denominadas (embora sem muita propriedade) obrigações *stricto sensu,* ficando excluídas, portanto, aquelas que surgem em outros ramos do direito;

(*b*) enunciado analítico das *fontes*;

(*c*) inclusão dentre as *fontes* da vontade e da lei.

(*a*) Em verdade, não há sentido científico ou prático em limitar o estudo das fontes de eficácia jurídica àquelas obrigações que são tratadas, por tradição, no direito das obrigações, uma vez que *obrigação,* em sentido lato, não é mais do que uma das categorias de eficácia jurídica, aquela em que se transmuda o *dever*, quando se torna exigível pelo titular da *pretensão* (esta que corresponde, por sua vez, ao *direito* em sua fase de exigibilidade). *Obrigação* é posição de sujeito passivo (comumente denominado devedor) diante do titular da pretensão (sujeito ativo, em geral denominado credor) em relação jurídica de qualquer natureza. Onde houver alguém com poder jurídico de exigir de outrem uma ação ou omissão, haverá a correspectividade entre *pretensão* ⇄ *obrigação.* Não constitui, portanto, conceito restri-

---

III, p. 80; Orozimbo Nonato, *Curso de obrigações*: generalidades – espécies, v. I, p. 202; Serpa Lopes, *Curso de direito civil*, v. 3, p. 8.

55. *Direito civil*, v. 2, p. 10; *Curso de direito civil*, v. II, t. 1º, n. 15, e *Obrigações*, p. 31 e s., respectivamente.

56. Maria Helena Diniz, *Curso de direito civil brasileiro*, v. III, p. 3-4 (que se refere, inicialmente, ao fato jurídico, menciona o fato humano e a lei, para, finalmente, minudenciar as espécies); De Gasperi, *Tratado de las obligaciones*, v. I, p. 101, e *Tratado de derecho civil*, v. II, p. 133 e s.; G. Marty, *Derecho civil*, v. I, p. 31 e s.; Wayar, *Derecho civil*: obligaciones, v. I, § 58; Meza Barros, *Manual de derecho civil*, v. I, p. 11, por exemplo. Washington de Barros Monteiro, *Curso de direito civil*, v. 4º, p. 44, após demonstrar a impossibilidade de uma enumeração exaustiva das fontes, propõe que se retorne à "classificação tripartita do Direito romano *ex contractu, ex delictu* e *variis causaram figuris*".

to ao direito das obrigações, como pode parecer e em regra é tratado, uma vez que ocorre, praticamente, em todos os ramos do direito: no direito de família, no direito das sucessões, no direito das coisas, no direito constitucional, no direito processual, no direito administrativo, no direito do trabalho e assim por diante.

É evidente, desse modo, a impropriedade científica de tratar-se *de fontes das obrigações,* mesmo quando se queira restringir a referência a obrigações em *sentido estrito* (= obrigações nascidas no direito das obrigações).

Por outro lado, mesmo que o estudo se ampliasse a todas as espécies de obrigações, ainda assim haveria impropriedade metodológica, porque estaria havendo limitação a uma das espécies de eficácia jurídica, quando o assunto deve ser tratado em sua integralidade, abrangendo todas as categorias de eficácia jurídica. Todas as consequências que resultam de um fato jurídico são eficácia jurídica, não apenas as obrigações.

(*b*) A enunciação analítica das *fontes,* ainda quando restringindo seu conceito às obrigações *stricto sensu,* implica não só impropriedade, como também a possibilidade de omissão de algumas delas. As várias tentativas para enumerá-las resultaram fracassadas por insuficiência. Somente para exemplificar: Colin et Capitant, que, em uma das mais aceitas classificações, apontam como fontes das obrigações o contrato, o negócio unilateral, os atos ilícitos, o enriquecimento injusto e a gestão de negócio[57], não mencionam os fatos jurídicos *stricto sensu,* os negócios jurídicos bilaterais ou plurilaterais que não são contratos, como os acordos de acionistas e as convenções de condomínio, *e.g.*, os atos-fatos (lícitos) indenizativos (como ocorre no estado de necessidade e outras situações em que há obrigação de indenizar sem que haja ilicitude), e os ilícitos que *não são atos ilícitos* (fato ilícito *stricto sensu* e ato-fato ilícito). Mais insuficiente ainda é a proposta de Planiol, atualmente a mais seguida, que as limita ao contrato e à lei.

(*c*) As diversas classificações das fontes, sejam sintéticas, sejam analíticas, têm seu fundamento na *vontade* (materializada nos contratos, nas declarações unilaterais, na gestão de negócio) ou na *lei* (obrigações por atos ilícitos, por enriquecimento sem causa, *e. g.*, pois *não haveria vontade dirigida à produção dos efeitos*). Esquecem, porém, que a *vontade* ou a *lei, per se,* jamais pode gerar qualquer efeito jurídico porque, consoante mostrado antes (§ 3º), a vontade não constitui mais do que suporte fáctico da lei, e essa não passa de uma previsão cuja realização depende da concreção

57. Colin et Capitant, *Cours élémentaire de droit civil français*, v. II, p. 8.

daquele. Portanto, a vontade sem lei que a tenha como suporte fáctico e a juridicize pela incidência é mero fato do mundo dos fatos e, assim, não pode engendrar qualquer consequência jurídica. Do mesmo modo, a lei por si só não cria efeito jurídico algum; define-os, é verdade, mas para atribuí-los a fatos (volitivos ou não) quando ocorrerem; se os fatos a que os imputa não se materializarem, efeitos jurídicos não haverá[58].

Por isso, a menção que se faz à lei e à vontade como causas, isoladamente, de eficácia jurídica é, do ponto de vista científico, de todo inadequada, independentemente da amplitude que se queira dar ao conceito de obrigação. Além do mais, os efeitos jurídicos que provêm dos fatos jurídicos lícitos não se restringem aos fatos volitivos (atos jurídicos *stricto sensu* e negócios jurídicos), mas se devem também a fatos jurídicos *stricto sensu* (em que não há vontade) e atos-fatos jurídicos (para os quais a vontade é irrelevante).

Desde que se precisou a concepção de que efeitos jurídicos somente podem decorrer de fatos jurídicos[59] parece de todo incorreta referência a qualquer outra fonte de eficácia, sendo acientífico o critério de enumerar as várias espécies de fatos jurídicos.

Seção III
Das categorias eficaciais[60] em geral

§ 6º As categorias eficaciais

---

58. O fenômeno jurídico que, como visto, se expressa corretamente:

norma jurídica
↓ = fato jurídico → eficácia jurídica
suporte fáctico

fica incompletamente expressado: (*a*) norma jurídica → eficácia jurídica ou (*b*) suporte fáctico → eficácia jurídica, quando se tem a lei (norma jurídica) *ou* a vontade (suporte fáctico), respectivamente, como as fontes da eficácia.

59. Vale a pena mencionar, por sua originalidade e percepção do problema, a concepção do notável Teixeira de Freitas consubstanciada no art. 870 de seu *Esboço de Código Civil*: "Art. 870. Não há obrigação sem *causa* ou *título*, isto é, sem que tenha havido um dos fatos, ou um dos atos lícitos ou ilícitos, das relações de família ou das relações civis (arts. 18, e 431 a 444) que serão designados na Seção 2ª e 3ª deste Livro...".

60. Nessa expressão o vocábulo *categoria* é empregado no sentido de espécie, usual na linguagem comum, não em qualquer daqueles empregados por filósofos como Platão, os Estoicos, Kant, Cohen, Hartmann ou Hegel, por exemplo.

1. Conceito

Denominam-se categorias eficaciais todas as espécies de efeitos jurídicos encontráveis no mundo do direito; desde as mais elementares situações jurídicas às mais complexas relações jurídicas, às sanções, às premiações e aos ônus, todos são categorias de eficácia jurídica.

2. Enunciação sistemática das espécies

Constituem categorias de eficácia jurídica: i) as situações jurídicas: i.) básicas, que se desdobram em: i.a) simples, ou unissubjetivas; i.b) complexas, ou intersubjetivas: i.b.a) unilaterais; i.b.b) multilaterais, que consubstanciam as relações jurídicas e seu conteúdo de direitos ⇄ deveres, pretensões ⇄ obrigações, ações ⇄ situações de acionado e exceções ⇄ situações de excetuado; ii) as sanções, civis e penais; iii) as premiações; iv) os ônus.

O estudo minucioso das situações jurídicas será desenvolvido a partir do Capítulo II.

3. Eficácia de Direito material e de Direito formal

As categorias eficaciais ou são de Direito material ou de Direito formal, conforme resultem de normas de Direito material ou de Direito formal.

Diz-se de Direito material toda norma jurídica de cuja incidência resultam fatos jurídicos que têm por eficácia a criação e a regulação de direitos ⇄ deveres, de pretensões ⇄ obrigações, ações ⇄ situações de acionado e exceções ⇄ situações de excetuados, que definem licitude ou ilicitude de condutas, estabelecem responsabilidades, prescrevem sanções civis ou penais, criem ônus ou premiações, dentre outras categorias eficaciais dessa natureza.

De Direito formal, ao contrário, são as normas que regulam a forma dos atos jurídicos ou o modo de exercício dos direitos, que prescrevem, exclusivamente, ritos, prazos, competências e formas processuais. Essas não atribuem direitos passíveis de subjetivação, nem mesmo direitos transindividuais, apenas instituem instrumentos destinados à plena efetividade do Direito material.

Essa classificação não leva em conta o ramo do direito em que está situada a norma jurídica, mas a eficácia que atribui ao fato jurídico. Assim, uma norma jurídica de Direito formal pode estar incluída dentre normas de Direito material (*e. g.*, normas do Título V do Livro III da Parte Geral do Código Civil), como normas de Direito material podem estar contidas em leis de Direito formal (*e. g.*, CPC, art. 823, parágrafo único). São as normas heterotópicas. Há categorias eficaciais, porém, que são comuns a ambas as espécies, a saber: sujeito jurídico, situação jurídica, relação jurídica e seu conteúdo (direito e dever, pretensão e obrigação, ação e exceção). Apesar disso, são distintas entre si e, portanto, devem ser tratadas segundo as peculiaridades que decorrem de sua natureza. Assim, por exemplo, a relação jurídica processual tem regras de constituição, desenvolvimento e mesmo estrutura diferentes de uma relação jurídica de Direito material (de direito civil, por exemplo).

Seção IV
Irradiação da eficácia jurídica

§ 7º Limites da eficácia jurídica

1. Considerações preliminares

Antes de adentrar diretamente no assunto objeto desta seção, é necessário advertir, para fins de precisão terminológica, que a expressão *eficácia jurídica*, de modo genérico, sem especificações, é aqui empregada para designar os efeitos próprios e finais dos fatos jurídicos, não considerando possíveis efeitos interimísticos[61] ou impróprios que podem gerar. Como será mostrado adiante, a simples entrada do fato no mundo jurídico faz com que resultem efeitos, às vezes apenas efeitos mínimos, que denominamos *situação jurídica básica,* mas que já são efeitos jurídicos. Um negócio jurídico sob condição suspensiva, por exemplo, cria, desde a sua formalização, uma relação jurídica que, embora tenha protraído para o momento do implemento da condição o surgimento de seu conteúdo eficacial próprio total, gera de logo certos efeitos específicos[62].

---

61. Sobre o vocábulo *interimístico*, *vide*, adiante, no § 8º, iii.

62. Por exemplo, numa doação sob condição suspensiva, o donatário tem, desde a formalização do contrato, *o direito de conservação* do bem que seja seu objeto. Sobre o assunto, veja-se adiante a análise dos efeitos da condição suspensiva e o nosso *Breve estudo sobre a eficácia do negócio jurídico sob condição suspensiva.*

A eficácia jurídica sofre limitações de ordem pessoal, espacial e temporal, como também contenutístico; do mesmo modo, pode sofrer restrições impostas pela vontade[63], em razão do poder de autorregramento que lhe é reconhecido, conforme se passa a analisar.

2. Limites pessoais

Em geral, a eficácia jurídica limita-se à esfera jurídica[64] do sujeito jurídico a que se refere. Sob pena de ilicitude, salvo os estritos casos em que haja expresso permissivo legal, a eficácia de ato jurídico não pode afetar esfera jurídica alheia. Só excepcionalmente o direito admite que ato de terceiro possa interferir, de forma eficaz, em esfera jurídica de outrem. Por isso, o negócio jurídico de compra e venda feito por *non domino* e o correspondente acordo de transmissão não podem gerar a transmissão da propriedade, porque são ineficazes em relação ao dono do bem. O vendedor, porém, fica obrigado perante o comprador pelo seu ato, inclusive a indenizá-lo pelos prejuízos que causar.

A ação para que seja reconhecida a ineficácia de ato jurídico é declarativa, com forte carga de desconstitutividade, quando tenha havido registro público, em face da necessidade de sua desconstituição, como ocorre em casos de haver registro da venda de bem imóvel contratada por *non domino*.

A intromissão em esfera jurídica alheia, quando não autorizada por lei, não somente gera ineficácia do ato jurídico relativamente a seu titular, como pode constituir ato jurídico ilícito indenizativo, se causa dano patrimonial ou moral.

3. Outros limites da eficácia (temporal, espacial e contenutístico)

A eficácia própria (específica e final) dos fatos jurídicos pode estar sujeita, ainda, a vicissitudes que influem em seu surgimento e em sua amplitude, tanto sob os aspectos temporal e espacial, como relativamente a seu conteúdo. Assim é que um fato jurídico pode produzir sua eficácia: (i)

---

63. A distinção entre *limitações* e *restrições* reside em que aquelas são decorrentes de normas jurídicas, enquanto essas, de estipulações negociais, segundo a terminologia precisa de Pontes de Miranda (*Tratado de direito privado*, t. V, § 566, 1 *et passim*).

64. Sobre o conceito de esfera jurídica, *vide*, adiante, § 15.

plena ou apenas limitadamente, (ii) imediatamente ou protraída para o futuro, (iii) de modo definitivo ou provisoriamente ou (iv) limitada a determinado espaço territorial, (v) havendo, também, a possibilidade de que nunca venha a gerar seus efeitos próprios (ineficácia em sentido estrito).

Essas vicissitudes podem decorrer: (i) da natureza do próprio fato jurídico, (ii) da vontade dos figurantes, (iii) de expressa disposição de lei ou (iv) do âmbito de valência do próprio sistema jurídico.

i) *Natureza do fato jurídico*

Há fatos jurídicos que, por sua natureza mesma, têm a produção de seus efeitos próprios condicionada à ocorrência de fatos futuros. São os atos jurídicos cuja eficácia depende de elemento integrativo do suporte fáctico ou de algum outro fato jurídico *lato sensu*[65]. Constituem exemplos dessa espécie:

(*a*) O testamento, que embora exista a partir de sua formalização e seja válido, somente produz seus efeitos específicos e finais de transmitir a propriedade e a posse da herança quando ocorre a morte do testador (= fato jurídico *stricto sensu*). A morte constitui elemento que deflagra a eficácia do testamento. É possível, por isso, que jamais venha a produzir sua eficácia: basta que (i) seja revogado; (ii) antes da morte do testador, morra o único herdeiro testamentário ou morram todos os herdeiros e legatários, ou, ainda, (iii) o testador, ainda em vida, aliene os bens testados.

(*b*) A compra e venda de bem imóvel, em que sua eficácia real de transmitir a propriedade depende da inscrição do acordo de transmissão no registro de imóveis (= elemento integrativo do suporte fáctico).

(*c*) Os negócios jurídicos de constituição de sociedade, cujo efeito de sua personificação apenas ocorre como consequência da inscrição de seus atos constitutivos no registro civil das pessoas jurídicas ou do seu arquivamento no registro público de empresas mercantis[66], segundo sua natureza civil ou comercial (= elemento integrativo do suporte fáctico).

(*d*) O fato jurídico tributário, no qual sua eficácia final de exigibilidade do crédito fiscal (nascimento da pretensão da entidade tributante a receber o tributo devido e da correspondente obrigação do contribuinte ou responsável de pagá-lo) depende da efetivação do lançamento, com a devida

---

65. Sobre elemento integrativo do suporte fáctico, *vide* nosso *Teoria do fato jurídico*: plano da existência, § 12, 6.3.

66. Essa denominação veio com o atual Código Civil. Antes, denominava-se Registro do Comércio.

notificação do contribuinte, quando for caso do chamado lançamento direto (= elemento integrativo do suporte fáctico – *vide*, adiante, no § 8º, iv).

ii) *Vontade dos figurantes*

A vontade dos figurantes do negócio jurídico, segundo a amplitude do poder de autorregramento que lhe assegura o sistema jurídico, constitui o elemento que mais pode influir no surgimento, modificações e duração da eficácia jurídica. A possibilidade ampla de se estabelecerem condições e termos nos negócios jurídicos revela o quanto pode a vontade em relação à eficácia. Não que a gere só por si; não que possa alterar ou impedir que eficácia cogentemente prevista pela lei se realize; mas, naquele âmbito em que o sistema lhe reconhece o poder de autorregrar-se, constitui dado suficiente a regulá-la. Assim é que, dentro do campo que lhe é deixado pela lei, a vontade pode escolher entre categorias eficaciais, suspender a sua irradiação (condição suspensiva) ou seu exercício (termo inicial), extinguir o efeito ocorrido (condição resolutiva ou termo final, resolução *stricto sensu*, resilição, rescisão, revogação, anulação, denúncia, *e. g.*). Esse poder de escolha da categoria jurídica, inclusive e especialmente, eficacial, é que caracteriza o negócio jurídico.

A vontade somente pode ter atuação sobre a geração da eficácia quando se trata de negócios jurídicos. Os fatos jurídicos *stricto sensu*, os atos-fatos jurídicos, os atos jurídicos *stricto sensu* e todas as espécies de fatos jurídicos ilícitos (fatos *stricto sensu* ilícitos, atos-fatos ilícitos e atos ilícitos) não sofrem influência de manifestação de vontade na irradiação da eficácia, uma vez que ela, a vontade, constitui elemento:

(*a*) inexistente ou irrelevante à formação do suporte fáctico nas duas primeiras espécies;

(*b*) irrelevante quanto à irradiação da eficácia nos atos jurídicos *stricto sensu* e nas espécies ilícitas.

Com efeito, tanto nos suportes fácticos dos fatos jurídicos *stricto sensu* como nos dos atos-fatos jurídicos, a vontade ou não existe (eventos) ou é tida como irrelevante (conduta avolitiva) pelas normas jurídicas. Nessas espécies, as normas jurídicas abstraem a vontade que, eventualmente, possa ter havido na concreção do suporte fáctico.

Quanto aos atos jurídicos *stricto sensu,* embora a vontade seja elemento cerne do suporte fáctico, não há poder de autorregramento da vontade, de modo que a irradiação de sua eficácia é imune ao querer das pessoas, pois seus efeitos são predeterminados pela lei, sendo imutáveis em face da vontade. A eficácia dessa espécie não pode ser subordinada a condições e termos.

Assim também em relação às espécies ilícitas. A eficácia se produz plenamente, irradiando-se tão logo se concretize suficientemente o suporte fáctico. Em relação a esses fatos jurídicos, a vontade não pode ter qualquer ingerência na produção da eficácia, mesmo quanto aos atos ilícitos, porque seus efeitos, sendo sanções que se destinam a punir aqueles que os praticam, não podem ter a sua efetivação deixada à mercê do querer do agente.

iii) *Expressa disposição normativa*

Da mesma maneira, a norma jurídica pode influir diretamente sobre a eficácia jurídica. Conforme já referido, em sua revelação, definindo o fato jurídico e prescrevendo sua eficácia, a comunidade jurídica tem amplíssima liberdade, tão ampla que até permite pensar em verdadeiro arbítrio. Por isso, o legislador, (*a*) quanto à *imputação* da eficácia jurídica, praticamente só encontra limitações na natureza das coisas e na dignidade do ser humano, (*b*) em relação à permanência da eficácia jurídica já irradiada, tem seu poder limitado pelo *princípio da irretroatividade da lei*, segundo o qual as normas jurídicas hão de respeitar: (*b.a*) os fatos jurídicos, em si, já concretizados (*e.g.* ato jurídico perfeito), (*b.b*) sua eficácia já produzida, ainda que não subjetivamente exercida (= direito adquirido), e (*b.c*) as decisões judiciais transitadas em julgado (= coisa julgada). Por consequência, desde que não prejudiquem o ato jurídico perfeito, o direito adquirido ou a coisa julgada, é livre a instituição de normas jurídicas que disponham retroativamente.

A norma jurídica tem, portanto, o poder de limitar, protrair, restaurar, dar imediatidade, modificar ou extinguir efeitos jurídicos, respeitados, porém, os limites traçados pelo princípio da irretroatividade da lei[67]. A retroeficácia, quando possível, não atua modificando as situações fácticas no passado. A norma existe com força vinculante desde sua vigência. Também, apenas a partir desse momento seu suporte fáctico se pode concretizar, mesmo quando em sua previsão estejam incluídos fatos pretéritos. Por isso, a incidência da norma jurídica dita retroativa, ou retroeficaz, somente se dá desde *agora* e *ad futurum*, não indo ao passado para *ali* atuar. Os fatos do passado que integrem seu suporte fáctico são tomados tal como ocorridos em seu tempo, segundo configuração *lá, não aqui*. Não há como desconsiderar a *irreversibilidade do tempo*, de modo que é impossível voltar ao passado[68]. A *reversibilidade do tempo* é tema que só pode ser objeto de conjeturas filosóficas

---

67. Sobre o assunto, quanto à modificabilidade da eficácia em certas relações jurídicas, *vide*, adiante, § 12.

68. Larenz, *Metodología de la ciencia del derecho*, p. 173, que cita Ernst Wolf (*Anfang und Ende der Rechtsfähigkeit*, p. 220), transcrevendo o seguinte trecho: "O

ou ficção literária, não da realidade jurídica. Desse modo, as normas jurídicas ditas retroativas atuam (incidem) apenas *hic et hoc*, donde somente se pode ter os fatos jurídicos resultantes como gerados a partir da efetivação da incidência. No entanto, pode a norma jurídica dispor que suas consequências (= eficácia jurídica) sejam *consideradas desde agora como se houvessem ocorrido no passado*[69].

iv) *Âmbito de valência do próprio sistema jurídico*

iv') Limite espacial

A eficácia jurídica tem um limite espacial de atuação que coincide com o próprio âmbito de valência do sistema jurídico, isso como consequência natural e insuperável de que a amplitude espacial da vigência das normas jurídicas constitui limite da eficácia dos fatos jurídicos por elas criados. É certo que cada sistema jurídico tem um âmbito espacial próprio de valência que corresponde, em regra, ao território em relação ao qual a respectiva comunidade jurídica exerce seu poder político. Cada norma jurídica, por sua vez, pertence a certo sistema jurídico[70]. Não há norma jurídica que não pertença a determinado sistema jurídico (relação necessária de pertinência), em razão do que o poder vinculante de condutas ínsito em cada uma delas (= vigência) está circunscrito ao mesmo âmbito espacial de valência do sistema jurídico que integra. Como decorrência disso, as normas jurídicas só podem incidir sobre suportes fácticos que se concretizam dentro do círculo territorial em que são vigentes[71], de modo que os fatos jurídicos que criam também se inserem no sistema jurídico respectivo, "de onde se depreende *que os fatos jurídicos são internos a cada sistema*"[72]. Por consequência lógica, a eficácia jurídica de um fato jurídico está também ligada e limitada ao âmbito de valência da norma jurídica que o gerou. Tanto a efi-

---

tempo não é reversível. Por conseguinte, tampouco o passado jurídico, por sofrer influência de circunstâncias presentes. Tem que seguir sendo o que tem sido".

69. É comum em leis relativas à remuneração de servidores públicos normas estabelecendo que seus efeitos financeiros retroagirão a algum momento do passado.

70. Lourival Vilanova, *Causalidade e relação no direito*, p. 55.

71. Embora possam integrar suportes fácticos fatos ocorridos em território que constitua base espacial de outra comunidade, segundo a Lei de Introdução às Normas do Direito Brasileiro (denominação inadequada dada à Lei de Introdução ao Código Civil, Dec.-lei n. 4.657, de 4-9-1942), como, por exemplo, o nascimento ocorrido no exterior de filho de pais brasileiros, domiciliados no Brasil.

72. Lourival Vilanova, *Causalidade e relação no direito*, p. 54.

cácia normativa, que cria o fato jurídico, como a eficácia jurídica que dele decorre, por serem intrassistêmicas, são intraterritoriais.

O próprio sistema jurídico, no entanto, pode admitir o reconhecimento de eficácia de normas jurídicas ou de fatos jurídicos de outros sistemas jurídicos[73]. A prática do reconhecimento da eficácia extraterritorial de fatos jurídicos não é recente. Sempre por meio de tratados ou convenções internacionais, os países avençaram, e ainda avençam, o reconhecimento de normas de aplicação comuns aos signatários. As denominadas Leis Uniformes de Cheques e de Títulos Cambiais são exemplos de normas padrões de caráter internacional. Assim também o chamado Código de Bustamante, nome como é conhecida a Convenção Internacional de Direito Privado de Havana, que contém normas dessa espécie, como a de seu art. 278, que atribui eficácia extraterritorial às hipotecas, privilégios e garantias reais que, constituídas de acordo com as *leis do pavilhão* (nacionalidade), gravem navios. A União Europeia, resultado da evolução da Comunidade Econômica Europeia (Mercado Comum Europeu), criada pelo Tratado de Roma de 1957, tem sua integração jurídica por meio de normas comuns aos seus integrantes relativas (a) à competência judiciária e à execução de decisões cíveis e comerciais, e (b) à lei aplicável às obrigações contratuais, prescritas nas Convenções de Bruxelas (1968) e de Roma (1980), respectivamente.

iv") Limite temporal

A questão do término temporal da vigência da norma, no entanto, não tem influência alguma sobre a eficácia dos fatos jurídicos criados por sua incidência, uma vez que não são desconstituídos pela simples circunstância de haver a norma jurídica perdido a sua vigência ou de se haver extinguido seu suporte fáctico. O fato jurídico, após ser criado pela incidência da norma jurídica, passa a constituir um *ser em si*, conceptualmente uma unidade cuja existência independe de que permaneçam com vigência a norma que incidiu ou existentes os elementos do suporte fáctico que lhe deram vida[74].

---

73. A criação de blocos econômicos internacionais, como o Mercosul, vem incentivando a uniformização dos sistemas jurídicos nacionais, estimulando, num primeiro momento, a internacionalização das normas jurídicas relativas aos negócios e revelando tendência a influir em todos os ramos dos direitos nacionais.

74. Sobre o assunto, *vide* nosso *Teoria do fato jurídico*: plano da existência, em especial § 13.

Seção V
Dos modos de eficácia jurídica

§ 8º Classificação dos modos de eficácia jurídica

Consideradas as vicissitudes a que pode estar sujeita e os vários modos em decorrência dos quais se pode irradiar, é possível classificar a eficácia jurídica:

(i) quanto à amplitude, em total e parcial;

(ii) quanto ao exercício, em plena e limitada;

(iii) quanto à definitividade, em definitiva, resolúvel e interimística;

(iv) quanto ao surgimento, em instantânea, sucessiva e protraída;

(v) quanto à origem, em própria, anexa e reflexa;

(vi) quanto à atuação, em *ex nunc, ex tunc* e mista;

(vii) além dessas, há a eficácia *putativa* atribuída a atos jurídicos nulos.

i) *Eficácia total e eficácia parcial*

Diz-se *total* a eficácia quando todo seu conteúdo se produz, portanto, quando ocorre *E,* e não *E – 1* ou *E – n,* independentemente de ter surgido de um só jato ou sucessivamente. Se o conteúdo eficacial não é gerado instantaneamente, mas com sucessividade, somente se poderá ter como total a eficácia quando o último de seus elementos constitutivos se verificar. Para essa classificação importa saber se da relação jurídica respectiva resultaram todos os direitos ⇄ deveres e se podem, eventualmente, nascer as pretensões ⇄ obrigações, ações ⇄ situações de acionado e exceções ⇄ situações de excetuado, e quaisquer outras categorias que correspondam a seu conteúdo próprio, tal como, abstratamente, imputado pela norma ao fato jurídico respectivo. Se todos os efeitos menos um (*E – 1*) se produzirem, não há eficácia total, mas *parcial.* Enquanto alguma (ou várias) das categorias que compõem o conteúdo eficacial do fato jurídico ainda não se houver irradiado, a eficácia será parcial, mesmo que depois venha a tornar-se total.

O negócio jurídico sob condição suspensiva, *e. g.*, produz, apenas, eficácia parcial, uma vez que sua eficácia total somente se produzirá se e quando implida a condição. Enquanto pendente condição suspensiva, há eficácia interimística (*vide*, adiante, "iii"), pois, embora se forme de logo a relação jurídica, dela só se irradiará *direito expectativo*[75], em cujo conteúdo se incluem, por exemplo, os direitos à conservação do bem, à defesa de sua posse e, em especial, o *direito expectado*. O mesmo não ocorre com o termo inicial, espécie em que a eficácia produzida é total. O termo inicial não impede a aquisição do direito, mas, apenas, seu exercício, o que faz dele tão só um elemento limitante da eficácia, contudo não mutilante.

Essa classificação leva em conta a eficácia própria e final do fato jurídico, no que se incluem efeitos cuja irradiação dependa de elementos integrativos do suporte fáctico, como ocorre, *v. g.*, com a compra e venda de imóveis, cuja eficácia real de transmitir a propriedade somente se produz após a inscrição (elemento integrativo) do acordo de transmissão no registro de imóveis. Tão logo seja formalizado o contrato, inicia-se a produção de sua eficácia, nascendo, de imediato, a relação jurídica entre vendedor e comprador, gerando, se não houver condição suspensiva, todo seu conteúdo eficacial de natureza obrigacional, que, basicamente, limita-se ao dever do vendedor de transmitir a propriedade e o direito do credor a adquiri-la, bem assim o dever do comprador de pagar o preço e o direito do vendedor de recebê-lo. Não se produz, no entanto, sua eficácia final própria, de natureza real, que, em sentido estrito, consiste na transmissão da propriedade do bem que for seu objeto[76]. Se a compra e venda é de bem móvel, a eficácia real somente surge com a tradição da coisa. Por isso, enquanto não há o registro,

---

75. Não *expectativa de direito*, como é usual dizer em doutrina, com absoluta impropriedade. Falar em expectativa de direito é mencionar situação pré-jurídica que pode ocorrer quando ainda em formação o suporte fáctico do fato jurídico. Não se trata, pois, de situação jurídica, mas de mera situação fáctica, uma vez que fato jurídico ainda não existe. O *direito expectativo*, ao contrário, constitui eficácia jurídica típica, com conteúdo próprio, que nasce de fato jurídico enquanto não gerada sua eficácia final. Um exemplo pode mostrar a diferença: o segurado da Previdência que ainda não completou o tempo e/ou depende de outros requisitos para aposentar-se, tem expectativa de direito, portanto, mera esperança (fáctica) de poder aposentar-se se e quando incorporar os pressupostos que lhe garantam o direito. Diferentemente, o donatário de um bem, enquanto pendente condição suspensiva, tem direito expectativo que lhe assegura, *e. g.*, o direito de conservar o imóvel se for abandonado pelo doador, ou defender a sua posse, se turbada por terceiro, e de adquirir o *direito expectado* (no caso, o domínio sobre a coisa doada) desde que ocorra o implemento da condição. Sobre o assunto *vide* nosso *Breve estudo sobre a eficácia do negócio jurídico sob condição suspensiva* e Pontes de Miranda, *Tratado de direito privado*, t. V, § 545, 5 *et passim*.

76. É o que Pontes de Miranda denomina *eficácia em um só ramo* (*Tratado de direito privado*, t. V, § 531, 2).

quando o objeto é bem imóvel, ou a tradição, no caso de bem móvel, a eficácia da compra e venda é meramente obrigacional, portanto, parcial.

Situação semelhante ocorre com o negócio jurídico de constituição de sociedade. Desde que formalizado, começa a existir a sociedade e se irradiam, de logo, os efeitos jurídicos que se referem aos sócios entre si, em relação à sociedade e a terceiros; mas não há, ainda, a pessoa jurídica. Sua personificação, que é parte de sua eficácia jurídica, só se produz após a inscrição de seu ato constitutivo no registro próprio (registro civil de pessoas jurídicas ou registro público de empresas mercantis, conforme seja simplesmente civil ou empresarial a sua natureza). Destarte, o negócio jurídico de constituição de sociedade entra no mundo jurídico, mas a eficácia que irradia é parcial, apenas se completando, com a criação de sua personalidade jurídica, por efeito de sua inscrição no registro próprio. Constituída a sociedade e personificada pelo registro, torna-se total a eficácia[77].

Também o fato jurídico tributário tem sua eficácia final dependente de elemento integrativo: o lançamento. Com efeito, no fato jurídico tributário, o lançamento constitui elemento integrativo de seu suporte fáctico[78], uma vez que a lei lhe confere a função de deflagrar sua eficácia final, consistente na atribuição de *exigibilidade ao crédito tributário,* gerando, por conseguinte, a *obrigação* de pagar o tributo e a correlativa *pretensão* de exigi-lo (o pagamento). Em verdade, a relação jurídica tributária se estabelece desde a ocorrência do ato jurídico tributário, que se dá, fatalmente,

---

77. Por isso, no regime do Código de 1916, constituía grave incorreção dizer *irregular* ou *de fato* a sociedade enquanto ainda não registrados seus atos constitutivos. *Irregular* não podia ser considerada, uma vez que era regular o contrato de constituição; *de fato* também não podia ser, pois que o contrato de constituição ou a aprovação de seus estatutos entra no mundo jurídico como negócio jurídico, portanto, jurídica é. Em rigor, *sociedade irregular* é aquela cujo ato constitutivo contém algum defeito que o torna inválido, não podendo ser registrado. *Sociedade de fato*, por sua vez, refere-se a agrupamento de pessoas que se unem para realizar um fim comum, mas sem *affectio societatis*. Na sociedade sem registro há, em verdade e tão somente, sociedade sem personificação. O Código Civil de 2002 regula a sociedade não personificada em seus arts. 986 a 990, reconhecendo a existência da sociedade e estabelecendo as relações dos sócios entre si e da sociedade com terceiros. No mesmo subtítulo nega personalidade à sociedade em conta de participação, ainda que venha a ter seu contrato inscrito no registro de empresas. Seguiu o legislador civil de 2002 a melhor orientação.

78. Sobre a noção de elemento integrativo, ver nosso *Teoria do fato jurídico*: plano da existência, § 12, 6.3.

como consequência da incidência da regra-matriz[79] sobre seu suporte fáctico concretizado[80]. Embora dela não se irradie, de logo, todo seu conteúdo eficacial, surgem de imediato: (*a*) as *obrigações acessórias,* dentre as quais *a de efetuar, nos casos específicos previstos em lei, o lançamento por delegação*, inadequadamente dito *lançamento por homologação*[81], e (*b*) relati-

---

79. Conforme a expressiva terminologia de Paulo de Barros Carvalho (*Direito tributário*: fundamentos jurídicos da incidência, p. 80 *et passim*, e *Curso de direito tributário*, p. 154 *et passim*) usada para definir a regra que descreve o fato jurídico tributário e sua eficácia: hipótese e consequências.

80. O CTN, impropriamente, denomina *fato gerador* o suporte fáctico do fato jurídico tributário, como anotamos em nosso "Contribuição ao estudo da incidência da norma jurídica tributária", p. 34, repetimos em *Teoria do fato jurídico*: plano da existência, p. 37, e mostram outros juristas, como Paulo de Barros Carvalho (*Curso de direito tributário*, p. 155) e Alfredo Augusto Becker (*Teoria geral do direito tributário*, p. 318) *e. g.* A doutrina o costuma nomear como *hipótese de incidência, pressuposto de fato, fato imponível, situação-base*, dentre outras locuções usadas para designar aqueles fatos, atos, estados de fato ou situações jurídicas descritos na lei como "eventos de expressão econômica" que constituem "o critério material" previsto na hipótese da regra-matriz (Paulo de Barros Carvalho, *Direito tributário*: fundamentos jurídicos da incidência, p. 81 *et passim*, e *Curso de direito tributário*, p. 160 *et passim*); exemplificando, *grosso modo*: a circulação de mercadoria ou prestação de serviço de transporte ou de comunicação no ICMS; a propriedade, o domínio útil ou a posse de bem imóvel por natureza, situado em zona rural, no ITR; a propriedade, o domínio útil, ou a posse de bem imóvel por natureza ou acessão física, localizado em zona urbana, no IPTU; a transmissão de bens imóveis, por natureza ou acessão física, ou direitos a eles relativos por ato *inter vivos* oneroso ou gratuito e *causa mortis*, no ITBI; a aquisição da disponibilidade econômica ou jurídica da renda ou proventos de qualquer natureza, no IR, por exemplo.

81. A expressão *lançamento por homologação*, usada pela lei (CTN, art. 150) e adotada por grande parte da doutrina, parece inadequada, conforme se passará a demonstrar. O lançamento tributário constitui ato administrativo *necessário* de competência *vinculada* da autoridade tributária, que se destina à apuração da formação da relação jurídica tributária, constatando a ocorrência da hipótese de incidência tributária, identificando o seu sujeito passivo, determinando a matéria tributável, o montante do tributo devido e, sendo o caso, propondo a aplicação de penalidades cabíveis, tudo com o objetivo (= finalidade) de constituir o crédito tributário (CTN, art. 142). Por se tratar de *ato necessário e vinculado* da administração tributária, com fim específico e imodificável, em que se evidencia a inexistência de poder de escolha de categoria jurídica (que é próprio do negócio jurídico), caracteriza a espécie ato jurídico *stricto sensu.* Em certos tributos, como IPI, ICMS, IR, por exemplo, o número de fatos jurídicos tributários que necessitam de lançamento é de tal magnitude que se torna impossível à autoridade fiscal realizá-los. Em face dessa impossibilidade prática, a lei atribui ao contribuinte ou, eventualmente, a terceiro, desde a ocorrência da hipótese de incidência descrita na regra-matriz, a *obrigação* de prati-

vamente à *chamada obrigação principal* (obrigação de pagar o tributo devido), apenas o *direito subjetivo público* do sujeito ativo (*credor*) a receber o tributo (= *crédito tributário*) e o correspectivo *dever* do sujeito passivo (*devedor*) de pagá-lo (= *débito tributário*). Esse direito subjetivo público de receber o tributo, como qualquer outro, não contém, em si, exigibilidade, pois os poderes e faculdades que sejam seus conteúdos só existem *in potentia* (*vide*, adiante, no § 37, sobre o conteúdo da relação jurídica). Enquanto

---

car atos que integram o suporte fáctico do lançamento (identificação do sujeito passivo, apuração da matéria tributável e montante do tributo devido), com a finalidade de *tornar exigível* o crédito tributário e gerar a *obrigação de efetuar o pagamento do tributo apurado* (= *devido*). A lei, portanto, imputa ao contribuinte ou a terceiro a obrigação de efetivar o ato, que devia ser do Fisco, de lançamento das operações tributadas, o que caracteriza, claramente, uma *delegação* de poderes, cujo exercício pelo contribuinte ou terceiro responsável, que é compulsório, está sujeito à aferição de sua correção pela autoridade tributária, homologando-o, expressa ou tacitamente (aqui pelo decurso do prazo, sem manifestação dos agentes fiscais) ou não (aqui só expressamente). Por isso, o lançamento tributário feito pelo contribuinte, ou terceiro responsável, por ter o mesmo suporte fáctico e as mesmas consequências jurídicas, é *ato administrativo delegado* de eficácia imediata, desde quando atribui exigibilidade ao crédito tributário, criando a *pretensão* do sujeito ativo e a correspondente *obrigação* do sujeito passivo de efetuar o pagamento do tributo *devido* (= *constitui* o crédito tributário, que foi apurado mediante o lançamento que efetivou). Apesar da imediatidade de sua eficácia, a exigência de homologação do lançamento pela autoridade tributária a faz eficácia resolúvel, considerando-se a norma do § 1º do art. 150 do CTN. Assim, parece que seriam mais adequadas para designá-lo expressões como *lançamento por delegação,* que preferimos, ou, ao menos, *lançamento sujeito a homologação.*

Em importantes obras, de valor indiscutível, *Lançamento tibutário* (premiada) e *Decadência e prescrição no direito tributário,* Eurico Marcos Diniz de Santi dissecou, com profundidade, o instituto do lançamento tributário, porém em termos absolutamente distintos destes aqui expostos com fundamento na concepção ponteana do fenômeno jurídico. De acordo com sua visão, nos atos administrativos hão de se considerar dois aspectos: (*a*) o ato da autoridade que dá aplicação ao direito e (*b*) a norma individual e concreta que esse ato introduz no plano jurídico, portanto, o *fato da aplicação* (*a*) e o seu *produto normativo* (*b*). Ao fato da aplicação deu a denominação de *ato-fato administrativo,* designando *ato-norma* a norma individual e concreta que daquele resultaria. Relacionando esses conceitos ao lançamento tributário tem-se que o ato de lançamento feito pela autoridade constituiria o *ato-fato administrativo* enquanto o *ato-norma administrativo* seria a "norma individual e concreta que formaliza o crédito tributário" (*Decadência e prescrição no direito tributário*, p. 109 *et passim*). Essa concepção tem seu fundamento, evidentemente, no entendimento de que da aplicação do direito resultam *normas jurídicas individuais e concretas* que regem as situações jurídicas, segundo a concepção kelseniana.

apenas há direito do sujeito ativo, ainda não existe obrigação, mas o correlato dever de pagar o tributo, que por si também é inexigível. Nesse estágio, o sujeito passivo da relação jurídica tributária, além desse *dever* e de adimplir algumas *obrigações acessórias* (como proceder aos registros contábeis, *e. g.*), tem simplesmente, quando lhe compete, a *obrigação* de efetuar o lançamento do tributo por *delegação*, ato por meio do qual é apurado o valor do tributo a pagar.

Efetivado o lançamento, diretamente pela autoridade fazendária ou pelo contribuinte, por delegação, conforme a espécie, como decorrência da eficácia que lhe atribui o art. 142 do CTN de *constituir o crédito tributário*[82], o direito subjetivo do sujeito ativo da relação jurídica tributária (= crédito tributário) se transforma em *pretensão* e o dever do sujeito passivo, em *obrigação*, revestindo-se de *exigibilidade*. O lançamento, assim, constitui ato jurídico necessário e vinculado a que o contribuinte possa pagar o tributo devido; é ato jurídico que integra o suporte fáctico do fato jurídico tributário para deflagrar sua eficácia total: fazer nascer a obrigação de pagar o tributo. Sem *lançamento* não há *obrigação de pagar* tributo (a chamada *obrigação tributária principal*). Por isso, nos tributos em que há lançamento direto, enquanto a autoridade não o realiza e dele não notifica o contribuinte[83], embora exista o dever de pagar o tributo, não há a obrigação de pagá-lo; mais ainda, *não o pode* pagar, mesmo que o queira. Quando se trata de lançamento por delegação, porém, a exigibilidade do crédito não fica sujeita apenas à sua efetivação, mas nasce desde o momento em que deveria ser efetivado, independentemente de que o contribuinte cumpra sua obrigação de fazê-lo. Portanto, se o contribuinte inadimple, na data aprazada, sua obrigação de fazer o lançamento, a obrigação de pagar o tributo devido surge desde ali. O inadimplemento da obrigação de lançar, por configurar a prática de um ilícito relativo, não pode beneficiar o infrator. Por essa razão fica o contribuinte sujeito às penalidades aplicáveis ao caso de não pagamento do tributo se não for efetivado o lançamento e, por esse ou qualquer outro motivo, deixar de efetuar o pagamento do tributo devido.

---

82. Essa expressão "*constituir o crédito tributário*", empregada pelo legislador, parece imprecisa e inadequada. Como visto, em rigor, o lançamento tributário não *constitui* (= cria) o crédito tributário, mas tão somente lhe atribui exigibilidade, de modo que atua como elemento integrativo da eficácia do fato jurídico tributário.

83. Nessas espécies (lançamento direto), o lançamento caracteriza um ato administrativo classificável como ato jurídico *stricto sensu*, conforme já se disse na nota anterior, em que a recepticiedade da manifestação de vontade constitui elemento do suporte fáctico.

O lançamento, destarte, constitui elemento integrativo do suporte fáctico do fato jurídico tributário, uma vez que dele depende, em caráter essencial, para que produza sua eficácia final.

Em espécies como essas, em que ato jurídico integrativo (*e. g.*, registro, lançamento) gera efeitos específicos completantes da eficácia do negócio jurídico, cada um dos atos jurídicos tem sua eficácia própria, as quais, somadas, produzem a eficácia total do ato jurídico. O fim próprio do negócio jurídico de compra e venda é, sem dúvida, a transmissão da propriedade do bem, não a geração de simples direitos obrigacionais à prática de certos atos. Por isso, a eficácia específica da compra e venda somente se pode considerar total quando realizada a transmissão da propriedade, de modo que se há de considerar parcial sua eficácia enquanto não registrado o acordo de transmissão, uma vez que limitada ao ramo do direito das obrigações.

A questão de ser total ou parcial a eficácia não diz respeito ao efetivo exercício dos direitos, pretensões, ações e exceções que constituem o conteúdo de cada relação jurídica, mas, tão só, à possibilidade de serem exercidos, porque o exercício de alguns deles pode depender de circunstâncias próprias. A ação (de direito material), em geral, só se irradia quando há violação da pretensão pelo inadimplemento da correspectiva obrigação, por exemplo. A relação jurídica dominial sobre bem imóvel, *e. g.*, tem, como conteúdo fundamental, o direito e a consequente pretensão de que decorrem as faculdades de usar, fruir e dispor do bem, assim como o poder de reivindicá-lo de quem injustamente o possua. Essas categorias existem *in potentia*. A plena propriedade atribui ao titular do domínio a *possibilidade* de exercer qualquer deles. O exercício da ação reivindicatória, no entanto, depende da ocorrência de situação em que terceiro esteja detendo, ilicitamente, o bem, em violação do direito de propriedade. Enquanto não ocorrer tal situação há, apenas, a pretensão reivindicatória; a ação reivindicatória, embora exista como conteúdo da relação jurídica, não tem a possibilidade de ser exercida, porque o pode ser unicamente quando desatendida a pretensão. Mesmo não se materializando a hipótese que faz exercitável a ação (de direito material), a eficácia nesses casos é total, e não, apenas, parcial.

ii) *Eficácia plena e eficácia limitada*

Diferentemente da anterior, a classificação da eficácia em plena e limitada tem por pressupostos a possibilidade de exercício:

(*a*) de todos ou, apenas, de alguns direitos, pretensões, ações e exceções que constituírem o conteúdo eficacial da relação jurídica, ou de poderes e faculdades que sejam conteúdo dos direitos, (*b*) de modo definitivo ou temporário.

Cada direito, sem exceção, tem seu conteúdo próprio integrado por poderes específicos e faculdades que o enchem. Por isso, essa classificação leva em conta (*i*) tanto as limitações e restrições que atingem o direito em si, como um todo, (*ii*) quanto as que alcançam somente algum ou alguns dos poderes e faculdades que o integram.

Assim, será *plena* a eficácia quando o titular da posição ativa na relação jurídica (= sujeito ativo) *puder exercer* todos os poderes e faculdades inerentes aos direitos, às pretensões, ações e exceções que estejam incorporados à sua esfera jurídica de modo definitivo, sem limitações ou restrições, temporais ou materiais. Será *limitada*, ao contrário, se o titular da posição ativa não tiver a possibilidade de exercer em toda a sua plenitude tais poderes e faculdades que enchem os direitos, pretensões, ações e exceções, ou houver interimisticidade.

O direito de propriedade, por exemplo, é pleno quando: (*a*) sobre o bem não recaem direitos reais, como usufruto, uso, habitação, servidão, enfiteuse, superfície, *e. g.*, que o limitam na extensão de seu conteúdo; (*b*) não há limitações ou restrições que impeçam o exercício de poder ou faculdade nele contido, como ocorre quando existem cláusulas restritivas de disponibilidade do bem (= inalienabilidade, ingravabilidade e impenhorabilidade), ou o bem está onerado por direito real de garantia; ou, finalmente, (*c*) não está sujeito a resolução. A nua-propriedade e a propriedade inalienável, ingravável, impenhorável ou resolúvel são exemplos típicos de eficácia limitada. Assim também cada um dos direitos reais limitados (enfiteuse, superfície, servidão, usufruto, uso e habitação).

Em todas essas espécies pode haver eficácia total, se se produziram todos os poderes e faculdades inerentes aos direitos próprios da relação jurídica, mas não será plena, uma vez que limitada em sua extensão. A relação jurídica que nasce do usufruto tem conteúdo limitado, já que lhe faltam os poderes de disposição e de reivindicação. No entanto, produz sua eficácia total quando todos os direitos e pretensões que integram seu conteúdo são irradiados.

A plenitude da eficácia supõe a sua definitividade. A eficácia plena há de ser definitiva. A propriedade temporária, como a resolúvel, embora possa atribuir a seu titular, enquanto dure, todos os poderes e faculdades inerentes aos direitos que a integram (= eficácia total), sua resolubilidade (= limitação no tempo) importa fazer não plena, limitada, sua eficácia. Resolvida a propriedade (= resolvida a eficácia da relação jurídica real de propriedade), resolvem-se todos os direitos que constituem seu conteúdo, ainda que relativamente a terceiros. Por isso, também é limitada a eficácia dos negócios jurídicos de disposição feitos pelo titular da propriedade pendente condição resolutiva ou pelo herdeiro fiduciário, uma vez que, resolvida a propriedade pelo implemento da condição ou por ser alcançado o termo final, resolve-se a eficácia que houverem produzido[84]. O direito de propriedade se transmite com todas as suas características. Assim, se era limitada a propriedade transmitida, limitada continuará a sê-lo.

A eficácia limitada no tempo, no entanto, pode transformar-se em plena, caso a condição resolutiva, por exemplo, não venha a ocorrer, consolidando a titularidade do sujeito jurídico de modo permanente. Morrendo o herdeiro fideicomissário, renunciando à herança, ou não se realizando a condição resolutiva, a propriedade resolúvel do fiduciário torna-se plena, se de modo diverso não dispuser o testamento[85]. Em tal situação, a consolidação na pessoa do proprietário resolúvel torna, também, definitiva a eficácia dos negócios jurídicos de disposição que haja realizado pendente a resolubilidade.

As restrições, quando não inibem o exercício dos direitos, pretensões, ações e exceções, ou dos poderes e faculdades a eles inerentes, e seus efeitos importam consequências diversas da desconsideração do ato que as infringem (*e. g.* indenização), não fazem limitada a eficácia. As restrições ao direito de propriedade não registráveis, de cunho meramente obrigacional (*ad personam*), como a do proprietário que concede ao vizinho preferência para a compra do terreno, não impedem a venda, válida e eficaz, do bem a terceiro. Pelo descumprimento da preferência, apenas poderá haver responsabilidade por perdas e danos (Código Civil, art. 518). Não há, portanto, limitação da eficácia. Ao contrário, se a restrição é registrável e tem eficácia real, como é o caso das cláusulas de inalienabilidade, impenhorabilidade, incomunicabilidade e ingravabilidade, o direito do proprietário é limitado porque não lhe cabe o poder de disposição, que integra o conteúdo da plena propriedade.

As limitações e restrições limitantes não existem, apenas, em relação aos direitos reais. São direitos tipicamente limitados em seus poderes e faculdades os de família e os de personalidade, visto que são indisponíveis (*e. g.*,

---

84. Código Civil, arts. 127 e 128. Tal efeito em relação a terceiro somente se aplica em caso de propriedade resolúvel, não em caso de resolução de propriedade plena por outros motivos supervenientes que não os determinantes da própria resolubilidade, de que é exemplo a resolução por inadimplemento contratual.

85. Código Civil, arts. 1.951, 1.953, 1.955, 1.957 e 1.958.

não podem ser alienados e são irrenunciáveis). Também no plano do direito das obrigações é possível haver limitações ou restrições aos poderes e faculdades inerentes aos respectivos direitos. A falta de legitimação da pessoa casada para endividar-se com comprometimento do patrimônio comum constitui limitação ao poder de disposição, assim como o estabelecimento de pacto *de non petendo* implica uma restrição à pretensão de exigir o cumprimento da obrigação, *e. g.*

A prescritibilidade da eficácia (pretensão, ação ou exceção) não a faz temporária, uma vez que os efeitos da prescrição não são próprios da eficácia em si, mas consequência de ato-fato jurídico cujo suporte fáctico se configura pela inação do seu titular em exercer, durante certo tempo, a pretensão, a ação ou a exceção. Do mesmo modo e pelos mesmos motivos, a possibilidade de ocorrer a caducidade do direito ou a preclusão. São também definitivos os direitos que se extinguem pela satisfação da pretensão que os tornava exigíveis, cumprindo o sujeito passivo a sua obrigação. O direito de crédito, que se extingue tão logo o devedor adimple a obrigação, não foi temporário, mas definitivo.

A definitividade ou transitoriedade da eficácia, que se integram à sua plenitude ou limitação, caracterizam-se pela possibilidade, ou não, de sua permanência no mundo jurídico em decorrência de determinações inexas (= condições e termos), que, portanto, não lhe são ínsito à própria natureza.

iii) *Eficácia definitiva, resolúvel e interimística*[86]

---

86. O vocábulo *interimístico* empregado por Pontes de Miranda em sua obra para definir efeitos que são, em geral, provisórios, mas que se podem tornar definitivos (*Tratado de direito privado*, t. IV, § 364, 3 *et passim*), parece ser criação sua (com esse sentido), pois não o encontramos mencionado, até hoje, em dicionário algum (inclusive no Vocabulário Ortográfico da Língua Portuguesa da Academia Brasileira de Letras) ou texto de qualquer outro autor. Para nomear os efeitos do negócio jurídico *pendente conditione*, por exemplo, em geral a doutrina se refere a *efeitos preliminares* (Enneccerus, Kipp e Wolff, Rubino, Von Tuhr), *efeitos interinos* (Passarelli) ou *efeitos provisórios e prodrômicos* (Betti), expressões que, no entanto, não exprimem o verdadeiro significado da eficácia a que se referem, uma vez que se limitam a destacar apenas um de seus aspectos: a provisoriedade ou o caráter inicial da eficácia. O vocábulo *interimístico,* no sentido que se extrai da obra de Pontes de Miranda, expressa a provisoriedade (interinidade) da eficácia, mas com possibilidade de tornar-se definitiva. Por isso o adotamos. No idioma alemão existe a palavra *interimistisch,* como me lembra o Prof. Alcides Tomazetti Jr., jurista de primeira plana e dileto amigo, bem como na língua italiana, mas sempre empregada como sinônimo de interino, portanto, diferente do sentido dado por Pontes de Miranda. Encontrei-o no título de trabalho de Johann Adam von Ickstatt, de 1758, intitulado *Disquisitio canonico-pu-*

Diz-se *definitiva* a eficácia que não está sujeita a ser desfeita pela concreção de circunstâncias previstas como termo final ou condição resolutiva. *A contrario sensu*, é *resolúvel* a eficácia quando pode ser desfeita pelo implemento de condição resolutiva ou ocorrência, do termo final. Resolubilidade que afeta a definitividade da eficácia somente pode decorrer de previsão negocial específica por meio de termo final ou condição resolutiva. Por isso, não afetam a definitividade da eficácia a cláusula contida em negócio jurídico que permita sua resolução em caso de inadimplemento de obrigação contratual, nem a chamada cláusula resolutiva tácita[87], porque constituem meras sanções só aplicáveis na hipótese de descumprimento de avenças negociais[88].

Diferentemente, é *interimística* a eficácia negocial quando sua permanência no mundo jurídico é, por natureza, interina, provisória, mas que pode tornar-se definitiva. Ocorre a espécie: (*a*) quando a eficácia do negócio jurídico está subordinada a condição suspensiva ou resolutiva, de modo que pode desfazer-se ou tornar-se definitiva se implida ou não a condição; (*b*) quando se trata dos efeitos do ato anulável. A eficácia, nessas espécies, é, por si, temporária, embora, ocasionalmente, possa tornar-se definitiva. Exemplo típico é o do fideicomisso, em que, como já mencionado, a propriedade do fiduciário é limitada e resolúvel, de acordo com as disposições testamentárias que a instituírem, mas pode consolidar-se, definitivamente, em sua pessoa se o fideicomissário renunciar à herança ou morrer antes de ocorrido o termo final ou a condição, ou em caso de não realizar-se a condição resolutiva, não havendo outra destinação dada pelo testador.

A transitoriedade da eficácia afeta a plenitude dos direitos, pretensões, ações e exceções que integram seu conteúdo, limitando-os em alguns dos poderes e faculdades que lhes são inerentes. Por isso, grava-os com a resolubilidade, de maneira que se transmitem com essa característica a quem os adquire. Portanto, o adquirente de propriedade (= direito de propriedade) resolúvel a recebe com esse caráter, perdendo-a para aquele em favor de quem se opere a resolução[89].

iv) *Eficácia instantânea, sucessiva e protraída*

A eficácia pode irradiar-se (*a*) instantaneamente, (*b*) sucessivamente ou (*c*) ser protraída.

---

blica de Capitulorum Metropolitanorum et Cathedralium Archi- et Episcopatuum Germaniae origine, progressu et juribus regimine praesertim territoriali ***interimistico*** *sede vacante ejusque usu et abusu* Authore M.C. ICto.

87. Código Civil, art. 475.

88. Código Civil, art. 1.360.

89. Código Civil, art. 1.359

(*a*) É *instantânea* a eficácia que nasce de um só jato. Ocorrido o fato jurídico, forma-se a relação jurídica, e os direitos e pretensões que compõem seu conteúdo eficacial surgem de uma só vez[90]. Essa a situação mais comumente encontrável no plano da eficácia. Dos fatos jurídicos *stricto sensu*, dos atos-fatos jurídicos e dos fatos jurídicos ilícitos em geral, a eficácia é, de regra, instantânea. Somente quando se trata de atos jurídicos *stricto sensu* e de negócios jurídicos é que há possibilidade das outras espécies.

(*b*) Diferentemente, há situações em que a relação jurídica se constitui, mas o direito e a pretensão que integram seu conteúdo não se produzem na mesma ocasião, surgindo sucessivamente: primeiro o direito e depois a pretensão. É o caso de alguém que contrata prestação futura. Tão logo se formaliza o negócio jurídico, nasce o direito do credor à prestação e o correspondente dever do devedor de prestar conforme avençado. Enquanto não alcançado o prazo estabelecido para a prestação, porém, não há obrigação do devedor de prestar, porque somente na data fixada para o cumprimento, salvo causa de vencimento antecipado da dívida, tornam-se exigíveis o direito e o dever, transmudados que ficam em pretensão ao adimplemento e obrigação de adimplir.

A *sucessividade* na produção da eficácia jurídica existe também nos negócios jurídicos em que o suporte fáctico é integrado por fatos jurídicos e sua formação não é instantânea, mas se dá com sucessividade. Quando há oferta e aceitação, cada negócio jurídico produzirá, a seu tempo, seus efeitos jurídicos próprios, diferentes da eficácia do contrato que deles resulta. A sucessividade na irradiação da eficácia não se confunde com a periodicidade de prestações, como nos contratos de empréstimo para adimplemento em parcelas (prestações, como são vulgarmente denominadas) ou nos contratos de locação, *e. g.*, porque a prestação apenas constitui objeto da obrigação, não ela própria; prestação não é categoria de eficácia jurídica, mas ato-fato de adimplemento[91].

No entanto, é necessário precisar que o suporte fáctico de formação sucessiva só produz efeitos com sucessividade se seus elementos, eles próprios, são fatos jurídicos (oferta e aceitação, *e. g.*), uma vez que cada um

90. Não se pode fazer referência à ação porque esta, em geral, somente ocorre em havendo violação da pretensão. Do mesmo modo quanto à exceção, uma vez que se caracteriza por ser uma oposição à ação, quando exercida. Sobre as diferenças entre direito, pretensão, ação e exceção, os correspectivos dever, obrigação e situações de acionado e excetuado, e seu surgimento, *vide*, adiante, no § 37.

91. Sobre a natureza jurídica do adimplemento, *vide* nosso *Teoria do fato jurídico*: plano da existência, § 32, *ii*, 18. ed., São Paulo: Saraiva, 2012.

produzirá sua eficácia própria, como referido antes. Se a sucessividade diz respeito a elementos fácticos, esses não produzem efeito jurídico algum, porque somente fato jurídico os pode irradiar; aqui o suporte fáctico ainda não se completou, não havendo fato jurídico[92]. A *usucapião*, por exemplo, tem suporte fáctico assim constituído: (*a*) posse própria de coisa móvel ou imóvel, (*b*) contínua (= sem interrupção), (*c*) mansa e pacífica (= sem oposição), (*d*) durante certo lapso temporal. Trata-se, portanto, de suporte fáctico complexo de formação sucessiva que tem na posse própria seu elemento cerne. Essa posse, desde quando existe, defere a seu titular o direito aos interditos possessórios, de modo que, se sofre violação (é turbada, esbulhada ou, simplesmente, ameaçada de esbulho ou turbação), cabe a seu titular o uso do interdito adequado (de manutenção, na turbação, de reintegração, no esbulho, proibitório, na ameaça) para defendê-la. Tal direito, por conseguinte, não é *eficácia preliminar atribuída* ao fato jurídico *em formação* da usucapião, e muito menos a seu suporte fáctico, nem tampouco por sua condição de posse *ad usucapionem* que seja elemento do suporte fáctico da usucapião que se está a formar, mas tão somente efeito próprio da posse, em si mesma[93]. Constitui, assim, erro grosseiro qualquer referência a efeitos jurídicos de *fato jurídico em formação* ou de *suporte fáctico* (o que, em última análise, vem a ser a mesma coisa, porque enquanto em formação o fato jurídico só há suporte fáctico incompleto, ainda não suficiente), porque se está ainda no mundo fáctico, onde não se pode falar de efeitos jurídicos.

(*c*) É possível, também, que a produção da eficácia jurídica final e própria do fato jurídico seja diferida para momento posterior, em razão de condição suspensiva ou mesmo, como visto antes, por consequência da natureza do próprio negócio jurídico, como acontece com aqueles cuja eficácia depende de elemento integrativo do suporte fáctico (constituição de sociedade, compra e venda de bem imóvel, *e. g.*). As hipóteses de subordinação da eficácia a condições suspensivas somente podem ocorrer quando se trata de eficácia de negócio jurídico. O ato jurídico *stricto sensu* é, em geral, infenso a esse tipo de determinações inexas. Em caso de condição suspensiva, apesar de os efeitos próprios do negócio jurídico apenas se produzirem com a ocorrência do fato de que dependem (= implemento da condição), há eficácia jurídica que desde logo se irradia (interimística). Dos negócios jurídicos sob condição suspensiva, tão logo formalizados, estabelece-se a relação jurídica,

---

92. A. von Tuhr, *Teoría general del derecho civil alemán*, v. II, t. 1º, p. 6. Pontes de Miranda, *Tratado de direito privado*, t. V, especialmente, § 506, 1 e 2, § 529, 2, e § 536, 1.

93. Domenico Rubino, *La fattispecie e gli efetti giuridici preliminari*, p. 541.

nascendo ao credor *direito expectativo* cujo conteúdo, embora guarde conformidade com o *direito expectado,* dele é substancialmente diferente, conforme se mostrou antes.

A eficácia *protraída* somente diz respeito aos efeitos finais, não havendo possibilidade de fato jurídico absolutamente ineficaz, mesmo que temporariamente[94].

v) *Eficácia própria, anexa e reflexa*

A eficácia, em geral, constitui irradiação própria do fato jurídico. Pode ocorrer, no entanto, em certas situações, que ela:

(*a*) não seja própria do fato jurídico, mas lhe seja *anexada* por força de outros fatos a ele agregados;

(*b*) sendo própria de certo fato jurídico, se estenda, *reflexivamente,* a outras situações jurídicas e mesmo a outras esferas jurídicas, que não àquelas a que se refere o fato jurídico.

(*a'*) Diz-se *anexa* a eficácia quando efeito jurídico de certo fato jurídico se adiciona a fato jurídico específico o qual, normalmente, não n'a tem. Exemplos se encontram nos casos de cessação da incapacidade de agir em consequência de casamento, de provimento de cargo público efetivo ou de colação de grau em curso superior. Nem o casamento, nem o exercício de cargo público efetivo, nem a colação de grau em curso superior têm a eficácia jurídica própria e específica de fazer cessar a incapacidade. Para que tal eficácia se irradie é necessário que a pessoa que casa, toma posse em cargo público ou cola grau de nível superior seja incapaz por menoridade. Há, portanto, fato jurídico novo, diferente do casamento, da nomeação ou da colação de grau, cuja eficácia consiste, apenas, em *anexar* àqueles atos jurídicos o efeito de cessação da incapacidade. Desse fato jurídico novo aqueles atos jurídicos constituem elementos do suporte fáctico que se completa com a situação de *menoridade.*

Essa eficácia não é autônoma, mas dependente da eficácia do fato jurídico que a produziu, não da eficácia daquele a que se anexou. Por isso é que a nulidade do casamento, da nomeação ou da colação de grau se amplia e alcança, também, a aquisição da capacidade, voltando a pessoa à condição de incapaz. No casamento, a eventual putatividade de sua eficácia, que beneficie o menor, anexa-se à cessação da incapacidade, permanecendo a capacidade adquirida.

---

94. Código Civil, art. 122, 2ª parte.

(*b'*) Eficácia *reflexa*[95] constitui extensão a terceiro da eficácia própria de fato jurídico, sem que o inclua na relação jurídica e, portanto, lhe crie direitos. Como enfatiza Pontes de Miranda, *não há direitos reflexos*[96], apenas efeitos reflexos de relações jurídicas. Quando de uma relação jurídica nascem direitos, mesmo assubjetivados, a terceiros, inclusive ao público (direitos transindividuais), não há eficácia reflexa, mas eficácia própria, ou, eventualmente, eficácia anexa. A eficácia reflexa supõe, apenas, benefício de terceiro decorrente de fato jurídico, sem que chegue a configurar direito subjetivo ou assubjetivado. Assim, constitui efeito reflexo: (*b''*) do pagamento da dívida pelo devedor *A*, a extinção da hipoteca que onerava bem pertencente a *B*, mas que garantia a dívida de *A*, objeto do pagamento; (*b'''*) da sentença condenatória a adimplemento de prestação em dinheiro ou de dar coisa, a hipoteca judiciária (CPC, art. 495).

vi) *Eficácia* ex nunc, ex tunc *e mista*

vi') Considerações gerais

Ao Direito, por ser comportamental e os seus fatos terem sua eficácia de cunho imputacional, é possível tratar os comportamentos humanos em certo sentido, bem como atribuir-lhes consequências segundo critérios de oportunidade, conveniência e relevância. Há da parte do legislador uma liberdade tão ampla que tem chegado a ser confundida com arbitrariedade, conforme já anotado. Assim, é possível atribuir ao fato jurídico apenas eficácia para o futuro, ou imputar-lhe efeitos que atuam no passado. No exercício dessa liberdade, porém, em especial na de fazer a eficácia atuar retroativamente, há limite lógico, que consiste na natureza das coisas, de modo que é sempre necessário que sejam levadas em conta circunstâncias de que resultam fatos irremovíveis, sob pena de fazer-se inconsistente[97] a

---

95. O conceito de eficácia reflexa aqui exposto e que se fundamenta em Pontes de Miranda não guarda qualquer semelhança com aquele a que se refere Lourival Vilanova (*Causalidade e relação no direito*, p. 220 *et passim*), e que vem de Kelsen (*Teoria pura do direito*, p. 146 *et passim*), segundo o qual os direitos seriam reflexos dos deveres.

96. Pontes de Miranda, *Tratado de direito privado*, t. V, § 611, 2.

97. Os sistemas jurídicos hão de atender aos pressupostos metalógicos de coerência ou aos lógicos de consistência (Pontes de Miranda, *Comentários à Constituição de 1967, com a Emenda n. 1, de 1969*, t. I, p. 39), portanto, ser isentos de contradições. Porque as proposições jurídicas não constituem meras abstrações, mas se referem a realidades, a coerência do sistema jurídico precisa ser analisada consi-

norma jurídica que a preveja. A impossibilidade física, por exemplo, constitui limite intransponível à retroeficácia. A resilição de contrato de locação de serviços somente pode ter sua eficácia projetada para o futuro (*ex nunc*), porque os serviços prestados durante sua vigência constituem circunstância fáctica irreversível, em face da impossibilidade de serem restaurados. Se, ainda como exemplo, em decorrência da venda de bem móvel infungível, o comprador o consome, a resolução (*lato sensu*) do contrato por falta de pagamento, *e. g.*, só poderá ter eficácia a partir daquele momento (*ex nunc*), pela impossibilidade de fato de voltar-se ao passado e restaurar-se o bem consumido. A indenização pela consumição do bem constitui reposição pela perda, não retroeficácia[98]. Por isso, em regra, aos fatos jurídicos *lato sensu* se atribui a produção de eficácia para o futuro (*ex nunc*).

Nada impede, porém, que se lhes impute eficácia que se refira ao passado (retroeficácia), se a natureza dos fatos e as circunstâncias o permitem. Assim é que aos atos jurídicos, inclusive às sentenças, conforme sua função e a natureza de sua eficácia, podem-se atribuir efeitos que: (*a*) se irradiem para o futuro (*ex nunc*), sem qualquer influência relativamente ao passado; (*b*) atuem retroativamente (*ex tunc*), para criar eficácia que se refere a certo momento no passado ou para excluir eficácia já produzida; ou, ainda, (*c*) operem, concomitantemente, em relação ao futuro e ao passado (mista), conforme será examinado a seguir.

vi") Eficácia *ex nunc*

Diz-se *ex nunc* (= desde agora) a eficácia que (*a*) emana desde a perfeição do ato jurídico e apenas para o futuro, ou (*b*) aquela que se produz a partir do desfazimento (desconstituição ou desjuridicização) do ato jurídico, sem afetar efeitos que se hajam produzido no passado pelo ato jurídico atingido. É o *quod plerumque accidit*, precisamente porque não afeta a realidade, respeitando, na integralidade, o limite da natureza das coisas. Exemplos:

---

derando duas possíveis espécies de incoerências: (*a*) *incoerência interna*, que se verifica quando uma norma conflita com outra integrante do ordenamento (*v. g.* a norma *x* diz A e a norma *y* diz não A), e (*b*) *incoerência externa*, que pode ocorrer quando o conteúdo de uma norma é incompatível com a realidade fáctica a que se refere (por exemplo, uma norma que, para estabelecer *horário de verão*, determinasse que o Sol deveria se pôr uma hora mais tarde, em vez de mandar que as pessoas adiantem seus relógios).

98. O étimo de indenizar está no adjetivo latino *indemnis*, de *in* + *damnum*, que quer dizer indene, sem prejuízo, livre de perda, sem dano.

(*a*) A denúncia de contrato de locação de bem imóvel atua apenas para o futuro, desde o momento em que se aperfeiçoa. A partir dela nenhum efeito mais se produz, mas os que hajam sido irradiados até o momento da denúncia são preservados. Por isso, o locatário deve devolver o bem, não o podendo mais usar, como não estará mais obrigado a pagar aluguel. Se não o devolve, estará sujeito a ser despejado, o que já constitui sanção por sua mora, ficando, ainda, sujeito a indenizar o locador pela utilização indevida do imóvel, enquanto o mantiver em seu poder, que também é efeito da mora e não aluguel. Mas os aluguéis pagos durante a vigência da locação não serão devolvidos, nem há como desconsiderar o uso regular da coisa locada pelo locatário. No entanto, os aluguéis que o locatário não houver pago são devidos até serem pagos.

(*b*) Também a resilição negocial somente opera *ad futurum*, não tendo retroeficácia. É precisamente a natureza *ex nunc* de sua eficácia que a diferencia da resolução *stricto sensu*. Por isso, em todo caso de resolução (*lato sensu*) contratual em que há impossibilidade fáctica de remover as consequências materializadas em decorrência de negócio jurídico, tem-se espécie de resilição.

(*c*) As sentenças constitutivas *stricto sensu*, ou positivas (= aquelas que constituem, criam, o fato jurídico e/ou seus efeitos)[99], de que são exemplos as que deferem a adoção (ECA, art. 47) e as que determinam instituição de hipoteca judiciária (CPC, art. 485), só produzem sua eficácia a partir de seu trânsito em julgado e *ad futurum*, exatamente porque os fatos jurídicos, de que resultam as relações jurídicas respectivas, nascem por consequência delas. Antes delas, portanto, não há fato jurídico algum, mas meros elementos de suportes fácticos. A incidência da norma sobre eles somente se dá com o trânsito em julgado das sentenças, gerando o fato jurídico. Da mesma forma e em razão de que apenas pode haver eficácia jurídica como decorrência de fato jurídico, não há como falar dela senão após sua ocorrência (do fato jurídico). Isso explica por que a sentença constitutiva (positiva), em geral, tem sua eficácia *ex nunc*: antes dela se está, tão só, no mundo dos fatos.

No entanto, há espécies de sentenças constitutivas, embora raras, cuja eficácia é *ex tunc*: por exemplo, a sentença que julga procedente a ação do mandatário, com procuração irrevogável (não em causa própria), para

99. Diferentemente das constitutivas negativas, ou desconstitutivas, que desfazem o ato jurídico e que podem ter eficácia *ex tunc* ou *ex nunc*, ou ambas, como mostrado no texto.

constituir o negócio de compra e venda de imóvel a que se refere o mandato, quando o mandante se opõe à lavratura da escritura que o formaliza e conclui[100].

vi''') Eficácia *ex tunc*

Diferentemente, tem-se que é *ex tunc* (= desde antes, desde a origem) a eficácia quando atua em relação ao passado, alcançando efeitos que o ato jurídico a que se refere haja irradiado, eliminando-os e excluindo-os do mundo jurídico, ou criando novos, retroativamente. Na eficácia *ex tunc* há sempre retroeficácia.

Dessa espécie são exemplos:

(i) As sentenças desconstitutivas (= constitutivas negativas, na terminologia de Pontes de Miranda), porque desconstituem o ato jurídico e seus efeitos. Nos casos de decretação de nulidade e de anulabilidade tem-se que a eficácia da desconstituição do ato jurídico é sempre *ex tunc*: (*a*) em geral, apenas desjuridicizante, no caso de nulidade, porque não há o que deseficacizar, pois sua eficácia ou (*a.a*) é apenas aparente, não havendo, portanto, efeitos a desfazer, ou (*a.b*), excepcionalmente, é putativa, e nessa hipótese sua ínsita definitividade importa não poder ser desmanchada[101]; (*b*) desjuridicizante e também deseficacizante na hipótese de anulabilidade, uma vez que o ato anulável produz todos os seus efeitos, embora interimisticamente, até sua desconstituição, de modo que precisam ser desfeitos (Código Civil, arts. 177 e 182).

Quando se trata de decretação de nulidade de lei ou ato normativo, no Direito brasileiro, a orientação tradicional da maioria da doutrina e da jurisprudência consolidada do STF era no sentido de que a decisão teria efeitos *ex tunc,* apagando-se a eficácia produzida pelos fatos jurídicos constituídos pela incidência da norma declarada inconstitucional[102]. Há, porém, decisões do STF em que se declarou que seriam *ex nunc* seus efeitos quanto a atos praticados no exercício da função pública e à respectiva per-

---

100. Pontes de Miranda, *Tratado das ações*, t. I, p. 120.

101. Sobre eficácia putativa do ato jurídico nulo, *vide* nosso *Teoria do fato jurídico*: plano da validade, § 67.2, e adiante, no item vii. O ato jurídico nulo nem sempre precisa ser desconstituído. Essa necessidade somente ocorre quando há registro do ato, como no casamento e nas transmissões de imóveis, *e. g.*, ou quando alguém exige o cumprimento de "obrigações" que dele resultariam.

102. Vale citar, apenas como exemplo das inúmeras decisões nesse sentido, o RE 94.414, relator Min. Moreira Alves (*RDA* 160/144-51, abr./jun. 1985), que invoca como precedentes os RREE 90.391 e 100.144.

cepção de remuneração pelos servidores nomeados, irregularmente, com fundamento em lei considerada inconstitucional[103]. Em doutrina, há várias opiniões no sentido de que não se pode ter a eficácia *ex tunc* das decisões sobre inconstitucionalidade como regra absoluta e sem exceções, considerando-se os casos concretos e suas repercussões[104].

Essa questão passou a ter tratamento legislativo específico através das Leis n. 9.868, de 10-11-1999, e n. 9.882, de 3-12-1999, que deram competência ao STF para, pelo voto de dois terços de seus membros, ao declarar a inconstitucionalidade de lei ou ato normativo, considerando razões de segurança jurídica ou de excepcional interesse social, restringir os efeitos daquela declaração ou decidir que ela só tenha eficácia a partir de seu trânsito em julgado ou de outro momento que fixar. Em face dessa norma, embora se tenha como regra geral a eficácia *ex tunc* e *erga omnes* da decretação da inconstitucionalidade de lei ou ato normativo proferida em ação direta de inconstitucionalidade, ação declaratória de constitucionalidade ou arguição de descumprimento de preceito fundamental, o STF está autorizado a conceder à decisão eficácia *ex nunc* a partir de seu trânsito em julgado ou de outro momento que fixar, ou restringir seus efeitos a certas pessoas ou situações fácticas ou jurídicas.

(ii) As sentenças declarativas (= declaratórias) têm eficácia que opera desde a origem do ato ou do documento, uma vez que apenas reconhecem a existência, a inexistência ou o modo de ser de certa relação jurídica ou a autenticidade ou falsidade de determinado documento (CPC, art. 19). Por isso, diz-se que sua eficácia é *ex tunc*. Em rigor, não se pode falar de eficácia *ex tunc* porque a declaratividade não constitui ou desconstitui coisa alguma; não inova, portanto, no mundo jurídico, mas tão somente implica o

---

103. Por exemplo, RE 78.533/SP, de junho 1982, relator para o Acórdão o Min. Décio Miranda (*RTJ* 100/1086), dando aplicação à doutrina do *funcionário de fato*. Na Justiça do Trabalho há o entendimento de que o servidor público admitido por ato inconstitucional não tem direito de permanecer no serviço, mas o tem à remuneração pelo trabalho prestado, inclusive com base no argumento de que, por se tratar, o salário, de contraprestação pelo serviço prestado, haveria enriquecimento sem causa do patrão (Estado) se não houvesse o pagamento. O fundamento de atribuir-se eficácia *ex nunc* a certas decretações de inconstitucionalidade relativamente a servidores públicos reside, ao que parece, na circunstância de que não se pode *apagar* do mundo a realidade do serviço prestado e o enriquecimento sem causa que haveria com a restituição do que foi pago por eles.

104. Paulo Luiz Netto Lôbo, O controle da constitucionalidade das leis e o direito adquirido.

reconhecimento da existência ou inexistência da relação jurídica ou da autenticidade ou falsidade documental, *atestando*, simplesmente, uma situação de fato. Por isso, (*b.a*) a ação declaratória positiva apenas pode ter sua eficácia referida ao momento em que se criou a relação jurídica ou se produziu o documento, que seja seu objeto, e (*b.b*) na ação declaratória negativa somente se certifica que não existe a relação jurídica, evidentemente, desde que se alegou existir, ou que o documento é falso desde a origem. Por natureza, não há como atribuir outra eficácia a tais sentenças.

(iii) A resolução *stricto sensu* de negócio jurídico e o perdão, *e. g.*, porque alcançam o ato jurídico e seus efeitos desde que existem, têm eficácia *ex tunc.*

vi'''') Eficácia mista

Há situações, por fim, em que a eficácia, simultaneamente, opera *ex nunc* e *ex tunc.* Exemplo típico dessa espécie é a revogação, cujo efeito principal consiste no desfazimento do negócio jurídico, por ter sido cancelado elemento essencial de seu suporte fáctico: a vontade. Relativamente à desjuridicização do negócio jurídico, a eficácia da revogação atua *ex tunc.* Quanto aos efeitos produzidos pelo negócio jurídico, porém, a revogação pode ter eficácia *ex tunc* ou *ex nunc*, conforme seja, ou não, possível ir-se ao passado para desfazer efeitos produzidos, em cada situação concreta. Se o negócio jurídico já houver gerado algum efeito irreversível, a revogação, em relação a ele, terá apenas eficácia *ex nunc.* A revogação do mandato, *e. g.*, não tem efeitos sobre os atos praticados pelo mandatário antes dela, sendo, portanto, *ex nunc.* Na doação, diferentemente, porque o bem deve ser restituído ao doador, a revogação vai à origem do negócio jurídico, atingindo o próprio acordo de transmissão (eficácia *ex tunc*), mas, ao mesmo tempo, terá eficácia apenas *ex nunc* quanto ao uso e fruição da coisa doada (Código Civil, art. 563), assim como em relação a negócio de alienação porventura feito pelo donatário, que permanece incólume. O terceiro adquirente do bem não é atingido pela revogação, razão pela qual não é obrigado a restituí-lo. Em certas situações, os terceiros de boa-fé estão imunes a seus efeitos, mesmo em se tratando de negócios jurídicos concretizados após a revogação (Código Civil, art. 686, *e. g.*)[105].

vii) *Eficácia putativa*

Em regra, os atos jurídicos nulos são ineficazes. A ineficácia constitui uma consequência da circunstância de o ato jurídico não poder alcançar, no

---

105. Nosso *Da revogação dos negócios jurídicos*, p. 21.

mundo jurídico, o plano da eficácia, o que, em geral, mas nem sempre, acontece em casos de nulidade. Há situações em que a lei, considerando certas circunstâncias especiais, atribui, excepcionalmente, efeitos jurídicos a atos jurídicos nulos. É o que se denomina *eficácia putativa*. Ocorre, em Direito brasileiro: (*a*) no casamento nulo, que pode produzir todos os efeitos atribuídos ao casamento válido em relação ao cônjuge de boa-fé, ou aos cônjuges, se ambos estavam de boa-fé, até o dia da inscrição da sentença anulatória no registro próprio[106]; (*b*) no Direito eleitoral brasileiro, quando se trata de eleições pelo sistema proporcional (para vereador, deputado), o voto é computável (= válido) para a legenda pela qual concorreu o candidato inelegível, se a decisão judicial de inelegibilidade ou de cancelamento de registro for proferida após a realização da votação, desde que a candidatura não esteja *sub iudice* no momento da votação, o que pode ocorrer se a arguição da inelegibilidade ou que conduza ao cancelamento do registro não houver sido formulada antes da votação, o que é possível quando o seu fundamento consistir em matéria constitucional, que não está sujeita ao sistema de preclusão adotado pela legislação eleitoral, podendo ser alegada em qualquer oportunidade adequada durante o processo eleitoral (por ocasião da diplomação, *e. g.*). Se a impugnação de que resultar a decretação da inelegibilidade for anterior à votação, portanto, o voto será absolutamente nulo, não sendo contado nem para o candidato inelegível, nem para o partido ou coligação a que pertencer, cessando a putatividade[107]; (*c*) no ato simulado,

---

106. No Código Civil, art. 1.561, está dito que o casamento putativo "produz todos os seus efeitos até o dia da sentença anulatória", no entanto, em face do princípio de que os atos sujeitos a registro são eficazes até seu cancelamento, deve-se entender que a putatividade do casamento somente cessa a partir da inscrição da sentença no registro civil, consoante ensina Pontes de Miranda (*Tratado de direito privado*, t. VIII, p. 19). Os Mazeaud (*Lecciones de derecho civil*, v. I, t. III, § 825, 7) referem-se a casamento putativo como se fosse *casamento aparente*, mas sem razão, porque aparência não há. O que existe é casamento nulo ou anulável, porém eficaz.

107. Código Eleitoral (Lei n. 4.737, de 15-7-1965), art. 175, §§ 3º e 4º. Essa norma foi alterada pela Lei n. 12.034, de 29 de setembro de 2009, que, em seu art. 4º, incluiu na Lei n. 9.564, de 30 de setembro de 1974, o seguinte dispositivo: "Art. 16-A. O candidato cujo registro esteja *sub iudice* poderá efetuar todos os atos relativos à campanha eleitoral, inclusive utilizar o horário eleitoral gratuito no rádio e na televisão e ter seu nome mantido na urna eletrônica enquanto estiver sob essa condição, ficando a validade dos votos a ele atribuídos condicionada ao deferimento de seu registro por instância superior. Parágrafo único. O cômputo, para o respectivo partido ou coligação, dos votos atribuídos ao candidato cujo registro esteja *sub iudice* no dia da eleição fica condicionado ao deferimento do registro do candidato". A putatividade, que se baseia na boa-fé (no caso, do eleitor), deixa de existir

cujos efeitos se produzem em relação aos terceiros de boa-fé (Código Civil, art. 167, § 2º).

A eficácia putativa é sempre definitiva (= não está sujeita a deseficacização), de modo que não é afetada pela decretação da nulidade do ato que a produziu, uma vez que seus efeitos (da decretação de nulidade) operam *ex nunc,* apenas. Nenhuma outra eficácia, portanto, pode ser produzida após ser decretada a nulidade do ato jurídico, em face de sua imediata desjuridicização, sendo excluído do mundo do direito. No caso de casamento putativo, sua eficácia civil se produz até a inscrição da sentença que o declara nulo ou anulável, conforme a espécie, no registro civil, considerando o princípio de que os atos jurídicos que têm na publicidade elemento essencial (no casamento o registro é elemento nuclear de seu suporte fáctico) ou integrativo do suporte fáctico somente deixam de existir e de ser eficazes em decorrência de outra publicidade em sentido contrário, o que somente ocorre quando se desconstitui o registro originário por força do registro do ato judicial (= sentença) desjuridicizante e/ou deseficacizante[108].

Seção VI
Da ineficácia jurídica

§ 9º Conceito

O fato jurídico não é simples entidade lógica, fora do plano das realidades. O Direito existe para realizar o homem em sociedade, e com essa finalidade se utiliza dos fatos da vida, atribuindo-lhes a função de produzir certas consequências (= eficácia jurídica) em relação às condutas dos seres humanos em suas interferências intersubjetivas. A geração da eficácia jurídica constitui a razão de ser do fato jurídico, sua função, seu fim último. No entanto, há circunstâncias que podem levá-lo a não poder realizar sua função, privando-o da possibilidade de ser eficaz, permanente ou temporariamente. Nessas situações, há ineficácia do fato jurídico.

---

em razão de que a elegibilidade do candidato já está questionada antes da votação (= candidatura *sub iudice*). Por isso, parece-nos, não tendo havido impugnação antes da votação (= não estando *sub iudice* a candidatura), a declaração da inelegibilidade após a votação não alcança a putatividade prevista no Código Eleitoral em relação ao partido ou coligação, como afirmamos no texto.

108. *Vide*, antes, nota 106.

Ineficácia jurídica é possível ser definida como a inaptidão, temporária ou permanente, do fato jurídico para irradiar os efeitos próprios e finais que lhe são imputados pela norma jurídica. A expressão *ineficácia jurídica* pode ser empregada:

(*a*) em sentido lato, quando se refere a toda e qualquer situação em que o fato jurídico não produz efeito, ou ainda não produziu, como ocorre em casos em que a ineficácia é inerente ao próprio fato jurídico ou decorre de certas vicissitudes a que estão sujeitos os atos jurídicos, *v. g.*, nulidade, anulabilidade, resolubilidade; ou

(*b*) em sentido estrito, quando diz respeito às espécies em que a eficácia própria e final não se irradiou ainda (testamento, antes da morte do testador, negócio jurídico sob condição suspensiva, negócio jurídico dependente de elemento integrativo do suporte fáctico, *e. g.*) ou, se já produzida, foi excluída do mundo jurídico[109].

A doutrina[110] costuma confundir ineficácia com inexistência e invalidade dos atos jurídicos. Sem razão, porém. A afirmativa de que a ineficácia constitui consequência da inexistência, por exemplo, importa reprovável redundância, porque o que não existe já por si não pode produzir efeito. Por outro lado, dizer que *ato inexistente* é ineficaz implica incontornável contrassenso, precisamente porque o que não existe não pode ser qualificado. Do mesmo modo, não é admissível relacionar a ineficácia à invalidade do ato jurídico. Em geral, o que é nulo é ineficaz, mas nem sempre. Há atos jurídicos nulos que são eficazes conforme anotamos antes. Ser, valer e ser eficaz, em verdade, são situações distintas e inconfundíveis, em que se podem encontrar os fatos jurídicos.

Conforme já mencionado (§ 2º)[111], há impossibilidade lógica de serem confundidas as três situações, precisamente porque têm fundamentos diferentes. O fato jurídico *existe* apenas como resultado da incidência de uma norma sobre o seu suporte fáctico suficientemente composto. O *ser válido* (valer), ou *inválido* (não valer), já pressupõe a existência do fato jurídico[112].

---

109. Anulação de negócio jurídico, cf. Código Civil, art. 182.

110. Caio Mario da Silva Pereira, *Instituições de direito civil*, v. I, p. 554, nota 1, *e. g.*

111. *Vide*, ainda, nossos *Teoria do fato jurídico*: plano da existência, §§ 20 a 24, e *Teoria do fato jurídico*: plano da validade, §§ 4º e 5º.

112. Pontes de Miranda, *Tratado de direito privado*, t. IV, § 357, 1; Llambías, *Efectos de la nulidad y de la anulación de los actos jurídicos*; Larenz, *Derecho civil*: parte general, p. 624; Betti, *Teoria generale del negozio giuridico*, p. 461.

Da mesma forma, para que se possa falar de eficácia (= *ser eficaz ou ineficaz*) é necessário que o fato jurídico exista.

A recíproca, porém, em todos os casos, não é verdadeira. O existir independe, completamente, de que o fato jurídico seja válido ou de que seja eficaz. O ato jurídico nulo é fato jurídico como qualquer outro, só que deficientemente. A deficiência de elemento do suporte fáctico o faz inválido. Assim também ocorre com a eficácia. O ato jurídico pode existir sem gerar efeitos (testamento). O produzir sua eficácia não constitui pressuposto de sua existência.

Do mesmo modo, não há uma relação necessária entre a validade e a eficácia do ato jurídico. Em geral, o ato jurídico precisa ser válido para ser eficaz; não, contudo, essencialmente. O ato jurídico inválido, quando anulável, produz todos os seus efeitos até que sejam (ato e efeitos) desconstituídos por sentença judicial; mesmo quando nulo, há hipóteses em que é eficaz (casamento putativo, ato simulado em relação a terceiros de boa-fé, *e. g.*). Também há situações em que o ato jurídico válido é ineficaz quanto a seus efeitos específicos, como referido.

Ser válido, ou inválido, e ser eficaz ou ineficaz, são, portanto, *qualificações* distintas imputadas a algo que existe: o fato jurídico. O existir (= ser fato jurídico) constitui, por conseguinte, pressuposto essencial da validade, ou invalidade, e da eficácia, ou ineficácia, do fato jurídico, donde implicar uma *contradictio in adiecto* dizer, por exemplo, que o fato jurídico nulo, ou o ineficaz, é inexistente, porque somente o que existe pode ser qualificado.

É preciso considerar ainda que, embora a invalidade seja a mais importante das causas de ineficácia, não é a única. A própria natureza do ato jurídico pode determiná-la, como exemplificado *retro*. Depois, é necessário deixar claro que não tem sentido, do ponto de vista lógico, falar de ineficácia do ato inexistente, e compará-la à ineficácia do ato nulo, porque: (*a*) a ineficácia, quando referida a "*ato inexistente*", constitui consequência irremovível do não ser (o *não ser* não pode produzir coisa alguma, embora o fato negativo possa ser elemento de suporte fáctico, como na usucapião[113]), enquanto (*b*) em relação ao nulo, a ineficácia resulta, em última análise, de uma *recusa* de eficácia ao fato jurídico, como sanção, que o sistema jurídico impõe à ilicitude caracterizada na invalidade.

---

113. No suporte fáctico da usucapião são fatos negativos (não ser) as ausências de oposição e de interrupção.

De tudo isso é de concluir que há um único dado essencial a ser ponderado: a existência do fato jurídico. A partir dela é que se pode tratar de validade ou invalidade e de eficácia ou ineficácia. Aludir à *inexistência* de fato jurídico impõe não mais se poder cuidar de *invalidade* ou *ineficácia*. Mas falar em ineficácia ou invalidade não pode levar a se ter como consequência, nem remota, a inexistência.

§ 10. Modos de ineficácia

1. Ineficácia total e parcial

A *ineficácia total* priva o ato jurídico de toda sua eficácia própria, específica e final; não somente em parte, nem apenas em relação a certas pessoas. O *fim próprio* (= consequências jurídicas) a que se destina o ato jurídico não se realiza de modo algum, em nem um ínfimo átimo inteiramente, quanto a todo seu conteúdo, bem assim em relação a todas as pessoas a que se refira. O ato jurídico existe, mas sem produzir seus efeitos específicos. É o caso do testamento antes da morte do testador, que existe, vale, mas é ineficaz quanto a seu *fim próprio*: a transmissão da propriedade aos herdeiros testamentários. Também é ato jurídico ineficaz o ato de disposição de bens próprios praticado por quem não tenha poder de dispor, mesmo que se possa tê-lo como válido; exemplos: a alienação de bem gravado com cláusula de inalienabilidade ou a de bens da massa falida realizada pelo falido. Por isso, não se pode dizer que a ineficácia total conduz à inexistência do ato jurídico.

O conceito de *ineficácia total*, segundo nosso entendimento, diz respeito à irradiação dos efeitos próprios e finais do ato jurídico em seu todo. Não importa se o ato ineficaz pode produzir outros efeitos que não sejam aqueles relativos a seu fim, mesmo porque não há fato jurídico *absolutamente* ineficaz. Ineficácia total não é expressão sinônima de ineficácia absoluta[114]. A compra de *bem móvel* feita *a non domino,* havendo tradição, apesar de nula, tem o efeito de presumir-se possuidor de boa-fé o comprador, salvo prova de que agiu com dolo (= sabia que o vendedor não era o dono). Essa posse de boa-fé, com toda a gama de eficácia jurídica a ela imputada

114. Mesmo porque a ineficácia absoluta implicaria a inexistência do ato jurídico (= não há ato jurídico), conforme se conclui da norma do art. 122 do Código Civil.

(direito de retenção, direito aos frutos, *e. g.*), constitui efeito *real* do contrato de compra e venda, que não é próprio e específico dele.

O negócio jurídico que, por sua própria natureza (*e.g.*, testamento antes da morte do testador) ou por falta de concreção de elemento integrativo do suporte fáctico (*v. g.*, acordo de transmissão de bem imóvel antes do registro), ainda não possa produzir seus efeitos finais específicos, não pode ser tido como absolutamente ineficaz, porque outros efeitos que lhe são próprios (embora não sejam finais) se irradiam. A eficácia final total fica suspensa, mas não há ineficácia em sentido estrito. No testamento, desde sua formalização, a vontade do testador está *vinculada* a suas disposições. Por isso, para que o testamento não venha a produzir seus efeitos de transmitir a propriedade aos herdeiros testamentários quando de sua morte, é preciso que o testador o revogue pelo meio adequado, ou ocorra caducidade do testamento, em consequência de alienação do patrimônio testado ou da morte dos herdeiros testamentários ou legatários, anteriormente à abertura da sucessão. Essa *vinculação* constitui efeito próprio do testamento, como será mostrado adiante, quando do estudo das situações jurídicas básicas. Nos negócios jurídicos, enquanto pendente condição suspensiva, embora não se irradie sua eficácia final específica, desde sua concreção nasce a relação jurídica a que se destina, a qual, nesse momento, tem conteúdo eficacial próprio diferente da eficácia específica do negócio jurídico; por exemplo, o direito expectativo previsto no Código Civil, art. 130[115]. Essas são espécies de ineficácia parcial.

2. Ineficácia absoluta e relativa

Há *ineficácia relativa* quando os efeitos do ato jurídico não se produzem em relação a algum, ou alguns sujeitos jurídicos, mas se irradiam relativamente a outro, ou outros. Em geral, a interferência não autorizada na esfera jurídica de terceiro acarreta a ineficácia relativa do ato jurídico, quando não há nulidade. A promessa de fato de terceiro, por exemplo, é ineficaz em relação àquele de quem se promete o fato se esse não adere ao negócio; não no é, porém, no que tange ao promitente que, na hipótese de recusa do terceiro, responde por perdas e danos. A compra de *bem imóvel "a non domino"* (assim também a de *bem móvel*, não tendo havido

---

115. Sobre o assunto, *vide* nosso *Breve estudo sobre a eficácia do negócio jurídico sob condição suspensiva.*

a tradição) é ineficaz em relação ao dono, não transmitindo a propriedade, mas produz seus efeitos obrigacionais entre os contratantes (*e. g.*, responder o vendedor pela restituição do que haja recebido pela venda e por perdas e danos).

Seção VII
Vicissitudes a que está sujeita a eficácia jurídica

§ 11. Pós-eficacização do ato jurídico ineficaz

O ato ineficaz pode tornar-se eficaz em decorrência de fato jurídico posterior. Como já mencionado, é ineficaz em relação ao dono a venda feita por quem não seja o proprietário (*non domino*), porque aqui se está diante de caso de falta de legitimação para dispor (ausência de *poder ativo de disposição*), e não de défice invalidante[116]. No entanto, se o vendedor vier a adquirir, posteriormente, a propriedade do bem vendido, a venda se tornará plenamente eficaz, independentemente da celebração de novo negócio jurídico. A pós-eficacização da transmissão opera *ex tunc*[117].

A pós-eficacização supõe ineficácia relativa, não a suspensão de eficácia por condição suspensiva. No caso de condição suspensiva, o negócio jurídico gera, de imediato, como efeito prévio, a específica relação jurídica (= eficácia jurídica) e produz desde logo certos direitos, como o de conservação (Código Civil, art. 130). Não, porém, o total conteúdo de sua eficácia própria. Somente o implemento da condição suspensiva faz irradiar a eficácia que estava suspensa, a partir do momento em que ocorreu;

---

116. Sobre legitimação em direito material, *vide* nosso *Teoria do fato jurídico*: plano da validade, § 11.

117. A doutrina costuma afirmar que a alienação por *non domino* constitui caso de nulidade. No entanto, as disposições dos arts. 1.268, § 1º, 1.361, § 3º, e 1.420, § 1º, do Código Civil demonstram que se trata de espécie de ineficácia em relação ao proprietário, pois a aquisição da propriedade pelo alienante posteriormente à venda torna eficaz a alienação. Se a hipótese fosse de nulidade não se poderia falar de pós-eficacização, uma vez que, segundo os princípios, não convalescendo a nulidade, seria necessária a repetição do ato jurídico de alienação para obter-se a regularização da transmissão.

a eficácia total, portanto, se produz *ex nunc*, não *ex tunc*. Os efeitos da pós-eficacização, ao contrário, retroagem à formalização do ato jurídico, operando *ex tunc*.

A confirmação e a sanação por outro meio de ato anulável não implicam pós-eficacização, uma vez que sua eficácia interimística já se produzira completamente, embora passível de desconstituição por força de anulação judicial do ato jurídico. Com a confirmação ou sanação por outro meio, apenas se consolidam os efeitos já produzidos; não se irradiam novos. Diferentemente ocorre em caso de ratificação de ato jurídico incompleto, em relação à pessoa que deveria ter participado do ato. O ato de alienação feito por um dos cônjuges sem o consentimento do outro, além de ser anulável, é ineficaz em relação ao que não consentiu. A posterior manifestação de consentimento pelo outro cônjuge (= ratificação) implica sua pós-eficacização, além de eliminar a anulabilidade. Contudo, não é por suprir o défice invalidante que a ratificação pós-eficaciza o negócio jurídico, mas sim por eliminar a ineficácia.

§ 12. Retroeficácia e modificabilidade de conteúdo eficacial

Retroeficácia (usualmente dita retroatividade) é vocábulo com que se denominam as situações em que a eficácia jurídica, embora se irradie no presente e para o futuro, refere-se ao passado. Explica-se.

O conteúdo da eficácia de um fato jurídico é preestabelecido pela norma jurídica incidente[118]. Em geral, o fato jurídico e sua eficácia já irradiada, definitivamente, são infensos à retroeficácia da norma jurídica. Como referido antes, o fato jurídico tem unidade conceptual distinta da lei e do suporte fáctico, razão pela qual sua existência é autônoma em relação à norma e ao suporte fáctico que o criam. Por isso, pode a norma jurídica ser revogada e o suporte fáctico se modificar ou extinguir-se sem que seja afetado, em seu ser, o fato jurídico que haja criado. Da mesma forma, a eficácia produzida pelo fato é inalterável pela mudança das circunstâncias fácticas e das normas jurídicas. Em razão dessa definitividade, de ordinário, o fato jurídico não pode ser desfeito (desconstituído) pela lei, tampouco

---

118. Denominam-se normas jurídicas eficacígenas aquelas que definem o conteúdo eficacial de uma relação jurídica, ampliando-o ou limitando-o.

pode ser modificada sua eficácia, em razão do denominado *princípio da irretroatividade da lei*, que, no Brasil, foi erigido em garantia constitucional das pessoas[119].

É possível, no entanto, que norma jurídica eficacígena posterior altere o conteúdo *abstratamente* posto de certa relação jurídica, passando os novos conteúdos a compor, modificando, o teor das relações jurídicas já existentes. A nova eficácia atua de imediato, mas, sempre, *ex nunc*. Para que isso ocorra, é necessário que: (*a*) o conteúdo da relação jurídica seja definido *ex lege*, portanto composto por direitos e deveres dispostos cogentemente em lei (= não resultem de exercício do poder de autorregramento da vontade); (*b*) não afete direito adquirido, ato jurídico perfeito e coisa julgada. O conteúdo da relação jurídica matrimonial, por exemplo, naquilo que é predisposto em lei (*ex lege),* rege-se, em regra, pela lei atual, não pela lei do momento de formalização do negócio jurídico do matrimônio, de modo que: (*i*) se constituída sob a regência de normas que previam a indissolubilidade do vínculo, pode vir a ser desfeita por divórcio adotado posteriormente, ou vice-versa; (*ii*) os direitos e deveres dos cônjuges podem ser modificados se há alteração das normas que os definem (igualdade dos cônjuges, mesmo se, ao casar, a lei atribuía ao marido a chefia da sociedade conjugal, *e. g.*). As normas sobre capacidade de agir, se reduzem a idade para adquiri-la, ou se criam novas hipóteses de incapacidade, *v. g.*, atuam de imediato. Os direitos reais, por serem *numerus clausus,* são apenas os que a lei define no momento de sua constituição. Seus conteúdos, porém, podem ser limitados por lei nova, como ocorre com o direito de propriedade. Nas instituições jurídicas de cunho econômico, quando predomina o interesse público, admite-se a intervenção estatal na economia, como sucede com as relações de inquilinato, podendo a lei nova estabelecer limitações ao conteúdo dos direitos já constituídos ou a seu exercício. O mesmo acontece quando se trata de regimes jurídicos ditos *estatutários*, como o dos servidores públicos e das profissões regulamentadas, que são regidas pela lei atual, não pela do momento em que se formou a relação jurídica.

Em casos como esses, em rigor, não há retroeficácia, porque a eficácia definida pela lei nova atua para o futuro, a partir do momento de sua incidência (eficácia *ex nunc*), não podendo modificar ou excluir os efeitos que se hajam irradiado no passado. Retroeficácia em sentido estrito seria aquela que apanhasse situação jurídica já consolidada e a modificasse desde o

---

119. Constituição Federal, art. 5º, XXXVI.

passado[120], o que só é admissível quando não prejudica o direito adquirido, o ato jurídico perfeito e a coisa julgada, consoante já dissemos.

A retroeficácia benéfica é sempre admitida. No Direito Penal constitui princípio absoluto. Sempre que lei nova beneficia de algum modo o criminoso, descaracterizando o tipo penal ou reduzindo a pena, por exemplo, tem eficácia imediata em relação aos fatos anteriores. O mesmo tratamento alcança todas as normas de caráter penal em outros ramos do Direito. Lei tributária nova que reduza multa (sanção) aplicável à transgressão de certa obrigação do contribuinte, exclua a infração tributária ou a redefina, *e. g.*, incidirá de imediato, passando a regular as infrações praticadas mesmo antes de sua vigência.

São comuns no Direito administrativo, especialmente em matéria de remuneração de servidores, leis cujos efeitos financeiros são deferidos retroativamente.

§ 13. Deseficacização

A eficácia de ato jurídico pode ser desconstituída por meio de resolução *stricto sensu*, anulação, revogação e rescisão. Essas espécies atuam no mundo jurídico em dois de seus planos: (*a*) no plano da existência, desjudicizando o negócio jurídico a que se referem, excluindo-o do mundo jurídico, e (*b*) no plano da eficácia, em geral, desconstituindo, *ex tunc*, a eficácia que tenha sido por ele (negócio jurídico) irradiada. Assim, o negócio jurídico que *era,* por consequência da resolução, da anulação, da revogação ou da rescisão, *deixa de ser* no mundo jurídico e, simultaneamente, perde, em regra, toda a eficácia que haja produzido; os efeitos que dele se irradiaram são desmanchados e devem ser tratados como se nunca houvessem existido. A deseficacização, nessas espécies, é total, repondo-se os figurantes ao estado anterior. Entretanto, como destacado antes (§ 8º, vi"), há de levar-se em conta a natureza dos efeitos produzidos. Se os efeitos são daqueles que, por sua essência, não podem ser desconsiderados, porque impossível de restaurar-se o estado anterior, a deseficacização impõe que haja reparação por meio de indenização. Sempre, porém, que não existe a impossibilidade material (fáctica), a restauração deve ser completa.

120. Exemplo desse tipo seria o de lei que considerasse nula a nomeação e ordenasse a destituição de servidores que houvessem sido nomeados para cargos públicos sem concurso em época em que o concurso público não fosse exigido, como ocorreu no regime da Constituição de 1946 em relação aos chamados cargos isolados de provimento efetivo.

No caso específico de revogação de negócio jurídico, seus efeitos também podem ser *ex nunc,* como referido acima (§ 8º, vi").

A prescrição, a caducidade e a preclusão, por sua vez, têm, exclusivamente, eficácia deseficacizante, motivo pelo qual não afetam a existência do negócio jurídico. Seus efeitos atuam, exclusivamente, no plano da eficácia, mas, sempre, *ad futurum* (eficácia *ex nunc*). Assim também a denúncia, que não atinge a existência do negócio jurídico, mas interrompe seu curso, impedindo que novos efeitos se produzam a partir dela. A circunstância de que não produz o desfazimento do negócio jurídico nem de seus efeitos, atuando *ex nunc,* permite que continuem *vivas* pretensões e obrigações antes dela produzidas e pendentes de satisfação. Por isso, se denunciada uma locação, houver dívidas de alugueres não pagos, por exemplo, o locador poderá cobrá-los.

Finalmente, o perdão, a renúncia e a quitação têm efeitos deseficacizantes na medida em que extinguem direitos, deveres, pretensões, obrigações, ações e exceções.

Há outras espécies que são apenas desjuridicizantes, como a resilição e o distrato; limitam-se à desconstituição do negócio jurídico, sem alcançar seus efeitos já produzidos. A partir da resilição (que é espécie de resolução *lato sensu* cuja eficácia é *ex nunc*, no que se distingue da resolução *stricto sensu* principalmente porque essa tem eficácia *ex tunc*) o negócio jurídico se extingue e não mais pode irradiar qualquer eficácia, mas a que já produziu não é desfeita; sua eficácia é, exclusivamente, *ex nunc,* repete-se. Com o distrato, porém, apesar de a eficácia ser apenas desjuridicizante, é possível aos figurantes do negócio jurídico fazer concessões mútuas que importem eliminar eficácia que haja sido produzida pelo negócio jurídico desfeito (distratado). Nesse caso, essa *deseficacização* não será própria do distrato, mas de renúncia ou de perdão, conforme a espécie que nele se embuta.

A deseficacização dos fatos jurídicos *stricto sensu,* dos atos-fatos jurídicos e dos fatos ilícitos (*lato sensu*) somente pode ocorrer por força de lei, de ato-fato caducificante (prescrição ou caducidade sem culpa), nunca em decorrência da vontade das pessoas (= negocialmente). A ação para haver indenização por dano decorrente de ato ilícito, por exemplo, prescreve em prazos vários, conforme as espécies, de modo que, atingido o prazo prescricional sem seu exercício, tem-se a deseficacização do ato ilícito que lhe deu causa. Se a lei penal retira o caráter de ilícito criminal de algum fato que antes assim era considerado (descriminaliza o ato, como sói dizer-se) haverá, também, deseficacização em face de sua retroatividade benéfica necessária. Nessa deseficacização pode não incluir-se a cessação da responsabilidade civil por danos causados, em face de que essa responsabilidade é distinta da penal, além de que a civil pode existir sem que decorra de ilicitude.

§ 14. Aparência de eficácia jurídica

(*a*) Pedro comprou a Carlos a casa n. 130 da rua do Sol, em Maceió. O contrato de compra e venda e *respectivo* acordo de transmissão foram instrumentalizados por escritura pública, que foi registrada no Cartório de Registro de Imóveis competente, sendo as partes maiores e capazes. Como é próprio de um contrato de compra e venda de bem imóvel, Pedro, o comprador, que se tornou proprietário, tomou posse do bem, passando a nele morar com sua família.

(*b*) Tácito comprou em hasta pública o imóvel n. 150 da rua do Sossego, em Maceió, pertencente ao espólio de Flávio, cujo processo de inventário tramitava na comarca de Passo Fundo, RS. A hasta pública se realizou em Maceió em cumprimento de carta precatória expedida pelo Juiz de Passo Fundo. Ocorre, porém, que Tácito era testamenteiro de Flávio, circunstância que era desconhecida das pessoas encarregadas de efetivar a hasta pública em Maceió, por nada constar da carta precatória que determinara a venda, e que fora omitida por Tácito. Na condição de testamenteiro, Tácito estava proibido, sob pena de nulidade, de comprar, mesmo em hasta pública, bem pertencente ao espólio de Flávio, por força do art. 497, I, do Código Civil, sendo, portanto, nula de pleno direito a compra feita por Tácito.

Mas, como ocorrera com Pedro, Tácito mudou-se com sua família para a cidade de Maceió, onde passou a residir na casa que comprara.

Nessas duas hipóteses descritas, as *situações de fato,* que aparecem aos olhos da comunidade, são absolutamente idênticas: casas compradas e os novos donos delas usando e fruindo. Ninguém indaga se os negócios jurídicos de compra e venda são válidos ou não; veem-se os fatos, e isso basta. No entanto, entre elas há diferença fundamental decorrente das circunstâncias jurídicas que envolvem os negócios jurídicos de compra e venda, pois um, o de Pedro, é válido e o outro, o de Tácito, é nulo. Essa diferença de *estados jurídicos* impõe a necessidade de que os dois contratos tenham tratamentos distintos.

Com efeito, do ponto de vista jurídico, o elemento *validade do contrato* implica que as consequências de um negócio jurídico se realizem tanto no plano da facticidade como no mundo jurídico. Portanto, o negócio jurídico válido produz seus efeitos jurídicos próprios, sendo que aqueles fácticos estão por eles protegidos. O comprador da casa está nela residindo porque *tem direi-*

to a isso; aquilo que se vê no plano da realidade constitui resultado de eficácia jurídica: passa-se como reflexo do mundo do direito.

Diferentemente, considerando que negócio jurídico nulo, em geral, é ineficaz, o que se vê como decorrência dele se passa apenas no mundo dos fatos, nada havendo de jurídico. Tácito *não tem direito* de usar e fruir do bem; usa-o e dele frui em face de uma situação de fato, exclusivamente. Sua posição em relação ao bem (excluindo-se, aqui, a discussão sobre questões possessórias, que já se põem no plano da facticidade, segundo a concepção ponteana de que *posse é fato*) é meramente fáctica, sem qualquer respaldo ou proteção jurídica. Por isso, as consequências fácticas que *se podem ver* como resultado do contrato são, apenas, *aparências de eficácia jurídica, não decorrências de eficácia jurídica.* Desse modo, enquanto não for desconstituído, inclusive o registro de seu acordo de transmissão, o negócio jurídico nulo *aparenta* produzir toda a eficácia que as normas jurídicas atribuem à sua espécie, mas, efetivamente, não a produz. Por essa razão é que a sentença que desconstitui o negócio jurídico nulo decreta, tão só, a sua desjuridicização, retirando-o do mundo jurídico, mas não tem consequências deseficacizantes, precisamente porque não há efeito jurídico algum a desfazer: *a eficácia é apenas aparente*[121].

A aparência jurídica, entretanto, em certas circunstâncias e quando combinada com a boa-fé de terceiros, adquire relevância jurídica e é recebida no mundo jurídico como realidade. É válida e eficaz, por exemplo, a compra feita por terceiro de boa-fé a proprietário aparente (aquele que, embora não seja o verdadeiro titular do domínio, conste do registro de imóvel como proprietário do bem)[122]. Em caso de deferimento de sucessão hereditária a colateral, em razão de não ser conhecido qualquer herdeiro necessário do falecido e não haver cônjuge ou companheiro sobrevivente, se, por exemplo, posteriormente aparece alguém que, comprovando a condição de filho do autor da herança, reivindica com êxito seus direitos de herdeiro, a propriedade do colateral relativa aos bens da herança terá sido apenas aparente, porque o suporte fáctico do fato jurídico que teria a eficácia de atribuir-lhe a propriedade do bem (ser colateral em grau de sucessão + inexistência de descendentes, ascendentes, cônjuge, companheiro e herdeiros testamentários ou legatários sobreviventes) não se concretizara na realidade. O desconhecimento da existência do filho na ocasião da

121. Os efeitos putativos do ato jurídico nulo são definitivos, motivo pelo qual não podem ser desconstituídos.

122. Betti (*Teoria generale del negozio giuridico*, p. 27) se refere à *appareza del titolo* como um dos fundamentos da eficácia da aparência.

abertura da sucessão e da partilha dos bens apenas fez *parecer concretizado* o suporte fáctico do fato jurídico que atribuiria ao colateral a herança. Constatada a existência do descendente que venha a ter reconhecida sua condição de herdeiro dentro do prazo prescricional da pretensão à herança (ação de petição de herança), desconstitui-se a propriedade atribuída ao colateral, passando os bens do espólio ao domínio do descendente. O colateral terá sido proprietário aparente dos bens da herança até a desconstituição do registro. Os negócios jurídicos de alienação de bens do espólio que haja realizado durante esse *estado de aparência*, no entanto, são válidos e eficazes se há boa-fé do terceiro adquirente[123].

O mesmo tratamento se dá ao *proprietário aparente*, assim considerado aquele que tem o seu nome inscrito no registro de imóveis como titular do domínio de certo bem, sem que efetivamente o seja. A alienação que fizer do bem a terceiro de boa-fé é válida e eficaz[124].

Em rigor, nessas hipóteses, tem-se uma situação que se caracteriza pela carência de legitimidade ativa (poder de disposição) do proprietário aparente para alienar, em face de sua verdadeira qualidade de *non domino*[125]. Essa situação, se analisada segundo o princípio da incolumidade das esferas jurídicas, conduziria à ineficácia do ato de disposição relativamente ao proprietário ainda desconhecido. Entretanto, os sistemas jurídicos, fundados no valor segurança jurídica, atribuem eficácia ao ato (que seria ineficaz)

---

123. Arg. ao art. 1.360. Vejam-se J. Binder, *Derecho de sucesiones*, p. 192; Enneccerus, Kipp e Wolff, *Tratado de derecho civil*, v. V, t. 1º, p. 364; Galli, *Il problema dell'erede apparente*, *passim*; Betti, *Teoria generale del negozio giuridico*, p. 27, entre outros. Não se enquadra, porém, nessa situação o coerdeiro excluído da sucessão por indignidade. A norma do Código Civil, art. 1.817, não se refere a herdeiro aparente, mas a quem tinha uma situação jurídica de herdeiro regularmente constituída e a perdeu por ato judicial. Também não se pode considerar herdeiro aparente aquele que sucede, provisória ou definitivamente, o ausente, porque a provisoriedade da sucessão não a faz aparente, pois há veracidade na situação jurídica.

O Código Civil tem normas jurídicas específicas sobre herdeiro aparente, o parágrafo único do art. 1.824 e o art. 1.828, adotando orientação igual à do texto.

124. Não é caso de aparência aquele previsto pelo Código Civil, art. 879, 1ª parte, porque, em verdade, há transmissão do bem ao credor. O fato de ser indevida a transmissão por falta de causa *solvendi* é que obriga à repetição, o que, no entanto, não faz aparente a propriedade.

125. Betti (*Teoria generale del negozio giuridico*, p. 26) se refere a uma *legitimidade aparente*.

levando em conta certos pressupostos, como a onerosidade da alienação e a boa-fé do terceiro adquirente, por exemplo[126].

Em verdade, a eficácia jurídica atribuída não decorre só da aparência jurídica, mas também da circunstância de que alguém, confiando em situação que se mostra, razoavelmente, a todos como jurídica, age de boa-fé de conformidade com ela. A boa-fé do terceiro constitui o dado fundamental da eficácia.

No Direito administrativo há a figura do *funcionário de fato,* espécie que se concretiza quando alguém, sem ter sido regularmente investido em cargo ou função pública, exerce atribuições administrativas típicas e privativas de servidor público, praticando, em tais circunstâncias, atos próprios de agente da administração pública. Perante os terceiros (público) que com ele tratam em busca de serviço público, tal pessoa que atua dentro de repartição pública aparece como se fora *verdadeiro agente público*[127].

---

126. Tais soluções, em última análise, constituem exercício de lógica do razoável, aplicando-se o hoje tão invocado, na área do direito constitucional, princípio da razoabilidade (embora lógica do razoável de que fala Luis Recaséns Siches, *Tratado general de filosofía del derecho*, p. 641-665, e *Nueva filosofía de la interpretación del derecho*, p. 277-291, e princípio da razoabilidade, que, parece, tem sua origem na jurisprudência constitucional alemã, sejam concepções e expressões de uso recente).

127. Pelo menos desde meados do século XIX, em consequência da instabilidade política na França, em razão da qual issurretos assumiam funções públicas, conselheiros municipais eram destituídos, por exemplo, a doutrina e a jurisprudência passaram a admitir a figura do *funcionário de fato*, que Waline (*Manuel élémentaire de droit administratif*, p. 426), expondo a doutrina consolidada, assim definiu: "On appelle fonctionnaire de fait une personne qui, sans avoir été régulièrement nommée à une fonction publique, exerce en fait celle-ci, accomplit les actes de la fonction".

Como exemplo: escrevente em cartório de notas que, com a morte do tabelião, é designado, mediante portaria de juiz de direito, para substituí-lo, temporariamente, por um prazo máximo de noventa dias, até a realização de concurso público, conforme estabeleça a lei de organização judiciária local, assume as funções de tabelião e passa a praticar atos privativos dele (lavra testamentos, assina escrituras de compra e venda, assina certidões etc.), e nela permanece indefinidamente porque a administração, relapsamente, não promoveu o concurso público. As pessoas que procuram o cartório para instrumentalizar atos jurídicos não têm a *obrigação* de saber se aquele que exerce as funções de tabelião está investido regularmente nela. A aparência é bastante e se devem considerar de boa-fé os terceiros que buscam os serviços do cartório (salvo prova em contrário). Seria totalmente incomum e sem propósito exigir das pessoas o cuidado de pedir àquele que está exercendo função pública, em estabelecimento público, com a concordância (ou a simples tolerância) da administração pública, a prova de sua regular investidura no cargo.

Em rigor, por não haver titularidade da condição de agente (órgão) da pessoa jurídica de direito público, não se poderia ter como ato administrativo aquele praticado pelo funcionário de fato, ou, na pior das hipóteses, tê-lo como ato inválido (nulo). Faltaria elemento subjetivo essencial à concreção do suporte fáctico do ato da pessoa jurídica: a titularidade de função ou cargo públicos[128]. No entanto, a melhor doutrina[129] e a jurisprudência[130] são assentes em receber os atos praticados pelo *funcionário de fato* como atos administrativos válidos e eficazes, considerando a boa-fé dos terceiros que buscaram serviço público e o tiveram por intermédio dele[131].

---

128. *Vide*, adiante, no § 24.4.

129. *Vide*, sobre a matéria, além do citado Waline (*Manuel élémentaire de droit administratif*, p. 426), Bonnard (*Précis de droit administratif*, p. 217), Giannini (*Diritto ammnistrativo*, v. I, p. 286), Alessi (*Instituciones de derecho administrativo*, v. I, p. 90), M. Seabra Fagundes (*O controle dos atos administrativos pelo Poder Judiciário*, p. 53) e Di Pietro (*Direito administrativo*, p. 198).

130. Essa doutrina tem sido adotada, regularmente, pelo STF em reiteradas decisões, de que é exemplo o RE 78.594/SP, de 7-6-1974 (Segunda Turma), rel. Min. Bilac Pinto (*RT* 71/570).

131. Há doutrinadores que, acentuando a distinção entre o exercício de função pública com investidura irregular, espécie em que se configuraria a situação de funcionário de fato, e a *usurpação* de função pública (crime previsto no Código Penal, art. 328, que ocorre quando alguém, sem investidura qualquer, passa a exercer função pública), entendem, consoante anota Di Pietro (*Direito administrativo*, p. 198), que no caso de *usurpação* os atos praticados pelo usurpador seriam *inexistentes*. Tal orientação tem a consequência de não se poder aproveitar o ato, diferentemente dos atos praticados pelo funcionário irregularmente investido (funcionário de fato), que, apesar de serem inválidos, podem, em face da boa-fé do público, ser considerados eficazes. A nosso ver, o tratamento diverso para as duas hipóteses não tem fundamento razoável, porque a eficacização do ato administrativo, em qualquer dos casos, somente se justifica pela proteção ao público, em face da boa-fé daquele que com ele tratou, pensando que era servidor público regular. Por esse motivo, não deve importar a situação do "servidor", mas a aparência que conduza o público a com ele tratar na convicção de que o está fazendo com um servidor público regular.

CAPÍTULO II

Da Esfera Jurídica[132]

§ 15. Conceito

Os bens da vida que tocam a determinado sujeito jurídico, consubstanciados no conjunto das situações jurídicas (*lato sensu*) em que esteja inserido, portanto a totalidade dos direitos, pretensões, ações e exceções, bem assim os deveres e obrigações, que, especificamente, lhe dizem respeito, tenham ou não mensuração econômica, e as qualificações individuais relativas ao *status*[133] das pessoas, inclusive certos direitos públicos que não se subjetivam[134], constituem sua esfera jurídica.

No âmbito da esfera jurídica são incluídos desde o mais concreto dos direitos, o domínio, porque incide diretamente sobre coisas (= bens mate-

132. A expressão *esfera jurídica* como conjunto de direitos que tocam a certo sujeito jurídico é empregada por Pontes de Miranda (*Tratado de direito privado, passim*), e por outros autores, dentre os quais destacamos, apenas como referência, Larenz, *Derecho civil*: parte general, p. 47; Cunha Gonçalves, *Tratado de direito civil*, v. I, p. 1 e 344; Pugliatti, *Istituzioni di diritto civile*, v. IV, p. 9; e Betti, *Teoria generale del negozio giuridico*, p. 47, referindo-se a "esferas individuais".

133. *Status* é vocábulo aqui empregado para designar *qualidades* e *qualificações* que dizem respeito às pessoas individualmente. Não tem, portanto, o sentido restrito, originário do direito romano, em que é empregado, tradicionalmente, na doutrina do direito civil, como o faz, por exemplo, com certa largueza Messineo (*Manual de derecho civil y comercial*, v. II, p. 16 *et passim*). A definição de qualidade como *status* individual é encontrável em Inocêncio Galvão Telles, *Introdução ao estudo do direito*, v. II, p. 158; também Betti, *Teoria generale del negozio giuridico*, p. 12.

134. O direito de ir à praia e dela usufruir, de transitar na via pública, de sentar-se em banco de praça pública, de ir à igreja, como também os direitos transindividuais (ditos, impropriamente, interesses difusos ou transubjetivos), são exemplos desses direitos. Os direitos da personalidade, como os direitos ao nome, ao domicílio, à saúde, à honra, à incolumidade pessoal, *v. g.*, embora não lhes seja intrínseco o caráter econômico, podem, se violados, adquirir mensurabilidade econômica como resultante da indenizabilidade pelos danos a eles causados.

riais), aos mais abstratos, como a liberdade de religião, o direito de sentar numa praça pública, de ir a uma praia, *e. g.* Por isso, o conceito de esfera jurídica tem amplitude maior que o de patrimônio, uma vez que este se limita aos direitos com conteúdo econômico, em sentido estrito, enquanto aquela envolve ainda outros bens que, embora sejam reconhecidos e protegidos pelo Direito, têm valor meramente espiritual, moral.

Considerando as várias classes de objetos de direito: coisas, bens, direitos de crédito, *lato sensu* (= direitos pessoais economicamente mensuráveis) e direitos pessoais sem estimação econômica, e as espécies dos direitos que podem recair sobre cada uma delas, é possível conceber os objetos de direito em círculos concêntricos assim relacionados:

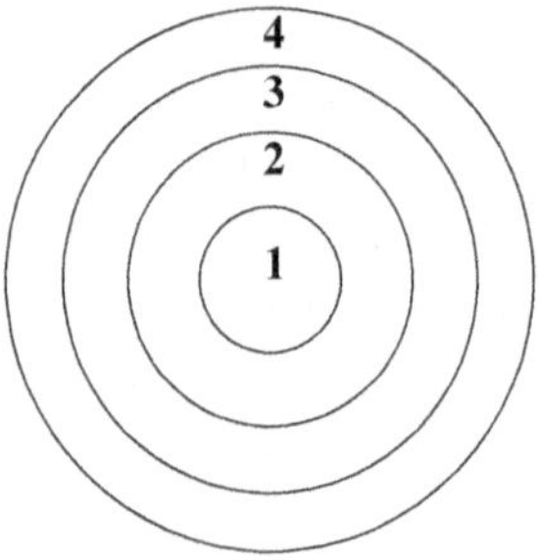

(*a*) O círculo 1 é integrado pelas coisas (= bens materiais, corpóreos), que podem ser objeto do *direito real de domínio* (= direito de propriedade sobre coisas); (*b*) o círculo 2 é integrado pelos bens, conceito mais abrangente, que engloba, além das coisas (círculo 1), os bens imateriais e aqueles que têm natureza digital (= coisas ditas incorpóreas), que são objeto do *direito real de propriedade*; (*c*) adicionando ao conteúdo do círculo 2 os direitos de crédito (= direitos pessoais mensuráveis economicamente), tem-se o círculo 3, que constitui o patrimônio ativo[135]; finalmente, (*d*) a esfera ju-

135. Do ponto de vista jurídico, *patrimônio* é a soma de todos os direitos patrimoniais, e somente desses, que toquem a um sujeito jurídico. No conceito de patrimônio não entram *bens*, mas os direitos a eles relativos (Pontes de Miranda, *Tratado de direito privado*, t. V, § 396, 1). Por isso, em rigor, o que integra o patrimônio de *A* não é o apartamento do Edifício *X*, mas seu direito de propriedade (domínio) sobre ele. Também não se podem considerar incluídos no patrimônio direitos que não tenham caráter patrimonial, de modo que não se pode pensar como integrantes do patrimônio os *bens da vida* de cunho exclusivamente moral; por isso,

rídica (o círculo 4), que é constituída pela adição ao conteúdo do patrimônio (círculo 3) das situações jurídicas simples (*status*) e dos direitos sem estimação econômica[136].

O conceito de esfera jurídica tem como elemento essencial a referência específica: (*a*) a sujeito jurídico, não a pessoa, particularmente, porque diz respeito à titularidade de situação jurídica, o que não é exclusivo das pessoas, pois, como será mostrado adiante, há mais sujeitos jurídicos do que pessoas, e (*b*) à universalidade de bens da vida que lhe tocam.

A esfera jurídica está juridicamente protegida como decorrência do *princípio da incolumidade das esferas jurídicas alheias,* segundo o qual a ninguém é dado interferir na esfera jurídica de outrem sem o seu consentimento ou autorização de lei. Essa proteção é que faz de fundamental importância para o trato do Direito o conceito de esfera jurídica. Quem não o usa fica exposto a confusões e imprecisões científicas, como a de excluir do universo dos bens da vida protegidos pelo Direito aqueles que não têm mensuração econômica ou a de procurar sempre identificar um valor econômico em direitos e pretensões que não o têm, mas que nem por isso deixam de merecer proteção e garantia[137].

---

a expressão *patrimônio moral* parece-nos imprópria em linguagem jurídica. Esses *bens morais* integram o quarto círculo da esfera jurídica, não o patrimônio (terceiro círculo).

136. Constitui questão totalmente ultrapassada a de que os direitos teriam de recair sobre objetos economicamente avaliáveis. No entanto, há autores que insistem em referir-se à economicidade como característica dos objetos jurídicos, de que é exemplo Orlando Gomes, *Introdução ao direito civil*, p. 104.

137. O problema do dano moral e sua indenizabilidade é relativamente recente no direito. No passado, em face da mentalidade refletida na frase: "honra se lava com sangue", as ofensas morais se resolviam, em geral, com violência física, sendo comuns, entre os aristocratas, os duelos. Em razão disso, admitia-se a morte do ofensor pelo ofendido como regular exercício da chamada legítima defesa da honra. Em face dessa atitude soava como heresia alguém exigir uma indenização pecuniária como ressarcimento de dano moral. Mais recentemente, a mudança de atitudes em relação à valorização do homem e de sua vida conduziu à execração da vingança pessoal, à proibição dos duelos e à recusa de que a legítima defesa da honra pudesse justificar a morte do ofensor. Ao mesmo tempo, passou-se a aceitar, sem que isso fosse visto como atitude desprezível, a punição do ofensor por meio de indenização pelo dano moral causado. No Brasil a inconstância da jurisprudência no trato da questão da indenização (ressarcibilidade econômica) do dano moral redundou na inclusão de regra explícita no texto da Constituição de 1988 assegurando seu ressarcimento por meio de indenização pecuniária. Apesar disso, na fixação dessa indenização, ainda claudica a jurisprudência nacional por causa de inadmissível vin-

A violação da esfera jurídica por atos de terceiros, sejam ilícitos ou mesmo que lícitos (não contrários a direito, como os praticados em estado de necessidade), causem danos, acarreta para o seu agente responsabilidade civil pelas consequências danosas que causar.

culação que alguns pretendem estabelecer, para fixar seu *quantum*, entre o dano moral e o efetivo valor econômico do prejuízo por ele causado, como se se tratasse de um dano material, exigindo-se a demonstração de sua repercussão patrimonial. O tratamento que o STJ vem dando à matéria parece tender a uma definitiva orientação no sentido de que o dano moral passe a ser visto conforme sua natureza, sem comparação necessária com o dano material, mas sem desprezá-lo por completo, segundo critérios de razoabilidade e proporcionalidade. Vale ressaltar as decisões proferidas por sua 4ª Turma nos REsp 205.268/SP, rel. Min. Sálvio de Figueiredo, de 8-6-1999, *DJ*, 28-6-1999, p. 122; AGA 208.837/RJ, rel. Min. Barros Monteiro, de 10-8-1999, *DJ*, 18-10-1999, p. 236, REsp 284.499/RS, rel. Min. Sálvio de Figueiredo, de 28-11-2000, *DJ*, 5-3-2001, p. 174, e REsp 299.690/RJ, rel. Min. Sálvio de Figueiredo, de 13-32001, *DJ*, 7-5-2001, p. 153.

CAPÍTULO III

Das Situações Jurídicas (*Lato Sensu*)

§ 16. Precisões terminológicas

Em doutrina, a expressão *situação jurídica*, apesar de ser hoje bastante difundida, não é, habitualmente, empregada para designar certa categoria eficacial. Os que a utilizam atribuem-lhe, segundo suas visões do fenômeno jurídico, em especial das relações jurídicas e dos direitos subjetivos, significados os mais diversos. Não se trata, assim, de uma expressão unívoca, sendo necessário precisar-lhe o significado segundo o qual está sendo empregada[138].

---

138. A locução *situação jurídica* parece ter sido empregada inicialmente por Duguit (*Traité de droit constitutionnel*, v. I, § 1) como substitutiva da noção de direito subjetivo. Criticando esse conceito (direito subjetivo), Duguit propôs substituí-lo pelo de *situação jurídica*, que se diria: (*a*) *objetiva* (também denominada *poder objetivo* ou *situação legal*), quando designasse "o poder que cabe a todo indivíduo de agir livremente nos limites do direito objetivo, de *querer* um efeito jurídico quando sua declaração de vontade tem um objeto ou um fim conforme ao direito objetivo", e (*b*) *subjetiva*, quando definisse "o poder atribuído a uma pessoa determinada de exigir de uma outra o adimplemento de uma prestação concreta, sob uma sanção social que, nos países organizados politicamente, a mais frequente é a ação na justiça". Roubier (*Droits subjectifs e situations juridiques*, p. 60 *et passim*) refere-se a situações jurídicas subjetivas, que corresponderiam ao direito subjetivo ou, melhor dizendo, que teriam por finalidade produzir direitos que superariam os deveres (idem, p. 67), e a situações jurídicas objetivas, cuja finalidade seria criar deveres. Aquelas resultariam de atos de vontade e, mesmo quando decorrentes da lei, não eliminariam a vontade quanto a ter o direito (idem, p. 66), enquanto estas nasceriam de disposição legal, portanto, sem interferência da vontade. Betti (*Teoria generale del negozio giuridico*, p. 11 e s.) emprega a expressão em sentidos semelhantes aos que adotamos, concluindo que "entre situação e relação jurídica a diferença que há é, pois, apenas uma questão de especificação e de aspecto" (idem, p. 12), usando-o para definir situações em que há pendência eficacial (= negócios jurídicos sob condição suspensiva, *e. g.*). Köhler empregou-a para referir-se a *uma relação do sujeito do direito acerca dos bens da vida em geral ou em particular, que pode ter importância para o nascimento ou para o desenvolvimento de direitos subjetivos*, nela incluindo a capacidade de agir e a legitimação para dispor, por exemplo (cf. Enneccerus, Kipp e Wolff, *Tratado de derecho civil*,

Em nosso entendimento, *situação jurídica* é expressão que tem duas acepções, a saber:

(*a*) em sentido lato, designa toda e qualquer consequência que se produz no mundo jurídico em decorrência de fato jurídico, englobando todas as categorias eficaciais, desde os mínimos efeitos à mais complexa das relações jurídicas; define, portanto, qualquer posição em que um sujeito jurídico se encontre no mundo jurídico;

(*b*) em sentido estrito, nomeia, exclusivamente, os casos de eficácia jurídica em que não se concretiza ainda uma relação jurídica, e os eventuais direitos subjetivos que dela emanam não implicam ônus e sujeição na posição passiva, porque seus efeitos se limitam a uma só esfera jurídica (casos de situações jurídicas unissubjetivas – *vide*, adiante).

---

v. I, t. 1º, § 75, nota 3). Domenico Rubino (*La fattispecie e gli efetti giuridici preliminari*, p. 14) a definiu, em sentido técnico, como "a relação de um sujeito com uma *fattispecie* concreta, da qual derivam atualmente, ou podem derivar sucessivamente, relações jurídicas singulares" e, em sentido geral, "os efeitos jurídicos singulares (quando existem efeitos jurídicos que não se enquadram no esquema da relação jurídica)". Para Guido Alpa e Mario Bessone (*Elementi di diritto civile*, p. 23 e 30), a expressão *situação jurídica* tem sentido de *posição do sujeito* em uma relação jurídica. José de Oliveira Ascenção (*Teoria geral do direito civil*, *passim*) a usa para definir todas as situações eficaciais que ocorrem no mundo jurídico, não empregando a expressão *relação jurídica*. Ao menos curiosa é a concepção esposada por Carlos Alberto Bittar (*Teoria geral do direito civil*, p. 86) segundo a qual "situação jurídica é a posição da pessoa, em uma relação jurídica, que vem ocupar a esfera de outrem", citando como exemplos a "assistência, em que o tutor, ou o curador, ocupa o lugar do pai; o administrador é chamado a suprir a ausência da pessoa, e assim por diante". Orlando Gomes (*Introdução ao direito civil*, p. 106) adota concepção semelhante à nossa quanto ao sentido lato da expressão, com a diferença de referir-se a direito subjetivo, a direito potestativo e a expectativa de direito como espécies de situações jurídicas, com o que não concordamos, uma vez que entendemos não se poder tratá-los como categorias autônomas, pois constituem conteúdo de relações jurídicas. Miguel Reale (*Lições preliminares de direito*, p. 256 e s.) fala em situação jurídica subjetiva, e tem como incluídos no âmbito de seu conceito o direito subjetivo, o interesse legítimo e o poder, portanto, posições ativas na relação jurídica. Vale ressaltar o estudo de Jose Castán Tobeñas, *Situaciones jurídicas subjetivas*, e a excelente obra de Torquato Castro, *Teoria da situação jurídica em direito privado nacional*. Pontes de Miranda, esporadicamente, refere-se a situações jurídicas, como no *Tratado de direito privado*, t. III, § 274, t. V, § 560, 2, e t. XI, § 1.158, 1, *et passim*, e nos *Comentários ao CPC*, t. I, p. XIX, por exemplo. Legaz y Lacambra, *Filosofía del derecho*, p. 749, emprega a expressão *situação jurídica* em sentido semelhante ao que adotamos.

(*a'*) *Lato sensu,* portanto, relação jurídica constitui *espécie,* a mais importante, do *gênero* situação jurídica; (*b'*) *stricto sensu*, situação jurídica e relação jurídica são espécies diferentes de eficácia jurídica. Nesta obra a expressão será empregada, de ordinário, no sentido estrito, de modo que sempre quando necessário for usá-la em sentido lato se fará a qualificação[139].

§ 17. Espécies de situações jurídicas

i) *Critérios metodológicos*

A relação jurídica constitui a mais importante das categorias jurídicas eficaciais. Em geral, de fatos jurídicos resultam relações jurídicas, as quais, para existir, têm como pressupostos essenciais, ao menos, a vinculação de dois sujeitos jurídicos, mesmo que um deles seja o *alter* (princípio da intersubjetividade), em torno de um objeto (princípio da essencialidade do objeto), com correspectividade de direitos ⇄ deveres, pretensões ⇄ obrigações, ações ⇄ situações de acionado e exceções ⇄ situações de excetuado (*princípio da correspectividade de direitos e deveres*[140]). Conforme anotado antes, examinado, com acuidade, o fenômeno jurídico, constata-se que o mundo jurídico é *definido* pelas normas jurídicas, *construído* pelos fatos jurídicos e *integrado* pelas relações jurídicas. Norma jurídica, fato jurídico e relação jurídica são, portanto, conceitos essenciais da juridicidade.

Sendo o direito essencialmente intersubjetivo, a eficácia de seus fatos supõe, necessariamente, reflexos relacionais. Por isso, poderia parecer correta a conclusão de não ser possível haver manifestação eficacial no mundo jurídico que não configurasse, em última análise, uma relação jurídica. Assim, toda a eficácia jurídica consistiria em relação jurídica e não haveria outras espécies eficaciais senão as produzidas *dentro* delas. No entanto, no mundo jurídico são identificáveis espécies em que o fato jurídico:

(i') Somente pode gerar uma eficácia mínima, limitada, diferente daquela que lhe é própria e final, de que podem ser apontadas como exemplos:

---

139. Não fazemos distinção entre situação jurídica objetiva e subjetiva, como sugerida por Duguit, pois a consideramos impertinente e sem valor científico. A nosso ver, as situações jurídicas são, unicamente, subjetivas, pois dizem respeito à posição do sujeito jurídico no mundo jurídico.

140. Pontes de Miranda (*Tratado de direito privado*, t. V, § 606) o denomina *princípio da correlatividade de direitos e deveres.*

(*a*) a vinculabilidade criada por atos jurídicos enquanto não podem produzir sua eficácia própria e final, como a do testador às disposições testamentárias, antes de sua morte e enquanto não revogado o testamento ou caducas as suas disposições e do legislador atos normativos de caráter geral (emendas constitucionais, leis e outros atos infraconstitucionais) em *vacatio legis*; (*b*) a presunção de boa-fé da posse de comprador de bem, ainda quando o contrato de compra e venda seja nulo, salvo por ilicitude ou imoralidade do objeto; (*c*) a própria imposição de invalidade aos atos jurídicos.

(i'') Embora tenha sua eficácia destinada a gerar uma relação jurídica, *ainda não pode* produzi-la, porque, de imediato, apenas cria efeito que se refere a uma única esfera jurídica. Nesses casos, para que haja a integração com outra esfera jurídica e se perfaça a intersubjetividade essencial a caracterizar uma relação jurídica, impõe-se a manifestação de vontade de outro sujeito jurídico de conteúdo compatível com aquele fim. Exemplo dessa espécie se tem no negócio jurídico unilateral da oferta, o qual, desde quando formalizado, vincula, se há irrevogabilidade, ou expõe a ser vinculada, se é revogável, exclusivamente, a esfera jurídica do policitante à sua proposta. Enquanto apenas existe a oferta, não há envolvimento de alguma outra esfera jurídica; aquele a quem é dirigida a oferta, seja alguém, determinadamente, ou o público, não tem qualquer dever ou obrigação a ela relacionados; por isso, não tem de aceitá-la ou rejeitá-la ou, ao menos, dar-lhe alguma resposta. Para que se estabeleça relação jurídica é preciso que aquele a quem for feita a oferta a aceite. Apesar dessa unilateralidade, que se caracteriza por ser a eficácia restrita à esfera jurídica do proponente, é situação jurídica que supõe, necessariamente, intersubjetividade, pois seria sem sentido haver uma oferta dirigida a *ninguém*.

(i''') Há outras situações em que a eficácia jurídica se refere, exclusivamente, apenas a uma esfera jurídica, sem envolver, imediata e diretamente, outra ou outras esferas jurídicas em vinculação de ônus e sujeição (conteúdo de deveres). Incluem-se nessas situações: (*a*) as meras qualificações pessoais (ser maior, ter sanidade mental, ser solteiro, viúvo, por exemplo) e (*b*) as qualidades jurídicas atribuídas aos seres humanos e outros entes, como a personalidade jurídica (= de direito), a capacidade jurídica e as demais capacidades específicas[141]. Consubstanciam essas espécies, es-

141. O ser pessoa, física ou jurídica, no mundo do direito, o ser sujeito jurídico, o ter capacidade jurídica, por exemplo, são *qualidades jurídicas* (Pontes de Miranda, *Tratado de direito privado*, t. I, § 50, 2 *et passim*; Lourival Vilanova, *Causalidade e*

sencialmente, os *status individuais,* que habilitam seus titulares a integrar suportes fácticos na condição de sujeitos jurídicos[142]. Portanto, quando não configuram um direito subjetivo em si (no sentido de que há direito subjetivo a elas), como ocorre com as qualificações, gozam de impositividade, uma vez que são protegidas por direito, pretensão e ação, cujo conteúdo consiste em assegurar a seu titular ser tratado segundo sua qualidade ou qualificação, de modo que, recusar-lhe o exercício de direito ou a prática de ato que as tenha como fundamento, negando-as, constitui ato (ilícito) reparável por via judicial. O caráter individualíssimo que têm não lhes retira a oponibilidade a terceiros e a impositividade por meio judicial[143], o que, em última análise, conduz à ideia de que há um dever de todos de atender (respeitar) à qualidade ou qualificação. Como a todo dever corresponde um direito e como a correlação de direito ⇄ dever caracteriza a relação jurídica, parece evidente que se estaria nos domínios dessa figura jurídica (relação jurídica), de modo que não caberia falar em situação jurídica em sentido estrito, mas, sim, em relação jurídica, propriamente. No entanto, é preciso notar que a situação jurídica se caracteriza pela qualidade (ser pessoa, ser sujeito jurídico, ser capaz, *e. g.*), não pelo direito subjetivo que a assegura. Por isso e considerando a circunstância de que se trata de espécies eficaciais que se limitam a definir uma situação individual de quem seja seu titular, constata-se que é eficácia que, preponderantemente, porém, não exclusivamente, circunscreve-se a apenas uma esfera jurídica, a um só sujeito jurídi-

---

relação no direito, p. 125; Messineo, *Manual de derecho civil y comercial*, v. III, p. 3 e 4 *et passim*), não direitos subjetivos, apesar de haver direito subjetivo à personalidade jurídica, à capacidade de direito, à capacidade de ser parte, à capacidade de agir, resultantes de normas como as do art. 5º, *caput*, e incisos I e II, e do inciso XXXV da Constituição de 1988, e dos arts. 1º e 2º do Código Civil, *e. g.* Tais direitos subjetivos pressupõem uma relação jurídica de direito absoluto, porque oponíveis *erga omnes,* porém, conforme anotado no texto, têm conteúdo que não implica poder cujo correlato dever constitua ônus ou sujeição para sujeito passivo, porque, limitando-se a qualificar um sujeito, o dever que lhe corresponde consiste, apenas, em respeitar a qualidade do titular. Os vocábulos *qualidade* e *qualificação,* como aqui empregados, não guardam relação com o sentido que lhe deu N. Coviello (*Manuale di diritto civile italiano*: parte generale, p. 140 e s.). Sobre a distinção de significados entre eles *vide*, adiante, no § 19.

142. Pontes de Miranda, *Tratado de direito privado,* t. I, § 32, 2.

143. Roubier (*Droits subjectifs et situations juridiques*, p. 223 e s.), quando se refere às características das situações jurídicas que denomina subjetivas, menciona a *oponibilidade* a outras pessoas, juntamente com a legitimidade (decorrerem de lei) e o fato de serem garantidas pelo sistema judiciário. *Vide*, adiante, § 19.

co. São aqui consideradas, por esse motivo, destacadamente das relações jurídicas e classificadas como posições unissubjetivas[144] no mundo jurídico, adotando-se uma atitude fundamentalmente metodológica, cujo critério se funda na concepção de que *relação jurídica* é expressão que somente deve ser aplicada para definir as espécies em que existe um vínculo de poder e faculdade (direito) e ônus e submissão (dever) entre sujeito ativo e sujeito passivo.

A essas categorias, que constituem as mais elementares espécies de eficácia jurídica[145], demos a denominação *situações jurídicas*, apenas, sem qualificações.

ii) *Classificação das situações jurídicas*

Considerando as espécies possíveis de ocorrer no mundo jurídico, como descritas acima, e os critérios metodológicos aqui adotados, as situações jurídicas podem ser classificadas segundo o esquema[146] que segue:

- SITUAÇÃO JURÍDICA → BÁSICA
  - SIMPLES (ou unissubjetiva)
  - COMPLEXA (ou intersubjetiva)
    - UNILATERAL
    - RELAÇÃO JURÍDICA

144. Sobre as expressões *posição* ou *situação unissubjetiva vide*, adiante, no § 19.

145. Diferentemente de Pontes de Miranda (*Tratado de direito privado*, t. V, § 507, 1), que considera como efeito mínimo o *efeito único* que pode decorrer de um fato jurídico, referindo-se, apenas, especificamente, à vinculabilidade e à vinculação, ou irrevogabilidade, que podem resultar, conforme a espécie, do negócio jurídico unilateral da oferta.

146. Em nosso *Teoria do fato jurídico*: plano da existência, § 49.1, há um esquema parecido com este, mas que se refere às relações jurídicas classificadas como situações jurídicas complexas multilaterais.

CAPÍTULO IV

Da Situação Jurídica Básica

§ 18. Conceito

A razão de ser do fato jurídico é, sem sombra de dúvida, a produção de efeitos jurídicos. Fato jurídico que não se destinasse à eficácia jurídica seria mera entidade lógica, sem qualquer relação com a realidade social a que se refere, portanto, algo absolutamente inútil. Por ser *novum* no plano dos fatos em geral, como já mencionado, a existência do fato jurídico implica, sempre, mudança no mundo. Por isso, sua presença no mundo do direito não pode ser sem consequência qualquer, como se não existisse, pois a ineficácia absoluta, que acarretaria, constituiria negação não apenas de sua natureza e finalidade, mas, até, de sua existência. Por isso é que são defesas as condições que privam o ato jurídico de todo o seu efeito (Código Civil, art. 122) e consideradas inexistentes aquelas impossíveis, quando resolutivas, e as de fazer coisa impossível (Código Civil, art. 124)[147]. Diante disso, ao que parece, a simples entrada do fato jurídico no mundo jurídico faz com que ocorram alterações não somente no plano da existência, mas, também, no plano da eficácia[148], trazendo como resultado, ao menos, o surgimento, concomitantemente, de situações jurídicas *lato sensu,* porque não há, nem pode haver, fato jurídico completamente ineficaz.

Conforme já referido, em geral, a eficácia jurídica específica atribuída ao fato jurídico é irradiada de imediato e de um só jato. Há espécies, porém, embora em número reduzido, em que há impossibilidade de a geração da eficácia jurídica própria e final do fato jurídico dar-se de imediato, podendo até mesmo jamais vir a ser irradiada, isso em razão de sua própria natureza, de defeito que macula sua formação, ou, simplesmente, porque ainda não

147. As condições física ou juridicamente impossíveis, quando suspensivas, são *causas de invalidade do negócio jurídico* que lhe seja subordinado, assim como as ilícitas, as de fazer coisas ilícitas e as contraditórias ou incompreensíveis, segundo o art. 123 do Código Civil, que, nessa matéria, inovou em relação ao Código de 1916.

148. Von Tuhr, *Teoría general del derecho civil alemán*, v. II, t. 1º, p. 5.

está apto a produzi-la. Realmente, o ato jurídico *lato sensu*[149], em especial os negócios jurídicos, ao ingressar no mundo jurídico, pode não estar apto a produzir de logo sua eficácia específica completa ou sofrer de defeito que o impeça de produzi-la. O negócio jurídico unilateral do testamento, enquanto vivo o testador, por exemplo, não gera seus efeitos finais. Os negócios jurídicos nulos, não havendo eficácia putativa[150], não podem produzir seus efeitos finais em momento algum. O mesmo ocorre com os negócios jurídicos pendente condição suspensiva.

Negócios jurídicos nessas circunstâncias são, evidentemente, ineficazes, mas apenas em relação aos efeitos finais que lhes são próprios; não o são de todo porque produzem eficácia de conteúdo mínimo, diferente daquela que lhe é específica. Demonstrar-se-á.

(*a*) No testamento, por ser negócio jurídico unilateral cuja eficácia própria consiste na transmissão de bens *mortis causa* a herdeiros ou legatários instituídos, seu efeito final somente é deflagrado com a morte do testador. Enquanto viver o testador, o negócio jurídico do testamento é ineficaz para gerar seu efeito específico, de modo que legatários e herdeiros testamentários não têm qualquer direito ou pretensão relativamente aos legados e quinhões hereditários. Por essa razão, o testador pode alienar os bens objeto do testamento, onerosa ou gratuitamente, derreliqui-los, deixá-los perecer ou ficarem em ruína, gravá-los com direitos reais limitados, enfim, deles livremente dispor, sem que os beneficiários das disposições testamentárias tenham quaisquer direitos, pretensões ou ações para impedi-lo ou lhe imporem conduta que vise a salvaguardar os bens. Aberta a sucessão, o espólio será constituído apenas pelos bens que existirem nessa ocasião, na situação jurídica e fáctica em que se encontrarem[151]. A falta do bem é causa de caducidade da deixa testamentária que o tiver como objeto[152].

Apesar disso, tão logo seja formalizado, o testamento ingressa no mundo jurídico e, sendo válido, tem acesso ao plano da eficácia, em que, de imediato, produzirá uma situação jurídica cujo conteúdo consiste na *vincu-*

---

149. A menção feita, especificamente, a ato jurídico funda-se na circunstância de que os fatos jurídicos *stricto sensu* e os atos-fatos jurídicos lícitos, bem assim os fatos jurídicos ilícitos *lato sensu*, jamais são ineficazes, nem podem ter seus efeitos sob pendência.

150. Sobre efeitos putativos dos negócios jurídicos, *vide*, antes, § 8º, vii, e nosso *Teoria do fato jurídico*: plano da validade, §§ 62 e 69.

151. Código Civil, art. 1.784.

152. Código Civil, art. 1.939, I, II e III.

labilidade do espólio, que porventura exista quando da morte do testador, à sua manifestação de vontade nele contida. Tal *vinculabilidade* persiste até que o evento morte do testador aconteça, momento em que o testamento produzirá seu efeito final próprio. Para que não se produza a transmissão dos bens aos herdeiros e legatários tal como ordenado no testamento, é necessário que seja revogado ou ocorra qualquer das hipóteses de caducidade das disposições testamentárias. Nenhuma outra circunstância pode evitar que o testamento irradie sua eficácia final própria.

A *vinculabilidade* decorrente do testamento constitui, sem dúvida, uma situação jurídica cujo conteúdo consiste na impositividade de sujeição do espólio às disposições testamentárias, de modo que há *necessidade de revogação do testamento pela forma prevista em lei*, se o testador não quiser que seus efeitos finais se realizem (exceto ocorrendo caso de caducidade).

(*b*) Os negócios jurídicos nulos (quando não há putatividade, porque nesses casos produzem sua eficácia final até certo momento ou para determinado fim) também não são de todo ineficazes. A sua simples entrada no mundo jurídico faz com que se irradie, pelo menos, o efeito de criar uma situação jurídica de conteúdo limitado, como, por exemplo, o de presumir-se de boa-fé a posse de um bem transmitida em decorrência de negócio jurídico nulo, exceto, evidentemente, se o seu objeto é ilícito ou imoral ou se a má-fé for a causa da nulidade. Trata-se de efeito do próprio negócio jurídico nulo, e não de outra circunstância.

(*c*) Mas não só. A própria invalidade, por ser uma sanção que se impõe ao negócio jurídico, constitui eficácia jurídica, que não lhe é própria, mas que decorre da situação jurídica criada com seu ingresso defeituoso no mundo do direito[153].

A denominação *situações jurídicas básicas* dada a essas situações jurídicas foi motivada pelo fato de que se caracterizam por serem (*a*) a única e mínima eficácia que o fato jurídico produz (*b*) ou a base eficacial sobre a qual se desenvolve a plena eficácia do fato jurídico.

Em regra, como afirmado acima, a eficácia jurídica, quase sempre, irradia-se de imediato, estabelecendo-se as relações jurídicas e, em decorrência, nascendo os direitos, que se desdobram em pretensões, ações, exceções, e os correspectivos deveres, obrigações, situações de acionado e de excetuado, que constituem seu conteúdo eficacial específico. Como resulta

---

153. Sobre a invalidade como *sanção*, *vide* nosso *Teoria do fato jurídico*: plano da validade, §§ 17 e 18.

evidente, a imediatidade do surgimento da eficácia própria do fato jurídico absorve, envolve e encobre a situação jurídica básica que se forma à sua entrada no mundo jurídico e faz com que nem chegue a ser perceptível, a revelar-se, parecendo sem importância ou significado dela cuidar-se. No entanto, nas hipóteses especiais em que a ineficácia jurídica final é a regra, pode-se constatar a existência dessas situações jurídicas, pois que se podem identificar efeitos somente a ela atribuíveis[154].

---

154. Embora tenhamos nos referido aos negócios jurídicos *pendente conditione,* estes, desde logo, geram relação jurídica de eficácia mínima, não apenas uma situação jurídica básica. *Vide* nosso *Breve estudo sobre a eficácia do negócio jurídico sob condição suspensiva.*

CAPÍTULO V

Das Situações Jurídicas Simples ou Unissubjetivas

Seção I

Generalidades

§ 19. Caracterização da espécie

Há espécies de eficácia jurídica que dizem respeito a uma única esfera jurídica e cujo conteúdo se limita a atribuir a seu titular, apenas, uma *qualidade* ou uma *qualificação* no mundo jurídico[155]. Essas espécies as

155. A distinção entre *qualidade* e *qualificação* no plano jurídico consiste em que aquela se caracteriza por ser uma situação jurídica atribuída a alguém, protegida por direito subjetivo, portanto, uma *posição no mundo jurídico*, enquanto esta se constitui em *estado relativo à pessoa,* fáctico ou já eficacial (como anota Pontes de Miranda, *Tratado de direito privado*, t. I, § 539, 1), que é recebido pelo direito como elemento de suporte fáctico de normas jurídicas específicas, embora a pessoa a quem se refira tenha direito a que seja reconhecida sua condição. O *ser pessoa* no mundo do direito, física ou jurídica, o *ser sujeito jurídico*, o *ter capacidade jurídica*, por exemplo, são *qualidades jurídicas (situações jurídicas)* porque, em face de sua impositividade, estão relacionadas a direito subjetivo à personalidade jurídica, à capacidade de direito, à capacidade de ser parte, à capacidade de agir, por exemplo (em sentido semelhante, Messineo, *Manual de derecho civil y comercial*, v. III, p. 3 *et passim*). Basta considerar normas como as do art. 5º, *caput*, e incisos I, sobre personalidade e capacidade jurídica do ser humano, e XXXV, relativo à capacidade de ser parte, da Constituição de 1988, dos arts. 1º e 2º do Código Civil, *e. g.*, da Declaração Universal dos Direitos do Homem, arts. 2 (1) e 6, e do art. 3º do Pacto de São José da Costa Rica, para se constatar que há direitos a *ser pessoa,* a *ser, juridicamente, capaz* e a *ser parte,* os quais se *subjetivam* nas pessoas e em outros entes, especificamente indicados em lei. As *qualificações*, como ser menor, ser solteiro, ser casado, diferentemente, são estados às vezes fácticos (ser solteiro, *e. g.*), mas também decorrentes de eficácia de fato jurídico (ser casado, ser viúvo, ser menor) que entram, necessariamente, na composição de suportes fácticos de fatos jurídicos referentes a quem toquem. Embora não constituam direitos subjetivos, se a seu titular é negado, injustamente, o seu reconhecimento, tem ele ação para fazê-las reconhecidas, considerando-se que negá-las importa violar a incidência da norma jurídica respectiva, portanto, atitude *contra legem*. Impor a um menor de

denominamos *situações jurídicas simples,* ou *unissubjetivas*[156]. O critério metodológico adotado para definir um efeito jurídico como situação jurídica simples, ou unissubjetiva, tem por fundamento, tão somente, a característica de sua referibilidade, direta e imediata, a uma única esfera jurídica, não importando, assim, que à sua base exista direito oponível a todos. Portanto, se a situação jurídica consiste em, apenas, atribuir a alguém *qualidade individual* ou em lhe conferir *qualificação individual,* que sirva de suporte fáctico de normas jurídicas[157], tem-se que é simples, ou unissubjetiva[158], mesmo que haja direito subjetivo à sua imposição, em face de sua oponibilidade a terceiros.

São classificáveis nessa categoria: (*a*) as *qualidades* de *ser pessoa* (= ter personalidade de direito) e de *ser sujeito jurídico* (= ter capacidade jurídica),

---

18 anos, *e. g.*, uma pena pela prática de um crime é negar-lhe a condição de inimputável; viola-se, assim, seu direito de ser considerado inimputável, porque a inimputabilidade é, precisamente, ausência de capacidade criminal.

156. Betti (*Teoria generale del negozio giuridico*, p. 12) se refere a essa espécie de situações jurídicas, sem denominá-las, como fazemos, unissubjetivas.

157. Exemplificando: ser maior de idade constitui elemento complementar do suporte fáctico de negócios jurídicos.

158. Torquato Castro, mestre que, em vida, pessoalmente, me deu a honra de sua crítica à expressão *situação jurídica unissubjetiva,* a considerava imprópria, argumentando que constituiria uma *contradictio in adiecto*, pois negaria a própria substância da juridicidade: a *intersubjetividade.* De fato, a conduta para ser considerada jurídica não pode prescindir da posição do homem diante de outro homem ou da comunidade. Direito não existe onde não há interferência intersubjetiva de condutas. Isso, no entanto, não nos parece tornar incorreta a expressão adotada, porque, em seu contexto, o adjetivo *unissubjetiva* apenas qualifica a *situação jurídica* que define uma posição no mundo jurídico referente, exclusivamente, a um único *sujeito jurídico.* E, nesse sentido, não nega, não conflita nem desconsidera a essencial intersubjetividade que fundamenta o fenômeno jurídico, pois não diz respeito à conduta, em si, mas, unicamente, aos limites da eficácia jurídica que, na espécie, pertine a uma só esfera jurídica. É evidente, porém, que o *ter personalidade de direito,* o *ter legitimação hereditária,* o *ter capacidade,* por exemplo, são situações que só têm sentido se consideradas no mundo jurídico, portanto, no campo da intersubjetividade. O homem sozinho, sem a possibilidade de interação com outras condutas, não necessita ter personalidade de direito e muito menos ter legitimação hereditária, ou alguma capacidade. A situações como essas o mestre deu a designação de *uniposicionais* (*Teoria da situação jurídica em direito nacional*, p. 32). Preferimos, no entanto, a expressão *unissubjetiva,* que nos parece mais expressiva, pela menção específica a *sujeito jurídico.* Outro mestre, Lourival Vilanova (*Causalidade e relação no direito*, p. 150 e s.), refere-se ao termo *unissubjetividade* para demonstrar que não há a espécie, em rigor. A *unissubjetividade* seria sempre aparente.

e (*b*) as *qualificações,* que se consubstanciam nos *status* individuais[159] e resultam, inclusive, de alguma das *capacidades específicas* (que têm como pressuposto a capacidade jurídica), como ser capaz ou incapaz de agir, ser capaz de ser parte, ser solteiro, ser casado, ser viúvo, ter legitimação hereditária, *e. g.*

Cada situação jurídica unissubjetiva tem seu conteúdo próprio compatível com sua finalidade específica. Assim, por exemplo: (*a*) o ser pessoa, embora tenha como conteúdo a possibilidade de ser sujeito jurídico, tem a finalidade mais ampla de permitir sua inserção em polo ativo ou passivo de relações jurídicas; quem não tem a qualidade de pessoa somente pode integrar relação jurídica, como sujeito, nos casos expressamente previstos por normas jurídicas; (*b*) a capacidade jurídica torna quem seja seu titular apto a ser sujeito jurídico, portanto, a adquirir e ter direitos e deveres; (*c*) a capacidade de ser parte concede às pessoas e outros entes, expressamente designados, a titularidade de pretensão à tutela jurídica ("direito de ação") e, por consequência, a pretensão a poder figurar em relação jurídica processual como parte (= autor, réu) ou terceiro interessado (= assistente, opoente, embargante ou apenas recorrente). Todas essas qualidades importam, em si, direitos subjetivos[160], no sentido de que há direito subjetivo a elas. As qualificações, por seu lado, constituem dados individuais exigíveis como elementos de composição de suportes fácticos. Ser solteiro, *e. g.*, é qualificação que integra o suporte fáctico do negócio jurídico do matrimônio, como elemento complementar atinente à sua validade, de modo que é pressuposto fáctico para que alguém possa, validamente, casar-se. As qualificações, diferentemente das qualidades, não constituem direito subjetivo, mas são asseguradas por pretensão a que sejam atendidas.

---

159. Essas espécies, como o ser incapaz, o ser casado, o ter responsabilidade, *e. g.*, porque seriam impostas pela lei, são denominadas, por Roubier (*Droits subjectifs et situations juridiques*, v. 2, p. 9 e s., e 73 e s.), *situações jurídicas objetivas,* em linguagem semelhante à empregada por Léon Duguit (*Traité de droit constitutionnel*, v. I, § 1º). Dessas, Roubier distingue aquelas a que dá o nome de *situações jurídicas subjetivas*, que teriam origem em ato de vontade.

160. Como anotam Pontes de Miranda, *Tratado de direito privado*, t. I, § 49, 1, § 85, 2 *et passim*, Lourival Vilanova, *Causalidade e relação no direito*, p. 58 *et passim,* e Messineo, *Manual de derecho civil y comercial*, v. III, p. 3 *et passim*. A grande maioria dos doutrinadores, porém, de que merecem destaque Von Tuhr, *Teoría general del derecho civil alemán*, v. I, t. 1º, p. 14, nota 28, e p. 222, Enneccerus, Kipp e Wolff, *Tratado de derecho civil*, v. I, p. 318, Maria Helena Diniz, *Curso de direito civil brasileiro*, v. I, p. 99, e R. de Ruggiero, *Instituições de direito civil*, v. I, p. 340, lhe recusa essa natureza.

Apesar de sua *differentia specifica,* relativamente às demais situações jurídicas (*genus proximum*), consistir em que sua eficácia diz respeito, imediata e diretamente, a uma única esfera jurídica, as situações jurídicas unissubjetivas são oponíveis a terceiros e passíveis de ser impostas por via judicial. Daí decorre que três são os elementos que as caracterizam: (*a*) *referibilidade* a uma única esfera jurídica; (*b*) *oponibilidade "erga omnes"*; e (*c*) *impositividade* por via judicial (= por meio de ação)[161].

i) *Referibilidade a uma só esfera jurídica (unissubjetividade)*

Nessa categoria eficacial, como mencionado acima, classificam-se as pessoas e os sujeitos jurídicos, portanto, a personalidade jurídica[162] e a capacidade de direito, além das diversas capacidades específicas, dos *status* individuais e da legitimação hereditária. Da análise dessas espécies se constata que de nenhuma delas resulta a criação de *vinculum iuris* de poder e su-

---

161. Roubier (*Droits subjectifs et situations juridiques*, p. 223 *et passim*) atribui três caracteres gerais às situações jurídicas: legitimidade, oponibilidade a terceiros e sancionabilidade pelo poder do juiz. Esse entendimento nos parece incorreto quando põe a *legitimidade* (que se caracterizaria pela existência de lei anterior de que decorra o *título legítimo* que a cria) como característica da situação jurídica, pelo fato de que *ser jurídica* já supõe, necessariamente, o fato jurídico de que resultou (= título). Não pode haver situação jurídica fora do mundo jurídico ou que não seja eficácia de fato jurídico. Mesmo quando há somente aparência, a situação fáctica é recepcionada no mundo jurídico, embora com efeitos restritos. Destarte, é tautológico dizer *legítima* uma situação jurídica. Por outro aspecto, os conceitos de *oponibilidade a terceiros,* que seria de duas espécies: *in rem* (geral ou absoluta, *erga omnes*) e *in personam* (relativa), e de *sancionabilidade*, que consistiria na invocabilidade do Poder Judiciário para sancionar violação à situação jurídica, não se coadunam com o sentido aqui empregado, em face de que seu conceito de situação jurídica engloba os direitos em geral, portanto, todas as espécies de relações jurídicas pessoais e reais, sendo, assim, amplíssimo, no que difere, profundamente, deste que adotamos, que é restrito às situações que envolvem, direta e imediatamente, apenas uma esfera jurídica. Na nossa concepção, toda situação jurídica unissubjetiva tem eficácia *erga omnes* (= *in rem*), nunca relativa (= *in personam*), porque não há relação que se estabeleça entre o seu titular e alguém, determinadamente, que deva atendê-la. Qualquer um tem o dever de atender às prerrogativas que decorrem da situação jurídica. Por fim, o termo *sancionabilidade* não nos parece adequado, motivo por que preferimos *impositividade*.

162. Em textos legislativos, obras doutrinárias e no jargão jurídico comum, as expressões *personalidade jurídica* e *pessoa jurídica* são empregadas, em sentido estrito, para designar as pessoas que não são seres humanos; para esses se reserva a denominação pessoas físicas ou pessoas naturais. Tais expressões (*personalidade jurídica* e *pessoa jurídica)*, no entanto, em sentido lato, referem-se a todas as pessoas consideradas no plano jurídico, dentre as quais se inclui, evidentemente, a *pessoa natural.*

jeição entre duas ou mais esferas jurídicas, mas, tão somente, a definição de uma posição de alguém, ou algo, no mundo do direito. O ter personalidade de direito, por exemplo, é situação jurídica que diz respeito, exclusivamente, ao ente a quem toca, sem referência imediata a outra pessoa ou ente qualquer. Trata-se de *qualidade* individual e exclusiva deferida a alguém pelo ordenamento jurídico. O mesmo ocorre com o ser solteiro, ser viúvo, ser maior, e assim por diante, que são *qualificações* (*vide*, antes, na nota 155, a distinção entre qualidade e qualificação).

A capacidade jurídica e todas as demais capacidades específicas, que lhe são instrumentais (*vide*, adiante), também se individualizam no sujeito a que se referem e, em essência, são apenas pressupostos para que seu titular possa inserir-se, como sujeito, em relação jurídica (= capacidade jurídica), possa adquirir ou exercer direitos ou, simplesmente, praticar condutas idôneas a compor suportes fácticos e conducentes a gerar relações jurídicas (= capacidades específicas).

Na espécie *qualidade*, a circunstância de a situação jurídica constituir direito subjetivo assegurado por pretensão e ação (o que importa, necessariamente, intersubjetividade, pelo fato de somente haver direito com correlato dever) não descaracteriza sua unissubjetividade, uma vez que o dever que lhe é correspectivo não implica ônus ou submissão, mas se resume a mero dever de atendê-lo, reconhecendo as prerrogativas que a *enchem* (= são contidas na qualidade ou na qualificação).

ii) *Oponibilidade "erga omnes"*

Mesmo quando se trata de qualificações, a situação jurídica unissubjetiva é oponível a terceiros, de modo que todos os que se relacionam com a esfera jurídica de seu titular devem tratá-lo segundo sua qualidade ou qualificação, respeitando (atendendo) seu conteúdo eficacial. O negar a alguém as prerrogativas (= efeitos) que *enchem* a situação jurídica unissubjetiva, constitui violação a direito, corrigível por meio de ação.

A eficácia da situação jurídica unissubjetiva é sempre *erga omnes*, uma vez que se irradia perante o *alter*, e não diante de alguém especificamente. Ser pessoa se impõe a todos, não apenas a César ou a Caio. Não há eficácia relativa precisamente porque do lado passivo do relacionamento não há esferas jurídicas determinadas[163].

---

163. Conforme destacado antes, a concepção de Roubier de que há oponibilidade *in rem* e *in personam* é inadequada e incompatível com a nossa concepção de situação jurídica unissubjetiva.

iii) *Impositividade*

A oponibilidade *erga omnes* das prerrogativas que constituem o conteúdo das situações jurídicas unissubjetivas implica, como consequência, dotá-las de impositividade, inclusive por meio judicial.

Quando há direito subjetivo a elas relativo, como ocorre com as *qualidades*, a sua violação acarreta o nascimento de pretensão e ação que o fazem impositivo. A recusa a ser humano da qualidade de pessoa, de ter capacidade jurídica ou capacidade de ser parte, que lhe são inatas, por exemplo, importa infração de direito subjetivo reparável pelo emprego dos remédios jurídicos processuais adequados.

Se, diferentemente, se trata de *qualificação,* embora não haja direito subjetivo ínsito em seu conteúdo, o atendimento à sua eficácia própria é garantido por direito subjetivo, acobertado por pretensão e ação. Se, *e. g.*, se recusa a pessoa solteira o direito de casar, negando-se esse seu *estado*, tem ela ação para garantir-lhe o direito de casar. Apesar de não haver direito subjetivo à *qualificação,* por se tratar de *estado de fato* que pode integrar suportes fácticos, há, sem dúvida, *direito, pretensão e ação do titular a tê-la reconhecida.*

Seção II
Principais espécies de situações jurídicas unissubjetivas

§ 20. Atitude metodológica

Do ponto de vista científico, o estudo do sujeito jurídico e das pessoas, destinatários que são das normas jurídicas, deveria anteceder ao de quaisquer outras categorias jurídicas eficaciais. Entretanto, para conceituá-las e diferençá-las entre si, é imprescindível o estudo prévio da natureza jurídica da capacidade jurídica e de outras capacidades específicas, uma vez que constituem dados essenciais para a compreensão da concepção que será exposta, especialmente quanto ao conceito de sujeito jurídico e sua relação com o de pessoa. Assim, por imposição de ordem metodológica, o estudo das situações jurídicas unissubjetivas será iniciado pelo exame da problemática da capacidade jurídica e das outras capacidades específicas que são atribuídas aos sujeitos jurídicos e às pessoas.

§ 21. Das capacidades

1. Generalidades

Os ordenamentos jurídicos, além da capacidade jurídica, reconhecem aos sujeitos jurídicos outras capacidades, tanto de direito material, como de direito formal, que se referem à possibilidade de exercício de direitos ou de prática de condutas idôneas a compor suportes fácticos de fatos jurídicos *lato sensu*. A essas, denominadas, genericamente, *capacidades específicas*[164], em face da particularidade que caracteriza cada uma e que as diferencia da capacidade jurídica, cujo traço distintivo se singulariza na generalidade de que se reveste. Assim é que há, dentre as mais importantes[165]:

(i) em direito privado material, (*a*) a capacidade de agir, de que são espécies: (*a.a*) a capacidade negocial, (*a.b*) a capacidade de praticar ato jurídico *stricto sensu*, (*a.c*) a capacidade de praticar ato-fato jurídico, (*a.d*) a capacidade de praticar ato ilícito relativo e ato ilícito *stricto sensu*[166], (*a.e*) a capacidade para obrigar-se por fato jurídico indenizativo, (*a.f*) a legitimação hereditária; (*b*) a capacidade de ser empresário;

(ii) em direito público material, (*a*) a capacidade delitual (criminal), (*b*) a capacidade política, (*c*) a capacidade de ser parte, (*d*) a competência funcional;

(iii) em direito formal, (*a*) a capacidade processual e (*b*) a capacidade postulacional.

A problemática das capacidades existentes no mundo do direito não tem tido tratamento científico adequado. São estudadas isoladamente, sem sistematização, desprezando-se a análise correta de sua natureza jurídica. Afirma-se, por exemplo, que não se relacionam entre si, quando, em realidade, nenhuma pode existir sem pressupor a capacidade jurídica. Diz-se, também, que não constituem direitos subjetivos, quando, conforme já mencionado, o são, em essência. Senão, vejamos.

---

164. A expressão é também empregada por José de Oliveira Ascenção, *Direito civil*: teoria geral, v. I, p. 126.

165. Além das enumeradas no texto, há outras capacidades específicas, como a capacidade de deveres, a capacidade para fazer testamento, a capacidade para ser testemunha em testamento, as quais, pela limitação de seu conteúdo, apenas merecem menção.

166. Sobre a distinção entre capacidade delitual civil e criminal, *vide* nosso *Teoria do fato jurídico*: plano da existência, § 64 (a partir da 9ª edição).

2. Natureza instrumental das capacidades específicas

É indiscutível que a titularidade de um direito pressupõe capacidade jurídica do titular, uma vez que somente pode adquirir direito quem a tenha. Entretanto, a pura titularidade do direito não implica a capacidade de poder exercê-lo. É possível ter direito sem poder exercê-lo. Para que o titular do direito o possa exercer, é essencial que tenha uma outra capacidade que se refira, especificamente, a seu exercício. O recém-nascido adquire, de logo, como decorrência da *capacidade jurídica* que lhe é outorgada pelo simples fato do nascimento com vida, além dos direitos da personalidade, o direito de propriedade sobre bens que lhe hajam sido deixados, eventualmente, por herança; no entanto, não o pode exercer, por lhe faltar a *capacidade de agir.* Ainda como exemplos: para exercer os direitos políticos é necessário ter *capacidade política,* como para ser empresário (exercer o direito de ser empresário) é preciso ter *capacidade de ser empresário.* Quem tem direitos políticos ou direito de ser empresário não os tem porque é titular de capacidade política, de capacidade de ser empresário, mas, exclusivamente, em consequência de ter capacidade jurídica. Os direitos políticos e o direito de ser empresário preexistem à capacidade política ou de ser empresário, precisamente porque essas só dizem respeito ao seu exercício, não à sua constituição. Assim também ocorre com os demais direitos: a *capacidade jurídica é pressuposto de sua aquisição e as capacidades específicas, em particular, o são de seu exercício.* Capacidade específica alguma tem eficácia geradora de direito; existem para instrumentalizá-los, não para criá-los. Disso resulta evidente que as diversas capacidades específicas não têm vida autônoma, própria, uma vez que, se apenas servem de instrumento para a atuação de direitos, dependem, umbilicalmente, da existência da capacidade jurídica. Essa relação de dependência implica que não possa haver capacidade específica onde não houver capacidade jurídica. A recíproca, porém, não é verdadeira, pois é possível, em tese, ter-se capacidade jurídica sem que se tenha outra capacidade específica qualquer.

No mundo de hoje, entretanto, somente *in abstracto* seria admissível falar da possibilidade de ocorrência de situação em que alguém tenha, apenas, capacidade jurídica, sem ter qualquer outra capacidade, porque, *in concreto,* quem é titular de capacidade jurídica tem sempre, no mínimo, mais uma capacidade específica: a capacidade de ser parte, em face de serem coextensivas, ao menos no Direito brasileiro. Todo homem nasce capaz de direito e capaz de ser parte[167], embora seja absolutamente incapaz de agir e de exercer outros direitos, exceto

---

167. Código Civil, art. 1º, e CF, art. 5º, XXXV, respectivamente.

quanto à capacidade de praticar ato-fato, que é ilimitada, como será mostrado adiante. Em outras situações, normas jurídicas atribuem a certos entes, que não são pessoas, a capacidade de ser parte, o que, por decorrência, outorga-lhes capacidade jurídica, mesmo sem o declarar, porque aquela pressupõe, essencialmente, esta. Como consequência, qualquer ente, mesmo que não seja pessoa, a quem o ordenamento jurídico haja imputado uma capacidade específica, há de ser considerado *titular de capacidade jurídica*, portanto, um sujeito jurídico.

3. Natureza jurídica das capacidades

Procedendo a uma análise das várias capacidades encontráveis no mundo jurídico, constata-se que há um dado em comum a todas elas: a titularidade de qualquer uma implica uma situação jurídica unissubjetiva que, em geral, caracteriza-se por haver *direito subjetivo*[168] a ela. A capacidade de obrigar-se por atos ilícitos e a capacidade delitual também são situações jurídicas unissubjetivas, mas, por suas características especiais, os direitos subjetivos que lhes dizem respeito estão relacionados à incapacidade: direito subjetivo do incapaz (= inimputável) de assim ser considerado, portanto, direito subjetivo à inimputabilidade[169]. Todas as capacidades específicas são eficácia de fatos jurídicos[170] que conferem a seus titulares *poderes jurídicos* e *faculdades* (que constituem conteúdos de direitos) que

---

168. Como anota Pontes de Miranda (*Tratado de direito privado*, t. I, § 49, 1 *et passim*), em relação às capacidades jurídica e de agir (de obrar, como denomina). Como já dissemos, *ser capaz* é qualidade, mas há direito subjetivo à capacidade.

169. É evidente que não pode haver *direito subjetivo* a praticar ato ilícito ou a responsabilizar-se por ele. A imputabilidade é situação jurídica unissubjetiva que qualifica a pessoa como responsável, penal e civilmente, pela prática de atos contrários a direito. Direito subjetivo há, mas à inimputabilidade.

170. Assim, por exemplo, resultam da incidência: (*a*) a capacidade de agir, do art. 5º + a não incidência dos arts. 3º e 4º, todos do Código Civil, e, excepcionalmente, CPC, art. 752, § 2º; (*b*) a capacidade de obrigar-se por ato jurídico indenizativo, do art. 5º do Código Civil, bem assim do art. 928 e seu parágrafo único, segundo os quais "o incapaz responde pelos prejuízos que causar, se as pessoas por ele responsáveis não tiverem obrigação de fazê-lo ou não dispuserem de meios suficientes". Cessa a obrigação se a indenização, que deverá ser fixada equitativamente, privar do necessário para viver o incapaz ou as pessoas que dele dependem; (*c*) a capacidade delitual penal, da não incidência dos arts. 26 e 27 do Código Penal; (*d*) a capacidade de ser parte, genérica, do art. 5º, I e XXXV, da Constituição Federal, e, excepcional, do art. 75, V, VI, VII, IX, XI e § 2º, do CPC; (*e*) a capacidade processual, do art. 70 do CPC; (*f*) a capacidade política, do art. 14, §§ 1º, 3º e 4º, da CF de 1988.

lhes asseguram a aptidão para o exercício de direitos ou a prática de condutas idôneas a compor suportes fácticos de fatos jurídicos (*lato sensu*). Conforme demonstrado antes, as capacidades são *situações jurídicas unissubjetivas* dotadas de oponibilidade *erga omnes* e impositividade por meio judicial, portanto, são direitos subjetivos assegurados por pretensões e ações. Por isso, negar capacidade a quem a tem, ou atribuir capacidade delitual ou de obrigar-se por ato ilícito a quem não a tem, constitui violação a direito subjetivo, reparável por via judicial. Se, por exemplo, recusa-se a pessoa capaz o poder de realizar negócio jurídico, ao argumento de que lhe faltaria capacidade de agir, teria ela ação para garantir-lhe o direito de concretizá-lo. O mesmo ocorreria se se negasse a cidadão brasileiro, maior de 16 anos, o direito de alistar-se eleitor, ao fundamento de que não teria capacidade política. Os exemplos mostram que essas capacidades são irradiações de direitos subjetivos, porque as pretensões e as ações, salvo espécies excepcionalíssimas[171], são emanações de direito. Não ver que as capacidades nada mais são do que eficácia de fatos jurídicos é que tem levado a doutrina a refusar-lhes a natureza de direito subjetivo.

§ 22. Da capacidade jurídica

1. Conceito

Denomina-se *capacidade jurídica* (= *capacidade de direito*)[172] a ap-

---

171. Como já mencionado no texto, a ação popular, a ação civil pública, a ação de instituição de curatela e o *habeas corpus*, por exemplo, que são deferidos a quem não é titular de direito subjetivo.

172. Alguns doutrinadores costumam denominar *capacidade de gozo* a capacidade jurídica, como o fazem, na literatura jurídica nacional, *e. g.*, Maria Helena Diniz (*Curso de direito civil brasileiro*, v. I, p. 84), Caio Mário da Silva Pereira (*Instituições de direito civil*, v. I, p. 158), Silvio Rodrigues (*Direito civil*, v. 1, n. 17), Orlando Gomes (*Introdução ao direito civil*, p. 172, onde está escrito, naturalmente por lapso, capacidade de *prazo*). Também na doutrina portuguesa a expressão é usada por Inocêncio Galvão Telles, *Introdução ao estudo do direito*, v. II, p. 158, L. A. Carvalho Fernandes, *Teoria geral do direito civil*, v. I, p. 111, v. g. A doutrina francesa costuma empregar *capacidade de gozo* (*capacité de jouissance*) em dois sentidos: (*a*) para designar a capacidade jurídica (Josserand, *Cours de droit civil positif français*, v. I, p. 186; Bonnecase, no *Traité théorique e pratique de droit civil*, de Baudry-Lacantinerie (*supplément*), v. IV, p. 593, *e. g.*) e (*b*) para designar uma espécie de capacidade jurídica (a outra seria a capacidade de exercício), como fazem

tidão que o ordenamento jurídico atribui às pessoas, em geral, e a certos entes, em particular, estes formados por grupos de pessoas ou universalidades patrimoniais, para serem titulares de uma situação jurídica. Ter capacidade jurídica não significa, apenas, *poder ser termo de uma relação jurídica,* como sujeito de direito ou de dever, poder adquirir e ter direitos e contrair e ter deveres, mas, também, *poder ser titular de situação jurídica*, por mais elementar que seja, portanto, *poder ter no mundo jurídico uma posição na condição de sujeito.* Nesse sentido, *sujeito* significa *titular* e *ser sujeito* denota *titularidade*[173].

A capacidade jurídica constitui, como se vê, a mais importante de todas as capacidades, considerando que de todas elas é o fundamento inexcluível. Nada pode, juridicamente, ser relacionado a alguém, pessoa ou outro ente qualquer, que não seja titular de capacidade jurídica. Por isso, quem não seja titular de capacidade jurídica não manifesta vontade que possa integrar suporte fáctico de ato jurídico, ou praticar conduta que seja recebida como ato-fato jurídico. Enquanto a falta de capacidade específica implica, em geral, *invalidade* do ato jurídico, a ausência de capacidade jurídica importa *inexistência.*

2. Divergências doutrinárias

A doutrina costuma afirmar, usual e tradicionalmente, ser a capacidade jurídica atributo exclusivo das pessoas, físicas e jurídicas[174]. Tal concepção,

---

Colin et Capitant (*Cours élémentaire de droit civil français*, v. I, p. 76), ou de capacidade civil, conforme Aubry et Rau (*Cours de droit civil français*, v. I, p. 260). Josserand (op. e loc. cits.) e Planiol (*Traité élémentaire de droit civil*, v. I, p. 163) criticam a expressão *capacidade de gozo*, considerando-a imprópria. Pontes de Miranda emprega *capacidade jurídica* e *capacidade de direito* em sentidos diferentes, tratando esta última como *capacidade de exercício* (*Tratado de direito privado*, t. I, § 49, 1, por exemplo).

173. A ambiguidade do vocábulo *sujeito* impõe a fixação do sentido em que é empregado, como observa S. Cotta (*Soggeto umano – soggeto giuridico*, p. 1). *Vide* Pontes de Miranda, *Tratado de direito privado*, t. I, § 50, 1.

174. Pontes de Miranda, *Tratado de direito privado*, t. I, § 47 *et passim*; Maria Helena Diniz, *Compêndio de introdução à ciência do direito*, p. 461, e *Curso de direito civil brasileiro*, v. I, p. 79 *et passim;* Hermes Lima, *Introdução à ciência do direito*, p. 72; Vicente Ráo, *O direito e a vida dos direitos*, v. II, t. I, p. 132; Miguel Reale, *Lições preliminares de direito*, p. 216; Orlando Gomes, *Introdução ao direito civil*, p. 146; Machado Neto, *Compêndio de introdução à ciência do direito*, p. 170;

no entanto, não se coaduna com a realidade do Direito atual, uma vez que os ordenamentos jurídicos, para atender às necessidades do tráfico social, imputam a titularidade de direitos, de deveres e de outras situações jurídicas a entes que não são pessoas. Com efeito, normas jurídicas, como as do art. 75 do Código de Processo Civil brasileiro, concedem a certos entes sem personalidade de direito, como a sociedade sem personificação, o espólio, a herança jacente, por exemplo, a *capacidade de ser parte,* que constitui situação jurídica unissubjetiva cujo conteúdo consiste em atribuir a seu titular aptidão para ser termo (sujeito) de relação jurídica processual, como autor, réu, opoente ou assistente, e que é, em si, um direito subjetivo[175]. É evidente que esses entes, embora não sejam pessoas, são, sem dúvida, titulares de capacidade jurídica e, portanto, sujeitos jurídicos, porque o ordenamento, ao imputar-lhes a condição de sujeito em relação jurídica processual, reconhece-lhes a capacidade jurídica. Soa de uma ilogicidade insuperável a afirmativa de que alguém, ou um ente qualquer, possa ter uma posição no mundo do direito, como titular de uma situação jurídica, sem ser juridicamente capaz, porque a própria *incapacidade jurídica* impediria a titularidade da situação jurídica.

Paulo Dourado de Gusmão, *Introdução ao estudo do direito*, § 150; Cunha Gonçalves, *Tratado de direito civil,* v. I, p. 188; García Maynez, *Filosofía del derecho*, p. 138; Legaz y Lacambra, *Filosofía del derecho*, p. 720; Korkounov, *Cours de théorie générale de droit,* § 28; Badenes Gasset, *Conceptos fundamentales del derecho*: las relaciones jurídicas patrimoniales, p. 45; Chaparro, *La persona y su capacidad civil, passim*; Carnelutti, *Teoría general del derecho*, p. 150; Barbero, *Sistema del derecho privado*, v. I, p. 190; Allara, *Le nozioni fondamentali del diritto civile*, v. I, p. 197; Cicala, *Il rapporto giuridico*, p. 27 *et passim*; Salvatore Palazzolo, *Il diritto come rapporto*, p. 20; B. Dusi, *Istituzioni di diritto privato*, v. I, p. 87; Guido Alpa, *Istituzioni di diritto privato*, p. 213; Salvatore Amato, *Il soggetto e il soggetto di diritto, passim*; Messineo, *Manual de derecho civil y comercial*, v. II, *passim*; Del Vecchio, *Lições de filosofia do direito*, v. II, p. 195; Santoro Passarelli, *Doctrinas generales del derecho civil*, p. 1; Trabucchi, *Instituciones de derecho civil*, v. I, p. 75 *et passim*; Aubry et Rau, *Cours de droit civil français*, v. I, p. 261-262; Colin et Capitant, *Cours élémentaire de droit civil français*, § 97; Baudry-Lacantinerie, *Traité théorique et pratique de droit civil*, supplément par J. Julien Bonnecase, v. IV, p. 593; Josserand, *Cours de droit civil positif français*, v. I, p. 186; Pescatore, *Introduction a la science du droit*, p. 238; Enneccerus, Kipp e Wolff, *Tratado de derecho civil*, v. 1, t. 1º, § 68 *et passim*; Von Tuhr, *Teoría general del derecho civil alemán*, § 2; H. Lehmann, *Tratado de derecho civil*, § 11; Larenz, *Derecho civil*: parte general, § 5; Windsheid, *Diritto delle pandette*, § 49; Dernburg, *Pandette*, v. I, 1ª parte, p. 126; Westermann, *Código Civil alemão*: parte geral, p. 16, entre tantos outros.

175. A capacidade de ser parte constitui um direito subjetivo, deferido, *in genere*, pela Constituição Federal (art. 5º, I, XXXV e LV), e, *in casu*, pelo CPC (art. 75, V, VI, VII, IX, XI e § 2º, *e. g.*).

A capacidade jurídica e a condição de sujeito jurídico não se restringem às situações de direito material. Por serem genéricas, dizem respeito a qualquer situação jurídica, inclusive no plano do direito formal (processual), de modo que ser sujeito jurídico em relação jurídica processual é, em essência, igual a sê-lo em relação jurídica de direito material. Por isso, mesmo adotados os pressupostos exigidos pela doutrina tradicional, não há como fugir de considerar como titular de capacidade jurídica o ente que, sem ser pessoa, esteja em uma posição no mundo jurídico, ainda que, apenas, a de titular de capacidade de ser parte, por exemplo. O *sistema lógico*, *que,* como costuma referir Pontes de Miranda[176], *contempla por cima o sistema jurídico,* o influencia de tal modo que a ilogicidade das proposições normativas leva à sua inadmissibilidade[177]. Desse modo, é incontestável: se o ordenamento jurídico imputa a um ente, mesmo que não seja pessoa, uma situação jurídica qualquer, faz dele sujeito jurídico, titular de capacidade jurídica, pois a própria capacidade já configura um direito subjetivo.

Quando do estudo do problema do sujeito jurídico, esse assunto será versado mais detidamente.

Como se pode ver, o conceito de capacidade jurídica, como aqui formulado, constitui uma revisão da concepção clássica, tradicional, dando-lhe a abrangência semântica capaz de atender à necessidade lógica, acima referida, de superação do equívoco consistente na visão que limita a capacidade jurídica às pessoas, quando, na realidade jurídica, há mais entes capazes de direito (= sujeitos jurídicos) que pessoas.

§ 23. Capacidade de agir e outras capacidades substantivas em direito privado

1. Generalidades

A capacidade de agir[178] caracteriza-se pela aptidão que o ordenamen-

176. *Tratado de direito privado*, t. I, § 85, 2 *et passim*. Em verdade, o sistema jurídico é *nomoempírico*, não *lógico* propriamente, uma vez que o conteúdo de suas proposições se refere a situações da realidade fáctica.

177. A impossibilidade lógica conduz à inexistência, na visão de Pontes de Miranda (*Tratado de direito privado*, t. IV, § 397, 1). O atual Código Civil, art. 123, III, considera causa de invalidade do negócio jurídico ser ele subordinado a "condições incompreensíveis ou *contraditórias*".

178. Também denominada capacidade de exercício, capacidade de obrar, capacidade de fato, capacidade de ação. Não há, em doutrina, uma terminologia unívoca.

to jurídico reconhece às pessoas para que, diretamente, e não por intermédio de representante legal ou com a participação de assistente (= pais, tutores ou curadores), exerçam os direitos e pratiquem, validamente, os atos da vida civil que lhes cabem[179]. Integram o conteúdo da capacidade de agir: (i) a capacidade de praticar ato-fato jurídico, (ii) a capacidade negocial (= de exteriorizar vontade apta a compor suporte fáctico de negócio jurídico), (iii) a capacidade de praticar ato jurídico *stricto sensu*, (iv) a capacidade de herdar (legitimação hereditária), (v) a capacidade de ser empresário, (vi) a capacidade de praticar ato ilícito, (vii) a capacidade de obrigar-se por fato jurídico indenizativo.

Essas espécies de capacidades são distintas entre si, tanto porque dizem

---

Pontes de Miranda distingue da capacidade de obrar (empregando, eventualmente, *capacidade de ação* – *Tratado de direito privado*, t. I, § 48, 1), como denomina a que chamamos de capacidade de agir, a capacidade de exercício, conforme se pode constatar deste texto: "*capacidade de obrar* é: (*a*) capacidade de praticar ato-fato jurídico; (*b*) a de praticar atos jurídicos *stricto sensu*; (*c*) a de manifestar vontade que entre no mundo jurídico como negócio jurídico (capacidade negocial); (*d*) a de praticar atos ilícitos em geral, isto é, a de praticar atos ilícitos relativos e de praticar atos ilícitos absolutos (capacidade delitual). A capacidade de fato jurídico *stricto sensu* (nascer, atingir *x* anos, comer) não é capacidade de obrar; é a capacidade mesma de direito ou de exercício" (*Tratado de direito privado*, t. I, § 49, 1). No entanto não as define especificamente. Segundo se pode concluir de suas lições, extraídas de leitura atenta do *Tratado de direito privado*, (*a*) a capacidade de obrar seria a aptidão de praticar atos hábeis a compor suportes fácticos de atos-fatos jurídicos, atos jurídicos *stricto sensu*, negócios jurídicos e de atos ilícitos relativos ou absolutos (t. I, § 49, 1); (*b*) a capacidade de exercício, seria a capacidade de exercer direitos, como, por exemplo, o direito de comerciar (t. I, § 64, 1), ou de realizar fatos jurídicos *stricto sensu* (t. I, § 49, 1), e se confundiria com a capacidade de direito (t. I, § 49, 1 e § 64, 1).

Essa referência de Pontes de Miranda a "capacidade de fatos jurídicos *stricto sensu*", classificando-a como *capacidade de direito ou de exercício* (*Tratado de direito privado*, t. I, § 49, 1), parece-nos inadequada. A nosso ver, tal *capacidade* deve ser tida como simplesmente *de fato*, no sentido estrito de *não jurídica*. Os próprios exemplos dados por Pontes de Miranda (comer, atingir *x* anos, nascer) mostram que não se trata de capacidade de direito nem de exercício, mas da ocorrência de simples fatos biológicos, portanto, naturais, que se incluem como elementos de suportes fácticos. Por isso, parece ser impróprio falar de capacidade em relação à concreção desses fatos naturais.

Segundo nossa concepção, a expressão *capacidade de agir*, porque define a capacidade de exercer pessoalmente os direitos e de praticar atos jurídicos e outros destinados a compor suportes fácticos, inclui as capacidades de *obrar* e de *exercício*.

179. Código Civil, art. 1.634, V. Sobre a capacidade de agir, *vide* nosso *Teoria do fato jurídico*: plano da validade, §§ 10, 11, e 25-30.

respeito a fatos jurídicos diferentes, como porque seus suportes fácticos têm pressupostos próprios. As pessoas físicas, por exemplo, têm ilimitada capacidade de praticar ato-fato jurídico da espécie ato real; não na têm, porém, as pessoas jurídicas, uma vez que conduta humana avolitiva constitui elemento essencial de seu suporte fáctico. As pessoas jurídicas têm ilimitada capacidade negocial e de ato jurídico *stricto sensu*; as pessoas físicas nascem incapazes e podem assim permanecer por toda a vida, se se incluírem no rol dos relativamente incapazes (ser ébrio habitual, ser viciado em tóxico, ser pródigo, *e. g.*) Por esse motivo, devem ser examinadas separadamente, como se fará a seguir, de modo sucinto.

2. Capacidade de praticar ato-fato jurídico

A capacidade de praticar atos-fatos jurídicos supõe, necessariamente, a titularidade de capacidade jurídica, porque de ato-fato jurídico resulta, sempre, a criação de uma posição em relação jurídica (ato-fato real e ato-fato indenizativo), ou o encobrimento ou a extinção de direitos, pretensões e ações (ato-fato caducificante). Quando se trata da espécie ato real[180], como já mencionado, a capacidade de praticar ato-fato apenas diz respeito às pessoas naturais e é ilimitada, precisamente porque da conduta humana, que constitui elemento essencial de seu suporte fáctico, resulta, sempre e inevitavelmente, uma situação de fato. Por isso, a conduta humana é recebida pelo Direito como avolitiva, abstraindo-se a vontade consciente que, por acaso, exista em sua origem. Em face de não se cogitar de vontade relevante na composição do seu suporte fáctico, não há incapacidade da pessoa física quanto a essa espécie. O menor ou outro incapaz pode caçar, pescar, pintar um quadro ou praticar qualquer outro ato-fato jurídico real.

As pessoas jurídicas, diferentemente, somente podem praticar atos reais quando a conduta de que resulta o fato possa ser considerada da pessoa jurídica, como ocorre, por exemplo, na tomada e no abandono da posse, em que o ato do órgão é da pessoa jurídica. A pessoa jurídica atua através de seus órgãos (assembleia, diretoria, gerência, *e. g.*), de modo que os atos por estes praticados nessa condição (de órgão) são atos da própria pessoa jurídica, não daquele que os efetiva na prática. Por isso, o órgão *presenta* a

180. Sobre a categoria dos atos-fatos jurídicos lícitos, *vide* nosso *Teoria do fato jurídico*: plano da existência, Capítulo IX.

pessoa, *não a representa*[181]. Assim, quem toma posse de bem adquirido pela pessoa jurídica é ela própria, não a pessoa física que pratica o ato. Na maioria dos casos, porém, a conduta tipificante dos atos-fatos é, naturalmente, incompatível com atos praticados por órgãos; os atos avolitivos que integram os suportes fácticos dessa espécie não podem ser atribuídos a uma pessoa jurídica[182].

Em relação aos atos-fatos caducificantes (= casos de prescrição e de caducidade sem culpa, que não constituem sanção por ato ilícito) e indenizativos (= casos de indenizabilidade sem culpa), podem ser praticados, também, por pessoas jurídicas[183], mas nem sempre por pessoas físicas. Os absolutamente incapazes não praticam atos-fatos caducificantes porque contra eles não correm prazos prescricionais e, em geral, de caducidade[184]. Os atos-fatos indenizativos, embora possam ser praticados por incapazes, estes, em geral, só respondem, pessoalmente, pelas indenizações decorrentes dos danos que causarem se as pessoas por ele responsáveis não tiverem obrigação de fazê-lo ou não dispuserem de meios suficientes para tanto (Código Civil, art. 928). A responsabilidade civil cabe, em princípio, a quem seja seu representante ou assistente. Diferentemente, nas espécies caducificante e indenizativa a pessoa jurídica tem plena capacidade, uma vez que a conduta omissiva ou comissiva de seus órgãos são suficientes a compor seus suportes fácticos e as consequências dos atos-fatos a ela são imputáveis. Desse modo, *e. g.*, o decurso do prazo prescricional ou de caducidade sem o exercício da pretensão pelos órgãos da pessoa jurídica implica sua prescrição ou caducidade sem culpa (ato-fato caducificante), conforme a espécie. Também a pessoa jurídica responde pelos danos que sua atividade conforme

---

181. A representação da pessoa jurídica somente existe quando alguém pratica o ato *em nome* da pessoa jurídica (procurador, *e. g.*).

182. Condutas como caçar, pintar um quadro, escrever um livro, por exemplo, somente podem ser executadas por pessoas físicas, não podendo ser atribuíveis a pessoas jurídicas.

183. A prescrição e a caducidade sem culpa (= atos-fatos caducificantes) alcançam os direitos, pretensões, ações e exceções atinentes às pessoas jurídicas (Código Civil, art. 195), bem assim elas são responsáveis, civilmente, por atos-fatos indenizativos quando decorrentes de suas atividades, como é exemplo a responsabilidade civil das estradas de ferro pelos danos a terceiros, exceto passageiros e remetentes de carga (*vide* nosso *Teoria do fato jurídico*: plano da existência, § 35).

184. Código Civil, art. 198, I, embora corram certos prazos de caducidade (decadenciais) e os preclusivos, como para impetrar mandado de segurança.

a direito vier a causar, sem culpa, a terceiro (ato-fato indenizativo). O dano que a ferrovia causa, sem culpa, a terceiro (= não passageiro ou remetente de carga), por exemplo, é indenizável por se tratar de ato-fato indenizativo, em face do art. 26 do Decreto-lei n. 2.681, de 7-12-1912. Por isso, a pessoa jurídica é sempre capaz de praticar ato-fato jurídico, exceto em certas espécies de ato-fato real.

3. Capacidades negocial e de praticar ato jurídico *stricto sensu*

As capacidades de praticar negócio jurídico (= negocial) e ato jurídico *stricto sensu* não se confundem. Ambas podem ser consideradas espécies de uma capacidade genérica de *praticar ato jurídico lato sensu*, cujo fundamento reside na necessidade de se ter uma garantia, relativa, é certo, de que há consciência na manifestação da vontade de praticar ato jurídico, mas têm conteúdos próprios, em face de se referirem a categorias distintas de atos jurídicos[185]. Em regra, porém, as normas sobre a capacidade negocial, especialmente sobre incapacidade e suas consequências (validade e invalidade), são aplicáveis à capacidade de atos jurídicos *stricto sensu*[186], porque nas duas espécies se leva em conta a *vontade consciente* como elemento nuclear do suporte fáctico. Note-se que, em certos casos, o Direito defere plena capacidade negocial ao menor de 18 e maior de 16 anos, de modo que, independentemente do assentimento dos titulares do poder familiar ou do tutor, pode realizar negócio jurídico ou praticar ato jurídico *stricto sensu,* como, por exemplo, fazer testamento e aceitar ou renunciar a mandato e ser testemunha em testamento, *e. g.*[187].

As capacidades negocial e de praticar ato jurídico *stricto sensu* são as mais importantes, considerando a amplitude da área em que atuam. Os atos

---

185. A partir da vigência do EPD deve-se entender presente a consciência da vontade nos atos jurídicos praticados por pessoas com deficiência mental ou intelectual, seja qual for o seu grau, considerando-se a plena capacidade civil que lhes concedeu aquele Estatuto, salvo prova em contrário. A falta de consciência na exteriorização da vontade acarreta insuficiência do suporte fáctico, portanto inexistência do ato jurídico.

186. Daí a regra muito mal concebida e, pior ainda, enunciada do Código Civil: "Art. 185. Aos atos jurídicos lícitos, que não sejam negócios jurídicos, aplicam-se, no que couber, as disposições do Título anterior". A denominação aos atos jurídicos *stricto sensu* de "ato jurídico lícito" dá a entender, em face da má redação dessa norma, que o negócio jurídico não é uma espécie de ato jurídico lícito.

187. Código Civil, arts. 1.861, 666 e 228, I.

jurídicos lícitos são as mais significativas espécies de fato jurídico (*lato sensu*), tanto qualitativa como quantitativamente. A ausência de capacidade negocial ou de praticar ato jurídico *stricto sensu* (= incapacidade) acarreta, como consequência, a invalidade (= anulabilidade ou nulidade, conforme o caso) do negócio jurídico ou ato jurídico *stricto sensu*[188].

4. Capacidade de herdar (legitimação hereditária)

Diz-se capacidade de herdar ou legitimação hereditária a atribuição a pessoas, físicas ou jurídicas, ao nascituro e, ainda, a entes futuros (*nondum conceptus* e fundação a ser instituída) de poderem suceder *mortis causa*, tanto em decorrência de parentesco (sucessão legítima), como por força de disposição testamentária (sucessão testamentária).

Em razão das diferenças que existem entre os fundamentos da sucessão legítima e da testamentária, a análise da capacidade hereditária há de ser desenvolvida considerando as características próprias de cada uma delas.

i) *Capacidade da pessoa física*

A capacidade hereditária das pessoas físicas, tanto em relação à sucessão legítima como à testamentária, é absoluta, por isso todas a têm, indistintamente; independe, portanto, de cor, credo religioso, sexo, raça ou nacionalidade[189]. A incapacidade, relativamente às pessoas físicas, é excepcional e só pode decorrer de norma legal específica. A incapacidade de herdar *ex lege* somente existe em decorrência do grau de parentesco, quando se trata de colaterais, que apenas têm capacidade hereditária até o quarto grau, no Direito brasileiro. Em relação a descendentes e ascendentes, não há incapacidade. A indignidade[190] não constitui incapacidade, mas causa de exclusão de certa herança de quem era herdeiro, portanto, de quem tinha capacidade hereditária.

Quanto à sucessão testamentária, o Código Civil, art. 1.801, considera incapazes: (*a*) a pessoa que, a rogo do testador, haja escrito o testamento, seu cônjuge, ascendentes, descendentes e irmãos, (*b*) as testemunhas do testamento, (*c*) a concubina do testador casado e (*d*) o oficial público, seja

---

188. Sobre a questão da invalidade em consequência de incapacidade de agir, *vide* nosso *Teoria do fato jurídico*: plano da validade.

189. No direito brasileiro, o direito de herdar da pessoa física está consignado na Constituição Federal de 1988 como um dos direitos fundamentais, art. 5º, XXXI.

190. Código Civil, art. 1.814.

quem for, que lavrar o testamento, bem como aquele que o lavrar ou o aprovar[191].

Porque tem como pressuposto a capacidade jurídica, a capacidade hereditária supõe, em regra, a existência do herdeiro em momento anterior à morte do decujo. A atribuição ao nascituro da capacidade de herdar leva em consideração o fato de que, embora ainda não seja pessoa, na verdade, já existe um ser com capacidade jurídica ao qual são ressalvados os direitos desde a concepção[192]. Apesar de não haver pessoa, há um sujeito jurídico. Quando se trata de sucessão legítima, quem ainda não estava concebido ou já estava morto por ocasião da abertura da sucessão não tem capacidade para ser herdeiro. Diferentemente, na hipótese de deixa testamentária, o *concepturo* (*nondum concepto*) poderá herdar se for concebido em até dois anos da morte do testador e nasça com vida.

ii) *Capacidade da pessoa jurídica*

Diferentemente, em decorrência mesmo de sua natureza, as pessoas jurídicas somente são capazes de herdar por testamento.

A pessoa jurídica, enquanto esteja inscrita no registro próprio, mesmo que se encontre em processo de extinção, tem capacidade de adquirir por testamento; se antes do cancelamento do registro se abre sucessão em que haja deixa testamentária em seu favor, ainda que já concluída sua liquidação, a herança se lhe transmite, reabrindo-se a liquidação.

iii) *Exceções às regras gerais*

As regras gerais, segundo as quais a capacidade de herdar pressupõe (i) a anterioridade da existência do herdeiro à abertura da sucessão e (ii) a sua capacidade jurídica, sofrem exceções quando se trata de sucessão testamentária, uma vez que o ordenamento jurídico pode admitir, como ocorre no brasileiro, que, mediante disposição testamentária: (*a*) seja contemplada prole eventual de pessoa certa existente por ocasião da abertura da sucessão

---

191. A Constituição Federal, art. 190, estabelece limitações para que pessoa física ou jurídica estrangeira possa adquirir propriedade rural no País, de modo que tais limitações se aplicam à herança, seja *ex lege*, seja testamentária. A nosso ver, no entanto, não se pode considerar tais limitações como casos de incapacidade hereditária.

192. Art. 2º, 2ª parte, do Código Civil. Leva-se em consideração o existir antes do *momento da morte*, de modo que, como refere Pontes de Miranda, se o sucedido faleceu logo após haver concluído coito em que a mulher engravidou, o nascituro é herdeiro.

(*nondum conceptus*) e (*b*) seja destinada dotação patrimonial para o fim de instituir fundação[193]. O *nondum conceptus,* em face de não ter existência material, não pode ser considerado sujeito jurídico. No entanto, após a abertura da sucessão, pelo fato de lhe haver sido atribuído um patrimônio, o ordenamento jurídico lhe reconhece a condição de sujeito jurídico em nome de quem serão geridos os bens que lhe tenham sido destinados pelo testador. A capacidade jurídica[194], portanto, lhe é reconhecida mesmo em se tratando, apenas, de uma *pessoa futura possível.* Se ocorrer fato que determine, de forma absoluta, a impossibilidade de a pessoa certa indicada no testamento vir a ter a prole que dela se espera (futura), resolve-se a instituição testamentária (*e.g.*, mulher indicada como mãe do herdeiro (= *concepturo*) torna-se, irremediavelmente, infértil). Assim também acontece se não houver a concepção decorridos dois anos da abertura da sucessão.

Do mesmo modo, a fundação a que o testador fez dotação para a sua constituição, somente será pessoa após o registro de seus estatutos. No entanto, desde a abertura da sucessão, passa a ser sujeito jurídico, adquirindo capacidade jurídica, em face da dotação testamentária que foi destinada, com vista à sua instituição. Nesse caso, aquele a quem houver sido delegado o encargo de promover os atos destinados a criá-la ou o órgão competente do Ministério Público têm pretensão e ação, em nome do ente (fundação) futuro, para exigir o cumprimento da disposição testamentária. Como no caso do *nondum conceptus*, se se torna impossível a instituição da fundação, por ilicitude de seu objeto, por exemplo, resolve-se a dotação, revertendo o bem ao monte-mor, para ser partilhado entre os herdeiros legítimos, se não houver disposição testamentária em contrário. O mesmo deve ocorrer se a dotação é insuficiente para que a fundação cumpra as finalidades a que se destinar e não houver, na circunscrição territorial onde deveria atuar (*e.g.* Município, Estado), uma fundação que se proponha a fim igual ou semelhante. Se houver, a essa fundação deve ser incorporado o patrimônio a que se refere a dotação (Código Civil, art. 63). Caso haja mais de uma fundação que preencha os requisitos que as tornem aptas a receber o patrimônio, deve caber ao juiz do inventário decidir a qual delas deve ser incorporado, levando em consideração a que melhor possa realizar os objetivos definidos pelo testador.

---

193. Código Civil, art. 1.799, I e III.

194. *Vide*, adiante, § 28.6.

5. Capacidade de ser empresário[195]

A *capacidade de ser empresário* é espécie da capacidade de agir, e não se confunde com a capacidade negocial. Rege-se por normas próprias[196], que estabelecem incapacidades específicas, a par da genérica incapacidade de agir. São incapazes de ser empresário (= exercer atividade como empresário) os incapazes em geral, salvo a possibilidade de, mediante autorização judicial, continuarem a exercer, por intermédio de representante ou assistido, a empresa: (*a*) que tinha antes de ser interditado[197] (*b*) ou de que passou a ser titular em decorrência de sucessão hereditária[198].

Não se confunde a incapacidade para comerciar com as proibições (impedimentos) para exercer a empresa. Os magistrados, os membros do Minis-

---

195. Código Civil, arts. 972 e s. Na regência do Código de 1916 a matéria era tratada pelo Código Comercial e empregava-se a denominação *capacidade para comerciar.*

196. Pontes de Miranda (*Tratado de direito privado*, t. I, § 64, 1) tinha a capacidade para comerciar (capacidade para ser empresário) como capacidade de direito ou de exercício, não como capacidade de obrar (= de agir). Temo-la, no entanto, como capacidade de agir, em cujo conceito consideramos incluída a capacidade de exercício, conforme observamos antes na nota 178.

197. O instituto da interdição sofreu significativas alterações em decorrência do EPD, que aboliu a incapacidade de agir das pessoas com deficiência, a saber: (*a*) Não mais existe interdição (embora, paradoxalmente, na redação dada pelo art. 114 do EPD ao parágrafo único do art.1.772, se fale em "*preferências do interditando*". (*b*) As pessoas com deficiência, portanto, não mais estão sujeitas a interdição como previa o Código Civil em sua redação original, mas, *quando necessário, são submetidas à curatela, que constitui uma medida protetiva extraordinária, proporcional às necessidades e às circunstâncias de cada caso, durará o menor tempo possível* (art. 84, §§ 1º e 3º) e *afetará tão somente os atos relacionados aos direitos de natureza patrimonial e negocial* (art. 85). (*c*) O mesmo ocorre com os demais relativamente incapazes (aqueles que, por causa transitória ou permanente, não puderem exprimir sua vontade, os ébrios habituais, toxicômanos e pródigos (Código Civil, art.1.767, conforme a redação dada pelo EPD). No campo do direito empresarial, desde o advento do EPD, as pessoas com deficiência estão fora do âmbito de incidência do art. 974 do Código Civil, mas, dependendo do grau e da natureza da deficiência que as afeta, ao assumirem o comando de empresa, poderão ser submetidas à curatela, promovida, inclusive, por elas próprias e mesmo recorrer ao novel instituto da *Tomada de Decisão Apoiada*, mandado incluir no Código Civil (art.1.783 A) pelo art. 116 do referido EPD.

198. Código Civil, art. 974. Essa matéria deixou de ser tratada pelo Código Comercial, passando a ser regulada pelo Código Civil, no L. II, Tít. I, Cap. II, da Parte Especial. No entanto, as regras do Código Comercial e legislação especial sobre empresa, capacidade de ser empresário e impedimentos que não tenham sido expressamente revogadas pelo Código Civil continuam em vigor, em face do seu art. 2.037.

tério Público e os funcionários públicos em geral são proibidos (impedidos) de ser empresários em razão dos cargos que ocupam, e o falido, enquanto não reabilitado. Não são, no entanto, incapazes. Deixando os cargos ou sendo o falido reabilitado, nada os impede de exercer a empresa[199].

A incapacidade para ser empresário não impede que o incapaz nessa espécie seja sócio ou acionista de sociedade empresarial, embora não possa exercer gerência ou função de órgão da sociedade.

6. Capacidade de praticar ato ilícito civil

A capacidade de praticar ato ilícito civil[200] é de ser considerada sob dois aspectos: (*a*) de praticar ato ilícito relativo, que se configura na violação a direito conteúdo de relação jurídica de direito relativo e (*b*) de praticar ato ilícito *stricto sensu,* dito, também, ato ilícito absoluto ou delito, que se caracteriza pela violação a direito conteúdo de relação jurídica de direito absoluto ou quando não há qualquer relação jurídica entre o agente e a vítima[201].

A capacidade de praticar ato ilícito civil constitui a regra; a incapacidade, a exceção. Portanto, todos são capazes de praticar ato ilícito civil, exceto aqueles a que a lei considera inimputáveis.

Segundo parece, a capacidade de praticar ato ilícito civil diz respeito à pessoa natural e à jurídica. O ato ilícito, tanto absoluto como relativo, que o órgão da pessoa jurídica, ou seus prepostos, comete, agindo nessa qualidade, constitui ato ilícito da pessoa jurídica, não do órgão ou do preposto. Por isso, a pessoa jurídica responde pelos danos que o ato ilícito causar, embora possa ter ação regressiva contra quem o praticou, se agiu com culpa ou fora de suas atribuições. A capacidade da pessoa jurídica de praticar ato ilícito civil é absoluta; não há incapacidades.

Quando se trata da capacidade de praticar ato ilícito civil das pessoas naturais, é necessário considerar as seguintes situações:

(i) em razão da idade:

---

199. O Código Civil considera, com impropriedade, a nosso ver, caso de incapacidade o impedimento (proibição) para exercer a atividade empresarial (art. 972).

200. A distinção entre capacidade civil e capacidade criminal está feita em nosso *Teoria do fato jurídico*: plano da existência, a partir da 9ª edição (1999).

201. Sobre a categoria fato ilícito *lato sensu, vide* nosso *Teoria do fato jurídico*: plano da existência, §§ 56 e s.

(i.*a*) até os 16 anos a pessoa é absolutamente incapaz; o absolutamente incapaz por idade não pratica ato ilícito *stricto sensu* ou relativo, por ser inimputável;

(i.*b*) dos 16 aos 18 anos a pessoa tem capacidade apenas para a prática de ato ilícito relativo quando, na ocasião do ato de obrigar-se por meio de negócio jurídico, inquirido pela outra parte, *dolosamente*, houver omitido sua idade ou se declarado, espontaneamente, maior (Código Civil, art. 180), mas *somente nesses casos*. O requisito, imposto pela norma, da existência de dolo do relativamente incapaz faz caracterizar a ilicitude de seu ato;

(i.*c*) é plenamente capaz a partir dos 18 anos;

(ii) as pessoas com deficiência, que não mais são incapazes, seja qual for o grau e a natureza da deficiência são capazes de praticar ato ilícito, em princípio. O deficiente mental e intelectual (mesmo louco), e o auditivo não são inimputáveis por natureza, nem a curatela a que podem ser submetidos lhes atribui inimputabilidade. A definição de curatela de pessoa com deficiência está relacionada, exclusivamente, aos direitos de natureza patrimonial e negocial. Mesmo a curatela a que estiverem sujeitos os ébrios habituais e os viciados em tóxico diz respeito, apenas, à capacidade para praticar negócios jurídicos e atos jurídicos *stricto sensu*[202]. Sua capacidade de praticar ato ilícito *stricto sensu,* em particular, há de ser aferida considerando-se o grau da incapacidade em entender, na ocasião de sua prática, o caráter ilícito do fato ou de determinar-se conforme esse entendimento, nos termos da lei penal. O mesmo tratamento se deve aplicar à pessoa com deficiência, seja qual for a sua natureza e grau. Assim, não pratica ato ilícito *stricto sensu* o indivíduo, submetido a curatela ou não, cujas condições de sanidade mental ou física não lhe permitiam discernir, naquele momento, a natureza ilícita do ato.

A contrariedade a direito, se decorre de ato de pessoa incapaz de praticar ato ilícito *stricto sensu,* não é bastante para configurar a ilicitude porque a imputabilidade também constitui elemento cerne de seu suporte fáctico[203]; o dever de indenizar que resultar será consequência de ato-fato indenizativo, nunca de ato ilícito.

7. Capacidade para obrigar-se por fato jurídico indenizativo

A *capacidade para obrigar-se por fato jurídico indenizativo* consiste

---

202. Pontes de Miranda, *Tratado de direito privado*, t. I, § 62, 2 e 3.

203. *Vide,* sobre a imputabilidade como dado essencial da ilicitude, nosso *Teoria do fato jurídico*: plano da existência, § 56, 2.3, a partir da 9ª edição (1999).

na possibilidade de alguém responder, pessoalmente e com seus próprios bens, pela indenização por danos que causar resultantes de fato jurídico *lato sensu* ilícito (fato *stricto sensu* ilícito, ato-fato ilícito, ato ilícito relativo e ato ilícito *stricto sensu,* ou absoluto), inclusive penal, e também de ato-fato indenizativo (lícito). Tem natureza de direito privado e está relacionada às causas da responsabilidade civil[204]. Alcança as pessoas naturais e as jurídicas. Essa capacidade é de ser vista sob dois aspectos: (*a*) capacidade de obrigar-se por fato jurídico *lato sensu* ilícito; e (*b*) capacidade de obrigar-se por ato-fato indenizativo.

(*a*) A espécie capacidade de obrigar-se por fato jurídico *lato sensu* ilícito, em regra, tem o mesmo pressuposto fáctico da capacidade de praticar ilícito civil *in genere* e da capacidade criminal: a ilicitude, embora, nesse caso, o suporte fáctico é acrescido do dano (que não é essencial para caracterizar o ilícito *in genere*, salvo o ato ilícito absoluto em face da definição do Código Civil, art. 186). Apesar disso, delas difere pela mesma razão por que não são iguais os critérios de imputação.

Como afirmado acima, o absolutamente incapaz por motivo de idade não tem capacidade de praticar ato ilícito em face de não ser imputável. O relativamente incapaz, também por motivo de idade, quando, na realização de negócio jurídico, age com dolo, omitindo sua idade, se inquirido pelo outro figurante, ou declarando-se, espontaneamente, maior (Código Civil, art. 180), comete ato ilícito relativo, o que o torna capaz de obrigar-se por esse tipo de ato ilícito. Contudo não comete ato ilícito penal até os 18 anos, em face de ser declarado inimputável pela Constituição Federal de 1988 (art. 228) e pelo Código Penal (art. 27), ainda quando seu ato configure suporte fáctico de crime ou contravenção penal[205], nem ato ilícito absoluto.

O tratamento dado ao incapaz por idade é o mesmo em relação aos outros declarados incapazes, desde que provada a sua incapacidade de compreender o caráter ilícito do fato ou de determinar-se de acordo com esse entendimento. Acrescente-se que, se relativamente incapaz por idade

---

204. A responsabilidade civil, embora a doutrina, em geral, a relacione à ilicitude, na realidade pode resultar de outras situações, como, por exemplo, de atos-fatos indenizativos (= casos de indenizabilidade sem culpa).

205. Nesses casos, concretiza-se o *ato infracional*, instituto criado pelo Estatuto da Criança e do Adolescente, art. 103, que é definido como o ato, praticado por menor ou adolescente, que configura crime ou contravenção penal. *Vide*, sobre a natureza de ato-fato ilícito do ato infracional, nosso *Teoria do fato jurídico*: plano da existência, § 62, a partir da 9ª edição (1999).

contrai matrimônio, cola grau em curso superior, assume função pública em caráter efetivo ou, em decorrência de emprego ou de atividade empresarial, passa a ter economia própria[206], torna-se civilmente capaz, adquirindo capacidade de obrigar-se por fato *lato sensu* ilícito, mas continua penalmente inimputável. Em geral, porém, a prática de fato *lato sensu* ilícito conduz o agente a uma posição de obrigado a responder no plano civil pelo dano que causar (ilícito indenizativo), a sofrer a caducidade de direitos (ilícito caducificante) ou a ter invalidado o ato jurídico que praticar (ilícito invalidante).

(*b*) A espécie capacidade de obrigar-se por ato-fato indenizativo (lícito) diz respeito a todas as pessoas; inclusive as incapazes em todos os graus estão sujeitas a responder pelos prejuízos que causarem, independentemente de ilicitude e de culpa. Esses podem responder com seu patrimônio pelos danos a que derem causa quando seus responsáveis não tiverem obrigação de fazê-lo ou meios suficientes para atender à indenização[207].

Embora a pessoa jurídica não possa cometer crime, por lhe faltar capacidade criminal, se órgão ou preposto seu, agindo nessa qualidade, pratica ato que constitui crime, responde ela pelas consequências patrimoniais danosas causadas, ainda que lhe possa caber ação regressiva contra o praticante do ato.

§ 24. As capacidades em direito público material

1. Capacidade política

A *capacidade política* consiste no poder exercer os direitos inerentes à cidadania e à nacionalidade, como, por exemplo, os de votar e ser votado, exercer função ou cargo públicos, ter acesso a certos cargos públicos, propor ação popular, dentre outros que integram seu conteúdo. Não se confunde com qualquer outra capacidade específica, em especial

206. São juridicamente impossíveis de ocorrer as hipóteses de aquisição da plena capacidade de agir (*a*) por exercício de cargo público efetivo, em face de que somente pode ser funcionário público efetivo quem tenha, no mínimo, 18 anos de idade, e (*b*) por ser empresário com economia própria, porque o próprio Código Civil, arts. 972 e 974, proíbe o incapaz de ser empresário.

207. Esse tratamento dado ao incapaz em relação à responsabilidade patrimonial pelo dano que causar é novidade trazida pelo art. 928 do Código Civil. A solução nos parece correta, mas corrobora o equívoco do legislador em ter mantido a incapacidade absoluta por idade em 16 anos, apenas reduzindo para 18 anos a maioridade.

com a de agir, nem está adstrita aos mesmos pressupostos desta, uma vez que instrumentaliza a titularidade da nacionalidade e da cidadania; o estrangeiro não n'a tem. No Estado brasileiro, por exemplo, adquire-se o direito de votar aos 16 anos, mas as condições de elegibilidade (= capacidade para ser votado) variam em relação à idade, conforme o cargo, e a outras circunstâncias definidas na Constituição e em lei complementar editada segundo autorização constitucional[208]. Não há, portanto, um padrão quanto à capacidade política; seus pressupostos diferem relativamente aos direitos específicos.

A capacidade política pode ser (*a*) absoluta, quando a pessoa tem a titularidade de todos os direitos políticos (= direitos inerentes à cidadania e à nacionalidade), ou (*b*) relativa, quando essa titularidade é apenas de alguns desses direitos. O brasileiro, maior de 35 anos, alfabetizado, civilmente capaz, inscrito como eleitor, sem condenação criminal ou de outra natureza que lhe impeça o acesso a cargos públicos, tem capacidade política absoluta. A falta de qualquer uma dessas condições acarreta a perda de certos direitos políticos (por exemplo, se menor de 35 anos não pode ser candidato a alguns cargos públicos, como de Presidente e Vice-Presidente da República e Senador) e faz com que a pessoa tenha capacidade política apenas relativa.

Porque a capacidade política é definida pela Constituição e por lei complementar própria, apenas o legislador constituinte derivado e o infraconstitucional complementar, este exclusivamente dentro do estrito âmbito que lhe delega, de forma expressa, a Constituição, podem dispor sobre limitações à capacidade política, mesmo assim, em qualquer das hipóteses, desde que não sejam afetados direitos e garantias individuais definidos na Lei Maior[209].

Os relativamente incapazes de agir em razão da idade, por exemplo, podem votar e exercer cargos ou funções públicas, em caráter temporário ou permanente, sendo que, neste último caso, se se tratar de cargo público, adquirem a plena capacidade de agir, como efeito anexo da norma do Código Civil, art. 5º, parágrafo único, III[210].

A capacidade política constitui direito subjetivo público, por isso, tê-la pressupõe titularidade de capacidade jurídica.

---

208. Constituição Federal, arts. 12, § 3º, e 14, por exemplo.

209. Constituição Federal, art. 60, § 4º.

210. *Vide*, antes, sobre eficácia anexa, § 8º, v.

2. Capacidade criminal

A capacidade criminal (capacidade de praticar condutas que constituem crimes e poder sofrer a sanção respectiva), espécie de capacidade delitual, supõe a imputabilidade do agente. Só pratica delito quem é imputável, porque a imputabilidade constitui elemento nuclear da ilicitude[211].

Consoante já referido, embora não se possa dizer, como se diz das demais, que a capacidade criminal seja um *direito subjetivo*, a incapacidade o é, em razão de haver *direito subjetivo a não ser considerado criminalmente capaz*. Assim, é certo que constitui uma *situação jurídica unissubjetiva*, pressuposto necessário para que alguém possa ser punido pela prática de crime e, em decorrência, se ponha em situação passiva na relação jurídica (porque se passa no mundo do direito) que se cria em face da sociedade, no plano penal.

Como ocorre em relação à capacidade para praticar ato ilícito, a criminal também constitui a regra, sendo exceção a incapacidade (= inimputabilidade). Por isso, todas as pessoas físicas são criminalmente capazes, exceto aquelas que a lei, de modo expresso, declara inimputáveis (os menores de 18 anos e as pessoas absolutamente incapazes, por questões de desenvolvimento mental ou intelectual, de entender, no momento de sua prática, a natureza ilícita de seu ato ou de determinar-se segundo esse entendimento).

As pessoas jurídicas, sem dúvida, têm capacidade de praticar ato ilícito civil *stricto sensu* (= absoluto). O ato ilícito praticado pelo órgão da sociedade ou preposto seu em desempenho de atividade própria da pessoa jurídica é ato seu (da pessoa jurídica), uma vez que o órgão a *presenta,* não representa. O ato do órgão, portanto, seja lícito, seja ilícito, é da pessoa jurídica.

Quando se trata de ilícito criminal, porém, a questão reveste-se de cunho polêmico, estando a doutrina dividida quanto a admitir possa uma pessoa jurídica cometer crime. Alguns sistemas jurídicos incluem, em sua legislação penal, a pessoa jurídica como sujeito ativo de certos crimes[212]. Em regra, são crimes de natureza econômica e financeira e contra o meio ambiente, pela prática dos quais estão sujeitas a punições as pessoas físicas responsáveis,

---

211. *Vide* nosso *Teoria do fato jurídico*: plano da existência, § 56, 2.3, a partir da 9ª edição (1999).

212. Sobre o assunto, *vide* Shecaira, *Responsabilidade penal da pessoa jurídica*, p. 47 e s.

sofrendo as penalidades usuais em Direito Penal (prisão, *e. g.*). À pessoa jurídica são aplicáveis sanções de ordem econômica (multa, restituição de vantagens financeiras obtidas a partir dos crimes, por exemplo) e de cunho administrativo, como restrição de atuação, suspensão de atividades e até sua extinção. No entanto, ao que parece, sua sujeição a essas sanções decorre de sua capacidade de obrigar-se por atos ilícitos civis que forem praticados em razão de sua atividade, não de poder ser considerada criminosa. Em nosso entender constitui inadmissível exagero ter-se a pessoa jurídica como criminosa (= praticante de crime). Apesar de ser uma realidade social e não mera ficção, a pessoa jurídica não tem materialidade física, motivo pelo qual não pode agir com dolo ou culpa. E dolo e culpa são elementos essenciais à configuração de qualquer crime. Já não o são, porém, nos ilícitos civis e nos administrativos. Daí ser possível imputar-lhe responsabilidade por ato ilícito civil e por ilícito administrativo, não, contudo, responsabilidade criminal em sentido estrito. Seus prepostos e os que integram seus órgãos é que podem agir com dolo ou culpa. E se assim agem, os crimes e outras ilicitudes graves que perpetrarem constituem, rigorosamente, uso indevido da pessoa jurídica, o que pode acarretar restrições à sua atuação e, até mesmo, sua extinção. De tais penalidades extremas, entretanto, se bem examinadas suas consequências, a pessoa jurídica não é seu sujeito passivo (embora pareça ser), pois, em verdade, o são seus sócios e administradores, porque esses é que, sem dúvida, estarão sendo penalizados com a privação do instrumento (= a pessoa jurídica) que utilizaram, indevidamente, para seus fins não lícitos.

3. Capacidade de ser parte

A *capacidade de ser parte* se consubstancia na aptidão genérica outorgada às pessoas, a coletividades de pessoas, certos entes e universalidades patrimoniais não personificados para o exercício da *pretensão à tutela jurídica*[213]. A capacidade de ser parte constitui pressuposto para que alguém possa figurar em relação jurídica processual como parte, seja na

---

213. Como a denomina Pontes de Miranda. A pretensão à tutela jurídica decorre do direito subjetivo constitucional à tutela jurisdicional deferido pelo art. 5º, inciso XXXV, da Constituição Federal, e, em doutrina, em geral, é denominada, impropriamente, todavia, "direito de ação". Sobre isso, *vide* nosso: Da ação como objeto litigioso no processo civil. *Teoria quinária da ação*: Estudos em homenagem a Pontes de Miranda nos 30 anos de seu falecimento. Coord. Costa,

condição de autor, seja na de réu, ou como terceiro interessado (= assistente, embargante, opoente ou, apenas, recorrente), de modo que somente quem a tem pode ir a juízo. No Direito hodierno, é reconhecida, indistintamente, a todas as pessoas, físicas e jurídicas, ao menos nos países civilizados. No sistema jurídico brasileiro, também é atribuída, em particular, a alguns entes que não são pessoas, como a sociedade não personificada, a sociedade irregular, o espólio, a massa falida, o condomínio, as heranças jacente e vacante[214], o nascituro[215], o *nondum conceptus*[216], o Ministério Público[217], certos órgãos públicos[218], a coletividade de consumidores, ainda que indetermináveis[219].

A capacidade de ser parte independe de que o seu titular tenha capacidade de agir, como também capacidade processual (*vide*, adiante, e no parágrafo seguinte). Não importa, portanto, se a pessoa é incapaz no plano do direito material e no plano do Direito Processual, ou mesmo se é pessoa. A simples possibilidade de poder estar em juízo como parte ou interveniente é que caracteriza a capacidade de ser parte.

Eduardo da Fonseca; Mourão, Luiz Eduardo Ribeiro e Nogueira, Pedro Henrique Pedrosa, p.390 e s.

214. Conforme o CPC, art. 12.

215. Código Civil, art. 1.779, e art. 71 do CPC.

216. O *nondum conceptus*, quando é instituído herdeiro testamentário ou legatário nas condições previstas no Código Civil, art. 1.799, I, tem capacidade de ser parte.

217. Para ações civis públicas e ações penais públicas incondicionadas, por exemplo.

218. No sistema processual brasileiro, a jurisprudência tem reconhecido a órgãos que integram os Poderes do Estado, como Casas Legislativas, Tribunais de Justiça, Tribunais de Contas, capacidade de ser parte ativa em processos que visem a defesa de suas prerrogativas e competências constitucionais e legais. Assim é que se admite, por exemplo, que Mesa Diretora de Casa Legislativa impetre mandado de segurança contra ato de autoridade do Executivo para que lhe sejam entregues, corretamente, recursos orçamentários. A Justiça do Trabalho reconhecia capacidade de ser parte a Secretarias de Estado nas reclamações trabalhistas de servidores lotados em seus quadros. Esses, dizem a doutrina e a jurisprudência, teriam *capacidade judiciária*, terminologia imprópria para a categoria jurídica específica que é, sem dúvida, a capacidade de ser parte.

219. Código de Defesa do Consumidor, art. 2º, parágrafo único. Afora esses, deve-se considerar como incluídos entre os sujeitos de direito não personificados os grupos de sociedades, os consórcios de empresas, os consórcios para aquisição de bens, as sociedades em conta de participação, como lembra Paulo Luiz Netto Lôbo, Função atual da pessoa jurídica, p. 50 e 62.

Ter capacidade de ser parte é ser titular de pretensão à tutela jurídica. Apesar de referir-se, especificamente, a matéria processual, porque diz respeito ao direito de provocar a jurisdição estatal no sentido de obter a prestação jurisdicional, a pretensão à tutela jurídica: (*a*) é pré-processual, porque, constituindo pressuposto para que se possa invocar a proteção da jurisdição estatal, existe *antes* do processo e (*b*) tem natureza de direito material, não formal (= processual)[220].

A capacidade de ser parte das pessoas é ilimitada, independentemente mesmo de nacionalidade, e nem a lei lhe pode impor qualquer limitação, sob pena de inconstitucionalidade, no Direito brasileiro, em face da norma contida no art. 5º, XXXV, da Carta Magna de 1988.

Os outros entes que não são pessoas têm sua capacidade de ser parte limitada às espécies que a lei lhes atribui. A sociedade irregular somente tem legitimação passiva. Já o nascituro pode ser autor ou réu em *ações* (processos) que digam respeito à herança que lhe esteja reservada, como também ser autor em *ação* (processo) que vise ao reconhecimento de sua paternidade.

A capacidade de ser parte não se confunde com a *capacidade de estar em juízo,* dita *capacidade processual* ou *legitimatio ad processum* (CPC, art. 70), porque: (*a*) esta tem como pressuposto aquela; (*b*) esta é de Direito Processual, enquanto aquela tem natureza pré-processual (de direito material). Por isso, é possível ter capacidade de ser parte sem ser processualmente capaz. Os incapazes processualmente (CPC, art. 71) têm capacidade de ser parte, mas não têm capacidade processual (*vide* no parágrafo seguinte). O inverso, porém, é inadmissível.

A capacidade de ser parte, de outro lado, também é inconfundível com a *legitimatio ad causam* (legitimidade para a causa) e com ela não se relaciona. A legitimidade para a causa se refere à titularidade da pretensão (ativa) ou da obrigação (passiva) controvertidas em juízo; relaciona-se, portanto, à *res in iudicio deducta*, não à capacidade de ser parte[221]. É ver-

---

220. No direito brasileiro resulta da incidência do art. 5º, I, XXXV e LV, da Constituição de 1988.

221. Há várias espécies em que a *legitimatio ad causam* é atribuída pela lei a quem não tem a efetiva titularidade da pretensão de direito material. Ao MP, por exemplo, se atribui legitimidade *ad causam* para a propositura de ação civil pública em defesa do meio ambiente, do patrimônio artístico, cultural, paisagístico e de consumidores, sem que tenha a titularidade da pretensão levada a juízo. Embora se trate de órgão estatal, sua legitimação permite que proponha ação civil pública contra o próprio Estado, se é ele o responsável pelo dano ao meio ambiente, *e. g.*

dade que, para exercer a capacidade de ser parte *com êxito* (= poder obter a prestação jurisdicional com a prolação da sentença de mérito ou a satisfação do direito do exequente), é necessário que as partes no processo tenham legitimação processual (*legitimatio ad processum*) e também legitimação para a causa (*legitimatio ad causam*). No entanto, nada impede que alguém que não tenha legitimidade para a causa ou capacidade processual exerça sua capacidade de ser parte, pois essa é abstrata e genérica, mas não poderá obter a prestação jurisdicional desejada, uma vez que o juiz ao reconhecer a ilegitimidade de causa deve extinguir o processo. Nesse caso, porém, a sentença decide sobre o mérito da causa, porque ou declara que o autor não é o titular do direito que persegue (ilegitimidade *ad causam* ativa) ou que o réu não é o titular da obrigação reclamada (ilegitimidade *ad causam* passiva).

O Ministério Público, por exemplo, tem capacidade de ser parte, mas suas legitimidades *ad processum* e *ad causam* são limitadas aos casos especificamente enumerados em lei. No juízo cível, tem legitimidade para atuar como autor em ações civis públicas, na defesa, em certos casos, dos incapazes e em ações de nulidade de matrimônio[222]. No juízo criminal, tem a titularidade da ação penal.

O caráter genérico da capacidade de ser parte pode levar a confundi-la com a capacidade jurídica. Mas são distintas, apesar de relacionadas. Segundo nossa concepção, não consideramos possível alguém ter capacidade de ser parte e não ter capacidade jurídica. Esse posicionamento diverge do de Pontes de Miranda, que entende ser possível ter capacidade de ser parte sem ter capacidade jurídica[223]. O ponto de vista do mestre se funda no argumento de que, sendo *capacidade jurídica* e *personalidade jurídica* expressões sinônimas, quem tem capacidade de ser parte sem ser pessoa a tem sem ter capacidade jurídica. Para nós, diferentemente, capacidade jurídica constitui atributo dos sujeitos jurídicos, não apenas das pessoas. É, assim, conceito mais amplo que o de personalidade, uma vez que há mais sujeitos jurídicos do que pessoas. Toda pessoa, porque também é, necessariamente, sujeito jurídico, tem capacidade jurídica; no entanto, também é sujeito jurí-

---

222. O MP, em sua condição de fiscal da lei, atua como autoridade e não como parte, donde não se poder falar de capacidade de ser parte.

223. Pontes de Miranda, *Comentários ao Código de Processo Civil*, t. I, p. 225. A doutrina alemã, em face do art. 50 do ZPO, afirma que a capacidade de ser parte depende da capacidade jurídica (Von Tuhr, *Teoría general del derecho civil alemán*, v. I, t. 2º, p. 14 e Schönke, *Derecho procesal civil*, p. 87, por exemplo).

dico quem, mesmo sem ser pessoa, seja titular de algum direito, dever ou de uma situação jurídica qualquer. Não parece de lógica, ao menos, razoável a afirmativa de que alguém possa ser titular de um direito sem ser sujeito jurídico e, portanto, sem ter capacidade jurídica. Se a capacidade de ser parte constitui um direito público subjetivo, como o reconhece o próprio Pontes de Miranda[224], é evidente que quem a tenha é um sujeito jurídico. Por isso, não há como negar que a titularidade da capacidade de ser parte implica, necessariamente, a da capacidade jurídica, de modo que, pelo menos no Direito brasileiro, são coextensivas.

4. Competência funcional

A competência funcional constitui a capacidade de direito público atribuída a titular de função ou cargo públicos que o habilita a praticar atos jurídicos de exercício de poderes e atribuições inerentes ao órgão público a que aquele cargo ou função diga respeito. Por se tratar de capacidade de exercício, não cabe, individualmente e *in genere*, a pessoas, mas, tão somente, a quem esteja no efetivo e regular desempenho da função ou cargo públicos. Assim, aquele que seja titular da função ou do cargo públicos, se, por algum motivo, não estiver em seu efetivo exercício, não tem competência para praticar os atos a ele atinentes. Por exemplo, Governador de Estado que se encontre licenciado de suas funções não pode, validamente, praticar atos pertinentes ao cargo; a competência é de quem o estiver substituindo no exercício da governança.

O conteúdo da competência funcional é definido pelo conjunto de atribuições deferidas ao órgão a que diz respeito a função ou cargo públicos. Em razão do princípio da legalidade, a competência funcional é estrita, limitando-se, portanto, àquela que as normas jurídicas constitucionais ou infraconstitucionais atribuem ao órgão, e estritamente deve ser interpretada. Não parece admissível interpretação extensiva dos poderes relativos à competência funcional; por isso, somente pode ser exercida nos estritos limites da norma jurídica que a definiu.

Como a capacidade de agir na área do direito privado, a competência funcional constitui, em geral, pressuposto de validade do ato jurídico (elemento complementar do suporte fáctico)[225], de modo que é nulo aquele

224. *Comentários ao Código de Processo Civil*, t. I, p. 22.

225. Sobre isso, *vide* nosso *Teoria do fato jurídico*: plano da existência, § 12, 6.2.

praticado por quem seja incompetente. No entanto, considerando que a competência ocorre em vários campos do direito público (Constitucional, Processual, Administrativo, *e.g.*) e que a questão não tem um tratamento uniforme, é preciso examiná-la, em suas consequências, em cada um.

A competência no Direito Constitucional se refere ao exercício dos poderes do Estado. A ausência de competência por aquele que praticou o ato acarreta sua nulidade. Da mesma forma no Direito Administrativo. No Direito Processual, a estruturação dos órgãos judiciários e a distribuição da competência segundo critérios vários (*ratione materiae, loci, personae et valoris*) implicam soluções diferentes. Somente as incompetências *ratione materiae* ou *ratione personae* do juízo, por serem absolutas, acarretam a nulidade dos atos processuais decisórios e de outros que, mesmo não sendo decisórios, causem prejuízo às partes. A incompetência relativa causa apenas a nulidade dos atos decisórios que hajam sido praticados após a sua arguição, por via de exceção processual adequada.

Quando se trata dos chamados ato complexo e ato composto, a falta de competência para a prática de algum ato intermediário vicia os atos que lhe são subsequentes. Se a incompetência se refere ao ato final, invalidado estará todo o ato complexo ou composto[226].

Finalmente, é preciso não confundir a prática de ato jurídico de direito público por quem não seja titular de cargo ou função públicos, o que implica, em geral, não haver ato jurídico, com aquele praticado pelo titular incompetente, que é ato nulo, como visto. A titularidade do cargo ou função públicos (não a competência de quem tenha a titularidade) compõe o núcleo do suporte fáctico do ato jurídico de direito público, sendo, portanto, elemento de suficiência. À sua falta não se concretiza o suporte fáctico e, por consequên-

---

226. Atos complexos, conforme mostramos em nosso *Teoria do fato jurídico*: plano da existência, § 42, são aqueles cujos suportes fácticos se compõem de vários atos jurídicos que se destinam à prática do ato final (ato de nomeação, em caráter efetivo, de servidor público, por exemplo, que supõe a prévia aprovação em concurso para que, validamente, a autoridade possa praticá-lo). Doutrina recente, com influência na jurisprudência, refere-se, também, a *ato composto*, assim considerado aquele, complexo, cuja realização exige a prática de atos por órgãos de poderes diferentes, como a nomeação para preenchimento de vaga em Tribunal pelo quinto constitucional destinado ao MP ou à Advocacia, em que são necessários: (*a*) a indicação ao Tribunal, pelo órgão competente do MP ou da OAB, dos candidatos, em lista sêxtupla; (*b*) a formação, pelo Tribunal, de lista tríplice, dentre os nomes da lista sêxtupla; (*c*) a nomeação, pelo Chefe do Poder Executivo, de um dentre os indicados na lista tríplice.

cia, não há ato jurídico. A situação é comparável à de ato que, descrito em norma jurídica como suporte fáctico de ato jurídico *lato sensu*, seja praticado por quem não tenha capacidade jurídica: o ato jurídico não se concretiza porque a capacidade jurídica é pressuposto essencial para que uma manifestação de vontade possa ingressar no mundo do direito como ato jurídico[227]. Por isso é que, *e. g.*, uma sentença assinada por pessoa que não seja juiz de direito não entra no mundo jurídico como ato jurídico, não é sentença[228] e, desse modo, não precisa ser desconstituída; no máximo, se alguém pretender exigir seu cumprimento, caberá a declaração de sua inexistência. Ao contrário, se a sentença é prolatada por juiz a quem falte competência funcional (em processo cível por juiz de direito de uma vara criminal, que não esteja designado, regularmente, para *responder* por ela, por exemplo), é necessário que seja desconstituída pelos meios processuais adequados, inclusive ação rescisória, pois existe, é sentença, embora inválida[229]. O mesmo ocorreria com um projeto de lei que, submetido à apreciação do Poder Executivo, tivesse sua sanção e promulgação assinadas, *e. g.*, pelo Ministro da Justiça: a lei não existiria, porque na competência atribuída ao cargo de ministro não se inclui o poder de sancionar e promulgar leis. Diferentemente, se, em vez de remeter projeto de lei aprovado pelo Congresso à sanção e promulgação do Presidente da República, o Presidente do Senado o promulgasse como lei, esta existiria, porém seria nula, por inconstitucional. No primeiro caso, a inexistência decorreria da circunstância de não ser o Ministro de Estado titular de cargo ou função que tenha poder de sancionar e promulgar leis, o que somente cabe ao Chefe do Poder Executivo ou, em certas espécies ou situações, ao Presidente do Senado, a quem compete o poder de promulgar (nunca o de sancionar). A falta de titularidade de cargo a quem compita o poder de promulgar leis faz nenhum o seu ato. Na segunda hipótese, a nuli-

227. Nosso *Teoria do fato jurídico*: plano da existência, § 12.6.

228. Pode até entrar como elemento de suporte fáctico de um ato ilícito, por exemplo, crime de usurpação de função pública (CP, art. 328), nunca, porém, como sentença.

229. A doutrina costuma referir-se a *ato inexistente*, genericamente, e no direito processual a *sentença inexistente*. A nosso ver, como mostramos em nosso *Teoria do fato jurídico*: plano da validade, § 19.3, essa expressão constitui uma *contradictio in adiecto*, porque, se há ato, não há como falar em inexistente. O que não existe não é ato jurídico, porque o ato que houver sido praticado nunca teve entrada no mundo jurídico, por insuficiência de seu suporte fáctico. Acrescente-se que nem hipoteticamente é possível se conceber situações que, sendo jurídicas, possam caracterizar o tal *ato inexistente*. Ato inexistente não é conceito jurídico, mas, apenas, fáctico.

dade resultaria da circunstância de que, embora o Presidente do Senado seja titular de cargo ao qual a Constituição atribui o poder de promulgar leis, faltar-lhe-ia competência funcional, considerando que o exercício desta está condicionado a pressupostos específicos (CF, art. 66, § 7º)[230].

---

230. Explicamos. Lei, conforme já mencionado antes, é ato jurídico composto, de natureza especial, porque normativo, cujo suporte fáctico é integrado por vários atos jurídicos que, ordenadamente, vão desde a apresentação do projeto de lei (iniciativa) até sua promulgação (= processo legislativo). Sanção e veto são atos desse processo legislativo que competem, privativamente, a quem exerça a Chefia do Poder Executivo (CF, art. 66). A promulgação das leis, ato final do processo que atesta a sua existência, compete, privativamente, tanto ao Presidente da República, nos projetos sujeitos à sanção, como ao Presidente do Senado, em caso de omissão do Chefe do Poder Executivo em promulgar a lei (CF, art. 66, § 7º). Promulgação é ato jurídico *stricto sensu* que constitui elemento completante do suporte fáctico da lei, portanto, de suficiência do suporte fáctico, porque diz respeito à existência da lei. Não existe lei enquanto não houver promulgação.

A sanção, por sua vez, quando constitui ato do processo legislativo, é elemento pertinente à validade da lei (a sanção não é dado do processo de produção de leis nas espécies legislativas que não dependem de apreciação do Poder Executivo – CF, art. 60, § 3º; também nos casos de rejeição de veto – CF, art. 66, § 7º, somente há promulgação, *e. g.*). A lei promulgada sem sanção é nula. Na hipótese aventada no texto, o ato do Ministro da Justiça não existiria como promulgação, de modo que não haveria lei por faltar elemento essencial à suficiência do suporte fáctico. Por isso, vencido o prazo de quinze dias úteis que a Constituição concede ao Chefe do Poder Executivo para manifestar-se sobre o projeto de lei, só com o "ato de sanção" do Ministro, o Presidente do Senado teria de promulgar a lei, considerando ter havido sanção tácita (pelo silêncio – CF, art. 66, §§ 3º e 7º). O mesmo ocorreria se o veto ao projeto de lei fosse assinado pelo Ministro. Não haveria veto e, portanto, transcorrido o prazo constitucional, estaria consumada a sanção tácita, devendo ser promulgada a lei. Em qualquer dos casos, a promulgação pelo Presidente do Senado ou, em sua omissão, pelo Vice-Presidente do Senado constitui ato essencial em cuja falta não haverá lei. Mas, se diante da publicação do veto assinado pelo Ministro, ainda no transcurso do prazo para a manifestação do Chefe do Poder Executivo, precipitadamente, o Presidente do Senado promulgasse a lei, esse ato jurídico seria nulo, sendo formalmente nula a lei, porque seu ato, embora de sua titularidade, seria inconstitucional; seu poder de promulgação tem como pressuposto de exercício o decurso dos prazos previstos nos §§ 3º e 7º da CF. Diferentemente, se o projeto de lei fosse sancionado e promulgado pelo Vice-Presidente da República sem que estivesse no exercício da Presidência, a lei existiria, porém seria nula, formalmente, porque os atos teriam sido praticados sem competência funcional, apesar de o praticante ter a titularidade de cargo em que ela está incluída. O mesmo aconteceria com lei que, sendo sujeita à apreciação do Chefe do Poder Executivo, fosse promulgada pelo Presidente do Senado sem a manifestação daquela autoridade, ou antes dela. A lei existiria, no entanto, formalmente inconstitucional.

O mesmo ocorre com quem, não sendo titular de função ou cargo públicos, pratica ato administrativo: não há ato administrativo. No entanto, na área do Direito Administrativo, a doutrina do funcionário de fato, fundada na teoria da aparência jurídica, que homenageia o princípio da boa-fé de terceiros, considera válido em relação ao público o ato jurídico administrativo praticado por pessoa investida irregularmente em cargo ou função públicos (funcionário de fato)[231].

§ 25. As capacidades em direito público formal

1. Capacidade processual

A *capacidade processual*, embora seja tratada por alguns processualistas como se fora a capacidade de ser parte, dela difere, substancialmente, porque se caracteriza pela possibilidade de alguém ou algo estar *pessoalmente* em juízo, sem que seja *legalmente representado* (= representado por determinação de lei) por pais, tutor ou curador, ou, em outras espécies, por síndico, administrador de condomínio, inventariante etc. Por isso, não na tem quem seja, necessariamente, *representado em juízo,* como os absolutamente incapazes e os entes que, sem serem pessoa jurídica, têm capacidade de ser parte.

Influenciadas por leis que, de ordinário, mas impropriamente, se referem à *representação das pessoas jurídicas,* doutrinadores cometem o grave equívoco de afirmar a incapacidade processual das pessoas jurídicas porque seriam *representadas* por seus órgãos (diretores, *e.g.*). Ao contrário, as pessoas jurídicas não são *representadas,* mas *presentadas por seus órgãos*. O órgão da pessoa jurídica, em verdade, *presenta-a*, o que vale dizer que é a pessoa jurídica, ela própria, quem atua, e não alguém por ela (= representação). Os atos praticados são da pessoa jurídica, não do órgão[232]. Assim, a presença em juízo é da própria pessoa jurídica, não de alguém por ela, pois não há *representação*, mas *presentação*; representa-a seu advogado, não o órgão[233].

---

231. *Vide* sobre essa doutrina, antes, no § 14.

232. Pontes de Miranda, *Tratado de direito privado*, t. I, § 97, 1 *et passim*.

233. A representação em juízo por advogado não caracteriza a *incapacidade processual*, porque não se trata de representação legal, mas negocial, por mandato. A essencial presença do advogado no processo representando seu cliente, ordenada

Demonstra-se que capacidade de ser parte e capacidade processual não se confundem pelo fato de ser possível alguém ter capacidade de ser parte sem ter capacidade processual, como mostram os casos dos absolutamente incapazes, do nascituro, do *nondum conceptus*, do espólio, da massa falida, das heranças jacente e vacante, do condomínio e da sociedade irregular, que, embora tenham capacidade de ser parte, não têm capacidade processual por serem *representados*, e não *presentados em juízo*. A sociedade não personificada[234] tem capacidade processual quando exerce direito próprio, como ocorre quando demanda em juízo contra ato que lhe negara registro ou autorização para funcionar, *e. g.*, porque presentada por seu órgão.

2. Capacidade postulacional

A *capacidade postulacional* consiste na aptidão de praticar atos judiciais na condição de advogado. No Brasil, somente a tem quem seja advogado[235] e o órgão do Ministério Público, este quando tenha competência funcional[236]. A capacidade postulacional é *plena* quando o advogado não tem quaisquer impedimentos para exercer a advocacia, e *limitada* se há algum impedimento[237].

O órgão do Ministério Público tem capacidade postulacional limitada às causas para as quais tenha legitimidade *ad causam*[238], inclusive para atuar na condição de fiscal da lei.

---

por lei (CF/88, art. 133, e Estatuto da Advocacia e da Ordem dos Advogados do Brasil – Lei n. 8.906/94, art. 2º), não faz legal essa representação. Outros são os seus fundamentos e não dizem respeito à capacidade processual. A essencialidade do advogado à administração da justiça constitui preceito de ordem pública que visa a uma boa e segura distribuição de justiça.

234. *Vide* a distinção entre sociedade irregular e não personificada, antes, no § 28.1.

235. A condição de advogado é privativa de bacharéis em direito inscritos nos quadros da Ordem dos Advogados do Brasil. O simples título de bacharel em direito não permite que alguém exerça atos de advocacia, mesmo em causa própria.

236. Atualmente, nos procedimentos que se desenvolvem perante juizados especiais e na Justiça do Trabalho, admite-se que haja postulação em causa própria, mesmo que não seja advogado. Tal permissivo nos parece inconstitucional, em face do art. 133 da CF.

237. Estatuto da Advocacia e da OAB, arts. 27 a 30.

238. Propor ação de nulidade de casamento na espécie do art. 1.548 do Código Civil (Código Civil, art. 1.549), ações civis públicas, nas ações penais públicas, por exemplo.

§ 26. Observação final

Em qualquer das situações acima sucintamente examinadas, fica bem claro que os entes que detêm a titularidade de qualquer dessas capacidades têm direito a ser admitidos a praticar os atos ou exercer os direitos a elas atinentes. Todas são oponíveis a terceiros e gozam de impositividade, de modo que negar a seu titular as prerrogativas que delas decorrem constitui violação a direito, sanável por meio de pretensão dedutível perante o aparelho judiciário do Estado[239]. Daí resulta, à evidência, que a titularidade de qualquer capacidade específica implica a condição de sujeito jurídico, pressupondo, assim, a titularidade de capacidade jurídica, como mencionado antes.

§ 27. Do sujeito jurídico

1. Atitude metodológica

Conforme observa Pontes de Miranda[240], o conceito de *sujeito jurídico* precede o de *pessoa*, de modo que somente se deveria falar deste após aquele, *porque ser pessoa é ter a possibilidade de ser sujeito jurídico.* Nesta exposição, será adotado esse critério metodológico.

2. Conceito

Sujeito jurídico é todo ente, seja uma pessoa, grupo de pessoas ou universalidades patrimoniais, a que o ordenamento jurídico atribui *capacidade jurídica* (= *capacidade de ser titular de direito e deveres*) e que, por isso, detém titularidade de posição como termo, ativo ou passivo, em relação jurídica de direito material (= ser titular de direito ou de dever, de pretensão ou de obrigação, de ação ou de situação de acionado, de exceção ou de situação de excetuado) ou de direito formal (= ser autor, réu, embargante, opoente, assistente ou, apenas, recorrente), ou, mais amplamente, de alguma

239. Lourival Vilanova, *Causalidade e relação no direito*, p. 68.

240. *Tratado de direito privado*, t. I, § 47, 1. O Mestre, como tradicionalmente o faz grande parte da doutrina, se refere a *sujeito de direito* com sentido genérico de sujeito de direito e deveres.

situação jurídica. Ser sujeito jurídico, portanto, é ser titular de uma situação jurídica (*lato sensu*), seja como termo ativo ou passivo de relação jurídica, seja como detentor de uma simples posição no mundo jurídico[241].

Segundo essa concepção, ser pessoa, física ou jurídica, *não* constitui condição essencial para ser sujeito jurídico; por isso, é de se ter como de todo correta a afirmativa de que há mais sujeitos jurídicos do que pessoas.

Essa concepção está em desacordo com a quase totalidade da doutrina atual. Constitui, em verdade, uma revisão de conceitos que, embora elaborados, inicialmente, no dealbar do século XIX, sob influência de circunstâncias sociais restritas, ainda hoje persistem na doutrina, apesar de serem incompatíveis com as soluções adotadas pelos ordenamentos jurídicos para problemas resultantes de exigências do tráfico social no mundo hodierno. A revisão e atualização, que aqui fazemos, visam tornar o conceito de sujeito jurídico compatível com a realidade, eliminando o descompasso, que hoje se constata, entre a teoria e a objetividade das situações que se encontram postas no mundo jurídico.

Faz-se necessário, portanto, examinar as questões que nascem do conflito de nossa concepção aqui exposta com os postulados da doutrina dominante.

3. Objeções doutrinárias

3.1. Personalidade e capacidade jurídica

Consoante já foi destacado, praticamente a unanimidade da doutrina afirma que somente pessoa, física ou jurídica, pode ser sujeito jurídico. Por isso, costuma-se confundir *personalidade* com *capacidade jurídica* (*de direito, na terminologia mais em voga*)[242]. Essa concepção contém evidente e incontornável equívoco, como se demonstrará a seguir.

---

241. José de Oliveira Ascenção (*Direito civil*: teoria geral, v. I, p. 116). Legaz y Lacambra, diz que "personalidade jurídica (*sujeito de direito é a pessoa jurídica titular de um direito subjetivo ou um dever*) é uma peculiar maneira ou forma da existência que poderíamos qualificar como estar em situações jurídicas; mas um estar que implica sua contrapartida ativa, dinâmica e criadora; o fazer, usando da liberdade, situações jurídicas novas (*Horizontes del pensamiento jurídico*, p. 115).

242. Pontes de Miranda (*Tratado de direito privado*, t. I, § 48, 1), por exemplo, afirma: "Capacidade de direito e personalidade são o mesmo". *Vide* indicações de autores que adotam essa posição na nota 174.

É matéria pacífica em doutrina não ser possível tratar como pessoa, do ponto de vista jurídico, qualquer ente ou instituição, por mais importante que seja, que não tenha recebido a atribuição de *personalidade jurídica* (*lato sensu*), expressamente, do ordenamento jurídico. Assim, somente são *pessoas*, no plano do Direito: (*a*) além dos seres humanos, denominados pessoas naturais ou físicas, (*b*) certos entes criados por homens, especificamente enumerados pela lei, denominados pessoas jurídicas ou morais. Daí parece ser de todo correto dizer que as *pessoas* são *numerus clausus*.

Também é verdade que a titularidade de direitos e deveres, portanto, *o ser* sujeito ativo ou passivo em relação jurídica, ou *o estar* em uma outra situação jurídica qualquer, cabe às pessoas, mas não em caráter de exclusividade. Atendendo a conjunturas encontráveis no plano do relacionamento social, os ordenamentos jurídicos, excepcionalmente, atribuem a quem não é pessoa[243] posições no mundo jurídico que, em geral, se consubstanciam em direitos e deveres. É o que se verifica quanto a seres humanos ainda não nascidos (nascituros) ou mesmo não concebidos (*nondum concepti*), a alguns entes formados por grupos de pessoas, como os condomínios, os consórcios para aquisição de bens, os consórcios e grupos empresariais, as sociedades não personificadas e as irregulares[244], e a certas universalidades patrimoniais, de que são exemplos a massa falida, o espólio, as heranças jacente e vacante e as fundações irregulares, que o ordenamento jurídico não reconhece como pessoas[245]. Tal atribuição tem por fundamentos: (*a*) o fato de se tratar de entes cuja existência se caracteriza pela transitoriedade e fugacidade, o que não faz recomendável deferir-lhes personalidade jurídica, porque o sentido de pessoa deve supor duração temporal com certa estabilidade, embora não com definitividade, e (*b*) a necessidade de dar segurança às relações jurídicas, garantindo e dando certeza ao exercício de pretensões de terceiros contra eles. Essa titularidade não é genérica nem completa, como ocorre, em regra, com as pessoas, mas limitada a pretensões

---

243. Pontes de Miranda, *Comentários ao Código de Processo Civil*, t. I, p. 240.

244. *Vide*, adiante, no § 8.1, sobre a diferença entre sociedade não personificada e sociedade irregular.

245. Lourival Vilanova, *Causalidade e relação no direito*, p. 200; Paulo Luiz Netto Lôbo comunga dessa nossa opinião, considerando o condomínio, a massa falida e o espólio como sujeitos jurídicos (*Direito das obrigações*, p. 149). Esse mesmo autor relaciona como sujeitos jurídicos personificados as associações e fundações irregulares, a família, o concubinato, as igrejas e confissões religiosas, a sociedade em conta de participação, o grupo de sociedades, o consórcio de empresas (*Função atual da pessoa jurídica*, p. 62).

e obrigações específicas e à outorga de capacidade de ser parte em relações jurídicas processuais, o que, assim, os torna aptos a exercê-las diretamente, em nome próprio, inclusive em juízo[246].

---

246. Levados por exigências da experiência social e instados pelo valor segurança, os ordenamentos jurídicos, visando tornar mais seguras as relações jurídicas, permitindo que se efetivem os seus efeitos com menores risco e instabilidade, maior simplicidade de meios e mais agilmente, adotaram soluções técnicas que, sem se subordinar aos rigores de concepções teóricas e filosóficas, atribuem a certos entes, às vezes puras universalidades patrimoniais, qualidades antes somente admissíveis em pessoas. Em verdade, nas relações do tráfico social, especialmente no mundo dos negócios, é comuníssimo encontrarem-se situações em que (*a*) grupo de pessoas se apresenta como se fora uma sociedade regularmente constituída e personificada, praticando certa espécie de comércio, sem ter sido registrada, donde não ser pessoa jurídica; (*b*) pessoa física com grande número de negócios, portanto, de créditos e de obrigações, falece deixando muitos herdeiros; (*c*) comerciante vai à bancarrota, deixando um sem-número de credores e outro tanto de devedores; (*d*) edifícios pertencentes a muitos condôminos têm problemas com vizinhos e com o Fisco, por exemplo. Acrescentem-se as dificuldades criadas em face da necessidade de proteção dos direitos patrimoniais do (*e*) nascituro e do (*f*) *nondum conceptus* a que se haja destinado quinhão hereditário ou legado. É claro que, se observados os conceitos estratificados desde o passado e os procedimentos tradicionais, elaborados em época de populações reduzidas e de relações econômicas restritas, (*a*) aquele que houvesse negociado com a sociedade não personificada, sendo lesado, teria de acionar cada um dos sócios, pessoalmente, que poderiam ser muitos e dispersos; (*b*) os credores do falecido teriam de acionar seus herdeiros e estes, pessoalmente, os devedores do espólio; (*c*) os credores do falido teriam de discutir entre si e com os devedores os seus créditos; (*d*) o vizinho prejudicado pelos moradores do edifício teria de demandar contra todos os condôminos; (*e*) em nome do nascituro não poderiam ser exercidos seus direitos nem (*f*) os do *nondum conceptus*.

Evidentemente, tais procedimentos seriam onerosos, demorados e trariam insegurança à realização dos direitos. A solução clássica de atribuir-lhes personalidade não seria de aconselhável adoção pelo motivo alinhado no texto: transitoriedade das situações. A existência de nascituro, de espólio, de massa falida etc. não supõe permanência, exceto quanto ao condomínio edilício. Por isso, apesar de lhes negar o atributo da personalidade de direito, os ordenamentos jurídicos adotaram a técnica de lhes conceder *capacidade de ser parte*, portanto, a titularidade de uma situação jurídica em decorrência da qual podem responder perante terceiros por suas obrigações, como também exercer direitos, *como unidade* ou *como entes autônomos, distintos,* em qualquer das hipóteses, *das pessoas naturais ou jurídicas que estão ou estiveram a eles relacionados ou em sua origem.* Como decorrência, quem precise exercer um direito perante (contra) uma sociedade não personificada, um espólio, uma massa falida ou um condomínio, entre outras situações específicas, o fará diretamente, sem que necessite acionar sócios, herdeiros, credores ou condôminos.

Uma análise, mesmo perfunctória, dessas situações faz ressaltar, à evidência, que não se pode, do ponto de vista científico, dar a esses entes outro tratamento senão o de sujeitos jurídicos. Sem dúvida, ao receberem a outorga, pelas normas jurídicas, de titularidade de direitos, pretensões, deveres e obrigações e, em especial, da possibilidade de integrarem uma posição, ativa ou passiva, em relação jurídica, mesmo apenas processual (= capacidade de ser parte), esses entes, efetivamente, recebem a qualidade de sujeitos jurídicos. A lei, sem dúvida, os fez sujeitos jurídicos, sem deles fazer pessoas. Quaisquer outras soluções, como denominá-los *pessoas formais*[247], porque as leis processuais lhes atribuiriam capacidade de ser parte (dita, de maneira imprópria, por alguns, capacidade processual), ou dizê-los dotados de *personalidade judiciária,* são, por certo, inconsistentes, porque ilógicas, além de parecerem destituídas de rigor científico, pois, em vez de procurarem ajustar os conceitos teóricos à realidade a que se referem, preferem mantê-los intocados, buscando derivações que excepcionam a regra malformulada.

A dificuldade em negar a condição de sujeito jurídico a essas espécies é tão grande que, vez por outra, como se fora sem sentir, os que não a admitem reconhecem-lhes tal qualidade. Assim é que Pontes de Miranda, por exemplo, refere-se ao nascituro como sujeito de direito e a ele compara a sociedade sem personalidade, a qual reconhece ser titular de direitos[248].

3.2. Sujeito de direito e sujeito de dever

Seguindo a tradição da secular doutrina dominante, empregávamos a locução *sujeito de direito* para identificar o ente que estivesse em uma situação jurídica qualquer. Usavamo-la como definidora de gênero, chegando mesmo a defender esse seu sentido. Apesar disso, essa atitude sempre nos trouxe incômodo pela imprecisão terminológica que encerra. Adequada, pela generalidade, sempre nos pareceu a expressão *sujeito jurídico* para designar o gênero, guar-

247. Em reiteradas decisões (por exemplo, STJ, 4ª Turma, REsp 1.551/MG, rel. Min. Athos Carneiro, *DJU*, 9-4-1990, p. 2743, 2ª col.; 4ª Turma, REsp 9.584/SP, rel. Min. Sálvio de Figueiredo, *DJU*, 9-3-1992, p. 2584, 2ª col.) o STJ tem usado essa denominação: *pessoas formais*, que nos parece imprópria, considerando que *formais* são todas as pessoas jurídicas, sendo esses entes *informais.* Preferimos, portanto, denominá-los, simplesmente, sujeitos de direito.

248. *Comentários ao Código de Processo Civil*, t. I, p. 240 e 308.

dando *sujeito de direito* e *sujeito de dever* para definir as espécies de titularidade de direito e de dever, especificamente.

Consoante registramos (Nota a esta 12ª edição), estamos convencidos de que o critério adotado por doutrinadores como Heinrich Lehmann, Justus Wilhelm Hedemann e Pierre Pescatore, *e.g.*[249], de empregar as expressões *sujeito de direito* e *sujeito de deveres* em sua estrita literalidade para definir quem seja, respectivamente, titular de direito e de deveres (= sujeitos ativo e passivo da relação jurídica), parece ser o mais compatível com a melhor técnica de tratamento de conceitos em teoria geral, que impõe deva haver a maior precisão terminológica possível, de modo a explicar livre de ambiguidades o fenômeno a que se referem. Na espécie em exame, é preciso considerar que no mundo jurídico, em decorrência do caráter retributivo inerente à juridicidade, não há sujeitos apenas de direitos, mas também e em geral e correlatos sujeitos de deveres, o que estabelece entre eles uma relação irremovível de correspectividade, da qual resulta não poder haver titular de direito sem que haja titular de dever, mesmo que algum deles seja indeterminado, em certo momento[250]. Acrescente-se a isso o dado importantíssimo, porém raramente considerado, de que, segundo são concebidos atualmente, sob influência da visão que a hodierna civilização impõe sobre a valorização do ser humano, enquanto ser humano, e em face da respeitabilidade que se lhe atribui no ambiente social, no conteúdo próprio dos direitos estão ínsitos deveres. Não há direito cujo conteúdo seja apenas de puras *permissões para o exercício de poderes* e *faculdades*. Os deveres do proprietário e do possuidor em face dos vizinhos e da comunidade (atendimento da função social e da finalidade econômica), como irradiação do direito de propriedade ou da posse, assim como o dever do credor de *colaborar* (= não criar obstáculos) para que o devedor possa adimplir sua obrigação, exemplificam a afirmativa. Por consequência, o *ter direito* implica, como corolário, o *ter dever*, donde o ser sujeito de direito importa ser, recíproca e necessariamente, sujeito de dever, isso como decorrência mesma do direito. Igualmente, direitos integram o conteúdo próprio dos deveres, como, *e. g.*, ocorre com o direito do devedor ao adimplemento, nas relações de direitos pessoais, ou o direito, individual ou transindividual, de exigir do proprietário o uso adequado da coisa, segundo sua finalidade e sem causar prejuízos à saúde, ao sossego e à segurança dos

---

249. Lehmann (*Tratado de derecho civil*, v. I, Parte general § 11, p. 121) e Pescatore (*Introduction à la science du droit*, p. 138).

250. Lourival Vilanova, *Causalidade e relação no direito*, p. 121; Pontes de Miranda, *Tratado de direito privado*, t. V, § 606, 2/3.

vizinhos, assim como ao meio ambiente, sem falar nos deveres que resultam da função social e da finalidade econômica da propriedade. Mas nesse conteúdo há sempre uma eficácia predominante: (*a*) no direito este é *primário*, sendo *secundário* o dever ínsito, e (*b*) no dever, este é *primário*, e *secundário* o direito. Por isso, a nossa opção pela expressão generalizante *sujeitos jurídicos*, deixando para usar as expressões *sujeitos de direito* e *sujeitos de deveres* em sentido estrito, levando em conta o *direito primário* ou o *dever primário*.

Mas não somente isso. É preciso considerar, como demonstrado acima, que há entes que não são pessoas, mas são titulares de situações jurídicas cujo conteúdo, algumas vezes, consiste apenas na capacidade de ser parte e que, pela concepção dominante, não poderiam ser considerados sujeitos de direito, mas, certamente, são sujeitos jurídicos.

3.3. Observação final

Diante de todo o exposto, é evidente que a expressão *sujeito de direito* deve significar a *situação do sujeito considerado no mundo do direito*, portanto, do *sujeito juridicamente considerado* em sua integralidade. Esse sentido tem denotação que abrange: tanto (*a*) o *sujeito ativo* (= titular de um direito) e o *sujeito passivo* (= titular de um dever), em dada relação jurídica, quanto (*b*) aquele ente que, não sendo pessoa física ou jurídica, seja titular de uma situação jurídica *lato sensu* qualquer, porque tais situações, em suma, caracterizam titularidade de capacidade jurídica[251].

Por isso, parece indiscutível a correção da revisão do conceito tradi-

---

251. Pontes de Miranda, que se refere, quase sempre, a sujeito de direito apenas como titular de direito (*Tratado de direito privado*, t. I, § 47, 1, e § 50, 1), explica o seu conceito de sujeito de direito, coincidente com o que passamos a denominar *sujeito jurídico*, dizendo: "...quando dizemos 'sujeito de direito', 'pessoa' ('personalidade'), usamos, legitimamente, forma elíptica; isto é, dizemo-lo, em vez 'sujeito de direito, pretensões, ações, exceções, deveres, obrigações e situações passivas nas ações e exceções', 'pessoa' (personalidade) = possibilidade de ser sujeito em relação jurídica, 'ativo e passivo'..." (t. I, § 81, 2). Nesse sentido, também Legaz y Lacambra, *Filosofía del derecho*, p. 720, Paulo Dourado de Gusmão, *Introdução ao estudo do direito*, § 150, Badenes Gasset, *Conceptos fundamentales del derecho*: las relaciones jurídicas patrimoniales, p. 45, Miguel Reale, *Lições preliminares de direito*, p. 223, Westermann, *Código Civil alemão*: parte geral, p. 16, e Lourival Vilanova, *Causalidade e relação no direito*, p. 173 *et passim*, por exemplo. A diferença fundamental dessas posições em relação à nossa (além da terminologia *sujeito jurídico* que passamos a adotar) está em que não se referem a situações jurídicas quaisquer, mas a direitos e deveres, apenas. Têm, portanto, amplitude menor.

cionalmente aceito de sujeito de direito, ampliando a sua abrangência para adequá-lo à realidade social que hoje se vive.

§ 28. Sujeitos jurídicos que não são pessoa[252]

1. Sociedade não personificada e sociedade irregular[253]

Diferentemente do sistema do Código de 1916, o Código Civil atual regulamentou a sociedade não personificada, por não haver sido ainda registrada, a que denominou *sociedade em comum*[254], e a sociedade em conta

---

252. Neste parágrafo serão analisadas, apenas, as espécies mais significativas de sujeitos jurídicos não personificados. A enumeração minuciosa dessa categoria foi feita antes, quando do exame da capacidade de ser parte (§ 24. 3).

253. É preciso considerar que, no Direito Civil vigente, existem: (*a*) *sociedade não personificada* (= sociedade regularmente constituída a que falta registro), denominada *sociedade em comum*, (*b*) *sociedade irregular* (= sociedade sem registro cujos atos constitutivos são nulos, por exemplo), e (*c*) *sociedade de fato* (= grupo de pessoas que desenvolvem atividade em conjunto e em comum, mas sem intenção de sociedade). À sociedade de fato não se reconhece a condição de comunidade unitária, portanto, não tem capacidade de ser parte, respondendo as pessoas que integram o grupo, pessoal e individualmente, pelas obrigações assumidas, como litisconsortes necessários. As demais têm capacidade de ser parte, como se observa no texto. O Código Civil regula as duas espécies de sociedades não personificadas, determinando que àquela que denomina *sociedade em comum* (sociedade – exceto as sociedades por ações ainda em organização – regularmente constituída antes de registrados seus atos constitutivos, regida por seus arts. 986 a 990) sejam aplicadas, naquilo que não colidam com as normas próprias, as regras relativas à *sociedade simples*. A outra espécie, *sociedade em conta de participação,* está regulada pelos arts. 991 a 996, e, em face de sua natureza, é declarada representada pelo sócio ostensivo, que individualmente a representa e é por ela responsável.

254. STJ, 4ª Turma, REsp 1.551/MG, rel. Min. Athos Carneiro, *DJU*, 9-4-1990, p. 2743, 2ª col. No sistema do Código de 1916, a sociedade não personificada podia existir mercê de duas situações: (*a*) por ainda não haver sido registrada, ou (*b*) por já haver sido dissolvida. Em qualquer das duas hipóteses, respondia, como sociedade, perante terceiros pelas obrigações que houvesse contraído, sendo-lhe atribuída capacidade de ser parte tanto pelo Código Civil, arts. 20, § 2º, *in fine*, e 1.407, como pelo CPC, art. 75, § 2º. O Código Civil de 2002 dá tratamento diferente à matéria, (*a*) responsabilizando pessoal e solidariamente os sócios pelas obrigações que assumirem em seu nome (dela); (*b*) os bens e dívidas sociais são considerados patrimônio especial que pertence em comum aos sócios (art. 991) e, por isso, estão vinculados à satisfação das obrigações contraídas pelos sócios

de participação. Em relação à sociedade em comum, considera-a como *comunidade unitária*, em razão do que os bens sociais constituem patrimônio especial, sendo de sua titularidade as obrigações contraídas, com terceiros, pelos sócios, na prática de atos de gestão[255]. Por essas obrigações, respondem solidária e ilimitadamente com a sociedade todos os sócios. O sócio ou sócios que hajam contratado pela sociedade ficam excluídos do benefício de ordem a que se refere o art. 1.023 do Código Civil, que somente permite que a execução por dívidas sociais recaia sobre os bens particulares dos sócios em caso de insuficiência dos bens sociais. No caso da sociedade dissolvida, enquanto não concluída a liquidação, mantém-se como sujeito passivo da relação jurídica de direito material da qual resultem as obrigações. No plano do Direito Processual Civil, a capacidade de ser parte que tem outorga-lhe o poder de propor e contestar ações, reconvir, oferecer oposição, opor embargos de executado e de terceiro, executar decisões, por exemplo. Cabe-lhe ainda, *e. g.*, (*a*) em juízo, ativamente, atuar se lhe negam autorização para constituir-se e (*b*), administrativamente, pedir inscrição nos órgãos registrários e repartições fiscais.

Não somente a sociedade em comum (ainda não personificada por falta de registro), mas também a sociedade irregular têm a *capacidade de ser parte*, o que decorre, *ex argumento,* do § 2º do art. 76 do CPC, que lhe veda alegar a irregularidade de sua constituição para eximir-se do cumprimento de obrigações. Assim, as demandas que tenham por objeto o cumprimento de obrigações contraídas em seu nome devem ser intentadas contra

---

em nome da sociedade; (*c*) mesmo dissolvida ou cassada a sua autorização para funcionar, subsistirá a sociedade até que seja concluída a liquidação (art. 51); (*d*) após a liquidação os terceiros não satisfeitos só terão direito de exigir seu crédito dos sócios individualmente até o limite do que receberem em partilha (art. 1.110). No sistema do Código Civil de 1916, art. 1.407, quando se tratava de sociedade que tinha personalidade, se ao ser dissolvida remanesciam dívidas suas com terceiros, estas continuavam *como responsabilidade social.* A solução do atual Código nos parece um retrocesso em relação à segurança do tráfico social, pois dificulta ao credor o exercício de suas pretensões relativas a obrigações assumidas em nome da sociedade ou decorrentes de atos ilícitos pelos quais a sociedade deva responder, uma vez que as demandas terão de ser propostas contra os sócios, pessoalmente, os quais, em face de serem considerados comunheiros, serão litisconsortes necessários, além do que, após a liquidação, somente responderão no limite do que lhes tocar.

255. Como refere Pontes de Miranda, *Comentários ao Código de Processo Civil*, t. I, p. 322.

a sociedade, e não contra os sócios, os quais, no entanto, podem ser chamados a juízo na condição de litisconsortes necessários, em face de sua solidariedade com a sociedade, ou independentemente de ser proposta a ação contra a sociedade[256]. Ativamente, as ações são propostas em seu nome, por quem as presente.

Assim, tanto a sociedade não personificada, em sentido próprio (= regularmente constituída, mas sem registro ou já dissolvida), como, também, a sociedade irregular são sujeitos jurídicos sem serem pessoas.

2. Massa falida

A massa falida constitui um todo patrimonial autônomo[257] cuja posse direta dos bens e sua administração pertencem ao síndico, a quem a lei processual defere sua representação em juízo. Ao falido cabe a propriedade *indisponível* do patrimônio e, por causa dela, sua posse indireta. No entanto, em face mesmo da indisponibilidade dos bens, falta-lhe legitimação *ad causam* e *capacidade processual* para ir a juízo em demandas sobre tais bens. Por isso, as pretensões (= créditos) e obrigações (= débitos) e os bens que a integram passam a compor a massa falida, contra a qual, como unidade, devem ser exercidos os créditos de que for devedora e por quem são cobradas as dívidas de que for credora. Quem vai a juízo como autor ou réu em relação a causas que versem sobre os bens, créditos e obrigações que compõem a massa falida é ela própria, representada pelo síndico.

A condição de sujeito jurídico da massa falida não é decorrência, apenas, de ter capacidade de ser parte[258], mas, também, da titularidade das pretensões e obrigações relativas aos créditos, débitos e bens que a compõem.

---

256. Por isso a decisão proferida pelo 1º TACivil de São Paulo no Agravo 232.379, de São João da Boa Vista (*RT* 505/146), segundo a qual "Em execução contra sociedade comercial já dissolvida e extinta, devem ser chamados ao processo, para integrarem a lide, os seus sócios".

257. *Autônomo* no sentido de que, ao ser decretada a falência, o patrimônio do falido, apesar de continuar em sua propriedade limitada, pois dele perde o poder de disposição, passa a ser considerado, exclusivamente, em função da satisfação dos credores. Por isso suas pretensões e suas obrigações são exercidas por ela ou contra ela.

258. CPC, art. 75, V.

3. Espólio[259]

Morrendo alguém, seu patrimônio, ativo e passivo, passa a constituir seu espólio. Compõe-se este, assim, dos bens, direitos, pretensões e ações que pertenciam ao autor da herança (= defunto), bem como de suas obrigações. Trata-se, portanto, de universalidade patrimonial, que é considerada como tal até haver a partilha. Apesar de, por força dos efeitos da saisina, a herança transmitir-se, desde logo, aos herdeiros (Código Civil, art. 1.784), o espólio é considerado como unidade a que a lei (CPC, art. 75, VII) outorga capacidade de ser parte, atribuindo sua representação, ativa e passiva, judicial e extrajudicial, ao inventariante. Assim, as pretensões relativas a bens e direitos que o integrem e as pretensões de terceiros ao cumprimento de obrigações que o vinculem, mesmo as ações pessoais contra o autor da herança, são exercidas por ele ou contra ele, não pelos herdeiros ou contra eles, embora esses tenham legitimação *ad causam*, em face do evidente interesse que têm, para atuar como litisconsortes facultativos[260], salvo quan-

---

259. Segundo informa Picard (*Le droit pur*, p. 85), referindo-se a que o morto também poderia ser tratado como sujeito de direito, considerando que na Idade Média instauravam processos criminais contra cadáveres, e na Inquisição eram exumados para fazê-los comparecer a julgamento, pronunciando contra eles penas póstumas e o confisco dos bens que, antes da morte, compunham seu patrimônio.

260. Até a 9ª edição deste livro, dávamos como exemplo a ação de investigação de paternidade, e citávamos a seguinte decisão do TJMG, na Ap. Cív. 46.471 – rel. Monteiro de Barros: "*Espólio*. Ação contra ele – Citação do inventariante não dativo – Desnecessidade de convocação dos herdeiros para a lide – Aplicação dos arts. 12, § 1º, e 991, n. I, do Código de Processo Civil (...) É o inventariante, não dativo, parte legítima para representar o espólio em Juízo, sendo desnecessária a citação dos respectivos herdeiros" (*RT* 508/220). O STJ firmou jurisprudência no sentido de que são legitimados passivos na ação de investigação de paternidade *post mortem* os herdeiros e não o espólio (REsp 331.842/AL, Min. Antônio de Pádua Ribeiro, 3ª Turma, j. 6-5-2002, *DJ*, 10-6-2002, p. 203, *RSTJ*, v. 163, p. 300; REsp 1.088.503/MG, rel. Min. Nancy Andrighi, 3ª Turma, j. 20-10-2010, *DJe*, 9-11-2010, *RDDP*, v. 94, p. 128; REsp 1.531.093/RS, rel. Min. Ricardo Villas Bôas Cueva, 3ª Turma, j. 4-8-2015, *DJe*, 10-8-2015).

Apesar da autoridade inconteste da Superior Corte de Justiça, entendemos que o espólio é quem tem a legitimação passiva na ação de investigação de paternidade, sendo os herdeiros litisconsortes necessários, máxime quando cumulada com ação de petição de herança (o que é mais comum), de modo que a ação deve ser dirigida contra o espólio (mesmo porque nem sempre os herdeiros são conhecidos), que, em essência, constitui a esfera jurídica do investigado, portanto, o conjunto de todos os seus bens, direitos e deveres com ou sem mensuração econômica, parecendo-nos

do o inventariante for dativo, hipótese em que os herdeiros e sucessores são litisconsortes necessários nas ações em que o espólio for parte[261].

4. Heranças jacente e vacante

A herança jacente é espólio em relação ao qual é desconhecida a existência de pessoas com direitos hereditários, legítimos ou testamentários, sobre ele, por ocasião da abertura da sucessão[262]. Dá-se-lhe um curador, que a administra e representa, judicial ou extrajudicialmente, enquanto fluem os prazos para que se apresentem e habilitem os herdeiros legais ou testamentários (CPC, arts. 741 e 743, *caput*). Quaisquer atos que envolvam os bens que a integram, inclusive os judiciais, são praticados em seu nome, em face da capacidade de ser parte que lhe é atribuída pelo CPC, art. 75, VI.

Não se habilitando sucessores ou se a habilitação requerida for julgada improcedente, a herança será declarada vacante (CPC, art. 743), sendo-lhe dado o mesmo tratamento que à herança jacente, até que seja destinado o patrimônio à pessoa jurídica de direito público legitimada (Município, Distrito Federal ou União Federal).

Nos casos de herança jacente ou vacante é inadmissível dizer que se trata de situação de direitos sem sujeito, como alguns pretendem, uma vez que, enquanto permanece o estado de *jacência* ou *vacância* da herança, apenas se pressupõe *indeterminação temporária* quanto à titularidade dos bens do espólio, mas não sua inexistência, pois, confirmando-se que não há herdeiros ou havendo renúncia por todos que houver,

---

certo que o reconhecimento da paternidade, sendo um dever do falecido, transmite-se ao espólio e não aos seus sucessores. Os herdeiros não podem ser acionados por dívidas do espólio porque estas não lhes são transmitidas (Código Civil, art. 1.792), exceto após a partilha e até a força do quinhão que lhes couber (*RT* 597/55). A herança se limita ao saldo patrimonial positivo que resultar do inventário, de modo que seu conteúdo é estritamente econômico. Em consequência, a legitimação dos herdeiros existe em razão de que do reconhecimento da paternidade decorre a inclusão do filho reconhecido no rol dos sucessores, reduzindo suas participações no patrimônio ativo (= herança). Mas, se o espólio não é o legitimado passivo, e sim os herdeiros, contra quem se deve propor a ação de investigação de paternidade, por exemplo, quando a herança é jacente?

261. CPC, art. 75, § 1º.

262. Código Civil, art. 1.819.

o patrimônio pertencerá ao Município, ao Distrito Federal ou à União, conforme a situação geográfica dos bens. O período de *jacência* se destina à apuração e determinação de quem seja o titular da propriedade sobre os bens do espólio. A sentença que defere a herança ao herdeiro que se habilitar, ou que reconhece o estado de vacância, deferindo a propriedade dos bens ao Município, Distrito Federal ou União, por ser declaratória, retrotrai ao momento da abertura da sucessão, tendo, assim, eficácia *ex tunc*. Por isso, em última análise, os bens da herança nunca foram *adéspotas*[263]. Em rigor, parece ser impróprio mesmo falar em herança jacente, considerando que por efeito da saisina a propriedade dos bens da herança se transmite, necessária e simultaneamente, aos herdeiros, legítimos ou testamentários, desde a abertura da sucessão[264]. Em face disso, não se pode considerar que tenha havido *jacência,* propriamente dita, em algum momento, mas simples indeterminação relativamente ao sucessor na propriedade dos bens.

No passado, conforme anota Pontes de Miranda[265], no direito comum a herança jacente era tida como pessoa.

5. Condomínios

O CPC (art. 75, XI) outorga ao condomínio a capacidade de ser parte, atribuindo sua representação ao administrador ou ao síndico. Em nosso sistema jurídico, o condomínio precisa ser tratado sob aspectos diferentes, considerando suas duas espécies: (*a*) condomínio tradicional[266], regulado pelo Código Civil, e (*b*) condomínio edilício.

(*a*) O condomínio tradicional (geral) caracteriza-se pela múltipla titularidade de domínio sobre a mesma coisa. Apesar de ser cada condômino titular de uma quota ideal, o domínio de cada um se irradia sobre o todo do bem que seja seu objeto e sobre ele é exercido, se *pro indiviso,* ou sobre

263. Lourival Vilanova, *Causalidade e relação no direito*, p. 168-169.

264. Segundo Pontes de Miranda (*Tratado de direito privado*, t. I, § 76, 2), com o Alvará de 9 de novembro de 1754.

265. *Tratado de direito privado*, t. I, § 76, 2.

266. O Código Civil de 2002 o denomina, em terminologia absolutamente inexpressiva, condomínio geral, que divide em voluntário e necessário (arts.1.314 a 1.330), este aqui denominado *tradicional*, e regula o condomínio edilício (arts. 1.331 a 1.358).

partes determinadas, se *pro diviso*. Nessa espécie de condomínio há administrador, não síndico, que tanto pode ser nomeado pela maioria dos condôminos como ser assim considerado por presunção[267]. Desse modo, o condomínio é representado, em juízo ou fora dele, pelo administrador, se há, nomeado ou presumido, caso em que tem a condição de sujeito jurídico, porque lhe cabe a capacidade de ser parte. Se, no entanto, não há administrador, a titularidade individual de domínio implica que cada condômino responde por sua quota, nenhum representando a totalidade. Nesse caso o condomínio não tem a condição de sujeito jurídico, tanto por não poder ser considerado como unidade como porque lhe falta capacidade de ser parte.

(*b*) No condomínio edilício, dito também horizontal, que se caracteriza pela existência de unidades autônomas objeto de domínio exclusivo (apartamento, por exemplo), a par de áreas de uso comum (condominiais, propriamente ditas), a existência de um síndico é essencial, cabendo-lhe sua representação, judicial ou extrajudicial. Sua capacidade de ser parte faz dele sujeito jurídico.

6. Nascituro e *nondum conceptus*

Finalmente, acrescentem-se a essas espécies o *nascituro,* a quem o Código Civil põe a salvo os direitos desde a concepção, e o *nondum conceptus* (= prole eventual de pessoa existente por ocasião da morte do testador), quando há disposição testamentária em seu favor[268].

(*a*) Em relação ao primeiro, falecendo o pai e deixando herança, a mãe, desde que detentora do poder familiar, zelará pelos direitos reservados ao filho que está em seu ventre e em seu nome, do nascituro, os exercerá. A mãe, portanto, é sua representante, se tem ela a titularidade do poder familiar. Se, porém, não a tem, as normas jurídicas, para instrumentalizar a garantia dos direitos que são atribuídos ao nascituro, notadamente os patrimoniais, determinam que lhe seja nomeado curador (*curator ventris*), que deverá ser o mesmo da mulher, se interdita, o qual, na defesa de interesses do nascituro, agirá em nome deste, propondo ou respondendo às demandas.

---

267. Código Civil, arts. 1.323 e 1.324. Presume-se administrador aquele que assume a administração do bem sem oposição dos demais condôminos.

268. Código Civil, arts. 2º, 2ª parte, e 1.799, I, respectivamente.

O nascituro, consoante se pode concluir dessas situações, tem capacidade de ser parte e titularidade de pretensões de direito material[269], o que o caracteriza, sem dúvida, como sujeito jurídico, sem ser pessoa, conforme refere o próprio Pontes de Miranda[270]. Teixeira de Freitas assim como Carlos de Carvalho, Nabuco de Araújo, Felício dos Santos e Clóvis Beviláqua[271]

269. Pontes de Miranda, *Comentários ao Código de Processo Civil*, t. I, p. 289.

270. *Comentários ao Código de Processo Civil*, t. I, p. 308. No mesmo sentido, Edmond Picard (*Le droit pur*, p. 85), Silverio Grassi (*I nascituri concepiti e i concepiti artificiali, passim*), Barbero (*Sistema del derecho privado*, v. I, p. 194) e Westermann (*Código Civil alemão*: parte geral, p. 17). Enneccerus, Kipp e Wolff (*Tratado de derecho civil*, v. I, § 77) referem-se a uma *capacidade jurídica limitada* do nascituro e a um *sujeito atual... para o caso de que nasça posteriormente*. Grassi (op. cit., p. 77) qualifica o nascituro como sujeito sob condição suspensiva. Trabucchi (*Instituciones de derecho civil*, v. I), sobre o nascituro, tem afirmativas conflitantes, tais como: "... Também o 'non nato' é pessoa e, como tal, tem capacidade jurídica..." (p. 78) e mais adiante (p. 80) diz: "O *nasciturus*, ou concebido, que é um homem *in fieri*, uma 'spes hominis', carece de capacidade jurídica...". Pontes de Miranda (*Tratado de direito privado*, t. LVIII, § 5.812, 4) anota que Josef Köeler (*Lehrbuch des burgerlichen Rechts*, v. I, § 151) "recorreu à afirmação de um *sujeito*", considerando que nas sucessões não "se excetua o elemento estrutural das relações jurídicas que é o *sujeito ativo*".

271. A Consolidação das Leis Civis, art. 1º, tem o seguinte texto: "Art. 1º As pessoas considerão-se como nascidas, apenas formadas no ventre materno; a Lei lhes-conserva seus direitos de sucessão para o tempo do nascimento". Em suas notas a esse artigo Teixeira de Freitas condenava a referência apenas a *direitos de sucessão*, ponderando que, "além desse direito, há outros que a Lei lhes-conserva". Essa mesma concepção está repetida no *Esboço*, arts. 53 e 221, sendo que no art. 44, 1º, os incluiu entre os *incapazes*. Carlos de Carvalho, na *Nova Consolidação das leis civis*, art. 91, I, *a*, declarava como absolutamente incapazes *as pessoas por nascer* (apud: Ferreira Coelho, *Código Civil dos Estados Unidos do Brasil*, v. IV, p. 33).

No mesmo sentido de considerar o momento da concepção como o de criação da pessoa os Projetos de Código Civil de Nabuco de Araújo, art. 19, de Felício dos Santos, art. 142. O Projeto Beviláqua consignava: "Art. 3º A personalidade civil do homem começa com a concepção, sob a condição de nascer com vida". Esses Projetos, Nabuco de Araújo (art. 15, § 1º), Felício dos Santos (art. 77, 1º) e Beviláqua (art. 4º, 1º), seguiram a orientação de Teixeira de Freitas, incluindo o nascituro dentre os incapazes.

Iguais disposições se encontram no novo Código Civil e Comercial da Nação Argentina, arts. 19 e 21, que repetiu as mesmas normas do art. 70 e seguintes do Código Civil de 1869, concebidas sob influência de Teixeira de Freitas.

Atualmente, na literatura nacional, J. M. Leoni Lopes de Oliveira (*Direito civil*: teoria geral do direito civil, v. II, p. 48), invocando os arts. 3º e 4º, n. 1, do Pacto de São José da Costa Rica, ratificado pelo Governo brasileiro através do Decreto n. 678/92, sustenta que a personalidade civil do ser humano começa desde a concepção.

O Código Civil do Estado norte-americano da Louisiana (de formação fortemente influenciada pela cultura francesa – datado de 1825/70) contém disposição

tratavam o nascituro como pessoa e absolutamente incapaz.

(*b*) Tratamento semelhante se dá ao *nondum conceptus* em relação à herança ou legado que lhe deixar o testador[272]. Os bens que lhe são destinados ficam sob a administração de alguém designado pelo próprio testador ou, em não havendo indicação, de pessoa nomeada pelo juiz, devendo a nomeação recair no testamenteiro, se houver. Somente em sua falta o juiz poderá nomear outra pessoa, a seu nuto.

A situação jurídica de sujeito jurídico do *nondum conceptus* é ineliminável[273], como se pode concluir.

§ 29. Das pessoas

1. Personalidade jurídica[274]

O Direito atribui aos homens, em geral, e, em particular, a certos agrupamentos de seres humanos e universalidades patrimoniais por eles

(art. 29) que, adotando orientação defendida por certa doutrina, considera o feto uma pessoa desde o momento de sua concepção, sob a condição de que nasça com vida: "Les enfants qui sont encore dans le sien de leur mère, sont considerés, en ce qui les regarde eux-mêmes, comme s'ils étaient nés; ainsi on leur conserve les successions qui peuvent leur survenir avant leur naissance, et qui doivent leur appartenir, et on nomme des curateurs pour prendre soin des ces successions à leur profit" (apud Nina Nichols-Pugh, Rapport Louisianais, *La vérité et le droit* (*Journées canadiennes*), p. 147). Essa orientação conflita com as concepções jurídicas da *Common Law* segundo as quais o feto não adquire personalidade até que saia vivo do ventre de sua mãe. Àquela disposição o legislador da Louisiana agregou, em lei de 18-7-1986, declaração de que "o embrião concebido em uma proveta é uma pessoa sob o mesmo título que o embrião concebido no útero ou preservado em estado de congelamento" (apud Laurent Leveneur, Le choix des mots en droit des personnes et de la famille, p. 17). Embora essa doutrina faça referência a *pessoa (criança) sob condição*, em verdade apenas confirma a situação de sujeito jurídico do nascituro.

272. Código Civil, art. 1.799.

273. Pontes de Miranda (*Tratado de direito privado*, t. LVIII, § 5.813, 10) se refere à *capacidade jurídica excepcional* do *nondum conceptus*.

274. A *personalidade* (condição ou maneira de ser da pessoa, nas palavras de Abbagnano, *Dicionário de filosofia*) pode ser objeto de estudo sob vários prismas: filosófico, antropológico, sociológico, psicológico, ético, jurídico, *e. g.* (Lourival Vilanova, *As estruturas lógicas e o sistema do direito positivo*, p. 70; Henkel, *Introducción a la filosofía del derecho*, p. 288). Por isso, o qualificativo *jurídica* a ela adicionado serve para definir a área de conhecimento em que é considerada, referindo-se a toda e qualquer pessoa no mundo do direito, inclusive o homem, não apenas às sociedades, associações e outras entidades *juridicamente personificadas*.

destinadas a um fim, e aos entes estatais, *personalidade jurídica. Pessoa*, no mundo jurídico, portanto, é criação do Direito, uma vez que constitui eficácia imputada a fatos jurídicos específicos. Não é um atributo natural do ser humano, menos ainda desses outros entes, mas imputação jurídica[275].

A doutrina se divide em relação a essa afirmativa, quando referida às pessoas físicas, ao homem. Há doutrinadores que a repudiam, argumentando que o homem e sua realização no meio social são a própria razão de ser do Direito[276]. Sendo o Direito criação do homem, a pessoa seria *prius* em relação ao próprio Direito[277], donde constituir uma contradição ter a personalidade jurídica como atributo concedido por normas jurídicas, porque estaria o criador sendo criado pela criatura. Seria inadmissível, portanto, considerar o ser pessoa como eficácia de fato jurídico.

Outros, ao contrário, mesmo reconhecendo a prevalência absoluta do ser humano no plano do fenômeno jurídico, afirmam que *pessoa* é conceito de elaboração científica[278], donde caber ao Direito definir quem deve ter personalidade jurídica.

Apesar das objeções, parece indiscutível que a *personalidade jurídica* constitui um atributo criado pela ordem jurídica e imputado aos homens e outras entidades por eles criadas para atender a necessidades do tráfico social,

---

275. Pontes de Miranda, *Tratado de direito privado*, t. I, § 75; Lourival Vilanova, *Causalidade e relação no direito*, p. 58 *et passim*, e *As estruturas lógicas e o sistema de direito positivo*, p. 70; Cicala, *Il rapporto giuridico*, p. 29; Soares Martinez, *Filosofia do direito*, p. 442 *et passim*; Radbruch, *Filosofia do direito*, v. II, p. 19; J. Manuel Teran, *Filosofía del derecho*, p. 91; Galgano, *Diritto privato*, p. 75; Messineo, *Manual de derecho civil y comercial*, v. II, p. 89; E. Picard, *Le droit pur*, p. 84 e 93; L. A. Carvalho Fernandes, *Teoria geral do direito civil*, v. I, p. 109, dentre outros.

276. Díez-Picazo e Gullón, *Sistema de derecho civil*, v. 1, p. 230. Hernandez Gil, por exemplo, afirma no *Prólogo* à obra de Pascual Quintana, *En torno al concepto del derecho civil*, p. 11, que "a pessoa não é uma criação do direito". Del Vecchio, *Lições de filosofia do direito*, v. II, p. 371. José de Oliveira Ascenção (*Direito civil*: teoria geral, v. I, p. 38 e s.) define a pessoa como o fim do direito e a personalidade como "categórica imposição da ordem natural" (op. cit., p. 118).

277. Barbero, *Sistema del derecho privado*, v. I, p. 189, por exemplo. O *Corpus Juris Civilis*, L. I, Tít. V, 2, D., já registrava a afirmativa de Hermogeniano de que *todo direito foi construído por causa dos homens* (*hominium causa omne ius constitutum sit*). Veja-se, sobre isso, discutindo posições de autores espanhóis e estrangeiros, Chaparro, *La persona y su capacidad civil*, *passim*; José de Oliveira Ascenção (*Direito civil:* teoria geral, v. I, p. 39 e s.).

278. Kelsen, *Teoria pura do direito*, v. I, p. 331.

sem que isso possa ser considerado um demérito para o ser humano, ou uma contradição. Etimologicamente, a própria palavra *pessoa,* quer se a considere advinda de *per sonare,* querendo referir-se à voz que saia através da máscara, segundo afirmado desde Aulo Gélio, ou do grego *prósopon*, como sugerido por Keller[279], quer se a admita, como se mostra mais correto, vinda do verbo latino *perso, personare*, originário do etrusco *φersu,* que quer dizer *máscara de teatro, gente com máscara*[280], expressa *um modo de ser* do homem, o homem como *personagem* no ambiente social, o homem em suas relações intersubjetivas, portanto, não apenas o próprio homem em sua natureza[281]. Pessoa *é a veste social do homem*, na feliz expressão de Miguel Reale[282].

Historicamente, afirma-se que, do ponto de vista jurídico, nem todo homem era pessoa. O escravo, em Roma, não seria considerado pessoa, porém coisa, *res,* simples *objeto de direito,* em face de haver sofrido a máxima *capitis diminutionis*[283]. Do mesmo modo foi assim tratado onde quer

---

279. *Lateinisches Volksetymologie*, apud Pontes de Miranda, *Tratado de direito privado*, t. I, § 50, 2.

280. Como anotam Pontes de Miranda (*Tratado de direito privado*, t. I, § 48, 2, citando A.Walde, *Lateinisches Etymologisches Wörtenbuch*, Skutsch, *Wölffins Archiv*, e A. Zimmermann, *Etymologisches Wörtenbuch*), D. Dumézil (*La religion romaine archaïque*) e Trigeaud (La personne, in *Archives de philosophie du droit*, p. 34 e 105, invocando Ernout et Meillet (*Dictionnaire étymologique de la langue latine*). Trigeaud desenvolve interessante e erudito estudo, a que chama de *enquête sémantique*, sobre a evolução etimológica da palavra *persona* proveniente de *φersu* (palavra cuja origem, toscana ou etrusca, seria incerta).

281. Cabral de Moncada, *Lições de direito civil*, p. 250.

282. *Lições preliminares de direito*, p. 227. Considere-se que, como anotamos acima, *homem* e *pessoa* podem ser objeto de estudos em várias áreas do saber humano, além da jurídica, tais como: filosófica, antropológica, sociológica, psicológica, ética, religiosa, por exemplo, cada qual com denotação própria.

283. Marciano, L. I, Tít. V, 5, § 1, D., *De statu hominum*; G. May et H. Becker, *Précis des instituitions du droit privé de Rome*, p. 28; Jörs e W. Kunkel, *Derecho privado romano*, § 40; M. Villey, *Direito romano*, p. 98; M. Duclos, *Rome et le droit*, p. 33; M. Kaser, *Direito privado romano*, p. 106; Mommsem, *Compendio del derecho público romano*, p. 14; Galgano, *Diritto privato*, p. 75; E. Picard, *Le droit pur*, p. 95 e 97; B. Starck, *Droit civil*: introduction, p. 69; Lourival Vilanova, *As estruturas lógicas e o sistema do direito positivo*, p. 70. Segundo Bretone (*História do direito romano*, p. 217), "Varão (*De re rust.* 1, 17, 1.) definia-os (servos) como 'instrumentos capazes de falar': no registro de equipamentos de uma propriedade encontravam-se ao lado dos 'instrumentos com voz inarticulada', como os animais, e dos 'instrumentos mudos', como os carros. (...) Até a época imperial, não gozam de qualquer tutela jurídica nos confrontos do proprietário,

que pode fustigá-lo, ou matá-lo, ou abandoná-lo". Guido Alpa e Anna Ansaldo (*Il Codice Civile commentario*: le persone fisiche, p. 7) citam Vultejus (1565-1634), a quem atribuem ser o primeiro jurista moderno a usar o termo *pessoa* de modo técnico, que dizia: *Servus enim homo est, non persona. Homo naturae, persona iuris civilis, vocabulum* (Servo é, pois, homem, não pessoa. Homem é vocábulo da natureza, pessoa, do direito civil).

Nesse sentido é assente a grande maioria da doutrina nacional e estrangeira. No entanto, como observam Savigny (*Sistema del derecho romano actual*, v. I, p. 322), Maynz (*Cours de droit romain*, v. I, § 96), J. C. Moreira Alves (*Direito romano*, v. I, p. 111) e Elimar Szaniawski (*Direitos da personalidade e sua tutela*, p. 17), em alguns textos encontram-se referência ao escravo como pessoa. Gaio (L. I, Tít. V, 3, D. *De statu hominum)*, por exemplo, dizia: *Summa itaque de iure personarum divisio haec est; quod omnes homines aut liberi sunt, aut servi* (E assim, a principal divisão em direito das pessoas é esta: que todos os homens são ou livres, ou escravos). Segundo Savigny (op. e loc. cits.) e M. Kaser (op. cit., p. 99), a restrição ao emprego do vocábulo *pessoa* para designar escravo somente veio bem mais tarde. Em favor de sua condição de *pessoa*, menciona-se, por exemplo, a possibilidade de adquirir para o patrão (L. XLV, Tít. III, 36, D.).

Sobre o assunto parece haver necessidade de certas precisões conceptuais. Em Direito romano (Paulo, L. IV, Tít. V, 11, D., *Institutas*, L. I, Tít. XVI), a situação jurídica (*status*) das pessoas dizia respeito à família (*status familiae*), à cidadania romana (*status civitatis*) e à liberdade (*status libertatis*). A perda de um desses *status* implicava uma *capitis deminutio*, sendo mínima, quando se perdia o *status familiae*, menor, ou média, quando a perda era do *status civitatis* e máxima quando se tratava do *status libertatis.* As *capitis diminutionis* mínima e média tinham efeitos restritos ao grupo social respectivo. A perda da liberdade (*maxima capitis diminutio*), no entanto, acarretava como consequência, além da perda da cidadania e do estado familiar, tornar-se a pessoa objeto de direito. Dizia Marciano, L. I, Tít. V, 5, § 1, D., *De statu hominum:* "§ 1. *Servi autem in dominium nostrum rediguntur aut iuri civili aut gentium. Iure civili, si quis se maior vinginti annis ad pretium participandum venire passus est; iure gentium servi nostri sunt, qui ab hostibus capiuntur, aut qui ex ancillis nostri nascuntur*". (Mas os escravos se reduzem a nosso domínio ou por direito civil, ou das gentes. Por direito civil se alguém maior de vinte e cinco anos consentiu em ser vendido para participar do preço; por direito das gentes são nossos escravos os nossos inimigos capturados, ou os que nascem de nossos escravos.) Não nos parece, porém, que, mesmo em tal situação, o indivíduo deixasse de ser pessoa, consoante se pode concluir da acima citada lição de Gaio, bem assim da circunstância, também já mencionada, de que podia realizar negócios e adquirir bens para seu senhor, sempre em seu nome. M. Kaser (op. cit., p. 107) afirma que "*juridicamente*, os escravos são ao mesmo tempo *res* (objectos de direito) e *persone*". Bem analisada a situação jurídica da pessoa em Roma, chega-se à evidência de que *caput* tem o sentido de pessoa enquanto capaz de titularidade de direitos (= capacidade jurídica); é expressão que pode ser considerada com significado semelhante ao atual de *sujeito de direito lato sensu* (= *sujeito jurídico*), de alguém que tem capacidade jurídica (conceitos que os romanos não conheceram – M. Kaser, op. cit., p. 99). Aubry et Rau (*Cours de droit civil français*, t. 1º, p. 261-262) usam o termo *caput* como sinônimo de personalida-

que tenha havido escravidão e até que foi abolida. Kant, quando enunciou as espécies possíveis de relações jurídicas, delas excluiu as que se realizassem entre o homem (livre) e os servos ou escravos, "porque não podiam ser mais que homens sem personalidade"[284]. Ainda demonstra ser a personalidade jurídica (*lato sensu*) imputação de normas jurídicas, ratificando a distinção entre homem e pessoa, o instituto da *morte civil,* que existiu em vários sistemas jurídicos, inclusive no nosso, mercê do qual, como uma penalidade, a pessoa era considerada morta para os fins de direito, embora permanecesse viva de fato[285].

Atualmente, porém, no estágio a que chegou a civilização, fruto das conquistas políticas alcançadas pelo homem ao longo da História em busca do ideal de ser tratado com igualdade, sob a influência notável do cristianismo, desde o Direito Romano[286], depois do humanismo, do iluminismo e do liberalismo, bem assim do renascimento do jusnaturalismo[287], reviram-se valores, cristalizando-se a consciência de que *a dignidade do ser humano* constitui princípio fundamental de toda a ordem jurídica do qual decorrem, como corolários, os princípios de que *todos os homens são pessoas, do ponto de vista jurídico, e titulares de plena capacidade jurídica, são livres*

---

de e de capacidade jurídica. Assim considerando, o servo (= escravo) não era sujeito jurídico, mas, em rigor, não deixava de ser pessoa, embora uma pessoa em situação jurídica tão limitada que se permitia considerá-la pessoa sem direitos. No entanto, não perdia por completo sua capacidade de direito, tanto assim que lhe era reconhecida a possibilidade de administrar o *peculium* que o seu dono lhe destinasse, de realizar negócios de disposição não formais e de recuperar sua liberdade, estando, portanto, apto a readquirir a *caput,* voltando a ser pessoa com direitos.

284. Kant, *Principios metafísicos de la doctrina del derecho*, p. 46.

285. Galgano, *Diritto privato*, p. 75. E. Picard (*Le droit pur*, p. 86) anota que o Code de Napoleón em sua redação original previa a morte civil. No direito brasileiro, entendeu-se que o instituto da *morte civil* fora recepcionado pelo art. 7º, 3º, da Constituição do Império, que definia os casos de perda dos *direitos de cidadão brasileiro,* refletindo-se esse pensamento no art. 157, n. 3, do Código do Comércio. Contra isso verberou Teixeira de Freitas, que a considerava "monstruosa instituição", entendendo-a banida do nosso sistema jurídico (*Consolidação das leis civis*, nota 6 ao art. 993, e nota ao art. 39 do *Esboço de Código Civil*).

286. Ahrens, *Cours de droit naturel, ou de philosophie du droit*, p. 185; M. Kaser, *Direito privado romano*, p. 107.

287. A. Torrente e P. Schlesinger, *Manuale di diritto privato*, p. 75, observam, ao que parece sem razão, que os direitos da personalidade seriam consequência da revolução industrial.

e gozam de isonomia perante a lei[288]. Hoje, todos os homens já nascem com *personalidade jurídica* (sentido lato), com titularidade de direitos imanentes à própria condição de homem; não podem ser escravizados e devem ser tratados sem discriminações. A subjetividade jurídica, que assegura os direitos da personalidade, tornou-se *inata*, uma vez que aos seres humanos, desde a concepção, são assegurados direitos que se subjetivam na pessoa do nascido com vida[289]. Apesar de tudo isso, não é possível negar que ser pessoa como ser sujeito jurídico são imputações que as normas jurídicas fazem aos homens, portanto, que constituem eficácia de fatos jurídicos.

Se em relação às pessoas físicas, em face de convicções filosóficas e políticas, é admissível a discussão em torno de ser a personalidade jurídica *criação do Direito*, no que se refere às pessoas jurídicas (sentido estrito) mostra-se totalmente impertinente. Todas as clássicas teorias a seu respeito, tenham-na como uma *ficção* (Savigny), como uma *realidade objetiva* (Gierke) ou como uma *realidade técnica* (Gény), reconhecem sua personalidade como um atributo das normas jurídicas a entidades criadas pelo homem para lhes permitir alcançar fins comuns, impossíveis ou de difícil consecução pelo indivíduo[290]. O próprio Estado é pessoa jurídica como eficácia de fato jurídico de Direito das gentes (Direito Internacional Público)[291]. O

---

288. Declaração Universal dos Direitos do Homem, arts. 1, 2 (1), 6; Constituição brasileira, arts. 1º, III, 5º, *caput*, e inciso I, Código Civil, arts. 1º e 2º. A grande maioria das Constituições em vigor consagram esses direitos.

289. Apesar das mais sonoras proclamações dos direitos humanos, sua realização no plano da realidade ainda continua sendo um ideal inatingido.

290. É certo que houve teorias que procuraram negar personalidade às pessoas jurídicas, tentando explicar sua presença no mundo (*a*) como grupo de pessoas que, em verdade, seriam os titulares do patrimônio, dos direitos e dos deveres (Ihering), ou (*b*) como um patrimônio destinado a um fim, sendo sem sujeito os direitos que o integrassem (Brinz), ou, ainda, (*c*) como uma propriedade coletiva (Planiol), mas perderam toda e qualquer significação, tendo mero valor histórico, visto que ninguém mais admite negar uma obviedade, conforme a pertinente observação de Orlando Gomes (*Introdução ao direito civil*, p. 193). A teoria da instituição, devida, principalmente, a Hauriou (*La teoría de la institución y de la fundación*), que vê na pessoa jurídica uma criação da vida social, negando-lhe a natureza estritamente jurídica, embora se mantenha viva, com muitos adeptos, não conseguiu uma posição de relevância capaz de superar a doutrina tradicional, mesmo porque, em rigor, é uma visão de cunho sociológico da pessoa jurídica.

291. Pontes de Miranda desenvolveu notável estudo sobre a natureza jurídica do Estado em sua obra *Fundamentos atuais do direito constitucional*, que reproduziu nos *Comentários à Constituição de 1946* (de que destacamos afirmativas conti-

mesmo ocorre, na ordem interna, com os Estados-membros, o Distrito Federal, os Territórios e os Municípios, por exemplo, que são criados segundo regras prescritas na Constituição. O ato que os cria é ato jurídico e, por isso, o ente estatal constitui efeito desse ato jurídico.

2. Espécies de pessoas

Duas são as espécies de pessoas reconhecidas pelos ordenamentos jurídicos: (*a*) *naturais,* ou *físicas*, assim considerados, individualmente, todos os seres humanos, e (*b*) *jurídicas,* ou *morais,* constituídas pelos entes estatais, internacionais e nacionais, associações, sindicatos, partidos políticos, fundações, sociedades simples e empresariais[292].

Conforme anotado antes, as espécies de pessoas são *numerus clausus*, portanto, somente se pode considerar pessoa quem seja assim reconhecido pelo ordenamento jurídico. Não é possível, por isso, atribuir personalidade jurídica a outros entes que não aqueles a que a lei a atribui.

§ 30. Da pessoa física

1. Quem é

Pessoa física, também dita *natural,* é todo ser humano, mas somente ele, sendo assim considerado todo aquele nascido de mulher, independentemente de seu aspecto e de sua sanidade física ou mental[293].

---

das no t. I, p. 43, 54 *et passim*), repetindo-os nos *Comentários* às Constituições que se seguiram. De suas lições se tira a noção jurídica de Estado como ente cuja personificação resulta de normas do *direito das gentes* incidentes sobre pressupostos que somente ele (*direito das gentes*) pode determinar, ou seja, como eficácia jurídica de fato jurídico gerado nesse campo do direito.

292. O Código Civil português usa as denominações pessoas *singulares e coletivas* para nomear as pessoas naturais e as jurídicas, respectivamente. As expressões não parecem as mais adequadas, uma vez que as fundações, que não são coletividades de pessoas, mas universalidades de bens, portanto singulares, são pessoas jurídicas.

293. No passado, acreditava-se na possibilidade de mulheres darem à luz monstros, parte homem, parte animal (N. Coviello, *Manuale di diritto civile italiano*, p. 145). A mitologia, a lenda e a ignorância científica instigavam tais concepções. Por isso, para considerar ser humano um nascido, seria necessário que tivesse, ao menos,

2. Personalidade jurídica e direito à personalidade

No grau de desenvolvimento a que hoje chegaram os sistemas jurídicos, o fato de ser homem implica, irrestrita e necessariamente, ter *personalidade jurídica*. A consciência histórica da humanidade não mais admite, ao menos no discurso político, que se imponham quaisquer limitações ou discriminações à personalidade de direito dos seres humanos. Desde quando passou a ser inadmitida a escravidão e foi proclamada a Declaração Universal dos Direitos do Homem, não se pode pensar em limitação à personalidade de direito do homem ou discriminação em sua atribuição por qualquer motivo. Independe, portanto, de cor, sexo, raça, crença religiosa ou política, nacionalidade, estado de sanidade física ou mental, ou outra causa qualquer. Apesar de o ser *pessoa no mundo jurídico* constituir uma qualidade, hoje há o direito do ser humano (*inato*, segundo a terminologia do jusnaturalismo) à personalidade, que se subjetiva em cada um por consequência, no Direito brasileiro, tão somente do nascimento com vida. O *direito subjetivo à personalidade*[294] resulta da incidência de normas de Direito das gentes (Declaração Universal dos Direitos do Homem, art. 6º), de normas constitucionais inscritas pelo constituinte originário (Constituição Federal de 1988, art. 5º, I) ou derivado[295] (Pacto de São José da Costa Rica, art. 3º, ratificado no Brasil pelo Decreto

---

cabeça de homem. Autores mencionavam ser imprescindível que o nascido tivesse *figura humana* (Windscheid, *Diritto delle pandette*, v. I, § 52), reproduzindo a lição de Paulo (L. I, Tít.V, 14, D.) segundo a qual "*Non sunt liberi, qui contra formam humani generis converso more procreantur, veluti si mulier monstrosum aliquid, aut prodigiosum enixa sit...*" (Não são filhos, aqueles que, fora do que é costume, são procriados com forma contrária à do gênero humano, como se uma mulher haja dado à luz alguma coisa monstruosa ou prodigiosa). Essa concepção ainda se encontrava no Direito civil espanhol, em que a redação original do art. 30 do Código Civil (que é de 1889) prescrevia: "para os efeitos civis, só se reputará nascido o feto que tiver *figura humana* e vivido vinte e quatro horas inteiramente desprendido do ventre materno". Essa disposição foi recentemente modificada pela Lei n. 20/2011, que adotou a seguinte redação: "Art. 30. A personalidade se adquire no momento do nascimento com vida, uma vez ocorrido o completo despredimento do ventre materno".

294. Pontes de Miranda, *Tratado de direito privado*, t. I, § 50, 2, e § 85, 2, especialmente; Lourival Vilanova, *Causalidade e relação no direito*, p. 58 *et passim*; Messineo, *Manual de derecho civil y comercial*, v. III, p. 3 *et passim*.

295. Por força da Emenda Constitucional n. 45/2004, que fez incluir um § 3º ao art. 5º da Constituição, os tratados e as convenções internacionais assinados pelo Brasil que se refiram a direitos humanos têm *status* de emenda constitucional, quando *aprovados em cada casa do Congresso Nacional, em dois turnos, por três quintos dos votos dos respectivos membros*.

n. 678/92) e infraconstitucionais (Código Civil, art. 2º), de modo que negar a um homem a condição de pessoa no plano jurídico constitui violação a direito que enseja reparação por via judicial.

A personalidade jurídica do homem constitui efeito mínimo do fato jurídico do nascimento com vida[296]; acarreta consigo, desde quando adquirida, a titularidade de uma gama de outros direitos, os denominados direitos de personalidade, que os sistemas jurídicos internacional e nacionais tratam como *direitos fundamentais da pessoa humana,* e a doutrina, indo mais longe, como direitos a ela *inerentes* ou direitos *inatos*. Por isso, torna-se, concretamente, impossível pensar no direito à personalidade como um direito *único, isolado,* do homem, uma vez que, necessariamente, integra um vasto plexo de direitos. No entanto, ao menos teoricamente, se for levado em consideração o fato de que esses outros direitos (ditos inatos, inerentes ou fundamentais) pressupõem, essencialmente, a personalidade, é possível fazer-se um corte epistemológico e dela tratar isoladamente, abstraindo-a dos demais.

3. Limites temporais da personalidade

3.1. Início da personalidade

Em Direito brasileiro e na maioria dos sistemas jurídicos, a personalidade jurídica do homem começa do nascimento com vida[297], assim considerado

---

296. A circunstância de ser comum essa situação, acrescida do fato de que não sofre, hoje, qualquer exceção, faz parecer que personalidade é atributo *natural* do homem, e não uma atribuição jurídica, conforme mostrado antes. A definição de Lete del Río (*Derecho de la persona*, p. 23), por exemplo, bem reflete essa ideia: *pessoa é todo indivíduo humano (homem ou mulher) por sua própria natureza e dignidade, a que o Direito se limita a reconhecer tal condição.* José de Oliveira Ascenção (*Direito civil*: teoria geral, v. I, p. 118) refere que o reconhecimento jurídico da personalidade do homem constitui "hoje uma exigência universal", sendo, como já mencionado, "uma categórica imposição da ordem natural".

297. Código Civil, art. 2º. Como referido antes, na nota 271, J. M. Leoni Lopes de Oliveira (*Direito civil*: teoria geral do direito civil, v. II, p. 48), invocando disposições do Pacto de São José da Costa Rica (ratificado pelo Brasil através do Decreto n. 678/92), a saber: "Art. 3º Toda pessoa tem direito ao reconhecimento de sua personalidade" e "Art. 4º, n. 1 – Toda pessoa tem o direito de que se respeite sua vida. Esse direito deve ser protegido pela lei e, em geral, desde o momento da concepção. Ninguém será privado da vida arbitrariamente", afirma que a personalidade resultaria da concepção e que, portanto, o nascituro seria pessoa. Essa conclusão não nos parece correta. O que tais dispositivos asseguram, sem sombra de dúvida, é o direito do

aquele em que o indivíduo respira fora do ventre materno, penetrando o ar em seus pulmões. Não importa o quanto dure a vida extrauterina[298]. Se respirou e depois morreu, foi pessoa e deixou de ser. O suporte fáctico do fato jurídico do nascimento, cuja eficácia é a aquisição da personalidade, tem como elemento essencial, apenas, que seja com vida; portanto, não é suporte fáctico o fato *bruto* do nascimento, mas este fato qualificado: *com vida.* Não há outros requisitos[299]. Basta a vida desprendida da mãe.

---

nascituro à vida, desde o momento da concepção, como, aliás, já o fazia o Código Civil de 1916, art. 4º (hoje, art. 2º), mas não o ser pessoa. O reconhecimento da personalidade é direito que se garante a quem já seja pessoa, como resulta claro do art. 3º, citado. Como já observado antes (nota 271), o atual Código Civil e Comercial da Nação Argentina (Lei 26.994, de 7-10-2014) repetiu, atualizando com a menção à concepção por implantação de embrião, em seus arts. 19 e 21 o Código de 1896.

298. No direito paraguaio, o art. 32 do Código Civil dispõe que "reputa-se como certo o nascimento com vida, quando as pessoas que assistiram ao parto hajam ouvido a respiração e a voz do nascido ou hajam observado outros sinais de vida". Esse dispositivo reproduzia o art. 73 do Código Civil argentino de 1869 que, no entanto, em seu art. 75, estabelecia presunção *juris tantum* em favor do nascimento com vida, se há dúvida, cabendo, a quem alegue, a prova em contrário. (Sobre o tratamento dado pelo atual Código argentino, vejam-se as notas anterior e a de n. 271). No direito brasileiro, como já referido, basta que haja respirado fora do útero materno (Lei de Registros Públicos, n. 6.015/73, art. 53, § 2º). Em caso de dúvida, a Ciência dispõe de uma série de exames capazes de constatar se o nascido respirou fora do útero materno. O mais simples e mais antigo, a docimasia pulmonar, é devido a Galeno. Há, entretanto, dezenas de outras técnicas (docimasias) que a moderna Ciência desenvolveu capazes de identificar a vida extrauterina.

299. O registro público do fato do nascimento é obrigatório; no entanto, diferentemente do que ocorre com as pessoas jurídicas de direito privado, não tem qualquer efeito relativamente à aquisição da personalidade. O homem é pessoa independentemente de haver sido registrado. O registro, portanto, apenas documenta sua existência, é meramente declarativo, sem qualquer efeito constitutivo. Pela ausência do registro, em consequência, não deixa, o homem, de ser pessoa. Paulo de Barros Carvalho (*Direito tributário*: fundamentos jurídicos da incidência, p. 89), dando aplicação à sua concepção científica segundo a qual a incidência da norma jurídica depende de ato de autoridade competente que, fazendo a subsunção do fato à norma abstrata, expede uma norma jurídica concreta, entende que o registro é elemento constitutivo do fato jurídico do nascimento com vida, dizendo: "A constituição jurídica desse fato (do nascimento) vai ocorrer quando os pais ou responsáveis comparecerem ao cartório de registro civil e prestarem declarações. O oficial do cartório expedirá norma jurídica, em que o antecedente é o fato jurídico do nascimento, na conformidade das declarações prestadas, e o consequente é a prescrição de relações jurídicas em que o recém-nascido aparece como titular dos direitos subjetivos fundamentais...". O mesmo aconteceria com a morte cuja configuração

O natimorto não chega a ser pessoa precisamente porque o fato jurídico que gera a personalidade não se materializa, uma vez que seu suporte fáctico não se concretiza. O fato jurídico da natimoriência tem por consequência básica o extinguir, *ex tunc*, toda a eficácia atribuída ao fato jurídico da concepção[300], que, como visto, caracteriza-se por assegurar os direitos do nascituro[301].

3.2. Término da personalidade

Termina a personalidade (i) com a morte (natural), (ii) presumindo-se esta, no Direito brasileiro:

(ii.1) em relação ao ausente: (*a*) após o decurso de dez anos a partir do trânsito em julgado da sentença que determinar a abertura da sucessão

---

jurídica dependeria do registro do óbito. Dessa concepção, embora muito bem elaborada, discordamos completamente, não apenas porque a norma jurídica do art. 2º do Código Civil apenas prevê como seu suporte fáctico o fato biológico do nascimento com vida, sem qualquer referência ao registro, como também em razão da constatação de que, se o registro fosse elemento constitutivo da personalidade, estaríamos diante do absurdo de ter de considerar como *seres humanos sem personalidade jurídica* todos aqueles que não tiverem seu nascimento registrado (e há milhões neste mundo de exclusão social que é este País). E mais. Se tomarmos como premissa que o *direito à vida*, em especial, e os demais direitos fundamentais, em geral, são *direitos da personalidade*, teremos de chegar à ainda mais absurda conclusão de que o ser humano não registrado, por não ser pessoa, não os tem. Por isso, seria possível, por exemplo, afirmar que matar um homem não registrado não seria crime, porque não haveria ilicitude no fato de matá-lo por não haver violação de direito, em face de não ter ele direito à vida. Essas absurdas colocações, que sabemos cheias de alogia, as pusemos, em discussão acadêmica, a defensor ilustre da tese que a justificou, alegando que o registro civil, inclusive o de óbito, teria efeito retroativo à data do nascimento, de modo que ao ser registrado o óbito (necessário para o sepultamento) de falecido sem registro de nascimento, dar-se-ia a retroeficácia doregistro, com a consequência de constituir a personalidade desde o dia do nascimento, donde ficar caracterizado o crime de homicídio. A explicação revela o extremo formalismo da concepção que, em última análise, se funda no argumento exposto por Alessandra Gondim Pinho (*Fato jurídico tributário,* p. 60), segundo o qual "...é a partir da prova que se reconhece *juridicamente* um fato. Ao direito não importa o fato social que não seja relatado em linguagem e este relato se faz por meio das provas porque prova é linguagem".

300. Além disso, o nascimento sem vida é suporte fáctico de regra de registro público (Lei n. 6.015, de 31-12-1973, art. 53) que impõe a certas pessoas a obrigação de declarar o nascimento ao oficial de registro.

301. *Vide* nosso *Teoria do fato jurídico*: plano da existência, § 13.

provisória, ou (*b*) se contar mais de 80 anos de idade, haja decorrido cinco anos das últimas notícias suas;

(ii.2) independentemente de declaração de ausência: (*a*) se for extremamente provável a morte de quem estava em perigo de vida e, também, (*b*) se alguém, desaparecido em campanha ou feito prisioneiro, não for encontrado até dois anos após o término da guerra[302].

i) *Morte natural*

Até pouco tempo, tinha-se como dado para constatação da morte natural a parada definitiva do músculo cardíaco, com a consequente total paralisação da circulação sanguínea. Atualmente, porém, com fundamento nas conclusões da Ciência, tem-se como termo final da vida a *morte encefálica,* que ocorre quando há *completa e irreversível cessação das funções cerebrais*[303]. Desse modo, embora continue o coração a bater, biologicamente tem-se por morta a pessoa se seu cérebro deixa de funcionar por completo. Essa definição do momento da morte tem sua importância para o fim de retirada de tecidos, órgãos e partes do corpo destinados a transplantes.

Pode ocorrer, e isso não é incomum, que pessoa já descerebrada, portanto com morte encefálica, continue a ter seu organismo em funcionamento, artificialmente, à força de aparelhos que estimulam órgãos vitais como os pulmões e o coração, ou mesmo naturalmente, sem auxílio externo algum.

---

302. Código Civil, arts. 6º, 7º, 37 e 38.

303. Lei n. 9.434/97, art. 3º, regulamentada pelo Decreto n. 2.268/97, art. 25, I. Conforme os citados dispositivos legais, a comprovação da morte encefálica deve ser atestada *por dois médicos não participantes das equipes de remoção e transplante, mediante a utilização de critérios médicos e tecnológicos definidos em resolução do Conselho Federal de Medicina.* Esta constitui, sem dúvida, questão extremamente delicada, com forte conotação ética, especialmente diante do problema da disposição de tecidos, órgãos e partes do cadáver para fins de transplantes, considerando que o grau do conhecimento científico a respeito do cérebro humano não parece ser suficientemente exauriente e completo para determinar, com plena e absoluta segurança, quando sua paralisação é, em verdade, irreversível, ao menos em algumas espécies. São conhecidos casos em que pessoas consideradas sem qualquer atividade cerebral voltaram à vida normal.

No direito italiano, a Lei de 12-8-1993, n. 301, considera o momento da morte coincidente com a "cessação definitiva de toda atividade elétrica cerebral", segundo informação de Galgano (*Diritto privato*, p. 76). A. Torrente e P. Schlesinger (*Manuale di diritto privato*, p. 94) se referem ao Decreto de 28-8-1994, n. 582, do Ministro da Saúde, que considera a morte cerebral "consistente na irreversível cessação de toda atividade do sistema nervoso central".

Tais situações podem ter duração indefinida. Diante disso, cria-se sério problema pela necessidade de definir o momento da abertura da sucessão, pois a ocasião em que se dá a morte constitui dado essencial para apuração da legitimação hereditária e da capacidade de adquirir por testamento, assim como dos bens e dívidas que integram o espólio[304].

Dúvidas dessa natureza precisam ser evitadas. Por isso, para fins de término da personalidade e, consequentemente, de abertura da sucessão, parece que se deve ter como momento da morte aquele em que se constatar a cessação de todas as funções orgânicas, com a paralisação definitiva do coração e o decorrente colapso da circulação sanguínea, não apenas do cérebro. Havendo morte encefálica, estão as equipes médicas autorizadas a proceder à retirada de tecidos, órgãos e partes do corpo, o que, se ocorrer, acarretará, naturalmente, a definitiva cessação das demais funções orgânicas. Se houver morte encefálica, enquanto o organismo se mantiver em funcionamento, mesmo artificial e precariamente, deve-se considerar viva a pessoa. A só constatação da morte encefálica, se ainda há sinais vitais, não autoriza dar por finda a pessoa e aberta sua sucessão, embora permita a remoção dos órgãos para fins de transplante.

Constitui suporte fáctico do fato jurídico *stricto sensu*[305] da morte natural o fato biológico da morte *mais* sua prova. Assim, apenas o *fato da morte* sem que seja conhecido e provado não é suficiente a concretizar o seu

---

304. Código Civil, arts. 1.798, 1.844, 1.799, I. Considerar o momento da constatação da morte encefálica, estando o organismo funcionando, mesmo artificialmente, suficiente para a abertura da sucessão e extinção da personalidade, se mediar algum tempo até a parada cardíaca, pode gerar disparidade sobre o momento da abertura da sucessão, com importantes consequências. Se, por exemplo, no meio tempo entre a morte encefálica e a paralisação das demais funções vitais, falecesse alguém deixando herança para a pessoa de cuja morte se trata, ter-se-ia que ela herdaria, se considerado o momento da falência completa do organismo, mas não herdaria se o momento considerado fosse o da constatação da morte encefálica. Na primeira hipótese, aquela herança a ela atribuída se transmitiria a seus sucessores; na segunda hipótese, não haveria direito algum ao patrimônio (exceto em caso de representação).

305. A morte em si é sempre fato jurídico *stricto sensu*, não mudando de categoria em razão de sua causa. A morte por assassinato não a transmuda em ato jurídico ilícito, nem a por suicídio faz dela ato-fato jurídico. O fato jurídico *stricto sensu* da morte constitui elemento dos suportes fácticos do ato ilícito criminal do homicídio e do suicídio (que não se considera ilícito se não há induzimento). *Vide* nosso *Teoria do fato jurídico*: plano da existência, § 32, ii.

suporte fáctico[306]. A presença do cadáver é, em geral, essencial. O desaparecimento de alguém sem a possibilidade de provar que morreu implica sua ausência, não sua morte[307]. Excetua-se dessa regra a hipótese de desaparecimento de pessoa em naufrágio, inundação, incêndio, terremoto e outras catástrofes, pois a lei admite que se promova, perante juiz togado, a justificação da morte, provando-se sua presença no local do acidente e a impossibilidade de encontrar-se o cadáver para exame. Com esses mesmos pressupostos (presença no local e impossibilidade de localização do cadáver) admite-se a justificação judicial da morte do desaparecido em campanha[308]. A decisão da justificação tem natureza mandamental constitutiva. Se, por acaso, a pessoa desaparecida e considerada morta vier, posteriormente, a aparecer, o registro de seu óbito será desconstituído.

ii) *Comoriência*

Quando duas ou mais pessoas morrem na mesma ocasião, não se podendo averiguar quem faleceu primeiro, têm-se como simultaneamente mortas (*comoriência*). Não importa que as mortes se tenham dado no mesmo local ou que a causa seja a mesma; basta que haja impossibilidade de provar que não foram simultâneas[309]. Feita a prova, mesmo circunstancial, que torne certa a inocorrência da simultaneidade, não há comoriência. Presunções como as estabelecidas nos arts. 721 e 722 do Código Civil francês não têm aplicação no Direito brasileiro; nesse, a presunção é de simultaneidade da morte, se não for possível provar em contrário[310].

---

306. Nosso *Teoria do fato jurídico*: plano da existência, § 13. Lei de Registros Públicos (n. 6.015/73), arts. 77, 83.

307. Em relação ao ausente existe uma *presunção de vida* (Lehmann, *Tratado de derecho civil*, v. I, p. 588), de modo que, enquanto não se prova sua morte ou não se configuram os pressupostos da morte presumida, tem-se-no como vivo.

308. Lei de Registros Públicos (n. 6.015, de 31-12-1973), art. 88 e parágrafo único. O Código Civil contém norma (art. 7º) segundo a qual é possível declarar-se a morte presumida sem a decretação de ausência (*Vide*, adiante).

309. Pontes de Miranda, *Tratado de direito privado*, t. I, § 67, 3, que formula exemplos.

310. Código Civil, art. 8º. No direito romano, em caso de pai, ou mãe, e filho morrerem em tais circunstâncias, tinha-se que o pai ou a mãe teria falecido antes, se o filho fosse púbere, e o contrário, se o filho fosse impúbere (L. 34, 5, 9, § 4, D., *De rebus dubiis*). O Código Civil francês, arts. 720 a 722, adotou regra segundo a qual a *presunção de sobrevivência* seria *determinada pelas circunstâncias de fato e, em sua falta, pela força da idade e do sexo,* definindo, então, as seguintes presunções: (i) a pessoa mais idosa teria sobrevivido à mais nova, quando: (i') todos os que houvessem perecido conjuntamente tivessem menos de 15 anos e (i'') uns tivessem

A importância dessa regra revela-se, em especial, no Direito das sucessões, considerando a possibilidade de transmissão da herança entre parentes que morrem na mesma ocasião. Na hipótese de comoriência, não há sucessão hereditária entre os comorientes. Se, no entanto, se puder constatar quem morreu primeiro, transmite-se a herança ao que sobreviveu, se herdeiro for daquele que o antecedeu na morte, e deste a seus herdeiros[311].

iii) *Morte presumida*

Declarada a ausência[312] de alguém, após o trânsito em julgado da sentença (que se dá seis meses após sua publicação), começam a fluir os prazos que conduzem à presunção de sua morte, que são de (*a*) dez anos, no caso de a pessoa contar menos de 80 anos, e (*b*) cinco anos, se já contava 80 anos quando dela se teve as últimas notícias. Mesmo independentemente de decretação de ausência, é possível a decretação da morte presumida *se for extremamente provável a morte de quem estava em perigo de vida* ou *se alguém, desaparecido em campanha ou feito prisioneiro, não for encontrado até dois anos após o término da guerra* (Código Civil, art. 7º).

A morte presumida do ausente tem o efeito de permitir a abertura da sucessão definitiva à sua herança, transmitindo-se a seus herdeiros os bens

---

menos de 15 anos e outros menos de 60; (ii) pelo contrário, a pessoa mais nova teria sobrevivido: (ii') se todos tivessem mais de 60 anos; (ii'') se uns tivessem menos de 15 e outros mais de 60; (ii''') se uns tivessem mais de 15 e outros mais de 60; (ii'''') se todos tivessem mais de 15 e menos de 60 anos. Quando se tratava de pessoas de sexos diferentes, a presunção era a de que o varão teria sobrevivido à mulher se fossem da mesma idade ou se até um ano mais novo. No antigo direito português, ensinava Coelho da Rocha (*Instituições de direito civil português*, § 72), procedia-se segundo as soluções adotadas pelo Código de Napoleão. Atualmente o Código Civil português, art. 68º, 2, tem regra igual à do nosso Código Civil.

311. Se, por exemplo, morressem em um mesmo desastre Pedro, sua mulher, Maria, e o único filho do casal, José, solteiro e sem filhos, sem que se pudesse averiguar se as mortes se teriam dado em momentos diferentes ou simultaneamente, a herança deixada por Pedro não se transmitiria a José e deste para sua mãe e dela para seus ascendentes; transmitir-se-ia diretamente aos herdeiros de Pedro (ascendentes, em sua falta, os colaterais). O mesmo se passaria com a herança deixada por Maria, que iria diretamente a seus herdeiros legítimos. A situação seria igual se apurado que José falecera antes dos pais, não se podendo precisar se algum deles falecera antes do outro. A herança de cada um iria a seus herdeiros legítimos. Se, no entanto, se provasse que José falecera depois de Pedro, mas antes de Maria, a herança deixada por Pedro seria deferida a José, transmitindo-se dele a Maria e desta a seus herdeiros, ficando excluídos os outros herdeiros legítimos de Pedro.

312. CPC, art. 744.

deixados pelo presumido morto. Apesar da definitividade da sucessão, se o ausente retornar nos dez anos seguintes, os herdeiros lhe restituirão os bens da herança que ainda existirem e no estado em que se encontrarem, os sub-rogados em seu lugar ou o preço por que foram alienados[313]. Se o retorno se der após os dez anos, não há direito do ausente à restituição do patrimônio.

A presunção de morte, em qualquer caso, é sempre *iuris tantum,* de modo que a prova de que a pessoa está viva faz cessar seus efeitos, em qualquer tempo. De outro lado, se durante o estado de ausência, antes, portanto, de decretada a morte presumida e aberta a sucessão definitiva (Código Civil, arts. 37 e 38), se tiver a certeza da exata época do falecimento do ausente, considerar-se-á aberta, naquela data, definitivamente, a sucessão, a ela somente concorrendo aqueles que tinham capacidade hereditária naquela ocasião (art. 35 c/c o art. 1.798 do Código Civil).

§ 31. Das pessoas jurídicas

1. Conceito

Pessoas jurídicas são entidades criadas pelo homem às quais o ordenamento jurídico atribui personalidade jurídica. As pessoas jurídicas são *numerus clausus.* Por isso, só podem ser consideradas pessoas jurídicas aquelas expressamente reconhecidas como tais pela lei, de modo que não é possível criar pessoa jurídica fora das espécies enumeradas pelo ordenamento jurídico.

A atribuição de personalidade jurídica a certos entes, formados por agrupamentos humanos (entes estatais, sociedades, associações, *e. g.*) ou universalidades de bens (fundações), constitui solução técnica, ditada pela necessidade do tráfego social, que os torna indivíduos, portanto, entidades autônomas, distintas das pessoas que as formam e integram, ou que as criam (*princípio da inconfundibilidade das personalidades dos sócios e da sociedade*). Esse princípio, erigido em dogma pelo legislador civil de 1916[314],

313. Código Civil, art. 39, e CPC, art. 745, § 4º.

314. O art. 20, *caput*, do Código Civil de 1916, dispunha: "As pessoas jurídicas têm existência distinta da dos seus sócios". Essa disposição não foi reproduzida pelo legislador civil de 2002. A desconsideração da personalidade jurídica no plano do direito civil, a nosso ver, não se deve limitar à responsabilização patrimonial dos

está relativizado no Direito nacional atual, como resultado da recepção de construção doutrinária e jurisprudencial inspirada nos Direitos americano, inglês e alemão, que admitem (CDC, art. 28, Código Civil, art. 50 e CPC 133 e s., e 795, § 4º) possa o juiz desconsiderar a personalidade jurídica, responsabilizando os sócios e os administradores pelas obrigações da pessoa jurídica, em havendo sua utilização indevida, que se tem por caracterizada quando há, *grosso modo,* uso da pessoa jurídica para fins ilícitos ou imorais, com desvio de finalidade, confusão de patrimônios, abuso de direito ou excesso de poder em detrimento de terceiro, inclusive o poder público.

2. Classificação

O critério adotado para a classificação das pessoas jurídicas em de direito público e de direito privado se baseia, em regra, em dois dados principais: (*a*) no plano da ordem jurídica em que a pessoa jurídica é constituída e (*b*) no fim a que se destina; mas não somente. Em geral, são de direito público as pessoas jurídicas criadas por lei ou ato administrativo. Ao contrário, geralmente, são de direito privado as constituídas por particulares segundo as regras de Direito privado. A pessoa jurídica de direito público pode revestir a forma de pessoa jurídica de direito privado (sociedade, associação ou fundação), porém há de ter, necessariamente, finalidade de ordem pública ou exercer função pública[315]. Não parece ser admissível pessoa jurídica de direito público com fins particulares. Por isso, é de direito privado a pessoa jurídica, ainda que constituída pelo poder público, cujos fins sejam privados. A pessoa jurídica de direito privado, diferentemente, pode ter fins de ordem pública e mesmo exercer função pública, por delegação do poder público, sem perder seu caráter de Direito privado.

---

sócios pelas obrigações da sociedade, mas também deve ser possível para fazer com que a pessoa jurídica responda por obrigações do sócio, quando as condições demonstrarem que este se utiliza da sociedade para furtar-se a obrigações pessoais (exemplo: sócio titular da quase totalidade do capital social que, fraudulentamente, imputa à sociedade o grosso de suas despesas pessoais, fazendo retirada de pequena monta como remuneração por sua administração e lucros, para não cumprir suas obrigações de alimentos com os filhos e a mulher, alega ser hipossuficente).

315. Segundo o art. 41, parágrafo único, do Código Civil, as pessoas jurídicas de direito público, a que se tenha dado estrutura de direito privado, serão regidas, quanto a seu funcionamento, por suas normas.

A lei, no entanto, tem certa liberdade de definir a natureza pública ou privada de uma pessoa jurídica, desde que respeite o limite consistente na observância do fim a que se destina ou da função que desempenha. Assim, uma entidade que hoje é classificada como de direito privado pode depois ser transformada em pessoa jurídica de direito público, pela lei, desde que seus fins sejam públicos, como ocorreu com certas fundações criadas por Estados-membros como de direito privado, na vigência da Constituição de 1967, e declaradas de direito público pela Constituição de 1988, por exemplo.

Ao classificar as pessoas jurídicas de direito privado, levamos em conta um dado que constitui diferença substancial entre elas: o caráter empresarial ou não empresarial de que se podem revestir.

Considerando esses critérios, tem-se que as pessoas jurídicas podem ser classificadas em:

- PESSOAS JURÍDICAS DE DIREITO
  - PÚBLICO
    - EXTERNO
    - INTERNO
  - PRIVADO
    - CIVIS EM SENTIDO ESTRITO
    - EMPRESARIAIS[316]

316. Na vigência do Código Civil de 1916, a doutrina classificava as pessoas jurídicas em civis e comerciais, distinguindo-as em razão da natureza de suas finalidades. Seriam comerciais todas as que exercessem atividades com finalidade de lucro, portanto as mercantis, industriais e assemelhadas; eram reguladas pelo Código Comercial e sujeitas a registro nas Juntas Comerciais. Eram civis todas as demais sociedades, bem como as associações e as fundações, sujeitas a registro no Registro de Pessoas Jurídicas, sendo regidas pelo Código Civil. O atual Código Civil, diferentemente, trouxe para o seu âmbito de incidências todas as sociedades, distinguindo-as em *empresárias* e *não empresárias*, conforme se destinem ou não, profissionalmente, a atividades de produção e circulação de bens e serviços. Manteve, no entanto, a diversidade de registro: para as empresárias, o Registro Público de Empresas Mercantis, para as não empresárias, o Registro de Pessoas Jurídicas. Apesar disto, o Código Civil adotou tratamento que a nosso ver não se coaduna com a boa técnica legislativa, como veremos. Na Parte Geral, Livro I, Título II, Capítulo I, enumerou as pessoas jurídicas de direito público e de direito privado. No que se refere a essas últimas apenas relacionou as suas diversas espécies: associações, sociedades, fundações, organizações religiosas e partidos políticos. No entanto, nesse Título, Capítulos II e III, o legislador limitou-se a regular tão somente as associações e as fundações,

Segundo essa classificação, são pessoas jurídicas:

(*a*) de Direito público:

(*a.a*) externo, aquelas criadas no âmbito do Direito Internacional Público, segundo suas normas. Classificam-se nessa espécie os Estados soberanos, assim reconhecidos na ordem internacional, a Santa Sé, bem como organismos por eles criados (ONU, OEA, UNESCO, MERCOSUL, *e. g.*);

(*a.b*) interno, as entidades intraestatais rígidas (a União Federal, os Estados-membros, o Distrito Federal, os Territórios, os Municípios), suas autarquias e as fundações públicas;

(*b*) de Direito privado:

(*b.a*) civis em sentido estrito: (i) as associações profissionais, pias,

---

deixando as sociedades, inclusive as *não empresárias*, para serem tratadas no Livro II, da Parte Especial, intitulado "Direito de Empresa" (o que mostra a primeira incoerência: regular a sociedade simples e as cooperativas, que são não empresárias, na parte relativa ao direito de empresa), ao tempo em que estabeleceu duas normas específicas: uma que assegura a liberdade de constituição, organização e estruturação das organizações religiosas e vedação ao poder público de negar-lhes reconhecimento ou registro dos atos constitutivos e necessários ao seu funcionamento, e outra que submete à legislação específica a organização e funcionamento dos partidos políticos.

Em face dessa sistemática, os doutrinadores, em geral, passaram a classificar as pessoas jurídicas de direito privado apenas segundo sua forma organizacional, a saber: sociedades, associações e fundações, sem levar em consideração a substância de cada uma delas, se simplesmente civis (= não empresária) ou empresa. Essa orientação, no entanto, não nos parece cientificamente adequada, uma vez que despreza *differentia specifica* que distingue as espécies, notadamente as *sociedades*: ser ou não empresária a pessoa jurídica. Em rigor, do ponto de vista científico, se há entre duas espécies uma diferença substancial, é necessário mencioná-la especificamente, não sendo admissível desconsiderá-la, para tratar aquelas encambulhadamente em uma só espécie, como se fossem iguais.

Por tais considerações decidimos por subdividir as pessoas jurídicas de direito privado em civis em sentido estrito e empresariais. Na primeira classe, classificamos as que *não podem ser empresárias* e na segunda, as que, *necessariamente*, têm a forma de empresa.

Por que optamos pela denominação *civis em sentido estrito* e *empresariais*? Em verdade, poderíamos nomeá-las *empresariais* e *não empresariais*, ou mesmo *empresárias* e *não empresárias*. No entanto, escolhemos denominar as não empresariais de *civis* porque, além de ser essa a sua natureza específica, o vocábulo melhor se adapta às associações, fundações, organizações religiosas, partidos políticos e sindicatos. A adjetivação *em sentido estrito* a empregamos em face da necessidade de precisão terminológica, pois as empresariais, em *sentido lato*, também são civis, em razão da inclusão das empresas no âmbito do Código Civil.

religiosas, científicas, culturais, esportivas, de lazer; (ii) as fundações privadas; (iii) os sindicatos[317]; (iv) os partidos políticos; (v) as sociedades simples; (vi) as cooperativas;

(*b.b*) empresariais: as sociedades que exerçam atividade econômica organizada para a produção ou circulação de bens e de prestação de serviços (= mercantis, industriais, agropecuárias e de prestação de serviços), seja qual for a sua forma, inclusive as sociedades de economia mista e as empresas públicas.

3. Limites temporais da personalidade jurídica

3.1. De direito público

A personalidade jurídica de direito público resulta de atos de soberania ou de autonomia praticados conforme as regras e os princípios de cada âmbito de poder.

(i) No plano internacional a matéria é regida segundo os princípios do *Direito das gentes*, que, como a grande parcela de suas normas, por serem intensamente indeterminados, criam dúvidas em relação a qual seja o ato de que decorre sua constituição. Quando uma comunidade pode ser considerada Estado na ordem internacional? Quando organiza seu governo e promulga sua constituição, ou quando recebe o reconhecimento dos demais Estados? Se depende de reconhecimento, quantos Estados precisam fazê-lo? Basta um? Bastam dez? Precisa de maioria absoluta da comunidade internacional? Se não depende de reconhecimento, sendo este meramente declarativo, é Estado a comunidade que, dispondo de território, de população e governo, edita uma constituição, mesmo que não seja reconhecido por Estado algum? As respostas a essas questões permanecem imprecisas, sem unanimidade, grassando profundas divergências doutrinárias a respeito. A nosso ver, sem pretender, contudo, parecer terminativo, a personalidade jurídica do Estado no plano internacional resulta do fato jurídico do seu reconhecimento pela comunidade

317. Pontes de Miranda (*Tratado de direito privado*, t. I, § 80, 2) classificava os sindicatos como pessoas jurídicas de direito público, referindo-se, como fundamento, aos arts. 511 a 625 da CLT. Segundo nos parece, as normas do art. 8º da CF de 1988 modificaram, substancialmente, os termos da questão ao estabelecer a liberdade de associação sindical, independentemente de autorização do Estado. As entidades sindicais são, desde a CF de 1988, pessoas jurídicas de direito privado. O "registro no órgão competente" ressalvado no inciso I do citado art. 8º não desvirtua

de Estados. Não importa quantos Estados estrangeiros o reconheçam, mas, sem qualquer reconhecimento, o Estado não existe na ordem internacional. O reconhecimento tem, assim, natureza constitutiva, não apenas declarativa.

(ii) No plano do direito público interno, a atribuição de personalidade depende (*a*) da espécie de pessoa jurídica e (*b*) do sistema constitucional.

(*a*) No Direito nacional vigente, os Estados-membros são criações da Constituição. Assim, também, o Distrito Federal. A constituinte originária tem liberdade de estruturar o Estado, dando-lhe a organização que melhor convier a seu programa políticoadministrativo. Ao ser proclamada a independência, o Império brasileiro foi dividido em Províncias, que apenas tinham autonomia administrativa. Era estado unitário. Proclamada a República, as Províncias foram transformadas em Estados-membros de uma federação, passando a gozar dos poderes de *self organization, self government* e *self administration.* Ao correr dos anos os territórios federais foram transformados em Estados-membros, sendo ainda criados o Estado do Mato Grosso do Sul e, pela Constituição de 1988, o Estado do Tocantins. Essa estrutura tem sido mantida ao longo dos tempos, variando, no entanto, a intensidade e a amplitude desses poderes atribuídos aos Estados-membros.

Diferentemente da constituinte originária, que tem poderes ilimitados de criar, desmembrar, remembrar ou extinguir Estados, livremente, o poder constituinte derivado não os tem. Promulgada a Constituição, qualquer Estado-membro somente pode sofrer alguma alteração obedecido o processo por ela instituído para esse fim. No sistema da Constituição de 1988, por exemplo, a criação de um novo Estado-membro depende de aprovação, em plebiscito, da população diretamente interessada e, após, do Congresso Nacional, mediante lei complementar. O Distrito Federal, no entanto, só pode ser transformado em Estado por meio de emenda constitucional.

(*b*) Somente lei complementar pode instituir Território (CF, art. 18, § 2º).

(*c*) Os Municípios, por sua vez, são criados, mediante lei, pelo Estado em cujo território se encontrar, após aprovação, pelas populações interessadas, em consulta plebiscitária, realizada depois da publicação de estudos de viabilidade municipal.

---

a natureza civil da personalidade do sindicato. (Sentimos a necessidade desta nota em face de a edição *atualizada* do *Tratado de direito privado*, t. I, p. 381 [Campinas: Bookseller, 2. ed. 2000] continuar a reproduzir o texto original, sem qualquer referência à nova situação. Do mesmo modo, na atualização feita na recente edição da Editora Revista dos Tribunais a questão não foi tratada.)

(*d*) A criação de autarquias e fundações públicas é condicionada à lei ordinária. Essas pessoas jurídicas, quando autorizadas por lei específica, podem criar subsidiárias, mesmo que possam não ter a natureza de pessoa jurídica de direito público por lhes faltarem funções ou fins públicos.

Em todas as espécies, o início da personalidade depende da conclusão dos atos de sua instalação. A simples previsão normativa de criação de qualquer dessas entidades não cria a pessoa jurídica, o que apenas ocorre após sua efetivação.

A personalidade das pessoas jurídicas de direito público termina segundo as regras pertinentes a cada ramo do Direito. As de direito público interno extinguem-se por disposição de normas jurídicas de mesmo nível que as cria (constitucionais ou infraconstitucionais) ou por ato administrativo. A extinção das pessoas jurídicas de direito público externo se dá de conformidade com as normas do Direito das gentes.

3.2. De direito privado

(i) No Direito brasileiro vige o *princípio da determinação normativa*, segundo o qual é permitida a livre criação de pessoa jurídica, desde que não tenha fins ilícitos, mas dependente de controle através da exigência de registro público e, em certas espécies, de autorização do Estado. É sistema, como diz Pontes de Miranda, que "atende às exigências de liberdade e de economia individualística"[318]. Por isso, a existência das pessoas jurídicas de direito privado somente começa a partir da inscrição de seus atos constitutivos, contratos sociais, estatutos ou compromissos no registro próprio. Se a sociedade ou associação depende de autorização do Governo para funcionar, não pode haver o registro antes de sua concessão[319]. Assim também as fundações, cujo registro depende de que seu estatuto tenha sido aprovado pelo órgão do Ministério Público, ao qual compete, também, sua fiscalização.

Os contratos sociais e demais atos constitutivos relativos a entidades de direito privado, sejam civis em sentido estrito (sociedades simples,

---

318. *Tratado de direito privado*, t. I, § 75, 4 e § 83, 1.

319. Código Civil, art. 45, e Lei n. 6.015/73 (Registros Públicos). São exemplos de pessoas jurídicas que necessitam de autorização ou aprovação governamental: as companhias seguradoras, as instituições financeiras. O registro das fundações de direito privado, como já mencionado, depende de que seus estatutos tenham sido aprovados pelo órgão do Ministério Público, a quem cabe, também, sua fiscalização.

associações, sindicatos[320], cooperativas, partidos políticos e fundações de direito privado), sejam empresariais, não têm só por si o efeito de criar a pessoa jurídica. Antes da inscrição no registro próprio (as sociedades simples [= meramente civis], as associações, os partidos políticos, os sindicatos e as fundações privadas são registrados no Registro Civil das Pessoas Jurídicas, enquanto as empresas e as cooperativas[321], no Registro Público de Empresas Mercantis), existe a sociedade, a associação, o partido político, o sindicato,

---

320. Havia, e ainda há, porém já sem maior pertinência, discussão sobre a natureza jurídica dos sindicatos, se seriam pessoas jurídicas de direito privado ou de direito público, em razão do fato de que sua constituição dependia de registro no Ministério do Trabalho (regra que vinha da ditadura Vargas). A Constituição Federal de 1988, art. 8º, I, aboliu a exigência de autorização governamental para a fundação de sindicato, mas referiu-se, ambiguamente, a exigência de "registro no órgão competente", o que estimulou a controvérsia sobre qual seria esse registro: o civil ou o do Ministério do Trabalho? Essa matéria, ao que parece, está pacificada no sentido de que o Registro Civil de Pessoas Jurídicas é o competente para o registro dos sindicatos, sendo a eles atribuída a natureza de associação, portanto, de pessoa jurídica de direito privado. As decisões do STJ a seguir deixam isso bem claro: "Constitucional. Sindicato. Personalidade Jurídica após o Registro Civil no Cartório. Registro no Ministério do Trabalho não essencial mas sim aquele é que prevalece para todos os fins. Precedentes. Recurso especial interposto contra v. acórdão que, ao julgar a ação, na qual servidores públicos pleiteiam o reajuste de 11,98%, declarou o Sindicato recorrente carecedor de ação, ao argumento de não ter capacidade postulatória, por ausência de registro no Ministério do Trabalho. A assertiva de que o registro no Ministério do Trabalho tem preferência e é mais importante não tem amparo face à nova ordem constitucional. A partir da vigência da Constituição Federal de 1988, as entidades sindicais tornam-se pessoas jurídicas, desde sua inscrição e registro no Cartório de Registro de Títulos e Documentos e Registro Civil das Pessoas Jurídicas, não conferindo o simples arquivamento no Ministério do Trabalho e da Previdência Social, às entidades sindicais nenhum efeito constitutivo, mas, sim, simples catálogo, para efeito estatístico e controle da política governamental para o setor, sem qualquer consequência jurídica. Precedentes das 1ª Turma e 1ª Seção desta Corte Superior. Recurso provido, com retorno dos autos ao egrégio Tribunal *a quo* para prosseguir no julgamento da apelação e da remessa oficial quanto aos demais aspectos" (REsp 381118/MG, *DJ* 18-3-2002, Rel. Min. José Delgado). Vejam-se, ainda, as seguintes decisões no mesmo sentido: REsp 373.472/MG, Rel. Min. Eliana Calmon, *DJ* 21-10-2002; MS 1.045/DF, 1ª Seção, Rel. Min. Humberto Gomes de Barros, *DJ* 17-2-1992; RO em MS 15.245/DF, 17-8-2004, Rel. Min. Peçanha Martins.

321. As cooperativas, embora não possam ser consideradas, em hipótese alguma, empresárias, mas sociedades simples (Código Civil, art. 982, parágrafo único), o seu registro é feito no Registro Público de Empresas Mercantis, a cargo das Juntas Comerciais.

a fundação privada, a cooperativa e a empresa, mas sem personalidade jurídica. Sua eficácia se restringe às relações dos sócios entre si e, eventualmente, com terceiros. A personificação é exclusiva eficácia do registro, ao contrário das pessoas físicas, em relação às quais o registro tem mero caráter declarativo, sem qualquer efeito constitutivo da personalidade.

(ii) Termina a existência da pessoa jurídica de direito privado pela desconstituição de seu registro[322] motivada por:

(*a*) extinção (= dissolução) da sociedade ou associação por haver alcançado seu termo final ou ocorrer o implemento de condição resolutiva;

(*b*) quando não tenha prazo indeterminado, seja incondicionada (sem termo final ou condição), ou, mesmo que exista termo final ou condição resolutiva, enquanto ainda não alcançado aquele ou não verificada esta, mediante ato dos sócios ou associados por deliberação, ao menos, da maioria absoluta dos votantes, excluídos os ausentes e os que votaram em branco, salvo se o ato constitutivo dispuser diferentemente[323];

(*c*) incidência de norma jurídica posterior que exclua do sistema a espécie da pessoa jurídica;

(*d*) superveniência de decisão judicial anulatória de seu ato constitutivo ou que decreta sua nulidade;

(*e*) ocorrência de desfalque do suporte fáctico por lhe ser retirada a autorização estatal necessária à sua existência;

(*f*) morte do último dos sócios[324];

---

322. O Código Civil, art. 51, § 3º, refere-se a *cancelamento de inscrição.* O legislador nacional, provavelmente por influência do Código Civil de 1916 (art. 21, I), seguido pelo Código de 2002 (art. 51), emprega o substantivo *dissolução* e o verbo *dissolver* para referir-se aos casos de extinção das pessoas jurídicas de direito privado. Em rigor, porém, essa terminologia é inadequada uma vez que pessoas jurídicas não se dissolvem, apenas deixam de existir, extinguem-se. Dissolução somente existe no caso de deliberação dos sócios, porque aí se *dissolve* o *suporte fáctico* (*Vide* Pontes de Miranda, *Tratado de direito privado*, § 100, 1).

323. Pontes de Miranda, *Tratado de direito privado*, t. I, § 100, 1, (a).

324. A pessoa jurídica continua a existir ainda quando falecem todos os sócios menos um. Nesse caso, este responde pela pessoa jurídica enquanto não houver a desconstituição do registro, de modo que é possível ocorrer o *pós-enchimento do suporte fáctico*, desde que feito dentro de 180 dias (Código Civil, art. 1.033, IV), pela admissão de novos sócios, inclusive dos herdeiros do sócio ou sócios falecidos, não deixando de existir a sociedade e a pessoa jurídica.

(*g*) por já não contar, a sociedade ou associação, com o número mínimo de sócios, quando a lei o exige[325];

(*h*) pela consecução do fim a que se destinava a sociedade ou associação, ou pela constatação de sua inexequibilidade.

Em qualquer dessas espécies há extinção da sociedade ou associação, mas não da pessoa jurídica[326]. Considerando que a personalidade advém do registro, antes de sua desconstituição a personalidade jurídica continua a existir, mesmo que se tenha dissolvido a sociedade ou a associação. Por isso é que, se antes da desconstituição do registro há, por exemplo, distrato relativo ao ato de extinção da sociedade ou associação, a pessoa jurídica continua a existir, sem qualquer descontinuidade. Exceto a hipótese de extinção por força de sentença judicial por ilicitude de finalidade, que, transitada em julgado, tem eficácia imediata[327], a personalidade jurídica da sociedade ou associação não deixa de existir senão em decorrência da averbação do ato de extinção (dissolução)[328].

A liquidação não constitui fase da dissolução da sociedade nem, em rigor, se refere à desconstituição da pessoa jurídica. É, tão somente, ato de apuração do patrimônio social[329]. Tanto pode existir durante a plena existência da sociedade, quando se destina a apurar os haveres de sócio que se retira, por exemplo, quanto posteriormente, para que sejam definidas as obrigações e responsabilidades dos sócios e o destino do patrimônio social ativo.

As fundações de direito privado podem ser instituídas: (*a*) por prazo determinado de existência (termo final), ou indeterminado (perpétua); (*b*) subordinadas a condição resolutiva ou a outra espécie de termo final que não o decurso de certo lapso temporal; (*c*) apenas para realizar um fim es-

---

325. Nesse caso também é possível o *pós-enchimento do suporte fáctico* com admissão de novos sócios que completem o número mínimo dentro de 180 dias (Código Civil, art. 1.033, IV).

326. Em rigor, não se confundem a sociedade ou a associação e a pessoa jurídica. A sociedade ou a associação são o substrato da pessoa jurídica, o suporte fáctico sobre o qual se constrói a personalidade. Tanto que pode haver sociedade e associação sem personalidade, como existir a pessoa jurídica já dissolvida a sociedade ou associação.

327. Pontes de Miranda, *Tratado de direito privado*, t. I, § 100, 1, (b).

328. Código Civil, art. 51, § 3º.

329. Por isso é imprecisa e inadequada a usual expressão *liquidação da sociedade*.

pecífico; ou (*d*) em benefício de certos destinatários. Considerando essas espécies, termina a personalidade jurídica da fundação mediante a desconstituição de seu registro em razão de:

(*a*) haver alcançado o termo final ou ocorrer o implemento da condição resolutiva a que esteja sujeita, em que se inclui o alcançar a consumação de seu fim específico;

(*b*) tornarem-se insuficientes os meios econômicos para sua manutenção ou para a realização de suas finalidades;

(*c*) haverem desaparecido seus destinatários;

(*d*) serem originariamente ilícitos os seus fins;

(*e*) tornarem-se impossíveis, ilícitos ou inúteis seus fins;

(*f*) deliberação de seus administradores, se assim houver previsto o instituidor[330].

330. Exceto a hipótese de deliberação dos administradores, a que basta a averbação no registro, as demais espécies de extinção das fundações dependem de decisão judicial e de averbação da sentença no registro. No Código Civil a matéria está regulada em seu art. 69.

CAPÍTULO VI

Das Situações Jurídicas Complexas ou Intersubjetivas Unilaterais

§ 32. Conceito

Excetuadas as restritas hipóteses de situações jurídicas unissubjetivas, de fatos jurídicos resulta o envolvimento de mais de uma esfera jurídica, portanto, de mais de um sujeito jurídico. Em regra, esse envolvimento gera relação jurídica, a qual irradia direitos e deveres correspectivos; quer dizer: ao direito que integra uma esfera jurídica corresponde um dever em outra esfera jurídica e vice-versa. Essa correspectividade de direitos ⇄ deveres constitui elemento caracterizador da relação jurídica, sendo um de seus princípios fundamentais.

Há, porém, situações jurídicas em que, embora tenham na intersubjetividade pressuposto necessário de existência, sua eficácia se limita, exclusivamente, a uma esfera jurídica, donde não poder, por esse motivo, materializar ainda uma relação jurídica. É o que ocorre em certos negócios jurídicos unilaterais, como a oferta, inclusive ao público, cuja eficácia jurídica se limita à esfera jurídica daquele que exteriorizou a vontade negocial, formulando a oferta[331]. Essas espécies, por suas características essenciais (intersubjetividade necessária e eficácia limitada a uma só esfera jurídica), são aqui denominadas *situações jurídicas complexas unilaterais* ou *intersubjetivas unilaterais*[332].

331. Código Civil, arts. 427, 429 e 854 e s.

332. Pontes de Miranda (*Tratado de direito privado*, t. V, § 507) as denomina efeitos mínimos. Lourival Vilanova (*Causalidade e relação no direito*, p. 164 *et passim*), no entanto, entende que nessas situações jurídicas, como em todas as que ocorrem no mundo jurídico, há sempre relação jurídica. Segundo seu ponto de vista, aquele a quem se oferta tem direito a que corresponde um dever do que oferta, caracterizando-se relação jurídica. Sem razão, porém, como se demonstra no texto.

§ 33. Análise sucinta das espécies

Quem formula *oferta revogável*, seja a alguém em particular, determinadamente, seja ao público, indeterminadamente, se põe em situação jurídica de *vinculabilidade*[333], cujo conteúdo eficacial consiste em ficar sua esfera jurídica *exposta a ser vinculada* por um ato voluntário de outrem que manifeste aceitar sua proposta. Enquanto vigente a proposta, o ofertante não está ainda *vinculado*, permanecendo, no entanto, em situação de ser vinculado. Se a oferta é revogada antes de ser aceita, se o destinatário a recusa, expressa ou tacitamente, ou se ocorre o implemento de condição resolutiva ou termo final a que esteja sujeita, a situação jurídica se extingue, ficando livre o ofertante, sem que se tenha formado uma relação jurídica.

Diferentemente, se a oferta é *irrevogável*, a situação jurídica, embora permaneça unilateral, seu conteúdo eficacial consiste na *vinculação* do ofertante à sua proposta, desde logo.

Entre *vinculação* e *vinculabilidade* a diferença reside, basicamente, na irrevogabilidade ou revogabilidade da manifestação de vontade. Mas não somente. A *vinculabilidade* constitui, sempre, uma situação complexa unilateral, enquanto a *vinculação*, em certos casos, pode não ser um efeito autônomo, portanto, uma situação jurídica complexa unilateral em si, mas integrar conteúdo eficacial de relação jurídica, mais especificamente, de direito expectativo decorrente de negócio jurídico enquanto pendente condição suspensiva.

É evidente que nessas duas situações jurídicas há necessidade indispensável de relacionamento intersubjetivo, uma vez que a oferta é negócio jurídico unilateral em que a *recepticiedade da manifestação de vontade constitui elemento essencial*. Por isso, a oferta há de ser dirigida a alguém determinado, ou indeterminadamente ao *alter*, chegando-lhe ao conhecimento. Seria de todo sem sentido uma oferta dirigida a *ninguém* ou guardada em segredo. Apesar desse relacionamento intersubjetivo essencial, os efeitos jurídicos do negócio jurídico limitam-se a uma só esfera jurídica, não implicando correspectividade de direitos $\rightleftarrows$ deveres e não estabelecendo, por consequência, relação jurídica. O ofertante, por encontrar-se expos-

333. Pontes de Miranda, *Tratado de direito privado*, t. V, § 507, 2. O Código Civil, nos arts. 427 e 854, repetindo impropriedade terminológica do Código de 1916 (arts. 1.080 e 1.512), refere-se à *obrigação do proponente* que resultaria da proposta; entretanto, não há obrigação, em sentido próprio, porque esse vocábulo define a posição passiva correlata da pretensão, coisa que não há enquanto somente existe a oferta (*vide*, sobre isso, adiante, § 36, 1, iii, e § 37, 1).

to a *vincular-se* ou já estando *vinculado,* apenas se acha em situação jurídica. O destinatário da oferta, seja alguém em particular, seja o público, não tem qualquer ligação com a oferta, porque ninguém tem o *dever* de aceitá-la nem, ao menos, de a ela atender. Ressalta manifesto, porém, que nessas situações jurídicas a intersubjetividade constitui dado essencial, embora a eficácia do negócio jurídico, já porque é unilateral, somente se refira a uma única esfera jurídica, a do ofertante[334].

Se, em vez de aceitar a que lhe foi dirigida, o destinatário propõe ao policitante modificações, está formulando outra oferta, ficando, então, em situação de vinculação ou vinculabilidade, conforme a espécie, porque passa a ser ofertante. Se, ao contrário, expressamente a recusa, extingue-se a situação jurídica em que se encontrava o ofertante.

Apesar de não se ver vinculado à oferta, uma vez que lhe não cabe qualquer *dever* relativamente a ela, assiste ao destinatário *direito formativo gerador*[335] de aceitá-la, de modo que seu exercício implica *obrigar* o ofertante à sua proposta, gerando, por conseguinte, a relação jurídica que seja conteúdo eficacial do negócio jurídico bilateral resultante. Esse *direito formativo gerador*, embora relacionado à oferta, é, em si, independente e constitui conteúdo de outra situação jurídica complexa unilateral. Por isso, na oferta pode haver duas situações jurídicas complexas unilaterais específicas, com conteúdo próprio, que se esgotam em si: (*a*) a do ofertante, caracterizado pela *vinculabilidade* ou pela *vinculação*, e (*b*) a do destinatário, representado pelo *direito formativo gerador.*

A essencial intersubjetividade que existe nessas situações jurídicas resulta da necessária referência do direito formativo à vinculação ou à vinculabilidade, embora ainda não se estabeleça uma relação jurídica, porque não há dependência jurídica do destinatário à oferta. A relação jurídica exige essencial correlação entre direito e dever. Na situação jurídica intersubjetiva unilateral, o poder jurídico que cabe ao destinatário é autônomo, no sentido de que (*a*) sua titularidade existe como decorrência da adesão

334. O negócio jurídico unilateral da *oferta* se destina, logicamente, ao negócio jurídico unilateral da *aceitação*, com o fim de gerar a bilateralidade negocial, portanto, a intersubjetividade, que resulta da cópula oferta-aceitação.

335. *Direito formativo gerador* (na terminologia criada por Pontes de Miranda, *Tratado de direito privado*, t. V, § 562, 2 *et passim*) é espécie de *direito potestativo* cuja eficácia consiste em constituir uma situação jurídica específica. Da categoria *direito formativo* são ainda os *direitos formativos extintivos* e os *direitos formativos modificativos*, conforme seus efeitos sejam extintivos ou modificativos de situações (relações) jurídicas.

espontânea do destinatário à oferta, e não como um efeito pleno seu, (*b*) motivo por que é exercitável por sua exclusiva vontade. Numa relação jurídica, salvo algumas de direito absoluto, como as de direito de personalidade, as resultantes de ato ilícito absoluto e algumas de Direito de Família (parentesco consanguíneo, *e. g.*), a titularidade do polo ativo (= ser sujeito jurídico, pretensão e ação) só pode resultar de manifestação de consentimento[336]. Ninguém se torna credor (= titular de direito) sem consentir, mesmo em caso de sucessão legítima *mortis causa.* O herdeiro só pode ser considerado sucessor se aceita, mesmo tacitamente, a herança. A aceitação configura o consentimento. Admitem as normas jurídicas, em certas circunstâncias, que a aceitação seja manifestada por terceiro, como na hipótese do credor do herdeiro que possa vir a ser prejudicado em seu crédito pela renúncia (= não aceitação) à herança[337]. A manifestação de consentimento (declarada ou expressada através de conduta social típica) é, no entanto, indispensável e ineliminável. Somente com ela se concretiza o fato jurídico e se configura a relação jurídica.

O exercício do direito formativo gerador pelo destinatário, aceitando a oferta, faz nascer a relação jurídica respectiva, que se desenvolve e desdobra em direitos ⇄ deveres, pretensões ⇄ obrigações, ações ⇄ situações de acionado e exceções ⇄ situações de excetuados, conforme a espécie. Se, ao contrário, ninguém a atende, extingue-se, simplesmente, a situação jurídica complexa unilateral, sem outras consequências.

Como já mencionado, o direito formativo gerador que tem o destinatário de aceitar a oferta e obrigar o ofertante não constitui conteúdo de relação jurídica, apesar de ligado à oferta. Como a vinculação e a vinculabilidade, há direitos formativos geradores (direitos de excluir herdeiro por indignidade e de aceitação de oferta, *e. g.*) e extintivos (*e. g.*, renúncia à herança), que apenas constituem conteúdo de situação jurídica complexa unilateral, não de relação jurídica. Há, no entanto, espécies de vinculação e de direitos formativos geradores (*e. g.*, exercício de preferência), modificativos (*e. g.*, direitos de escolha, nas obrigações alternativas, e de interpelar para constituição em mora) e extintivos (*e. g.*, direitos de pedir divórcio, de denúncia contratual e de resolução contratual) que podem ser conteúdo de relação jurídica. Nunca, porém, a vinculabilidade, que unicamente pode ser conteúdo de situação jurídica complexa unilateral ou de situação jurídica básica.

---

336. No Código Civil de 1916, art. 74, havia norma expressa a respeito, que, no entanto, não foi reproduzida no atual.

337. Código Civil, art. 1.813.

CAPÍTULO VII
Da Relação Jurídica

Seção I
Considerações gerais

§ 34. Conceito

Relação é modo de ser de um objeto diante de outro. Por isso, há *relação* sempre que algo é considerado em face de outro objeto. Nesse sentido, *relação* é vocábulo aplicável a qualquer domínio do conhecimento, de maneira que é possível falar-se em relação física, química, biológica, matemática, lógica, sociológica, jurídica e assim por diante.

A vida social se compõe, essencialmente, de relações, porque depende, em caráter de necessidade, da interação entre seres humanos: o homem diante de outro homem, ou da comunidade, em interferência intersubjetiva. Dentre as relações inter-humanas que integram o universo social há delas de que resultam direitos ⇄ deveres, pretensões ⇄ obrigações, ações ⇄ situações de acionado, exceções ⇄ situações de excetuado, enquanto outras não produzem consequência jurídica alguma. As relações de etiqueta, bem assim os relacionamentos puramente morais, por exemplo, em geral, não importam ao direito. Já as relações de parentesco interessam ao Direito, não, porém, em toda a sua extensão mas, somente, até um certo grau (dão direito à sucessão hereditária, criam impedimentos matrimoniais e funcionais, *e. g.*), além do qual, embora possam ter significado social e pessoal, são irrelevantes sob o aspecto jurídico. Em regra, as relações entre pessoas de uma mesma comunidade (entre vizinhos, *v. g.*) não têm significação jurídica; em certas circunstâncias, porém (quando a conduta do vizinho prejudica o sossego, a saúde ou a segurança do outro, *e. g.*), passam a ter valor jurídico. Por isso, há de se considerar, no complexo social, que existem relações inter-humanas que interessam ao Direito e relações que lhe são irrelevantes. As primeiras são denominadas relações jurídicas, porque estão no mundo jurídico, criadas por fatos jurídicos e regidas por normas jurídicas[338], as quais lhes atribuem a possibilidade de gerar consequências jurídicas.

Tudo o que se passa no mundo jurídico, sem exceção, é consequência (eficácia) de fato jurídico. Nele nada ocorre sem que haja um fato jurídico em sua origem. Partindo dessa premissa, tem-se à evidência que relação jurídica é, exclusivamente, efeito de fato jurídico, sendo conceito pertinente ao plano da eficácia[339]. Relação intersubjetiva que não constitua, ela própria, fato jurídico ou que não decorra de fato jurídico não é relação jurídica, mesmo que seja relação inter-humana[340]. Muitas vezes, como acontece em vários negócios jurídicos bilaterais, a própria relação inter-humana consubstancia o núcleo do suporte fáctico da norma jurídica, razão pela qual ela própria já ingressa no mundo jurídico como fato jurídico (casamento, por exemplo). Outras vezes a relação jurídica somente se forma *a posteriori*, mas como eficácia, sempre, de fato jurídico. Em qualquer hipótese, o fato jurídico é pressuposto necessário de sua existência.

Assim, é possível definir a relação jurídica como toda relação intersubjetiva sobre a qual a norma jurídica incidiu, juridicizando-a, bem como aquela que nasce, já dentro do mundo do direito, como decorrência de fato jurídico[341].

---

338. Savigny, *Sistema del derecho romano actual*, v. I, p. 258; Cicala, *Il rapporto giuridico, passim*; Merkel, *Enciclopédia jurídica*, § 206; Cunha Gonçalves, *Tratado de direito civil*, v. I, t. 1º, p. 331.

339. Pontes de Miranda, *Tratado de direito privado*, t. I, § 39, 2; Lourival Vilanova, *Causalidade e relação no direito*, p. 146.

340. Parece ser absolutamente irrelevante, para fins de distingui-las, a observação de Savigny (*Sistema del derecho civil actual*, v. I, p. 258), repetida por Cicala (*Il rapporto giuridico*, p. 4), de que as relações sociais são *entre homens*, enquanto as relações jurídicas são entre *pessoas*, destacando a distinção entre os conceitos de homem e pessoa. Além disso, a observação carece de precisão, uma vez que relação jurídica se estabelece entre *sujeitos de direito*, não apenas entre pessoas.

341. São impróprias as seguintes expressões de A. von Tuhr (*Teoría general del derecho civil alemán*, v. I, t. 1º, p. 155) sobre relação jurídica: *Denominamos, pois, relação jurídica, aos efeitos jurídicos das relações humanas,* porque relações humanas, por si, não produzem efeitos jurídicos. Do mesmo modo, não tem consistência a definição de Barbero (*Sistema del derecho privado*, v. I, p. 149), segundo a qual: relação jurídica seria *uma relação entre determinado sujeito e o ordenamento jurídico, por meio de uma norma jurídica*. Essa concepção de Barbero tem origem no pensamento de Voigt desenvolvido em sua obra *Die XII Tafeln*, em torno da capacidade jurídica, conforme anotado por Cicala (*Il rapporto giuridico*, p. 17). Em verdade, a relação jurídica não se estabelece entre o sujeito e o ordenamento, mas entre sujeitos de direito em decorrência de fatos jurídicos.

Deve-se ao gênio de Savigny[342] o haver revelado a categoria relação jurídica[343]. Apesar de criticado por alguns, relação jurídica constitui, sem dúvida, um dos conceitos fundamentais da Ciência Jurídica[344]. Trata-se, em verdade, de um conceito instrumental, formal, mas de indiscutível valia, indispensável, mesmo, para lidar com as situações jurídicas. Em todo o campo do direito, sempre que se menciona haver um direito, um dever, uma pretensão, uma obrigação ou qualquer outra categoria eficacial, estar-se-á, em geral, diante de uma relação jurídica, porque haverá sujeitos de direito, um em face de outro, considerados reciprocamente.

§ 35. Estrutura da relação jurídica

Abstratamente, considerando os elementos que integram uma relação jurídica, inclusive seu conteúdo eficacial, a estrutura de uma relação jurídica de direito material pode ser assim esquematizada:

SUJEITO ATIVO	R	SUJEITO PASSIVO
↓	↓	↓
	OBJETO	
DIREITO	⇄	DEVER
↓		↓
PRETENSÃO	⇄	OBRIGAÇÃO[345]
↓		↓
AÇÃO	⇄	SITUAÇÃO DE ACIONADO
EXCEÇÃO	⇄	SITUAÇÃO DE EXCETUADO

342. *Sistema del derecho romano actual*, v. I, p. 65 *et passim*.

343. Salvatore Palazzolo, *Il diritto come rapporto*, p. 4.

344. Pontes de Miranda, *Tratado de direito privado*, t. I, Prefácio n. 4; Lourival Vilanova, *Causalidade e relação no direito*, p. 238, e *As estruturas lógicas e o sistema do direito positivo*, p. 66.

345. O vocábulo *obrigação* é empregado, em doutrina, em dois sentidos: (*a*) um lato, que define a categoria eficacial correlata à pretensão e que corresponde ao dever quando é exigível (*vide*, adiante, no § 37), e (*b*) outro estrito, que se refere apenas àquelas pessoais que nascem nas relações de crédito, portanto, no campo do direito das obrigações. Aqui o termo se refere às obrigações que acontecem em todos os ramos do direito; empregamo-lo, assim, em sentido lato.

Essa esquematização da estrutura da relação jurídica[346], como acima exprimida, tem o objetivo de identificar todos os elementos que a compõem (sujeitos e objeto), bem assim expressar o seu conteúdo eficacial e os princípios essenciais que a regem, a saber:

a) da intersubjetividade: sujeito ativo *R* sujeito passivo

b) da essencialidade do objeto $\begin{matrix} R \\ \downarrow \\ objeto \end{matrix}$

c) da correspectividade entre direito ⇄ dever, pretensão ⇄ obrigação etc.

d) da coextensão de direito, pretensão e ação (↓)

Os direitos, pretensões, ações e exceções e seus correspectivos deveres, obrigações e situações de acionado e de excetuado constituem seu conteúdo, como será mostrado adiante.

§ 36. Princípios regentes da relação jurídica

Há quatro princípios fundamentais que regem as relações jurídicas. Três deles, da intersubjetividade, da essencialidade do objeto e da correspectividade de direito e dever, pretensão e obrigação, ação e situação de acionado e exceção e situação de excetuado são essenciais, uma vez que, de modo absoluto, não podem deixar de estar presentes, sob pena de inexistir a própria relação jurídica. O princípio da coextensão de direito, pretensão e ação não é essencial, porque pode sofrer exceções sem afetar a existência da relação jurídica.

1. Princípios essenciais

i) *Princípio da intersubjetividade*

As relações jurídicas somente se estabelecem entre, no mínimo, dois

---

346. Esta esquematização se refere às relações jurídicas de direito material. As relações jurídicas processuais são, em geral, angulares, formando-se entre autor, juiz e réu, como se verá adiante.

sujeitos jurídicos. A intersubjetividade, que se configura na posição de um sujeito diante de outro, não ao seu lado, vinculados em situação de reciprocidade de poder (= direito) e sujeição ou oneração (= dever), constitui dado essencial para a existência de uma relação jurídica[347]. A inexistência de intersubjetividade implica não poder haver relação jurídica.

As relações jurídicas ou se formam (*a*) entre um sujeitos ativo (S^1) e um sujeito passivo (S^2) determinados, ou determináveis (S^1 R S^2); (*b*) entre um sujeito ativo determinado, ou determinável (S^1) e sujeito passivo indeterminado (= sujeito passivo total, o *alter* (S^1 R *ALTER*)), ou (*c*) entre sujeito ativo total (= *alter*) e sujeito passivo determinado (*ALTER R* S^2)[348], conforme o direito e a pretensão[349] que delas resultam sejam: (*a*) oponíveis (= exigíveis) a alguém, especificamente (= sujeito passivo determinado ou determinável), (*b*) a qualquer um, o *alter* (= oponibilidade *erga omnes*), ou (*c*) sejam de titularidade do *alter* (qualquer um) e oponíveis a um sujeito determinado ou determinável. As primeiras (*a*) são relações jurídicas de *direito relativo* em razão de que somente daquele sujeito determinado se pode exigir o atendimento ao direito e pretensão do sujeito ativo; as segundas (*b*), diferentemente, são ditas de *direito absoluto*, uma vez que o sujeito passivo é indeterminado, cabendo a todos, indistintamente (= sujeitos passivos totais, *alter*), o dever e a obrigação de abster-se de violar os direitos e pretensões do sujeito ativo; finalmente, nas terceiras (*c*), tem-se a peculiaridade de que a titularidade dos direitos e pretensões pertence a *sujeitos ativos totais* (= o *alter*), e a dos correlatos deveres e obrigações a *sujeito passivo* determinado, donde ter, em nosso ver, natureza de *direito relativo*, considerando que a alteridade na posição passiva é que caracteriza o direito absoluto, isso porque a titularidade do direito e da pretensão, embora deferida, indistintamente, a todos (= o *alter*), em essência, é de cada indivíduo em particular, de modo que constitui direito subjetivo, em razão do *princípio da individualidade*

---

347. Lourival Vilanova, *Causalidade e relação no direito*, p. 121.

348. Lourival Vilanova, *Causalidade e relação no direito*, p. 165.

349. Não a ação, uma vez que esta supõe, em geral, a violação da pretensão, o que, logicamente, implica a determinação do violador como sujeito passivo. Somente nos parece possível a violação da pretensão por alguém determinado ou, no máximo, determinável (se dependente de apuração quanto à autoria da violação, por exemplo), nunca, porém, por alguém indeterminado. Por isso, toda relação jurídica decorrente de ato ilícito, em qualquer de suas espécies, é sempre de direito relativo.

dos direitos, segundo o qual um direito somente pode ter um titular, salvo os casos excepcionais de comunhão de direitos que ocorrem, por exemplo, em certos regimes matrimoniais[350].

Quando no mundo do direito há posição jurídica em que a eficácia jurídica diz respeito apenas a um sujeito jurídico, sem que a ele esteja vinculado outro sujeito jurídico na condição passiva de sujeição ou oneração, mesmo como sujeito passivo total, não existe ainda, em rigor, relação jurídica, mas, tão só, uma situação jurídica, que pode ser unissubjetiva ou até mesmo intersubjetiva unilateral, conforme anotado antes. Essas situações não se confundem com relações jurídicas em que *se vê*, unicamente, um dos sujeitos jurídicos, em geral, o sujeito ativo, como ocorre nas relações jurídicas de direitos absolutos (por exemplo: direito de propriedade, direitos de personalidade) e mesmo de direitos relativos (contrato consigo mesmo, *e. g.*), ou, com menor frequência,

---

350. Essa última espécie de relação jurídica que se forma, inversamente às relações jurídicas de direito absoluto, entre sujeito ativo indeterminado e sujeito passivo determinado (*Alter R* S^1), parece não haver despertado o interesse da doutrina, ainda atualmente. Sobre ela ainda não há estudos ou mesmo referências doutrinárias específicas, salvo, segundo é de meu conhecimento, o artigo de Marcio de Oliveira Rocha, intitulado "Relação jurídica de direito absoluto e restrição de direitos fundamentais – Uma perspectiva à luz da Teoria do Fato Jurídico", publicado na *Revista Fórum de Direito Civil – RFDC*, Belo Horizonte, ano 2, n. 2, p. 241-256, jan./abr. 2013. Deve-se sua criação à CF/1988 ao outorgar a *todos* (= *alter*), dentre outros, nos arts. 196, 205 e 5º, XXXV, os direitos à saúde, à educação, à tutela jurisdicional (= pretensão à tutela jurídica), respectivamente, e ao Estado os deveres que lhes são correlatos. É muito provável, até, que o constituinte de 88 nem se tenha dado conta de que estava criando espécie nova, como aconteceu com Clóvis Bevilaqua e o Legislador Civil de 1916 que, ao definir a saisina, criou sem saber outra concepção da posse que, diferentemente das de Savigny e Ihering, não exige *corpus* ou *animus*, como mostrou Pontes de Miranda (*Tratado de direito privado*, § 1092,1, *et passim*).

Devemos confessar o cometimento de erro ao classificar como de direito absoluto essas relações, levados pela ideia de que a presença do *alter* no lado ativo daria caráter absoluto à relação jurídica. Essa matéria será melhor esclarecida adiante, no § 36, 1, "*i*".

A expressão *sujeitos ativos totais* aqui adotada parece não ser referida em doutrina alguma, pelo que sei. Usei-a para definir aquelas espécies novas de direitos fundamentais deferidos pela Constituição à comunidade em geral seguindo a terminologia *sujeito passivo total* empregada por Pontes de Miranda. A doutrina costuma referir-se a *sujeito passivo universal* (J. M. Antunes Varela, *Das obrigações em geral*, v. I, *passim*) e a *obrigação passiva universal* (L. A. Carvalho Fernandes, *Teoria geral do direito civil*, v. I, p. 93). Orlando Gomes (*Introdução ao direito civil*, p. 121), Lourival Vilanova (*Causalidade e relação no direito*, p. 121) se refere a *universalidade de sujeitos passivos.*

apenas o sujeito passivo, como na herança jacente e vacante, nos títulos ao portador, em certos direitos fundamentais, *v. g.*, porque aqui só há indeterminação, permanente ou transitória, eventual, do sujeito passivo ou ativo, mas não sua inexistência; o *outro* sujeito jurídico existe, porém *não é visível naquele momento.* Espécies que tais levaram juristas de escol[351] a se referirem à existência de relações jurídicas que se estabeleceriam entre (*a*) pessoa e coisa, (*b*) pessoa e lugar e, até, entre (*c*) coisa e coisa, havendo, ainda, quem mencionasse relação jurídica (*d*) da pessoa consigo mesma ou (*e*) a existência de direito sem sujeito. Essa visão, no entanto, não tem consistência científica, pois se fundamenta em meras aparências fácticas, conforme será demonstrado.

i.*a)* Relação jurídica entre pessoa e coisa

No direito de propriedade e nos direitos reais, em geral, a aparência é de que existem, apenas, o titular do direito, o sujeito ativo, e o bem. Porque *não se veria* o sujeito do dever, não haveria sujeito passivo. Levado por essa *visão,* A. von Tuhr, dentre outros, conforme já anotado, entendeu que a relação jurídica de direito real seria entre o proprietário e o bem. Por dois motivos essa concepção é incorreta, a saber:

(*a*) Primeiro e antes de tudo, como bem demonstrou Planiol[352], é evidente que não se pode considerar um bem como sujeito passivo de relação jurídica, porque seria absurdo pensar que alguma coisa pudesse ser sujeito de deveres, de obrigações e de situações passivas em ação. Em verdade, a coisa constitui mero objeto sobre que recai o direito, nunca um devedor, um obrigado ou um acionado. A coisa apenas sofre a atuação do sujeito; a ele não se *submete* por *dever* ou *obrigação.*

(*b*) Segundo, por que razão o proprietário de uma casa pode, legitimamente (= tem o direito de), expulsar alguém, quem quer que seja, que, sem seu consentimento, esteja, por exemplo, a colher mangas em seu quintal? Tão só porque na relação jurídica de propriedade os direitos que dela emanam são exigíveis de todos; não se dirigem a alguém determinado (o vizinho, ou a pessoas de certa comunidade, por exemplo), mas a todos os seres hu-

---

351. Dernburg, *Pandette*, v. I, 1ª parte, p. 55 e 104; A. von Tuhr, *Teoría general del derecho civil alemán*, v. I, t. 1º, p. 156 e s.; Orlando Gomes, *Introdução ao direito civil*, p. 99; Palazzolo, *Il diritto come rapporto*, p. 13; Trabucchi, *Instituciones de derecho civil*, v. I, p. 115; G. Alpa, *Istituzioni di diritto privato*, p. 211; Zanobini, *Corso di diritto amministrativo*, v. I, p. 176; Santi Romano, *Fragmentos de un diccionario jurídico*, p. 141; Aubry et Rau, *Cours de droit civil français*, v. I, p. 881; Ruggiero, *Instituições de direito civil*, v. I, p. 212, por exemplo, dentre muitos outros.

352. *Traité élémentaire de droit civil*, v. I, p. 684.

manos, sem distinção. Como do direito de propriedade resulta a pretensão a seu exercício com exclusão de quaisquer terceiros, seu titular tem a pretensão de que *todos se abstenham* de violá-la. Se não houvesse a obrigação de todos de *se absterem de desrespeitar a pretensão de exclusão*[353], como se poderia exigir de qualquer um o respeito a tal pretensão?

A aparência de que na relação jurídica real existe apenas o sujeito ativo não ocorre somente nessa espécie de relação jurídica (de direitos reais). É o que se passa, também, quanto a todas as relações jurídicas de direito absoluto, uma vez que sua eficácia se projeta *erga omnes*. O direito à vida, *e. g.*, não é exigível determinadamente de alguém, mas de todos; quem quer que seja (chinês, japonês, nigeriano, paquistanês, português, brasileiro etc.) tem a obrigação de *abster-se* de praticar atos que o afetem. É direito que tem por sujeito passivo o *alter* (= *sujeito passivo total*).

Por isso, parece ser inadmissível falar em relação jurídica entre pessoa e coisa.

i.*b*) Relação jurídica entre pessoa e lugar

Também é sem sentido a referência a relação jurídica que se concretizaria entre pessoa e lugar, de que seriam exemplos as chamadas relações de domicílio e de nacionalidade. Com efeito, como ocorre com as coisas, o lugar (território) não pode ser considerado sujeito passivo de uma relação jurídica, pois é mero elemento do suporte fáctico do domicílio ou da nacionalidade. As relações de domicílio, em verdade, são relações de direito absoluto, cujo sujeito passivo é o *alter*[354]. As relações de nacionalidade, por sua vez, ao que parece, hão de ser vistas sob dois aspectos: (*a*) um de direito relativo, no que se refere à vinculação entre a pessoa e o Estado de que é cidadão, e (*b*) outro de direito absoluto, naquilo que pertine ao relacionamento com os demais cidadãos e outros Estados.

i.*c)* Relação jurídica entre coisas

As coisas podem ser consideradas em si mesmas ou relacionadas a outras coisas. Nesta última situação, fala-se de coisa principal e acessória, como do prédio e das edificações nele postas, do edifício e suas pertenças, do automóvel e seus acessórios, por exemplo. São as denominadas relações de pertinencialidade ou de acessoriedade. Como se pode constatar, em tais

---

353. A pretensão à exclusão de terceiros existe na propriedade e em quase todos os direitos reais. Há, porém, direitos reais não exclusivos, como as servidões com outros prédios (Pontes de Miranda, *Tratado de direito privado*, t. V, § 573, 2).

354. Pontes de Miranda, *Tratado de direito privado*, t. I, § 41, 4.

hipóteses não há relação jurídica, mas simples relação fáctica. As coisas são meros objetos de relações jurídicas, não podendo, jamais, ser tidas como sujeitos jurídicos[355], titulares de direitos e deveres entre si[356].

i.*d)* Relação jurídica da pessoa consigo mesma

Parece, também, inadmissível haver relação jurídica em que o mesmo sujeito esteja nos dois polos da relação, sendo, simultaneamente, sujeito ativo e passivo. Nos chamados *contratos consigo mesmo, e. g.*, existe mera aparência de que há um mesmo sujeito jurídico nos dois polos da relação jurídica. Em realidade, há dois sujeitos jurídicos, uma vez que um deles é *representado* pelo outro contratante, por meio de mandato[357].

Por outro lado, não há os denominados *deveres consigo mesmo,* cujo descumprimento acarretaria consequências negativas para seu titular. A prescrição, por exemplo, ocorre apenas por não haver exercício de pretensão ou ação por determinado lapso de tempo, não porque haja o seu titular deixado de cumprir *dever de exercê-las.* Não há *dever de agir* do titular da pretensão para evitar a prescrição. As pretensões *precisam* ser exercidas; requerem, portanto, ato ou omissão do titular. Essa necessidade de ato ou omissão, no entanto, não implica *dever*. As perdas de direitos (caducidade e preclusão), quando não resultam de sanção por ato ilícito caducificante, decorrem de atos-fatos jurídicos lícitos, os atos-fatos caducificantes[358], cujo suporte fáctico se compõe, apenas, de *inação do titular + decurso de certo lapso de tempo.* Nessas espécies, caducidade e preclusão não constituem penalidades, nem há contrariedade a direito que possa levar a pensar em ilícito relativo (violação de

---

355. Tal circunstância é tão evidente que o próprio A. von Tuhr (*Teoría general del derecho civil alemán*, v. I, t. 1º, p. 157, nota 13), quando se referiu à possibilidade de se ter a acessoriedade como relação jurídica, foi enfático em afirmar que seria *mais conveniente falar de uma qualidade jurídica da coisa acessória*. Mesmo assim, erroneamente, porque não se trata de qualidade jurídica, mas fáctica.

356. Lourival Vilanova, *Causalidade e relação no direito*, p. 121.

357. Exemplo: Tácio vende o imóvel *I* a Eufrásio. Em vez de Tácio assinar a escritura de compra-e-venda pessoalmente, outorga procuração a Eufrásio para que outorgue a escritura de compra-e-venda a si próprio, assinando-a em nome do vendedor; em tal situação diz-se que há *contrato consigo mesmo.* No entanto, como se vê, não existe *contrato consigo mesmo*, porque Eufrásio não está contratando consigo, mas tão somente representando o vendedor Tácio, na qualidade de seu procurador. Nesse sentido, Lourival Vilanova, *Causalidade e relação no direito*, p. 154, e *As estruturas lógicas e o sistema do direito positivo*, p. 76; e José Paulo Cavalcanti, Contrato consigo mesmo e representação, in *Direito civil* (*escritos diversos*), p. 1 e s., dentre outros.

358. *Vide* nosso *Teoria do fato jurídico*: plano da existência, § 35. 3.

dever correlato de direito relativo), tanto que Pontes de Miranda as denomina "caducidades sem culpa"[359]. Quando se trata de prescrição, em hipótese alguma se pode pensar em ilicitude, porque nunca tem natureza sancionatória; é sempre resultante de ato-fato (lícito) caducificante.

Por isso, o dever, quando não *aparece* (= é indeterminado) o titular do correlato direito (dever de não suicidar-se, *e. g.*), é dever perante *sujeito ativo total*, a sociedade, como mostra Pontes de Miranda[360].

Dever consigo mesmo pode existir em planos não jurídicos, como o econômico e o moral. Juridicamente, é conceito inadmissível.

i.*e)* Direitos e deveres sem sujeito (?)

Os casos em que *não se vê* a pessoa do sujeito ativo levaram alguns doutrinadores a afirmar a existência de direitos sem sujeito[361]. Costuma-se citar a herança jacente como exemplo dessa espécie. No entanto, consoante demonstrado antes, quando analisamos a herança jacente como sujeito jurídico sem personalidade, em tais circunstâncias não há, em rigor, uma relação jurídica sem sujeito ativo, porque no polo ativo o sujeito de direito é a própria herança jacente. Ainda que se queira considerar como sujeito ativo da herança quem seja sucessor, não se poderá falar de inexistência de sujeito ativo, e sim da ocorrência de simples indeterminação ocasional do titular. Em verdade, enquanto persiste a jacência, não se conhecem as pessoas que serão os titulares definitivos dos bens da herança. Mas tal situação é apenas fáctica e transitória, momentânea, porque os titulares finais do direito de propriedade são os herdeiros ainda não identificados, ou, se não os há, será o Município, o Distrito Federal ou a União, no ordenamento jurídico brasileiro, conforme a situação espacial dos bens. Durante a jacência, assim, somente há indeterminação da pessoa que será o titular definitivo da propriedade sobre os bens do espólio, não inexistência de sujeito de direito[362].

---

359. *Tratado de direito privado*, t. II, § 220.

360. *Tratado de direito privado*, t. V, § 509, 2.

361. Por exemplo, Vicente Ráo, *O direito e a vida dos direitos*, v. II, t. 1º, p. 130; Windscheid, *Diritto delle pandette*, p. 207 e 213. A questão foi objeto de grande discussão na doutrina alemã. Fadda e Bensa, na nota 3 ao § 49 do *Diritto delle pandette* de Windscheid, citado, relaciona os principais autores germânicos que trataram do assunto. Assim também o faz Pontes de Miranda, *Tratado de direito privado*, t. I, § 50, 5.

362. Lourival Vilanova, *Causalidade e relação no direito*, p. 169; Cunha Gonçalves, *Tratado de direito civil*, v. I, t. 1º, p. 329.

Do mesmo modo, não há deveres sem sujeito. A indeterminação do sujeito passivo nos direitos absolutos levou doutrinadores (*vide* nota 351) a afirmarem a existência de deveres sem sujeito, conduzindo à afirmativa de que, nesses casos, não haveria relações jurídicas, mas tão somente situações jurídicas, ou até de que seriam espécies de relação entre o sujeito e o objeto. No entanto, consoante mencionamos antes (*i.a*), nessas hipóteses em que não há determinação do sujeito passivo, como também, mais raramente, do sujeito ativo, o direito tem eficácia *erga omnes* de forma que são sujeitos passivos todos os que se encontrem no campo de valência do sistema jurídico que o reconhece (*vide*, adiante, a nova concepção que defendemos de relação jurídica de direito absoluto).

ii) *Princípio da essencialidade do objeto*

Os bens da vida, em geral, quando não haja norma jurídica que os pré-exclua de apropriação ou que, por sua natureza, sejam inapropriáveis ou inatribuíveis a alguém, podem integrar, como elementos objetivos, suportes fácticos de fatos jurídicos produtores de direito[363]. Esses bens da vida, quando integram, concretamente, a esfera jurídica de alguém, passam a ser *objeto de direito.* Por isso, é preciso não confundir *bem* e *objeto de direito,* pois são conceitos de mundos diferentes: (*a*) *bem* é conceito do mundo dos fatos por ser elemento objetivo de suporte fáctico, enquanto (*b*) *objeto de direito* diz respeito ao mundo jurídico, mais precisamente ao plano da eficácia, já que supõe, necessariamente, uma situação jurídica que atribui o bem a seu titular. Objeto de direito que constitua matéria de relação jurídica, portanto, o bem da vida sobre que recaem direitos e deveres que sejam conteúdo de relação jurídica[364] é *objeto de relação jurídica.*

Toda relação jurídica há de ter, necessariamente, um objeto[365], sejam (*a*) coisas (= *res corporales*), (*b*) bens imateriais (= *res incorporales*)[366] ou

363. Nosso *Teoria do fato jurídico*: plano da existência, § 12, 5, 5.2, a partir da 10ª edição. Pontes de Miranda, *Tratado de direito privado,* t. II, § 115, 4.

364. *Vide*, antes, no § 15, o conceito de esfera jurídica como totalidade de objetos de direito de alguém.

365. Cunha Gonçalves, *Tratado de direito civil,* v. I, t. 1º, p. 336; Korkounov, *Théorie générale du droit*, p. 218.

366. A divisão das coisas em corpóreas e incorpóreas já se encontra no Digesto, L. I, Tít. VIII, 1, § 1º: "Quaedam praeterea res corporales sunt, quaedam incorporales (...)". (Além disso, umas coisas são corpóreas, outras incorpóreas).

(*c*) *promessa de prestação*[367], comissiva ou omissiva. Relação jurídica sem objeto seria mera entidade lógica, sem substância na realidade. Se falta objeto, não há relação jurídica, porque o objeto é que lhe dá sentido e realidade.

Há autores que entendem não poder uma coisa ou um bem ser objeto de uma relação jurídica. L. A. Carvalho Fernandes[368], por exemplo, reproduzindo orientação doutrinária comum, refere que as coisas seriam *objetos mediatos* das relações jurídicas, sendo os *objetos imediatos* os direitos e as vinculações (deveres, obrigações etc.). Tal concepção, no entanto, carece de fundamento científico. Em primeiro lugar, os direitos e os deveres não são o objeto das relações jurídicas, mas tão somente seu conteúdo. Dentro das relações brotam os direitos, pretensões, ações e exceções e os correspectivos deveres, obrigações, e situações de acionado e excetuado, que as enchem e lhes dão vida. Esses direitos, pretensões, ações e exceções, que constituem seu conteúdo, não são abstratos; recaem sobre bens da vida ou sobre promessas de prestações consistentes em atos humanos comissivos ou omissivos. Os bens da vida e as promessas de prestações é que dão sentido aos direitos e deveres. Ninguém se põe em relação jurídica para ter direito sobre nada. Por isso, evidentemente, esses bens e promessas de prestações constituem os objetos das relações jurídicas[369].

Certos doutrinadores[370] sustentam haver *direitos sem objeto*, embora não os haja sem *conteúdo*, o que redundaria, em última análise, em admitir

367. Pontes de Miranda se refere a promessa de ato humano. Ocorre que a promessa pode ser de pessoa jurídica, donde não se poder, em sentido próprio, falar em promessa de ato humano. Como a promessa que constitui o objeto da relação de direito pessoal é de prestar, por ação ou omissão, optamos pela referência a *promessa de prestação*. Antes, em geral, se dizia que o objeto era a *pessoa*, como mencionava Teixeira de Freitas no art. 18 do seu *Esboço de Código Civil*. Aubry et Rau, *Cours de droit civil français*, t. II, p. 2.

368. Carvalho Fernandes, *Teoria geral do direito civil*, v. I, p. 89 e s. No mesmo sentido, por exemplo, Inocêncio Galvão Telles, *Introdução ao estudo do direito*, v. II, p. 188; Cabral de Moncada, *Lições de direito civil*, p. 390.

369. Pontes de Miranda, *Tratado de direito privado*, t. II, § 113 *et passim*; nosso *Teoria do fato jurídico*: plano da existência, § 12, 5.2, a partir da 10ª edição; José de Oliveira Ascenção, *Direito civil*: teoria geral, p. 314.

370. Enneccerus, Kipp e Wolff, *Tratado de derecho civil*, v. I, t. 1º, p. 300; Bekker, *Pandekten*, v. I, p. 47, este citado por Pontes de Miranda e Cunha Gonçalves; N. Coviello, *Manuale di diritto civile*, p. 251.

haver relação jurídica sem objeto. Dão como exemplos os direitos de cidadania, os direitos da personalidade, como o faz Coviello, ou os direitos a modificações jurídicas, como os de aquisição e de impugnação dos negócios jurídicos, conforme Enneccerus[371]. Essa concepção, que é inadmissível, resulta, ao que parece, do grave equívoco de limitar a ideia de objeto de direito aos bens materiais e promessas de prestação de atos humanos, deixando de ver outros bens da vida sobre os quais recaem os direitos (= são objetos). Em verdade, com referência aos direitos de cidadania e da personalidade, seus objetos se constituem nas garantias e prerrogativas que a situação de ser pessoa (vida, liberdade, honra etc.) e de ter certa cidadania (direitos políticos, da nacionalidade, *e. g.*) outorgam ao indivíduo. Quanto aos direitos a modificações jurídicas (direitos à aquisição e à impugnação de negócios jurídicos), têm por objeto, precisamente, as modificações que geram no mundo jurídico. Quando se exerce o direito de impugnação[372] em relação a um negócio jurídico tem-se por fim desconstituí-lo, de modo que se modifica a configuração do *quadro* que existia no mundo do direito, dele retirando o negócio e seus efeitos.

iii*) Princípio da correspectividade de direitos e deveres*

O conteúdo eficacial das relações jurídicas se compõe, em geral, de direitos, pretensões, ações e exceções a que correspondem, respectiva e necessariamente[373], deveres, obrigações, situações de acionado e de excetuado. É possível, como se verá adiante, haver direito sem pretensão e ação, como dever que não venha a consubstanciar obrigação e situação de acionado. No entanto, havendo relação jurídica, há, no mínimo, direito e dever correlatos, uma vez que ninguém pode ser credor (sentido de sujeito ativo) sem que haja um devedor (sentido de sujeito passivo), como é inadmissível alguém ser devedor de ninguém. É preciso que haja um crédito (no sentido de poder jurídico) para que haja um débito (sentido de submissão), portan-

---

371. N. Coviello, *Manuale di diritto civile*, p. 251. Enneccerus, Kipp e Wolff, *Tratado de derecho civil*, v. I, t. 1º, p. 300.

372. BGB, §§ 119, 120 e 123. A impugnabilidade do direito alemão é figura que se assemelha à nossa anulabilidade. Sobre a distinção entre as duas espécies, vide nosso *Teoria do fato jurídico*: plano da validade, § 19.2, a partir da 6ª edição.

373. Lourival Vilanova, *Causalidade e relação no direito*, p. 121; Merkel, *Enciclopédia jurídica*, §§ 158 e 165; Pontes de Miranda, *Tratado de direito privado*, t. V, § 606, 1 *et passim*; Korkounov, *Théorie générale du droit*, p. 218 e 244 (este referindo-se, inadequadamente, mas como é usual em doutrina e no jargão jurídico comum, a direito ⇄ obrigação).

to, um credor e um devedor. O mesmo se aplica, necessariamente, às demais categorias eficaciais. O *não se ver* o credor ou o devedor em relação jurídica não significa que não exista, mas, sim, que há direito ou dever absoluto, portanto, direito ou dever perante sujeito passivo ou ativo total, ou sujeito ocasionalmente indeterminado.

Esse princípio é específico de relação jurídica, de modo que não se aplica enquanto não se tenha concretizado. Nas situações jurídicas intersubjetivas unilaterais, como a vinculabilidade e a vinculação, não existe relação jurídica, precisamente por não haver, ainda, correlação de direito e dever, conforme demonstrado no § 33. A posição jurídica daquele que faz a oferta consiste tão somente em estar vinculado (vinculação) ou exposto a vincular-se (vinculabilidade) se houver aceitação por parte daquele a quem dirigiu a proposta (destinatário). Não constitui, em rigor, um *dever* a que corresponda um *direito*, porque a manifestação unilateral de vontade do ofertante (negócio jurídico unilateral da oferta) não põe por si o destinatário em uma situação jurídica qualquer. O destinatário não tem vinculação alguma à oferta; embora se torne titular de direito formativo gerador que, se exercido, obrigará o ofertante. Tal direito, no entanto, é autônomo, uma vez que não constitui conteúdo de relação jurídica. Portanto, enquanto não houver a aceitação, existe apenas a situação jurídica unilateral do policitante, cujo conteúdo se resume a estar sujeito a vincular-se (vinculabilidade) ou já vinculado, mas *tão somente se* ocorrer a aceitação. Trata-se, assim, de situação jurídica que tanto pode extinguir-se sem qualquer eficácia em relação a outras esferas jurídicas (dos destinatários), como bilateralizar-se (gerar relação jurídica) se o destinatário da oferta exercer o direito formativo gerador da aceitação que, em si, apenas é conteúdo de outra situação jurídica unilateral. O dever do ofertante apenas nasce se o destinatário da oferta a aceita sem modificações, porque nesse momento já se concretiza a relação jurídica. Assim, nos casos de situações jurídicas intersubjetivas unilaterais, porque não há uma relação jurídica ligando o proponente ao destinatário, o direito formativo gerador de aceitar a oferta é conteúdo da situação jurídica unilateral, portanto, autônomo, não correspondendo, especificamente, a um dever, e vice-versa[374].

374. Messineo (*Manual de derecho civil y comercial*, v. II, p. 4-5) refere-se à existência de direitos a que não correspondem deveres e a deveres que não têm correlatos direitos, citando como exemplos daqueles os direitos potestativos e destes as *obrigações naturais*. Para justificar essa opinião, sustenta Messineo que nesses casos não haveria relação jurídica. Parece-nos, no entanto, que não tem razão o

2. Princípio não essencial

i) *Princípio da coextensão de direito, pretensão e ação*

"A todo direito corresponde uma ação, que o assegura", assim o legislador civil brasileiro de 1916 expressava o princípio da coextensão de direitos, pretensões e ações[375]. A falta de referência à pretensão, ao que parece, deveu-se à circunstância de que no momento de elaboração daquele Código esse conceito ainda não estava devidamente precisado e consolidado em doutrina[376]. A pretensão e a ação a que se refere este princípio são de direito material, não de direito formal, processual (*vide*, adiante, no § 37.1, a distinção entre ação de direito material e "ação" processual, bem assim em nosso estudo intitulado "Da ação como objeto litigioso no processo civil" na obra de Pedro Henrique Pedrosa Nogueira *Teoria da ação de direito material*[377]).

O princípio da coextensão não tem caráter de essencialidade, uma vez que pode sofrer exceções: há direitos sem pretensão e ação, ou somente sem ação, como ação sem direito. Exemplos típicos: (*a*) da primeira espécie são os chamados direitos mutilados, como os créditos decorrentes de dívida de jogo e os direitos que tiveram a pretensão e a ação prescritas (obrigações naturais); (*b*) da segunda, a "ação" popular, o *habeas corpus* em favor de

mestre italiano em generalizar sua opinião, se considerarmos que há direitos potestativos que são conteúdo de relação jurídica e que nas chamadas *obrigações naturais* ou não há direito algum, ou há direito sem pretensão e ação (direito mutilado), tanto que, se o *devedor por obrigação natural* adimple, seu adimplemento é bom. Se não houvesse direito, ocorreria hipótese de enriquecimento sem causa, dando ensejo à repetição.

375. Código Civil de 1916, art. 75 (sem correspondente no Código Civil de 2002).

376. O Código Civil de 2002, art. 189, quando trata da prescrição faz referência expressa à pretensão, porém incorretamente, uma vez que a pretensão de direito material não nasce da violação do direito, mas constitui a fase em que o direito passa a ser exigível, apenas. Violável é a pretensão, nascendo dela (efetiva violação) a ação de direito material que torna o direito impositivo. Nesse mesmo artigo há a incorreção de apenas se referir à pretensão como prescritível, porque também prescreve a ação de direito material.

377. Nosso estudo foi publicado na coletânea *Teoria quinária da ação*: homenagem a Pontes de Miranda nos 30 anos de seu falecimento, Coordenadores Eduardo José da Fonseca Costa, Luiz Eduardo Ribeiro Mourão e Pedro Henrique Pedrosa Nogueira. Salvador: JusPodivm, 2010, p. 367-404. Sobre a categoria ação de direito material, segundo a doutrina de Pontes de Miranda, veja-se Pedro Henrique Pedrosa Nogueira, *Teoria da ação de direito material*, indicado em detalhe na bibliografia.

terceiro, a "ação" civil pública e a "ação" de instituição de curatela por deficiência mental ou intelectual, a ação declaratória negativa de inexistência de direito e de falsidade documental.

O princípio da coextensão não se aplica às exceções, visto que tal categoria eficacial nem sempre existe nas relações jurídicas.

§ 37. Conteúdo eficacial da relação jurídica

1. De direito material

As relações jurídicas de direito material[378], em regra, têm seu conteúdo composto por direito, pretensão e ação, do lado ativo, e, do lado passivo, pelos correspectivos dever, obrigação e situação de acionado. Acrescente-se a exceção e a correlata situação de excetuado, que não existem em todas as espécies. Essa composição é considerada de modo abstrato. Concretamente, cada uma dessas categorias tem seu conteúdo próprio definido pelas normas jurídicas. Na relação jurídica de propriedade sobre coisas, por exemplo, o Código Civil (art. 1.228) atribui ao proprietário (= sujeito ativo) direito cujo conteúdo eficacial consiste nas faculdades de usar, gozar e dispor do bem, assim como do poder de reinvindicá-lo de quem injustamente o detenha. A esse direito corresponde o dever de todos (= sujeitos passivos totais) de se absterem de violá-lo[379].

---

378. Consoante esclarecemos antes, o que distingue o direito material do direito formal é que das normas daquele decorrem fatos jurídicos geradores de direitos, que se potencializam em pretensões e ações (fatos jurídicos jurígenos), que se podem ou não subjetivar (direitos subjetivos), enquanto as normas deste apenas criam instrumentos destinados à realização do direito material.

379. A distinção que fazemos entre *poderes* e *faculdades* como integrantes do conteúdo dos direitos reside no modo de exercício de cada um: (*a*) enquanto os poderes se caracterizam por dependerem, essencialmente, de que um devedor adimpla uma prestação a que esteja obrigado para que o exercício do direito seja satisfativo (*e. g.*, poder de reivindicação da propriedade depende de que aquele que detém injustamente o bem o devolva), (*b*) as faculdades podem ***sempre***, porém não necessariamente, ser exercidas exclusivamente pelo titular, independentemente de que alguém adimpla uma prestação a que esteja obrigado (*e. g.*, faculdades de gozar, usar e dispor do bem). Além desses poderes e faculdades inerentes ao direito de propriedade, há os *deveres ínsitos nesse direito*, que se referem às relações de vizinhança e com a comunidade, como os decorrentes da imposição de exercício do direito de propriedade segundo a sua função social e fim econômico. Conforme anotamos anteriormente no § 27, 3.2, no conteúdo de todos os direitos há deveres que lhes são ínsitos, resultantes de sua própria configuração, como no conteúdo dos deveres há direitos ínsitos, correspectivos

Direito, pretensão e ação, embora, em geral[380], estejam diretamente relacionados entre si e um flua do outro, não são a mesma coisa: constituem poderes diferentes dentro da relação jurídica. Um exemplo[381] mostrará, às claras, as diferenças e o relacionamento que existem entre eles. Suponha-se que César tomou um empréstimo de R$ 10.000,00 a Áulio, no dia 10 de maio, com vencimento para o dia 10 de julho. No contrato estabeleceu-se que o devedor teria um prazo de tolerância de cinco dias para efetuar o pagamento sem que incidisse em mora (*pacto de non petendo*), podendo, portanto, pagar a dívida até o dia 15, sem quaisquer ônus. Com a entrega do dinheiro a César, concretizou-se o contrato de empréstimo, nascendo, então, uma relação jurídica entre os dois, cujo conteúdo consiste no direito do credor (Áulio) de receber a devolução do dinheiro no prazo estipulado, a que corresponde o dever de César (devedor) de nele adimplir a obrigação. Entre 10 de maio e 9 de julho, embora existam direito (subjetivo) e dever, Áulio não pode *exigir* que César lhe devolva o dinheiro (salvo algum dos casos de vencimento antecipado da dívida, aqui desconsiderados). Por quê? Porque nesse período somente há direito (subjetivo) e dever, os quais, por si sós, são inexigíveis. A partir do dia do vencimento, 10 de julho, porém, Áulio já pode procurar César para *exigir-lhe* o pagamento (cobrar a dívida). Por quê? Porque no vencimento da dívida nasce em favor do credor a *pretensão* ao cumprimento da *obrigação* em que se transforma o dever. Portanto, deixa de haver apenas direito (subjetivo) e dever, passando a existir *pretensão* do credor e *obrigação* do devedor ao cumprimento. A *pretensão*, como se vê, constitui o *grau de exigibilidade do direito* (subjetivo) e a *obrigação* de sub-

---

daqueles deveres. Por isso os direitos e os deveres têm dupla face, uma ativa e uma passiva. Nos direitos, a *face ativa* (preponderante) é integrada por um *direito primário* cujo conteúdo é composto por poderes e/ou faculdades e uma *face passiva* (secundária) consistente naqueles deveres que denominei *deveres ínsitos no direito*. Nos deveres, a *face passiva* (preponderante) tem por conteúdo as sujeições e onerações correlatas do *direito primário* e a *face ativa* (secundária) é integrada pelos *direitos ínsitos*. Essa matéria está exposta com maior profundidade em: Marcos Bernardes de Mello, *Teoria do fato jurídico*: plano da eficácia, 2ª parte, em elaboração.

380. Conforme mencionado antes no texto e em nota, há casos de ação sem direito, como acontece na chamada ação popular, na ação civil pública, na ação de instituição de curatela, no *habeas corpus* em favor de terceiro, por exemplo. A ação declaratória negativa, cuja finalidade é, especificamente, obter a declaração da *inexistência de um direito* ou *a falsidade de um documento*, constitui exemplo irrefutável de *ação sem direito*.

381. Em nosso *Aspectos do despacho saneador*, p. 33 e s., já mostrávamos as diferenças, exemplificando.

missão ao adimplemento[382]. O direito, enquanto sem pretensão, não é exigível; existe apenas *in potentia.* No exemplo aqui figurado, em face do *pacto de non petendo*, embora Áulio possa cobrar (exigir) o cumprimento da obrigação a partir do dia 10 de julho, César terá até o dia 15 para efetuar o pagamento sem que aquele (Áulio) possa, durante esse lapso temporal, tomar outra providência qualquer para *impor-lhe* o pagamento. Por quê? Porque nesse meio tempo só existe a *pretensão* (= *exigibilidade* do direito), sem impositividade. A *impositividade do direito* está na *ação,* que apenas surge, em regra, se ocorre descumprimento da obrigação. Por isso é que, somente se no dia 15 César não efetuar a prestação devida, efetivando o pagamento, nascerá em favor de Áulio *ação* para *impor* a pretensão. A *ação* constitui, assim, o *grau de impositividade do direito*; em geral, apenas surge com a violação da pretensão[383].

Tem-se a *exceção* quando o sujeito passivo da relação jurídica é titular de um *direito* que se opõe a *direito, pretensão ou ação* do sujeito ativo, encobrindo-lhes os efeitos[384], uma vez que a sentença que a julga procedente tem o efeito de suspender a eficácia do direito, pretensão ou ação contra que é oposta, ou extingui-los. Exemplificando:

(*a*) Se, na execução de contrato sinalagmático, o contratante, Tércio, antes de cumprir sua obrigação que já seja exigível, exige do outro contratante, Primus, que cumpra a sua, este poderá recusar-se, opondo-lhe a *exceção de contrato não cumprido*[385], em razão da qual a obrigação de Primus ficará com sua exigibilidade *suspensa* até que Tércio cumpra sua obrigação. No momento em que Tércio adimplir, a obrigação de Primus voltará a ser exigível. Trata-se, aqui, de uma *exceção suspensiva*, porque seu efeito é o de suspender, exclusivamente, a impositividade da pretensão e a correspondente exigibilidade da obrigação, não a afetando em sua existência. A pretensão e a ação não se extinguem, apenas perdem, temporariamente, sua força de imposição.

---

382. "Pretensão é o poder de exigir alguma prestação", nas palavras de Pontes de Miranda (*Tratado de direito privado*, t. XI, § 1.158, 1).

383. Por isso a regra do Código Civil, art. 939. Há casos, embora raros, de ação sem violação de pretensão, que é exemplo a ação de instituição de curatela.

384. Pontes de Miranda (*Tratado de direito privado*, t. VI, § 628, 4) a denomina *contradireito* e *direito negativo.* Do mesmo modo, Enneccerus, Kipp e Wolff (*Tratado de derecho civil*, v. I, t. 2º, p. 486) denominam a exceção *contradireito* (*Gegenrecht*). Assim também Lehmann (*Tratado de derecho civil*, v. I, p. 144), Messineo (*Manual de derecho civil y comercial*, v. II, p. 41), Orlando Gomes (*Introdução ao direito civil*, p. 144), entre outros.

385. Código Civil, art. 476.

(*b*) Quando o credor cobra dívida prescrita, o devedor pode opor-lhe a *exceção de prescrição*, em razão da qual, quando decretada pelo juiz, ficam encobertas definitivamente a ação e a pretensão do credor, de modo que não mais podem ser exercidas, salvo em caso de renúncia da prescrição (Código Civil, art. 191). Nesse caso, tem-se uma *exceção peremptória*, porque seus efeitos são terminativos. Transcorrido o prazo para exercício do direito, através da pretensão e da ação (= ocorrida a prescrição), mesmo enquanto não decretada a prescrição pelo juiz, não mais o credor o poderá exigir ou impor o direito, porque encobertas a pretensão e a ação[386]. Apesar disso, ainda após

---

386. Pontes de Miranda afirma que, antes de decretada pelo juiz, a prescrição torna *encobríveis* a pretensão e a ação, que ficam *encobertas* após alegada pela parte e haver a decretação judicial. O encobrimento da pretensão e da ação deixa o direito desnudo de exigibilidade e impositividade. Essa distinção se deve, ao que nos parece, à concepção clássica da exceção, que tem na necessidade de alegação pelo seu titular dado essencial à sua caracterização. Por isso, a afirmativa de Pontes de Miranda: "do conceito de exceção é ineliminável que depende do demandado, do devedor, exercê-la" (*Tratado de direito privado*, t. VI, § 828, 14). Seguindo ainda o mestre, a alegação da exceção tem o efeito de *encobrir* a pretensão e a ação, não mais podendo ser exigível ou imposto o direito; não havendo alegação, ao contrário, a pretensão e a ação tornam-se, pela prescrição, apenas *encobríveis*, portanto, tão somente sujeitas a serem *encobertas*, de modo que permanecem com todo seu vigor. Essas concepções, porém, não mais nos parecem de todo pertinentes no direito brasileiro desde a vigência da Lei n. 11.280, de 16-2-2006, que, no afã de dar celeridade ao desenvolvimento da relação processual, modificou o § 5º do art. 219 do CPC de 1973, dispondo que: "O juiz decretará, de ofício, a prescrição" (CPC, art. 487, II). Antes disso, esse § 5º, já abandonando a doutrina clássica sobre a exigência de alegação da exceção, permitia que o juiz decretasse de ofício a prescrição quando se tratasse de direitos não patrimoniais ou de direito de incapazes, desde que não se tratasse de direitos patrimoniais. Essa orientação foi consolidada e ampliada no CPC de 2015, art. 332, § 1º, ao dispor que "o juiz também poderá julgar liminarmente improcedente o pedido se verificar, desde logo, a ocorrência de decadência ou de prescrição". Por isso, transcorrido o prazo prescricional, a pretensão e a ação ficam desde logo *encobríveis*, não ainda *encobertas*, *embora* não mais se exija que seja alegada e se permita sua decretação *ex officio*. Conforme observava José Xisto Gomes de Melo (Preclusão da prescrição, *Letras jurídicas*, indicado na bibliografia), nessa situação de *encobríveis* poderiam permanecer indefinidamente, nas hipóteses de ocorrência da preclusão da alegabilidade da prescrição, quando, então, não mais seria possível à parte alegá-la, nem ao juiz decretá-la de ofício, acrescentamos (*e. g.*, transitada em julgado a sentença sem que a parte tenha alegado a prescrição nem o juiz a decretado de ofício, não mais se poderá apreciá-la).

Em nosso entender, no entanto, mesmo sendo a norma do CPC apenas autorizativa, constitui dever do juiz decretá-la, encontrando-a concretizada. A expressão *julgar liminarmente* não significa que a decretação da prescrição deva ocorrer, necessariamente, no despacho de admissibilidade da demanda. A decisão de extinguir, *ex officio*, o feito, com julgamento de mérito, por prescrição pode ser proferida em qualquer fase do processo,

decretada a prescrição pelo juiz, o direito continua a existir, tanto que, se o devedor adimple a obrigação, mesmo sem saber que já ocorrera a prescrição, não o faz indevidamente, donde não haver direito do que pagou à repetição (Código Civil, art. 882). A exceção de prescrição somente tem o efeito de encobrir a pretensão e a ação (ambas de direito material), nunca de extingui-las, de modo que encerra erro inaceitável a norma do art. 189 do Código Civil quando enuncia, *in litteris:* "Violado o direito, nasce para o titular a pretensão, a qual se extingue, pela prescrição...", conforme observamos na nota 376.

A exceção, embora constitua eficácia cuja titularidade compete ao sujeito passivo na ação (situação de acionado), tanto que se opõe à ação, à pretensão e/ou ao direito, foi posta, no esquema da relação jurídica que adotamos, do lado ativo (do sujeito ativo), mercê da circunstância de que seu exercício impõe, em geral, atuação, consistente na oposição, portanto, atividade (ação), nunca passividade. Exceção que não seja oposta por seu titular ou por terceiro quando legitimado a fazê-lo (Código Civil, art. 281, *e. g.*), em regra, não atua (excetue-se a prescrição em Direito nacional, que, segundo a norma do art. 332, § 1º, do CPC, pode ser decretada de ofício pelo juiz, a achando provada).

É necessário destacar que essas categorias eficaciais são todas de Direito material. A pretensão e a ação de que aqui se trata não se confundem com as denominadas "*pretensões*" e "*ações*" de Direito Processual, que, em verdade, são apenas instrumentos para o exercício da pretensão e da ação de Direito material. A denominada "*ação*" de Direito Processual nada mais é que o remédio jurídico processual que o Estado põe à disposição dos sujeitos jurídicos para

---

inclusive na sentença. Por isso mesmo, não há falar em preclusão da alegabilidade da prescrição, uma vez que não mais se reveste de essencialidade; mas, se o juiz não a decreta de ofício, liminarmente, então cabe a alegação da parte em qualquer fase do procedimento enquanto não se fizer definitiva a prestação jurisdicional.

Mas não somente por isso o tratamento dado à prescrição foi modificado no sistema jurídico nacional. Diferentemente do Código de 1916, que não limitava a possibilidade de interrupção da prescrição, o Código de 2002, com absoluta correção, somente permite que o prazo prescricional seja interrompido uma vez, de modo que o vencimento do segundo prazo passou a ter eficácia de encobrir, definitivamente, a pretensão e a ação. Poderia parecer que o Código teria atribuído efeito de extinguir o direito (efeito próprio da decadência) ao segundo vencimento do prazo prescricional. Isso, porém, não nos parece ocorrer, *primo,* porque a renúncia à prescrição (que somente pode ocorrer após consumada e sem prejuízo de terceiro – art. 191) reativa e torna plenos os efeitos do fato jurídico que estavam encobertos, e, *secundo*, porque, mesmo consumado o prazo de prescrição, independentemente de ter havido renúncia, o direito continua vivo em consequência do art. 882 do Código Civil. Essa matéria será tratada com maior profundidade em: Marcos Bernardes de Mello, *Teoria do fato jurídico*: plano da eficácia, 2ª parte, em elaboração.

que tornem efetivas a ação e a pretensão de direito material de que sejam titulares. São institutos absolutamente distintos, como se vê, embora, de ordinário, sejam tratados como se fossem iguais. A ação de direito material também costuma ser confundida com a *pretensão à tutela jurídica*, comumente denominada *direito de ação*. A confusão doutrinária, segundo parece, resulta da circunstância de que as ações de direito material, em geral, somente podem ser exercidas por meio das "*ações*" *de direito processual* (= remédios jurídicos processuais), considerando que o Estado reservou a si o monopólio da tutela dos direitos, proibindo aos indivíduos a justiça de mão própria (= autotutela dos direitos), o que tem permitido criar a falsa ideia de que ação (material) e "*ação*" (processual) seriam a mesma coisa. Em realidade, porém, a ação de direito material constitui, de regra, o objeto sobre que deve versar a *ação processual*, a *res in iudicio deducta*, uma vez que, por meio desta, se busca tornar efetiva aquela[387]. A prova de que as duas espécies (ação de direito material e "*ação*" *processual*) são distintas está em que ainda há hipóteses, embora poucas, em que a ação de direito material pode ser exercida diretamente pelo titular, sem necessidade de utilizar-se da "*ação*" *processual* (*extrajudicialmente*). Dessas espécies são exemplos (*a*) a legítima defesa (Código Civil, art. 188, I, e Código Penal, art. 23, II), inclusive da posse (= desforço pessoal imediato contra violação da posse – Código Civil, art. 1.210, § 1º), (*b*) a possibilidade de venda, pelo credor pignoratício, do bem empenhado para pagar-se, quando inadimplida a dívida garantida pelo penhor (Código Civil, art. 1.433, IV), (*c*) a pretensão à compensação e (*d*) a possibilidade de venda extrajudicial do bem sujeito a hipoteca nos contratos regidos pelo Decreto-lei n. 70, de 21-11-1966 (art. 31), (*e*) a possibilidade de venda extrajudicial a terceiro, pelo proprietário fiduciário, do bem, vencida a dívida e não paga, para aplicar o preço obtido no pagamento de seu crédito e das despesas de cobrança (Código Civil, art. 1.364).

O mesmo ocorre com as exceções, que não se confundem com as exceções processuais[388]. A exceção de direito material se opõe, conforme a espécie, a direito, pretensão ou ação material, para encobrir-lhes, temporária ou definitivamente, a exigibilidade. As exceções processuais, diferentemente, dizem respeito (*a*) à competência dos órgãos jurisdicionais (incompetências), (*b*) às

---

387. Em regra, quando alguém vai a juízo (= exerce a pretensão à tutela jurídica) alega ao magistrado que tem uma pretensão, decorrente de um direito, que fora desatendida (violada) pelo réu, motivo por que pede que lhe seja concedida a prestação jurisdicional para impor ao réu sua pretensão, tornando-a efetiva. Diz, portanto, que tem uma ação (de direito material) e pede seja realizada por meio da jurisdição. Chamamos mais uma vez a atenção do leitor para os trabalhos mencionados na nota 377, que tratam da matéria com diversas minúcias.

388. Conforme já destacava Windscheid (*Diritto delle pandette*, v. I, p. 201).

pessoas que a exercem, inclusive como auxiliares (suspeições e impedimentos funcionais), ou (*c*) a impedimentos para que se conheça das causas (litispendência e coisa julgada, por exemplo).

As relações jurídicas nem sempre produzem seu conteúdo eficacial específico. Há delas que não chegam a gerar direito algum, mesmo sendo válidos os atos jurídicos de que decorrem[389]. Por isso, Pontes de Miranda[390] menciona que "as relações jurídicas são em maior número que os laços direitos-deveres".

2. De direito formal

O conteúdo específico da relação jurídica de direito formal (processual) é diferente, uma vez que os direitos, deveres, pretensões, obrigações e exceções se referem tão somente ao exercício da *pretensão à tutela jurídica* (direito de ação), da *pretensão ao remédio jurídico processual,* da *pretensão ao devido processo legal* e de *pretensões consectárias*, e à correspectiva obrigação do Estado de realizar a prestação jurisdicional.

Seção II
Classificação das relações jurídicas

§ 38. Critérios metodológicos

As relações jurídicas podem ser classificadas segundo vários critérios, dos quais merecem destaque, pela sua maior importância teórica e prática[391],

---

389. Von Tuhr se refere, como exemplo, à compra de imóvel *a non domino* em que o comprador declara conhecer a situação, condicionando a eficácia do negócio à aquisição do bem pelo vendedor. Entre a formalização do negócio e a aquisição do bem pelo vendedor não há outra eficácia senão a geração da relação jurídica. Assim também os negócios sob condição suspensiva, que geram a relação jurídica, mas não os seus efeitos próprios, apesar de, em certas circunstâncias, poderem emanar alguma eficácia (direito de conservação, *e. g.*).

390. *Tratado de direito privado*, t. I, § 39, 2.

391. Há outros critérios utilizados pela doutrina que levam a identificar outras espécies. Fala-se, por exemplo, em: (*a*) relações jurídicas *simples* e *complexas*, "conforme houver uma relação com uma só pessoa, ou forem muitas e variadas" (Cunha Gonçalves, *Tratado de direito civil*, v. I, t. 1º, p. 333), como também em (*b*)

os adiante relacionados: (i) quanto à sua origem, em fundamentais e consequenciais; (ii) quanto à determinabilidade do sujeito passivo, em absolutas e relativas; (iii) quanto ao objeto, em reais e pessoais; (iv) quanto à natureza do conteúdo eficacial, em de direito material e de direito formal; (v) quanto à produção dos efeitos, em unigeradoras e multigeradoras; (vi) quanto ao ramo do Direito, em de direito público e de direito privado.

As espécies passarão a ser examinadas a seguir.

§ 39. Relações jurídicas fundamentais e consequenciais[392]

Inumeráveis normas jurídicas preveem relações intersubjetivas como elementos nucleares de seus suportes fácticos; assim, as relações de parentesco *ex sanguinis,* o matrimônio e todos os negócios jurídicos bilaterais, *e. g.* Por isso, os fatos jurídicos que resultam de sua incidência, independentemente de serem válidos ou não, *já entram no mundo do direito como relações intersubjetivas* que, de imediato, têm acesso ao plano da eficácia, onde se transformam em *relações jurídicas, com a possibilidade de produ-*

---

relações jurídicas *próprias* e *impróprias*; estas últimas se dividiriam em *imperfeitas e anômalas* (L. A. Carvalho Fernandes, *Teoria geral do direito civil,* v. I, p. 93). *Própria* seria a relação jurídica perfeita, aquela em que estariam presentes todos os seus elementos constitutivos. *Imprópria* seria aquela a que faltasse algum ou alguns daqueles elementos, sendo *imperfeitas* as que, *e. g.*, somente tivessem um sujeito, mesmo momentaneamente, e *anômalas* as que seus elementos revestissem características não conformes ao modelo das relações jurídicas (direitos potestativos, por exemplo). Tal classificação, no entanto, não nos parece ter valor científico e muito menos pragmático, mesmo porque as ditas impróprias ou não são relações jurídicas (se há apenas um sujeito jurídico existe *situação jurídica* e não relação jurídica), como é o caso das imperfeitas, ou o são perfeitamente, como ocorre com as ditas anômalas, uma vez que a natureza do direito que produzem não as desfigura.

Os critérios aqui adotados parecem os mais cientificamente significativos porque têm repercussões imediatas no trato dos assuntos jurídicos.

392. Pontes de Miranda (*Tratado de direito privado*, t. I, § 39 *et passim*) se refere a relações jurídicas: (*a*) *básicas* ou *fundamentais*, aquelas relações da vida sobre as quais incide a norma jurídica, e (*b*) intrajurídica, ou eficaciais, aquelas que somente nascem no plano da eficácia. Apesar de reconhecer a existência das espécies, parece-nos merecer reparo a afirmativa do mestre de que as relações jurídicas fundamentais não se produzem no plano da eficácia, mas desde o plano da existência, pois, a nosso ver, toda relação jurídica é intrajurídica, portanto, eficacial, só se

zir seu conteúdo eficacial próprio. Não importa se essas relações jurídicas produzirão desde logo os direitos, deveres, pretensões, obrigações, ações e exceções que lhes são pertinentes, se somente no futuro ou mesmo nunca os gerarão; basta a possibilidade de produzi-los, pois, sendo conteúdo delas, lhes são *posterius*, e sua efetiva realização depende de outros fatores, como a validade do fato jurídico, o implemento de condições suspensivas, por exemplo. O negócio jurídico bilateral, *e. g.*, em face de ter suporte fáctico caracterizado por relação intersubjetiva, enquanto pendente condição suspensiva gera, desde sua entrada no mundo jurídico, relação jurídica, sem que produza imediatamente os efeitos que constituem seu conteúdo específico[393]. A relação jurídica nessas espécies constitui efeito mínimo dos fatos jurídicos de que dimana. Na compra de bem imóvel feita a *non domino* com cláusula em que o vendedor se compromete a adquirir o bem objeto da venda, de imediato se forma a relação jurídica, mas, enquanto não se efetivar a aquisição, não se irradiará qualquer outro efeito. Se, no entanto, na mesma situação descrita não existe cláusula de posterior aquisição do bem pelo vendedor, a relação jurídica se constitui entre vendedor e comprador, irradiando, de logo, entre eles toda a eficácia obrigacional própria, embora o acordo de transmissão que for estabelecido não produza a eficácia real de transmitir a propriedade sobre o bem, porque sob esse aspecto o negócio jurídico é ineficaz[394].

---

produzindo no plano da eficácia (nesse sentido a lição de Lourival Vilanova, *Causalidade e relação no direito*, p. 146). A simples circunstância de o suporte fáctico contemplar uma relação intersubjetiva em seu cerne, como no matrimônio, no parentesco biológico, em negócios jurídicos bilaterais, por exemplo, parece dado suficiente para que se possa considerar estabelecida a relação jurídica desde o ingresso do fato jurídico no plano da existência, como efeito mínimo. Por isso, adotamos a terminologia *relação jurídica consequencial* para nomear aquelas que somente se formam dentro do mundo jurídico como decorrência de um fato jurídico ou de uma relação jurídica preexistente, distinguindo-as das *fundamentais*, que se diferenciam, apenas, em razão de o fato jurídico que as produz já conter, em seu suporte fáctico, a relação intersubjetiva. Não será usada a expressão *relação jurídica básica* de Pontes de Miranda para evitar confusão com *situação jurídica básica*, adotada neste trabalho.

393. *Vide* nosso *Breve estudo sobre a eficácia do negócio jurídico sob condição suspensiva.*

394. Conforme já anteriormente exposto, não existe ineficácia total. A simples entrada do fato jurídico no mundo jurídico, mesmo sendo inválido, produz efeitos jurídicos, apesar de mínimos, embora não os seus próprios. Cria-se, pelo menos, uma

Essa espécie denomina-se relação jurídica fundamental[395].

Diferentemente, há relações jurídicas que somente se formam como produto de fato jurídico ou de outra relação jurídica, sem que *entrem* no mundo jurídico já como relação intersubjetiva. Por exemplo, a relação jurídica de compensação tem como pressupostos necessários anteriores relações jurídicas de crédito; assim também as que resultam de fatos jurídicos *stricto sensu* ou de certos atos-fatos jurídicos. Nos contratos de trato sucessivo, *e. g.*, como nas locações, a cada período de aluguel nasce uma relação de crédito entre locador e locatário, tantas quantos forem os períodos. Por só existirem como consequência de fatos jurídicos (sem que sejam elas próprias os suportes fácticos dos fatos jurídicos) ou de outras relações jurídicas, são denominadas *consequenciais*[396].

A importância dessa classificação reside em que as relações jurídicas fundamentais *são* relações jurídicas *originárias*, porque tão logo ingressam no

---

situação jurídica que, se envolve dois sujeitos de direito, configura uma relação jurídica. Pontes de Miranda ao estudar o *efeito mínimo da vinculabilidade* diz que "Todo ato jurídico tem, pelo menos, esse efeito" (*Tratado de direito privado*, t. V, § 507, 2).

395. Este conceito, conforme anotado antes, inspira-se em Pontes de Miranda (*Tratado de direito privado*, t. I, § 39, 2-3), que a denomina, também, *relação jurídica básica*. Larenz (*Derecho civil*: parte general, p. 46), no entanto, invocando Kant (*Metafísica de los costumbres*, 2ª parte, § 38) e Hegel (*Lineas fundamentales de la filosofía del derecho*, § 36), refere-se a *relação jurídica fundamental*, mas lhe dá conceito diferente, relacionando-o ao direito fundamental do homem à dignidade. *Relação jurídica fundamental* seria *a relação de respeito mútuo que cada um deve a qualquer um e se pode exigir deste*. Dentre os autores nacionais, J. M. Leoni Lopes de Oliveira adota essa concepção de Larenz (*Direito civil*: teoria geral do direito civil, v. I, p. 334). Cunha Gonçalves (*Tratado de direito civil*, v. I, t. 1º, p. 334 e 335) se refere também a *relação jurídica fundamental*, que ainda denomina *causal*, mas com concepção diferente: a relação jurídica de onde resultariam outras relações jurídicas, de que seria exemplo a relação de arrendamento da qual, periodicamente, nascem relações jurídicas. A relação jurídica fundamental, ou causal, seria diferente das relações *suplementares, novativas* ou somente *modificativas*, que dela brotariam. Domenico Rubino (*La fattispecie e gli effetti giuridici preliminari*, p. 10 e s.) também se refere a relação jurídica fundamental, que, diferentemente da relação jurídica singular (= única), a qual gera uma posição de prevalência em face de uma posição de subordinação, é *amorfa, porque dele pode derivar para ambas as partes direitos e obrigações e, ainda com maior geralidade, posições de prevalência e posições de subordinação.*

396. Na terminologia ponteana, essas espécies são denominadas *eficaciais* ou *intrajurídicas*. Preferimos o vocábulo *consequencial* para evitar ambiguidades, uma vez que, como já se disse, toda relação jurídica é eficacial e intrajurídica.

plano da existência são admitidas ao plano da eficácia no qual a relação intersubjetiva se juridiciza imediatamente, portanto, existem desde que o fato jurídico ingressa no mundo do direito, independentemente, mesmo, de que produza outros efeitos. As relações jurídicas consequenciais, ao contrário, somente se formam posteriormente, como decorrência de um fato jurídico ou de outra relação jurídica. Quem não vê essa diferença comete o erro de falar em efeitos preliminares, efeitos prodrômicos de fatos jurídicos, como também em relação jurídica preliminar, para referir-se a efeitos que se produzem sem que sejam os próprios do fato jurídico, quando, em verdade, se está diante de relação jurídica propriamente dita, mas que não irradia todo seu conteúdo eficacial[397].

Para que uma relação jurídica consequencial se forme é necessário que o fato jurídico (*lato sensu*) possa produzir efeitos. Diferentemente, a relação jurídica fundamental. Ato jurídico inválido, em geral, não produz efeitos jurídicos próprios. No entanto, como situação jurídica básica, pode desenvolver-se e gerar relação jurídica, se seu suporte fáctico tem como elemento nuclear uma relação intersubjetiva. Desse modo, nos casos excepcionais de ser eficaz (eficácia putativa, *e. g.*), a relação jurídica fundamental que se forma do ato nulo produzirá seu conteúdo eficacial próprio. Isso não acontece se a relação jurídica é consequencial, porque a nulidade inibe até a sua formação, que pressupõe a presença eficaz do fato jurídico no mundo do direito. Por isso é preciso ler com cuidado A. von Tuhr[398] quando, fazendo referência aos §§ 313, 518 e 766 do BGB, afirma que *existe uma relação jurídica no caso em que um contrato não produza direitos e deveres por um vício de forma, mas que possa tornar-se válido por seu cumprimento voluntário*, uma vez que, nessas espécies a que dizem respeito os dispositivos legais do Direito alemão, o vício de forma não gera nulidade, mas anulabilidade sanável pelo cumprimento da obrigação. A anulabilidade, como já se disse, não impede a formação da relação jurídica nem a produção dos demais efeitos, que perduram até que o ato seja desconstituído[399], ou se tornam definitivos se o ato convalesce por alguma das causas admitidas pelo sistema jurídico, inclusive o cumprimento espontâneo das obrigações, como também pelo decurso de prazo prescricional ou de caducidade (= decadencial). Da mesma forma a nulidade, só que limitada, quando não há putatividade, à relação jurídica.

397. Sobre efeitos preliminares, prodrômicos etc., vejam-se Santoro Passarelli, *Doctrinas generales del derecho civil*, p. 74, Domenico Rubino, *La fattispecie e gli effeti giuridici preliminari*, p. 107 *et passim*, e Betti, *Teoria generale del negozio giuridico*, p. 36 e s., dentre outros.

398. *Teoría general del derecho civil alemán*, v. I, t. 1º, p. 160.

399. Código Civil, arts. 177 e 182.

§ 40. Relações jurídicas de direito relativo e de direito absoluto

Considerando a determinabilidade do sujeito, as relações jurídicas são (i) de direito relativo ou (ii) de direito absoluto.

i) *Relação jurídica de direito relativo.* Diz-se de *direito relativo* a relação jurídica em que os sujeitos ativo e passivo são determinados ou, ao menos, determináveis. Forma-se, portanto, sempre entre S^1 R S^2, jamais com o *alter.* Por esse motivo, a obrigação, que corresponde à pretensão do sujeito ativo, somente pode ser exigida do sujeito passivo específico (= devedor específico), nunca de outro sujeito qualquer[400], e, consequentemente, seu inadimplemento só pode ser perpetrado por aquele sujeito passivo, apesar de o adimplemento poder ser efetivado por terceiro[401]. O terceiro, embora possa adimplir a obrigação gerada em relação jurídica de direito relativo em certas circunstâncias, mesmo em nome próprio (Código Civil, art. 304), não pode ser responsabilizado por seu inadimplemento, mesmo quando pratique atos que conduzam o devedor a não poder adimplir a obrigação, salvo se, agindo com ilicitude, obstaculizar o adimplemento pelo devedor, hipótese em que responderá perante o devedor pelo ato ilícito absoluto que impossibilitou o adimplemento, e não pelo inadimplemento negocial propriamente dito, que é ilícito relativo.

Há autores, no entanto, que divergem dessa afirmativa. Díez-Picazo e Gullón[402], *v. g.*, sustentam a possibilidade de terceiro poder infringir direito de crédito, o que ocorreria quando, *e. g.*, conscientemente (= com culpa): (*a*) coopera com o devedor na prática de ato que conduza ao inadimplemento (sabendo da existência de direito de preferência, o terceiro adquire a coisa, por exemplo) ou (*b*) por ato próprio impossibilita o adimplemento (destrói a coisa que o devedor estava obrigado a entregar, *v. g.*). Em casos que tais, o terceiro responderia perante o credor da relação jurídica obrigacional pela lesão causada a seu direito de crédito, tornando-se corresponsável pela falta de satisfação do credor; o inadimplemento da obrigação pelo devedor seria, também, de sua responsabilidade. Essa opinião, segundo seus

---

400. Se Pompônio toma um empréstimo ao Banco X, somente ele estará obrigado ao adimplemento, de modo que o Banco nunca poderá cobrá-la de outra pessoa qualquer.

401. *Vide*, nesse sentido, por exemplo, Antunes Varela, *Das obrigações em geral*, v. I, p. 181.

402. *Sistema de derecho civil*, v. III, p. 33.

autores, estaria alicerçada em três decisões do Tribunal Supremo espanhol[403], cujas conclusões, embora pareçam corretas em seu resultado, são equivocadas quanto a seus fundamentos, uma vez que confundem (*a*) a violação do direito de crédito, caracterizada pelo inadimplemento, que, por constituir, em si, ato ilícito relativo, somente pode ser praticado pelo devedor, (*b*) com o ato do terceiro que, por contribuir, com culpa, para sua concreção, não passa de *cooperação* para a violação, não podendo ser considerado autonomamente, mas sempre como ato dependente da atuação, culposa ou não, do devedor. Em verdade, o terceiro jamais pode praticar ilícito relativo, precisamente por não integrar a relação como um de seus termos; pode, sim, ser *corresponsável*, juntamente com o devedor, por eficácia de seu ato ilícito que gera uma nova relação jurídica em que figuram no polo passivo o devedor e o terceiro e no polo ativo o credor prejudicado. Nunca, porém, se pode ter o terceiro como *responsável direto* (do ponto de vista jurídico) perante o credor pelo ilícito relativo do inadimplemento. Não nos parece haver hipótese em que o terceiro possa responder pessoalmente e sozinho pelo inadimplemento da obrigação em face do credor. A responsabilidade

403. Díez-Picaso e Gullón, *Sistema de derecho civil*, v. III, p. 33, especialmente notas n. 1 e 2. Das decisões citadas pelos autores, duas se referem a violação a direito de exclusividade e outra, a direito de preferência. No primeiro dos casos, em que pessoa negocialmente obrigada a prestar com exclusividade a alguém (*pacto de exclusiva*) contratou com terceiro, que conhecia o pacto, a mesma prestação, o Tribunal entendeu que o terceiro era corresponsável com o devedor pelo inadimplemento. No segundo, concessionário de exclusividade de venda transmite-a a um terceiro, com a concordância da sociedade concedente. Posteriormente, a sociedade concedente arrenda a exploração do negócio a um dos seus sócios. Os sucessores daquele sócio foram demandados pelo exclusivista (o terceiro que adquirira a exclusividade) para que se abstivessem de realizar vendas do produto (água mineral), tendo estes alegado, como defesa, a relatividade do contrato de exclusividade e sua ineficácia em relação a eles. O Tribunal decidiu contra os demandados, reconhecendo o direito do exclusivista diante deles. A última diz respeito à cessão de um negócio recebido em herança, cujos bens que a constituíam foram gravados, mediante pacto entre os herdeiros, com direito de preferência em favor dos coerdeiros. O terceiro cessionário conhecia o gravame e alegou a ineficácia do pacto quanto a ele, por ser obrigacional e não real. O Tribunal reconheceu o direito de preferência dos coerdeiros. Como se pode constatar, não é possível tirar dessas decisões a conclusão de que o terceiro possa ser considerado o *violador* dos direitos pessoais de preferências (= de crédito) em questão. Quem os violou foram os devedores, porque sem a participação destes não haveria o ato ilícito relativo do inadimplemento contratual (sobre o ato ilícito relativo, *vide* nosso *Teoria do fato jurídico*: plano da existência, § 60). Os terceiros sozinhos não poderiam descumprir a obrigação.

pelo ilícito relativo do inadimplemento será sempre do devedor, a quem cabe ação regressiva contra o terceiro para ressarcimento do dano sofrido[404].

Na hipótese, como aventado pelos citados autores, de terceiro destruir a coisa e impossibilitar o adimplemento contratual, sua responsabilidade resultará de ato ilícito absoluto (Código Civil brasileiro, art. 186) uma vez que sua atuação constitui, em realidade, uma violação do dever absoluto de não causar dano à esfera jurídica de outrem (princípio da incolumidade das esferas jurídicas), nunca por um dever que exsurge em uma relação jurídica de direito relativo. O terceiro, pelo seu ato ilícito e sua consequente responsabilidade civil, não se torna integrante (sujeito) da relação obrigacional e por isso seu dever de indenizar não nasce nessa relação, mas é conteúdo de outra que se estabelece entre o terceiro, como devedor, e o credor prejudicado, como eficácia própria do ato ilícito absoluto. Se o devedor contribui, culposamente (permitindo a destruição da coisa, mesmo que por falta de diligência ou por imprudência, *e.g.*), para a impossibilidade do adimplemento provocada pelo terceiro, comete ilícito relativo contra o credor do qual decorrerá sua obrigação de reparar o dano causado (Código Civil, art. 234, 2ª parte), nunca do ato ilícito absoluto do terceiro. Sem culpa, não haverá responsabilidade do devedor pela impossibilidade da prestação, máxime quando essa impossibilidade derive de atuação de terceiro, resolvendo-se sua obrigação, simplesmente, relativamente ao credor (Código Civil brasileiro, art. 234, 1ª parte)[405].

As relações jurídicas de direito relativo são sempre de direito pessoal, sejam (*a*) de crédito, como as que nascem no âmbito do Direito das Obrigações, mesmo quando tenham uma coisa como objeto da prestação (obrigação de dar, *e. g.*), sejam (*b*) extrapatrimoniais, de que são exemplos, em geral, as relações de Direito de Família ou algumas de direitos fundamentais. Não há relação jurídica real de direito relativo.

Já mencionamos antes que, em nossas pesquisas sobre eficácia jurídica, em especial com referência a certos direitos fundamentais, constatamos que as relações jurídicas de direito relativo não se limitam apenas àquelas em que

---

404. Diferentemente do que pensa Paulo Luiz Netto Lôbo (*Teoria geral das obrigações*, p. 62), que, acompanhando a posição de Díez-Picaso e Gullón, entende estar essa solução na contramão da doutrina dominante. Em verdade, a *doutrina* dita *dominante* não consegue ver nesses casos a diferença fundamental entre o ilícito absoluto e o ilícito relativo, suas estruturas e eficácias, inclusive e em especial a responsabilidade civil que deles decorrem, categorias que muitos não admitem, ou não conhecem.

405. Código Civil brasileiro, art. 234, e Código Civil espanhol, art. 1.182.

os sujeitos ativo e passivo são determinados ou determináveis (S^1 R S^2), mas que há espécies, embora raras, em que há indeterminação do sujeito ativo, sendo o sujeito passivo determinado ou determinável (*alter R* S^2). Nessas relações jurídicas há *dever* a *sujeitos ativos totais*, porque a titularidade do *direito* pertence a todos, a qualquer um, ao *alter*, enquanto o *dever* tem titular determinado. (Também como já dissemos antes, num primeiro momento cometemos o equívoco de classificar como de direito absoluto essas espécies, em razão da *alteridade* que existe nela. Nesta edição o corrijimos, uma vez que é a indeterminação do sujeito passivo, não do ativo, o que caracteriza o direito absoluto.)

Vejamos, a seguir, mais minuciosamente, algumas delas.

Ao proibir a justiça de mão própria (= autotutela dos direitos) e reservar para si o monopólio da distribuição da justiça para solução dos conflitos no meio social, o Estado se viu no dever de outorgar a todos os que, porventura, tenham necessidade de resolver controvérsias entre si, como também com o próprio Estado, a titularidade de um *direito* a invocar a jurisdição estatal, erigido, no Direito brasileiro, à categoria de garantia fundamental pelo inciso XXV do art. 5º da Constituição Federal. Esse *direito à tutela jurídica,* de que decorre a *pretensão à tutela jurídica,* como a denomina Pontes de Miranda[406], corresponde a um *dever* e uma *obrigação* seus (do Estado) de prestar os atos jurisdicionais adequados a resolver os conflitos que lhe são postos a quem os exercita regularmente. A relação jurídica em que nascem o *direito* e a *pretensão à tutela jurídica* tem *sujeitos ativos totais*, portanto, *todos*, *alter*, e como sujeito passivo o Estado-juiz, como é costume referir (*alter R Estado*).

Outros exemplos. Na Constituição Federal está estatuído que a *saúde e a educação são **direitos** de todos e **deveres** do Estado...* (arts. 196 e 205), o que significa dizer que todos, qualquer um (= *alter*), somos titulares do direito à saúde, cujo sujeito passivo é o Estado brasileiro. O mesmo se pode

---

406. A expressão *pretensão à tutela jurídica* empregada por Pontes de Miranda em suas notáveis obras de Direito Processual é tradução da alemã *Rechtsschutzanspruch* criada por Wach. J. Frederico Marques, *Instituições de Direito Processual Civil*, usa a expressão *pretensão à tutela jurisdicional.* Quando nos referimos a *direito à tutela jurídica* e não apenas a *pretensão à tutela jurídica*, como o faz Pontes de Miranda, é porque entendemos que a *pretensão* decorre do *direito*, portanto, aquela supõe esse normalmente, sendo a fase em que as pessoas podem *exigir* que o Estado preste os atos jurisdicionais adequados e necessários. No entanto, *in potentia*, todos temos o *direito à tutela jurídica* que já nasce acobertado pela pretensão.

dizer de quase todos os direitos outorgados aos indivíduos em geral que tenham por sujeito passivo (= devedor) o Estado.

O direito fundamental à vida tem natureza de direito absoluto, sem dúvida, por ter todos (*alter*) como sujeito passivo. Mas, correspectivamente, gera para seu titular um dever em relação ao *alter* de cuidar da própria vida (não se suicidar, por exemplo). Em geral, a doutrina se refere a *deveres consigo mesmo* para caracterizar espécies dessa natureza. Entretanto, como menciona Pontes de Miranda (embora indiretamente e *en passant*), quando esses *deveres consigo mesmo* constituem, em verdade, deveres jurídicos, o que é muito raro, e não meros deveres morais, o que é mais comum, são *deveres a sujeitos ativos totais*, de modo que o titular do dever está vinculado perante todos, deve a todos, ao *alter*, e não só a alguém determinadamente, muito menos a si mesmo[407].

Os deveres e obrigações a *sujeitos ativos totais* são, em geral, de *atuação* (= obrigação de uma prestação comissiva) exigível por qualquer um dos integrantes da comunidade jurídica a que se refira o direito.

ii) *Relação jurídica de direito absoluto*. A doutrina (e assim também fazíamos até a 5ª edição) trata a *relação jurídica de direito absoluto*, exclusivamente, como aquela em que é determinado, ou eventualmente apenas determinável, o sujeito ativo, sendo indeterminados os sujeitos passivos, assim expressada S^1 *R alter*. Os direitos que enchem seu conteúdo vinculam *sujeitos passivos totais*, o *alter*.

O problema da *alteridade* nas relações jurídicas de direito absoluto tem sofrido objeções por parte de doutrinadores, que o examinaram especificamente quanto à concepção dos direitos absolutos, porque somente destes trataram. Sustentam seus críticos, desde Thon[408], não sem certa dose de ironia, como observa Cicala, que constituiria absurdo pensar que um estrangeiro, súdito de país longínquo, ou um selvagem, vivendo numa comunidade rudimentar, sem qualquer vínculo estatal e não possuindo um

407. Assim está no *Tratado de direito privado* (§ 509, 2): "Não há dever jurídico consigo mesmo. O não dever suicidar-se é, juridicamente, dever perante sujeito ativo total, a sociedade. No plano moral é que pode existir dever consigo mesmo".

408. Thon, *Norma giuridica e diritto soggettivo*, p. 160.

ordenamento jurídico (?)[409], possam ser considerados devedores (ser sujeitos passivos, estarem em relação jurídica) de alguém que viva no Brasil, por exemplo. Tal argumento consubstancia uma falácia porque, distorcendo a realidade, procura dar-lhe uma aparência de verdade que, no entanto, não tem. Demonstraremos.

Antes de tudo é necessário estabelecer a precisão conceptual de que *alteridade* é conceito de teoria jurídica e não constitui sinônimo perfeito de *universalidade,* o que se patenteia nos argumentos a seguir expostos.

Por se tratar de conceito jurídico, *alteridade* tem sentido que supõe, desde logo, limitação ao âmbito espacial de vigência do ordenamento jurídico de certa comunidade jurídica, o que implica, necessariamente, relacionamento a grupo social por ele regido. Cada relação jurídica, como cada fato jurídico de que se irradia, e cada norma jurídica, que o gera por sua incidência, integram certo ordenamento jurídico, motivo pelo qual somente podem ser considerados relativamente a ele. Por isso, a eficácia de uma relação jurídica e, por conseguinte, dos direitos e deveres que a constituem, é circunscrita aos limites espaciais de valência do ordenamento jurídico do qual é integrante. Dessa limitação conceptual resulta, necessariamente, que só quem integre, de modo permanente ou transitório, a comunidade jurídica onde vige a relação jurídica pode ser considerado incluído dentre seus sujeitos passivos ou ativos totais. Diante disso, quem esteja sob a força de incidência do ordenamento jurídico da comunidade jurídica CJ^1 será sujeito passivo dos direitos absolutos por ele reconhecidos; não será, porém, sujeito passivo em relação de direito absoluto na comunidade jurídica CJ^2, se não estiver, ao menos temporariamente, no âmbito espacial de valência ***desse*** ordenamento jurídico, por exemplo. Assim é que o estrangeiro mencionado no exemplo formulado por Thon é sujeito passivo em relações de direito absoluto no âmbito espacial de valência do ordenamento jurídico referente à comunidade jurídica a que pertence. No entanto, se vai a outro país, ao Brasil, *e. g.*, para fixar residência ou mesmo, apenas, em visita, enquanto aqui permanecer será sujeito passivo ou ativo nas relações jurídicas de direito absoluto reconhecidas pelo ordenamento jurídico brasileiro.

---

409. A interrogação foi posta em face de nosso entendimento de que há um ordenamento jurídico onde quer que haja regras de condutas impostas pela comunidade a que seus membros estejam obrigados a respeitar, ainda que sejam rudimentares, como ocorre nas comunidades primitivas, por exemplo. O direito não se caracteriza pela sofisticação de suas normas, mas por sua obrigatoriedade. *Vide* nosso *Teoria do fato jurídico*: plano da existência, § 2º.

Assim também o selvagem. Não importam sua nacionalidade, ideologia política, credo religioso, raça, sexo ou cor. Sua presença em espaço territorial em que tenha eficácia o ordenamento vigente na comunidade jurídica brasileira o faz sujeito à incidência das normas que o compõem. Por isso, por estar submetido às normas vigentes no Brasil, aquele estrangeiro, ou aquele selvagem, entrando em contato com a esfera jurídica de alguém, tem o dever de respeitar os direitos que a integram, porque é sujeito passivo incluído entre os sujeitos passivos totais, independentemente de que o ordenamento jurídico que seja seu estatuto pessoal os reconheça.

Acrescente-se que é preciso ter ainda em consideração que o sentido de *alteridade* está relacionado à indeterminação individual do sujeito, de modo que o obrigado não é *A, A', A"*, ou *A'"*, determinadamente, mas qualquer um que entre em contato com a esfera jurídica do titular do direito absoluto. Por isso, é direito que qualquer um pode violar e, assim, o titular do direito pode opô-lo a quem quer que seja, porque todos têm o dever de respeitá-lo.

Nas relações jurídicas em que os direitos e as obrigações (absolutos) vinculam sujeitos passivos totais, os correlatos deveres e obrigações são de *abstenção*. Aquele que viola essa obrigação comete ato ilícito absoluto, o qual gera outra relação jurídica diferente daquela cujo direito foi violado. Essa nova relação jurídica é de direito relativo porque o sujeito passivo resta determinado ou determinável: o autor do ilícito.

§ 41. Relações jurídicas reais e pessoais[410]

1. Considerações gerais

Embora a classificação dos direitos em reais e pessoais seja admitida desde os romanos[411], sempre existiram dúvidas quanto ao critério para fixar

---

410. De ordinário a doutrina se refere a direitos reais e direitos pessoais, mas, em verdade, são as relações jurídicas que têm essa característica. Os direitos serão reais ou pessoais conforme nasçam em relações jurídicas dessas espécies. Teixeira de Freitas, na magnífica *Introdução à sua Consolidação das Leis Civis,* considerou a diferença entre direitos reais e direitos pessoais *a chave de todas as relações civis.*

411. O Digesto, L. 1, Tít.V, 1, reproduz a lição de Gaio (*Institutas*, I, 8): "Gaius libro I. Institutionum – *Omne ius, quo utimur, vel ad personas pertinet, vel ad res, vel ad actiones*". (Todo direito de que usamos concerne ou às pessoas, ou às coisas ou às ações).

a distinção entre eles. A doutrina desde o início procurou estabelecê-la invocando como *differentia specifica* o objeto sobre que recairiam: uma coisa (*res*) ou uma *promessa de prestação*, respectivamente. Assim, no direito real, a coisa ficaria a ele vinculada, diretamente, o que não aconteceria no direito pessoal, mesmo quando uma coisa fosse objeto da prestação. Teve-se, então, como dado relevante o que se chamou *direito de sequela*, expressão que definiria a circunstância de o bem ficar gravado pelo direito daquele sujeito jurídico específico de tal modo que, para onde quer que ele (bem) fosse, em qualquer mão que estivesse, conservaria a *marca* do direito real do seu titular[412], o que não ocorreria no direito pessoal. A esse elemento, depois, acrescentou-se outro, sua oponibilidade *erga omnes,* passando-se a fazer referência a ter o direito real caráter absoluto.

No entanto, o tratamento legislativo dado a certas situações surgidas no evolver das relações sociais fez com que (*a*) direitos tipicamente pessoais passassem, aparentemente, a recair sobre coisas (direito de adjudicação compulsória do promitente comprador de imóvel com pagamento em parcelas; direito do locatário de adjudicação do imóvel locado vendido com violação de seu direito de preferência, por exemplo), (*b*) sendo-lhes atribuída eficácia *erga omnes.* Por consequência, criou-se uma similitude entre esses direitos pessoais e os direitos reais, tornando-se inadequados a distingui-los os critérios até então propostos.

Diante disso, que elemento poderá, com rigor científico, servir de fundamento definitivo para estabelecer a distinção entre essas categorias, generalizando-se a linguagem para relações jurídicas reais e pessoais? Ao que parece, somente há um elemento através do qual, definitivamente, se pode fazê-la: o exercício, autônomo ou não, do direito, porque, enquanto o direito real exercido por seu titular independe da cooperação de terceiros, os direitos pessoais necessitam essencialmente dessa cooperação, como será demonstrado adiante.

412. Por essa característica Lafayette Pereira (*Direito das cousas*, § 174, 1) se refere ao adágio *rei adhaeret ut lepra cuti* (adere à coisa como a lepra à pele). Os franceses se referem a *droit de suite* (L. Josserand, *Cours de droit civil positif français*, v. I, p. 695); os italianos, a *diritto di sequela* (A. Torrente e P. Schlessinger, *Manual de diritto privato*, p. 295); os espanhóis, a *facultad (derecho) de persecución* (Díez-Picazo e Gullón, *Sistema de derecho civil*, v. III, p. 54); e os alemães, a *Verfolgungsrecht*, ou *Nachfolgerecht,* ou, ainda, *Folgerecht* (Doucet, *Dictionnaire juridique et économique, allemand-français et français-allemand*).

2. Relação jurídica real

A relação jurídica real se caracteriza por ter por objeto um bem, corpóreo ou imaterial, sobre que recaem, plenamente ou dentro de certos limites, com eficácia *erga omnes,* os direitos, pretensões e ações que constituem seu conteúdo eficacial, *cujo exercício pelo titular não depende de terceiro*[413]. Analisando esse conceito tem-se, à evidência, que são elementos caracterizadores da relação jurídica real:

(*a*) o serem coisas ou bens imateriais seu objeto[414];

(*b*) o ser sua eficácia de caráter absoluto, portanto, oponível *erga omnes*;

(*c*) o ser seu exercício pelo titular dos direitos, pretensões e ações que dela decorrem independente da cooperação de terceiro.

2.1. O objeto da relação jurídica real

Somente bens, sejam materiais (= coisas), sejam imateriais (objetos de propriedade intelectual, artística, científica, literária, industrial), podem constituir objeto de relação jurídica real[415]. Por isso, os direitos, pretensões

---

413. O conceito aqui formulado se baseia em lição de Pontes de Miranda (*Tratado de direito privado*, t. V, § 569, 1), segundo a qual "O direito que apanha a coisa, plenamente ou dentro de certos limites, sem depender de alguém, de modo que seu titular o exerce e o faz valer perante quem quer que seja, é o *direito real*".

Essa definição contém uma imprecisão, que consiste na referência a *coisa* e não a *bem*, como objeto, considerando-se o próprio conceito ponteano de coisa, que é restrito aos bens materiais, enquanto o de bem inclui a propriedade intelectual (Pontes de Miranda, no desenvolvimento do tema, repara a imprecisão, referindo-se à propriedade artística, literária, científica, industrial, como objeto de direito real). Sobre a independência em relação a terceiro para exercício do direito real, L. Josserand, *Cours de droit civil positif français*, v. I, p. 695.

414. Consoante mencionamos antes, há doutrinadores que não admitem, embora sem razão, possa um bem ser objeto de relação jurídica. *Vide*, antes, nota 368.

415. Pontes de Miranda, *Tratado de direito privado*, t. II, § 117, 1-2; Orlando Gomes, *Introdução ao direito civil*, p. 104; Badenes Gasset, *Conceptos fundamentales del derecho*, p. 43; E. Picard, *Le droit pur*, p. 128; A. Torrente e P. Schlessinger, *Diritto privato*, p. 115; Galgano, *Diritto privato*, p. 108; Messineo, *Manual de derecho civil y comercial*, v. III, p. 197; G. Alpa, *Istituzioni di diritto privato*, p. 226; Cunha Gonçalves, *Tratado de direito civil*, v. I, t. 1º, p. 305 *et passim*; Hedemann, *Tratado de derecho civil*, v. II, *passim*; Josserand, *Cours de doit civil positif français*, v. I, p. 693, entre tantos outros.

e ações que dela resultam gravam diretamente o bem que for seu objeto, marcando-o como o ferro em brasa que identifica a propriedade do animal. Não importa o destino que a ele se dê; o direito real o segue onde quer que ele esteja (= direito de sequela).

Conforme a amplitude do conteúdo da relação jurídica real, esse gravame pode dizer respeito a todos os poderes e faculdades que constituam o conteúdo dos direitos possíveis sobre o bem, o que ocorre na relação jurídica de propriedade plena, como limitar-se apenas a algum ou alguns. A propriedade é o mais amplo dos direitos reais. Em sua plenitude contém os direitos de usar, fruir e dispor da coisa, bem como o de reivindicá-la de quem, injustamente, a detenha. Esses direitos são independentes entre si e se alicerçam no *direito à substância*[416] da propriedade. É como se a propriedade pudesse ser comparada a um muro em que *o direito à substância* seja o alicerce e os outros direitos, os tijolos.

Graficamente, poder-se-ia assim expressar a plena propriedade:

<table>
<tr><td>USO</td><td>FRUIÇÃO</td><td>DISPOSIÇÃO</td><td>REIVINDICAÇÃO</td></tr>
<tr><td colspan="4" align="center">SUBSTÂNCIA</td></tr>
</table>

Em face de não haver interdependência entre os poderes e faculdades contidos (= que são conteúdo) no direito de propriedade, são destacáveis e atribuíveis a terceiros, em conjunto ou parcialmente, sem que seu titular o perca em sua substância, apesar de se tornar limitado o direito. O proprietário de bem gravado com cláusulas de inalienabilidade, impenhorabilidade, ingravabilidade e incomunicabilidade, que lhe tiram o poder de disposição, e com usufruto ou direito de superfície, que lhe retiram os poderes de uso e fruição, não perde sua condição de titular do direito de propriedade, porque lhe resta o direito à substância. À medida que se extinguem essas limitações, os direitos e correspondentes faculdades e poderes a elas relativos retornam à titularidade do proprietário, voltando a ser plena sua propriedade[417].

A propriedade de que é destacado algum, alguns ou todos os poderes se denomina *propriedade limitada*. São ditos *direitos reais limitados* os que se referem, apenas, a algum ou alguns dos poderes contidos na proprieda-

416. Pontes de Miranda, *Tratado de direito privado*, t. XI, § 1.167, 7.

417. A isso se denomina *princípio da elasticidade*.

de. Usufruto, uso e habitação são direitos reais limitados aos poderes de uso e fruição, em amplitudes várias. O direito de usufruto abrange-os todos (poderes de uso e fruição); o direito de uso, por sua vez, diz respeito ao poder de fruir a utilidade da coisa, mas limitado às exigências das necessidades pessoais do titular e de sua família, de modo que não pode o usuário arrendá-la, senão quando essencial ao atendimento dessas necessidades, ou dela tirar outras vantagens; o direito de habitação se restringe, exclusivamente, ao habitar, sem poder usar do bem para outros fins ou dele fruir rendimentos[418]. As servidões também constituem direitos reais limitados ao uso da coisa. O direito de superfície compreende os direitos de uso, fruição e disposição, embora este seja limitado, uma vez que cria, reciprocamente, direito real de preferência em favor do superficiário ou do proprietário em caso de que algum deles pretenda alienar o direito de superfície ou o domínio sobre o bem[419].

Diferentemente, os chamados *direitos reais de garantia,* como hipoteca, penhor e anticrese, gravam o bem para garantir satisfação de dívida, sendo que o penhor comum e o legal limitam o uso e fruição da coisa pelo proprietário, pois somente se constituem mediante a transmissão da posse do bem empenhado ao credor[420]. Não alcançam, porém, o poder de disposição[421], uma vez que o proprietário pode alienar o bem, embora o transmita com o gravame.

Costuma a doutrina referir que os direitos reais de garantia vinculariam o *valor* do bem para quitação da dívida, não o bem mesmo. Sem razão, contudo. Nos direitos reais de garantia, apesar de terem por finalidade a faculdade do credor de obter, com a alienação do bem, soma em dinheiro para pagamento da dívida garantida quando inadimplida, o ônus vincula o bem, que fica a eles, diretamente, sujeito. Inclusive quando se tratava de renda constituída sobre imóveis, espécie corretamente abolida pelo Código

418. Código Civil, arts. 1.390, 1.412 e 1.414.

419. O Código Civil de 2002 não mais trata de enfiteuse, salvo em suas disposições transitórias, art. 2.039, para regular as existentes quando do início de sua vigência (11-1-2003). Foi substituída pelo direito de superfície.

420. Código Civil, art. 1.431. Os penhores agrícola, pecuário, industrial, mercantil e de veículos se constituem pelo registro; a posse permanece com o proprietário.

421. Exceto nos penhores pecuário e industrial, em que a alienação pelo proprietário depende de autorização do credor pignoratício (Código Civil, arts. 1.445 e 1.449, e Decreto-lei n. 413, de 1969, arts. 22 e 23).

de 2002. Essa vinculação do bem ao direito real de garantia se demonstra pela circunstância de que sua transmissão se dá com o gravame; seja quem for o proprietário do bem, seja qual for a causa da sucessão e sua natureza, o será com o ônus real. Não importa quem seja o obrigado pela dívida garantida, o bem responderá por sua liquidação.

Tradicionalmente, por força da terminologia romana (*iura in re aliena*), esses direitos reais limitados são denominados *direitos sobre coisa alheia.* Tal denominação, no entanto, parece ser imprópria tendo em vista, conforme mostrou Pontes de Miranda, ser possível, em sistemas jurídicos, como o nosso, em que os direitos reais se constituem e extinguem através do registro, haver direito real limitado sobre a própria coisa. Exemplo típico se encontra na servidão. Se o titular do prédio serviente se torna proprietário do prédio dominante, ou vice-versa, tem ele a faculdade de cancelar o registro, desconstituindo a servidão. Todavia, se não promove o cancelamento do registro, persiste a servidão, donde permanecer titular do direito de servidão, agora sobre o próprio bem. Tanto isso é verdadeiro que, nessa hipótese de não cancelamento da servidão, se voltam os imóveis a ter proprietários distintos, a servidão tem plena eficácia.

2.2. Natureza de direito absoluto

A relação jurídica de direito real irradia direito que se dirige a sujeitos passivos totais. Por isso, gera pretensão exigível de qualquer um (*alter*), não apenas de *A* ou *B*, determinadamente, de abster-se de violar o direito real. Os correspectivos dever e obrigação de abstenção vinculam a todos, não somente aos vizinhos ou a certas pessoas. Têm, portanto, sempre caráter de direito absoluto, nunca de direito relativo.

Há doutrinadores[422], porém, que entendem haver direitos reais que, por suas características específicas, *não podem* ser violados por qualquer um, mas, somente, por determinada pessoa, o que negaria sua natureza de direito absoluto. Citam, como exemplos, a hipoteca e a servidão negativa, perguntando: que direito sobre o bem gravado teriam (*a*) o credor hipotecário sobre a coisa hipotecada e (*b*) o titular da servidão negativa sobre o bem gravado? A resposta não é difícil.

---

422. Por exemplo, Luis Díez-Picazo e Antonio Gullón, *Sistema de derecho civil*, v. III, p. 33.

(i) O direito do credor hipotecário sobre o bem hipotecado, relativamente ao *alter*, reside em que, havendo inadimplemento da dívida garantida, o credor tem o direito de excuti-lo, esteja ele na propriedade de quem estiver, não apenas do devedor. Se aquele que deu o bem em hipoteca, que pode nem ser o devedor pela dívida garantida, o aliena, por qualquer forma, a hipoteca continuará a gravá-lo. O terceiro o adquire com o gravame, de modo que, não paga a dívida garantida, o credor pode executar a hipoteca, promovendo sua alienação judicial, sem que o novo proprietário se possa opor. Isso acontece tanto na sucessão a título singular quanto na universal, gratuita ou onerosa, *inter vivos* ou *mortis causa*. Acrescente-se a preferência que o credor tem em relação aos demais credores, sejam os quirografários, sejam os que tenham com outra garantia real, salvo a ordem dos créditos hipotecários.

Para furtar-se ao gravame da hipoteca somente cabe ao adquirente o direito de remi-lo, pagando ao credor a dívida garantida.

(ii) As servidões negativas, como as de vista (*ne prospectu officiatur*), de luz (*ne lumini officiatur*), de não gotejamento (*stillicidii non admittendi*) e de não construir acima de certa altura (*altius non tollendi*), espécies clássicas de servidões negativas, têm por conteúdo o direito do proprietário do prédio dominante a que o titular da propriedade do prédio serviente não pratique ato algum que possa contrariá-las. Esse direito recai (grava) diretamente sobre o prédio serviente, razão por que, quem for seu proprietário, será seu sujeito passivo, não importando quem individualmente o seja. Assim, quem quer que se ponha nessa posição de proprietário do prédio serviente será o sujeito passivo. Por isso, está incluído nos sujeitos passivos totais. Mas não apenas o proprietário pode estar nessa posição; assim também o enfiteuta, o usufrutuário, o usuário, o titular do direito de habitação, o superficiário, o locatário ou o possuidor do prédio serviente, *e. g.*, ou ainda um terceiro qualquer, deverá abster-se de usá-lo de maneira que possa violar a servidão.

2.3. Exercício pelo titular dos direitos, pretensões e ações independentemente da cooperação necessária de terceiro

O exercício do direito real por seu titular independe, por completo, de cooperação de terceiros[423]. Enquanto a realização do direito pessoal pressu-

423. Betti, *Teoría general de las obligaciones*, v. I, p. 3 *et passim*; Messineo, *Manual de derecho civil y comercial*, v. III, p. 197; G. Alpa, *Istituzioni di diritto*

põe, em caráter essencial, ato ou omissão do devedor no sentido de adimplir sua obrigação, o titular do direito real o exerce por suas próprias forças, diretamente sobre a coisa, sem que dependa da atuação de alguém (terceiro) em cumprimento de uma prestação, positiva ou negativa, necessária ao exercício do direito. Mesmo quando a efetivação do exercício impõe a eventual prática de ato judicial, como ocorre na execução de direito real de garantia por inadimplemento da dívida garantida, não se pode considerar dependente de cooperação de terceiro o exercício do direito, propriamente, porque o juiz não faz prestação como devedor na relação jurídica hipotecária, não coopera como devedor para seu exercício, mas apenas intervém para que se efetive em face da violação do direito absoluto. Qualquer direito real violado, salvo as hipóteses de desforço pessoal imediato em face de violação da posse e da venda pelo devedor do bem empenhado ou hipotecado, em casos especiais assim como de bem móvel infungível objeto de alienação fiduciária em garantia[424], precisa de intervenção judicial para restaurar sua integridade. No caso da execução da dívida hipotecária não regida pelas normas do Decreto-lei n. 70/1966, por exemplo, a necessidade de invocação da jurisdição estatal diz respeito, tão somente, à alienação do bem, mas não torna dela dependente o direito real porque o credor não necessita da aquiescência ou cooperação do devedor hipotecário para que o bem seja alienado compulsoriamente (alienação forçada) para saldar a dívida garantida[425].

---

privato, p. 226; L. Josserand, *Cours de droit civil positif français*, v. I, p. 693; Pontes de Miranda, *Tratado de direito privado*, t. V, § 569, 1.

424. No penhor, o credor, havendo cláusula contratual, pode alienar, em leilão, o bem para pagar-se, restituindo o saldo que resultar ao devedor (Código Civil, art. 1.433, IV). Nas hipotecas regidas pelo Decreto-lei n. 70/1966, é possível a execução extrajudicial, promovendo o credor leilão do bem (art. 32). Assim também quando se trata de alienação fiduciária de bem móvel infungível (Código Civil, art. 1.364).

425. Por essa razão não se pode considerar direito real, mas, apenas, direito com eficácia *erga omnes*, o direito de adjudicação compulsória que a lei atribui ao promitente comprador de bem imóvel. O exercício do direito de adjudicação pressupõe o inadimplemento do promitente vendedor (devedor) consubstanciado na recusa de outorga da escritura definitiva. Esse inadimplemento somente pode ser feito pelo vendedor, não por outra pessoa qualquer, o que demonstra a relatividade da relação jurídica. Quando há exercício do direito de adjudicação compulsória por meio judicial, a "*ação*" é proposta contra o devedor para que outorgue a escritura definitiva; se, mesmo intimado, não o faz, o juiz ordena o registro, fazendo-se a adjudicação ao promitente comprador. Nessa decisão judicial o juiz como que *substitui* o devedor na outorga da definitividade da transmissão; sua decisão se põe no lugar do ato que o promitente vendedor deveria praticar. A eficácia *erga omnes* que

3. Relação jurídica de direito pessoal

3.1. Características da relação jurídica de direito pessoal

A relação jurídica de direito pessoal:

(i) tem caráter: (*a*) de direito relativo, naquelas espécies em que se estabelece, especificamente, entre *S*[1] *R S*[2] (sujeitos passivos determinados ou determináveis), como ocorre nas relações jurídicas obrigacionais *lato sensu* (de crédito, *e.g.*) e nas relações jurídicas de direito de família, e também (*b*) de direito absoluto, nos casos de direitos a sujeitos passivos totais, de que são exemplos os direitos de personalidade, e se estabelecem entre *S*[1] *R alter* e certos direitos fundamentais que se constituem entre *Alter R S*[2];

(ii) tem por objeto uma *promessa de prestação,* comissiva ou omissiva, nunca uma coisa, mesmo quando a *coisa* seja objeto da prestação ou a ela esteja relacionada (obrigações *propter rem*);

(iii) seu fundamento essencial consiste na necessidade de cooperação de outrem, o devedor ou terceiro, e, nas relações obrigacionais *stricto sensu,* do próprio credor para sua realização.

i*) Caráter de direito relativo e absoluto*

As relações jurídicas de direito pessoal de natureza obrigacional ou de direito de família são sempre de direito relativo. O direito do sujeito ativo se dirige, necessariamente, contra um sujeito passivo determinado, porque se estabelece, sempre, entre *a* e *b*, nunca com o *alter.* Não há indeterminação do sujeito passivo, embora seja possível ocorrer que não se

---

tem o direito do promitente comprador lhe dá caráter de direito absoluto, nunca, porém, de direito real. Em solução inadequada e tecnicamente incorreta que já vem do art. 69 da Lei n. 4.380, de 21-4-1964, e do art. 25 da Lei n. 6.766/79, o Código Civil, art. 1.417, erigiu à categoria de direito real o direito do promitente comprador à aquisição do imóvel objeto de contrato preliminar de compra e venda, quando pactuado sem cláusula de arrependimento e inscrito no registro de imóveis. A solução correta dessa matéria já estava no Decreto n. 58, de 10-12-1937, que reconhecia a eficácia *erga omnes* do contrato preliminar de compra e venda de bens imóveis loteados, sem cláusula de arrependimento, quando registrado, e o direito à adjudicação compulsória, sem contudo falar em direito real, que, em verdade, não existe, como se mostrou. A Lei n. 11.481, de 31 de maio de 2007, instituiu duas espécies as quais ela atribuiu natureza de direito real: (i) *concessão de uso especial para fins de moradia* e (ii) *concessão de direito real de uso.* Esses dois direitos reais são, em verdade, tecnicamente, formas do direito real limitado de uso, só que referidos a bens públicos da União.

possa, por algum motivo, identificá-lo em certo momento. Essa indeterminação momentânea não cria *alteridade,* uma vez que em hipótese alguma é possível considerar obrigado outrem que não seja o devedor específico.

Há, no entanto, certos direitos pessoais em que a relação jurídica tem sujeito passivo total. Os direitos de personalidade são tipicamente direitos absolutos, já que todos são obrigados a respeitá-los, abstendo-se de violá-los. O direito à vida, à honra, à saúde, ao nome, *e. g.*, são direitos que se impõem a todos, não somente a determinada pessoa, de modo que podem ser violados por qualquer um. Por isso, o dever de abster-se de violá-los é de todos.

Além dessas espécies, o direito de crédito que seja passível de inscrição no registro público próprio adquire a característica de direito absoluto, visto que se torna *oponível erga omnes,* sem que, por decorrência, se torne direito real. É o caso, por exemplo, do contrato de locação que, averbado no registro de imóveis, adquire oponibilidade a terceiros, mas nem por isso se constitui direito real[426].

ii*) Objeto da relação jurídica pessoal*

A relação jurídica pessoal, ao contrário da relação jurídica real, tem por objeto *promessa de prestação*, positiva ou negativa, do sujeito passivo. As relações jurídicas pessoais apenas geram direitos e pretensões cujos correspectivos deveres e obrigações são pessoais, portanto, de fazer, não fazer ou dar (que, em rigor, é uma forma de fazer); não vinculam bens imediatamente, mesmo quando se relacionem ao dar alguma coisa. Nas relações jurídicas pessoais de crédito, o bem que, porventura, seja "devido" constitui, apenas, objeto da prestação com que o devedor cumpre sua obrigação. Devido, propriamente, é o ato de prestar aquilo que se prometeu, seja fazendo, seja não fazendo ou dando alguma coisa. Quando a obrigação de fazer é personalíssima (= somente pode ser adimplida pela pessoa do devedor; uma apresentação de um cantor famoso, *e.g.*), o seu inadimplemento culposo acarreta tão

---

426. Pontes de Miranda, *Tratado de direito privado*, t. V, § 573, 3. O direito de preferência assegurado ao locatário no contrato de locação de bem imóvel, ao que nos parece, caracteriza situação semelhante àquela dos contratos de promessa de compra e venda de imóveis: há direito com oponibilidade *erga omnes* na preferência à aquisição, porém não direito real, considerando a impossibilidade de exercício do direito à aquisição sem a cooperação de outrem, devedor ou terceiro, pela outorga da escritura de compra e venda definitiva, ou pela adjudicação do imóvel ordenada pelo juiz, que se põe no lugar do obrigado para satisfazer, compulsoriamente, o direito do credor, como visto na nota anterior. Não há hipótese em que o credor possa, por si, sem a intervenção de outrem, exercer seu direito.

somente o dever de indenizar (CPC, art. 821, parágrafo único). Nas obrigações de dar alguma coisa, esta, no entanto, jamais está vinculada diretamente ao direito do sujeito ativo, de modo que, se a prestação se tornar impossível por a haver alienado o devedor antes de ser proposta ação para cumprimento da obrigação (= antes de se tornar litigiosa a relação jurídica), por exemplo, não terá ele pretensão à reivindicação da coisa, mas tão somente pretensão à indenização correspondente ao seu valor acrescido de perdas e danos[427].

A solução indenizatória para assegurar o direito do sujeito ativo prejudicado pelo inadimplemento do dever pessoal, quando esse dever seja personalíssimo, constitui o reconhecimento da impossibilidade de, racionalmente, se pretender impor a alguém certo comportamento que não queria praticar. Foi avanço que se alcançou após longa evolução que teve como marco inicial a vinculação da própria pessoa do devedor ao adimplemento[428].

Em geral, os direitos nascidos das relações jurídicas pessoais têm teor econômico, gerando um crédito e uma respectiva dívida. Mas nem todas têm essa natureza. Há delas em que apenas certos direitos e deveres têm mensuração econômica, como ocorre nas relações de família, em que prevalecem os direitos sem economicidade, por exemplo. Levando em conta esse critério, as relações jurídicas pessoais podem ser classificadas em (i) *patrimoniais* e (ii) *extrapatrimoniais*.

a) As *relações jurídicas patrimoniais* são as que geram direitos de crédito, por isso são também denominadas relações jurídicas de crédito. Podem nascer em qualquer ramo do Direito, inclusive no Direito de Família[429]. O sentido patrimonial, de cunho fundamental e necessariamente econômico, constitui seu elemento tipificante.

---

427. Se Lúcio vendeu a Joaquim um anel, tem a obrigação de entregá-lo. Se o não entrega, porque, por exemplo, o vendeu e transmitiu a Gustavo, Joaquim não poderá reivindicar deste o anel, mas, apenas, exigir de Lúcio uma indenização e a devolução do que haja pago (= valor da coisa), se for o caso. Se, porém, a alienação houver ocorrido quando já litigiosa a relação, o credor pode optar entre pedir a intimação do terceiro adquirente para que deposite a coisa ou apenas que seja indenizado pelo valor da coisa mais perdas e danos. O mesmo ocorre se a coisa se houver deteriorado, não lhe for entregue ou não for encontrada (CPC, art. 809, *in fine*).

428. No antigo direito o devedor que não adimplia suas dívidas, inicialmente, podia ser morto pelo credor. Posteriormente, tornava-se escravo do credor. Somente mais tarde adotou-se a solução de vincular seus bens ao cumprimento das obrigações, chegando-se ao sistema atual de indenização.

429. Das relações familiares podem nascer direitos de crédito como as pretensões e obrigações de alimentos e direitos reais: usufruto paterno, por exemplo.

b) Nas *relações jurídicas extrapatrimoniais*, não há créditos nem débitos *stricto sensu,* porque os direitos e os deveres têm outros conteúdos, estritamente pessoais, fundados em valores morais, espirituais, no amor, na solidariedade humana, diferentes, portanto, daqueles de fundo econômico. Por isso, como ocorre nas relações de Direito de Família, em regra, o inadimplemento dos deveres que produzem não conduz à indenização, mas a outras espécies de sanções, como a caducidade de direitos[430].

Dessa mesma espécie são as relações jurídicas que dizem respeito aos direitos de personalidade. Embora não tenham conteúdo econômico, a violação de direito de personalidade pode resultar em indenização (por danos morais, *e. g.*). A relação jurídica pessoal, diferentemente da relação jurídica real, tem por objeto *promessa de prestação*, positiva ou negativa. As relações jurídicas pessoais apenas geram direitos e pretensões cujos correspectivos deveres e obrigações são meramente pessoais, portanto, de fazer, não fazer ou dar.

iii*) Necessidade de cooperação de terceiro*

O traço característico da relação jurídica pessoal, diferentemente das de direito real, é o de que a cooperação de outrem, em regra, mas não somente, o devedor, constitui elemento indispensável para o exercício dos direitos e pretensões que a integram[431]. Sem o adimplemento da obrigação pelo devedor, espontâneo ou forçado (por meio do exercício da ação), ou por terceiro, quando possível, não se realiza o direito do credor. Ninguém pode fazer adimplir, por si próprio, obrigação de que seja credor (a confusão não é forma de adimplemento, mas de extinção de obrigação). Em qualquer hipótese, nas obrigações de dar, de fazer ou de não fazer, há necessidade de que outrem a satisfaça, mesmo em lugar do devedor, substituindo-o, quando possível (obrigações não personalíssimas), até pela substituição do adimplemento por indenização (obrigações personalíssimas de fazer). E esse ato de adimplemento configura, precisamente, a necessidade de cooperação que caracteriza o direito pessoal.

O dever de cooperação constitui conteúdo, mesmo, do direito de crédito. É dever ínsito no direito. Existe tão somente em razão da titularidade do direito pessoal de crédito. É precisamente esse dever que, quando des-

---

430. Exceção: art. 1.652, I e II, do Código Civil. Sobre a caducidade de direito como sanção no direito de família, Código Civil, art. 1.638.

431. Sobre a matéria, *vide* Betti, *Teoría general de las obligaciones*, v. I, p. 3 *et passim.*

cumprido sem razão jurídica justificante, fundamenta a *mora creditoris* e atribui ao devedor pretensão para impor ao credor o cumprimento da obrigação[432 e 433].

§ 42. Relações jurídicas de direito material e de direito formal

O fundamento dessa classificação consiste no conteúdo eficacial das relações jurídicas.

As normas jurídicas se distinguem em normas de direito material (também dito direito substancial) e normas de direito formal, conforme a atribuição eficacial que delas decorre. As normas de *direito material* definem, atribuem direitos subjetivos, ou transindividuais, em favor de seus destinatários, e ainda preveem direitos públicos que não se subjetivam (*e. g.*, direito à liberdade de culto religioso, direito de ir à praia, de sentar-se na praça), de modo que de sua incidência resultam fatos jurídicos de que se irradiam relações jurídicas cujo conteúdo consiste em direitos subjetivos, ou transindividuais, pretensões, ações e exceções, e também direitos públicos que não se subjetivam. A grande maioria das normas do Código Civil, do Código

---

432. A doutrina tradicional entende que não há dever do credor de cooperar para que se dê o adimplemento, mas, apenas, um *ônus* de sua parte, figura que, fora do direito tributário (*lato sensu*), parece-nos inadmissível, considerando-se que não passa de um dever (sobre o conceito de *ônus*, veja-se o parecer do hoje Ministro do STF, Eros Roberto Grau, intitulado Ônus, dever e obrigação: conceitos e distinções, in *Revista dos Tribunais*, n. 559, maio 1982, p. 51 e s.).

Sobre nossa concepção de deveres ínsitos nos direitos e direitos ínsitos nos deveres, veja-se, antes, § 27, 3.2. Acrescente-se que os deveres (posição passiva na relação jurídica) têm seu conteúdo constituído por sujeições, encargos e onerações, não por ônus.

433. Veja-se, sobre o assunto, Fernando Augusto Cunha de Sá, *Direito ao cumprimento e direito a cumprir, passim,* e Giovanni Cattaneo, *La cooperazione del creditore all'adempimento, passim.* As garantias do direito do devedor ao cumprimento não são tratadas devidamente pelos sistemas jurídicos, que, com base na concepção tradicional de que a essência do vínculo obrigacional consiste na obrigação de prestar e na pretensão ao adimplemento, dão sempre relevância ao direito do credor, deixando desprotegido o direito do devedor de efetivar sua prestação, em especial nas obrigações de fazer quando o credor se nega a cooperar para que possa a obrigação ser satisfeita. Conforme já mostramos antes, há os *deveres ínsitos* no direito do credor e os *direitos ínsitos* nos deveres, de modo que não há *sujeito ativo* que seja somente *ativo*, nem *sujeito passivo* que seja apenas *passivo*.

Penal, da Constituição, por exemplo, são de direito material. As normas de *direito formal* (também denominado *direito adjetivo*), diferentemente, não geram direitos subjetivos, transindividuais, nem direitos públicos que não se subjetivam, mas tão somente estabelecem, criam e regulam instrumentos para que os direitos materiais (= substanciais) sejam exercidos. Assim, as normas processuais e outras que regulam a forma segundo a qual os direitos substanciais devem ser realizados são normas de direito formal. É possível que normas de direito formal estejam contidas em repositórios de leis de direito material (as regras sobre forma dos atos jurídicos que se encontram no Código Civil, as regras sobre o processo legislativo que se acham na Constituição, por exemplo), como também pode ocorrer que em corpos de leis tipicamente de direito formal se encontrem normas de direito material (por exemplo, o parágrafo único do art. 643 do CPC). A estas se dá o nome de *normas heterotópicas* (= que estão postas em local diferente daquele em que deveriam estar).

Considerando essa distinção, temos que são de direito material as relações jurídicas que se irradiam de fato jurídico decorrente da incidência de normas jurídicas de direito material, e de direito formal as que resultam da incidência de normas jurídicas de direito formal.

A principal diferença entre essas duas espécies de relações jurídicas reside no seu conteúdo eficacial, como anotado no § 37. No que diz respeito aos princípios essenciais, tais como os da intersubjetividade, da essencialidade do objeto e da correspectividade de direitos e deveres, não há distinção entre elas. O fato de a relação jurídica processual, exemplo de relação jurídica de direito formal, poder angularizar-se (§ 44, 2.1), havendo três polos, não a diferencia da relação jurídica de direito material (na qual somente existem dois polos) quanto à intersubjetividade, porque em cada polo há, sempre, um sujeito jurídico.

A relação jurídica de direito formal tem natureza de relação jurídica de direito pessoal; seu objeto consiste na promessa de ato da autoridade (juiz ou autoridade administrativa) de decidir sobre a questão que lhe é posta.

O princípio da correspectividade de direitos e deveres também está presente na relação jurídica de direito formal, uma vez que a cada pretensão da parte corresponde uma obrigação da autoridade e vice-versa. A diferença aqui reside, unicamente, na espécie dos direitos e dos deveres.

A matéria da estrutura e do conteúdo dessas duas espécies está desenvolvida nos §§ 37 e 44.2.

§ 43. Relações jurídicas unigeradoras e multigeradoras

(i) Há relações jurídicas que irradiam um só direito, pretensão, ação e exceção, e uma só vez, esgotando seu conteúdo eficacial. O ato ilícito praticado por Cássio gera o direito da vítima à indenização, tão somente e nada mais. Se Antistius dá sua casa em comodato a Lúcio, nasce em seu favor, apenas, o direito de ter de volta o bem ao fim de seu prazo. São as relações jurídicas que Pontes de Miranda denomina unigeradoras[434].

(ii) Outras, ao invés, permanecem no tempo produzindo efeitos sucessivamente. A relação jurídica de parceria rural, por exemplo, enquanto vigente o contrato que a institui produzirá direitos ⇄ deveres, pretensões ⇄ obrigações que se renovam a cada período de tempo especificado. O mesmo ocorre com a locação. Todos os negócios jurídicos de trato sucessivo têm essa característica, e as relações jurídicas dessa espécie são em maior número do que aquelas. São as relações jurídicas multigeradoras.

Essas relações jurídicas, em geral, duram mais que seus efeitos; a eficácia se extingue, mas a relação jurídica continua a existir e a produzir novos efeitos. Pode ocorrer, também, o contrário: extingue-se a relação jurídica mas persistem os efeitos (extingue-se a relação jurídica de locação por vencimento do prazo, por denúncia ou outra causa, mas persistem os direitos aos aluguéis que não tenham sido pagos, *e. g.*).

A importância dessa classificação reside em saber a que se deve a eficácia. No contrato de mútuo, por exemplo, entre o banco *B*, credor, e a empresa *E*, devedora, irradia-se em favor do credor o direito de receber, no vencimento, o que emprestou com os acréscimos pactuados. Se há inadimplemento, a partir daí passam a correr apenas juros, o que constitui eficácia da mora (= ato ilícito relativo), não mais da relação jurídica contratual, que, em si, não produzirá mais eficácia alguma.

§ 44. Relações jurídicas de direito público e de direito privado

1. Conceito

As relações jurídicas de direito público caracterizam-se, essencialmente:

(*a*) porque têm como termo necessário, ao menos, uma pessoa jurídica de direito público (= entidade estatal ou paraestatal); não há relação ju-

434. Pontes de Miranda, *Tratado de direito privado*, t. I, § 43, 7. M. A. Domingues de Andrade (*Teoria geral da relação jurídica*, v. I, p. 3) denomina essas relações jurídicas *una ou simples* e *complexa ou múltipla*.

rídica de direito público quando os seus sujeitos ativo e passivo são entes privados, exclusivamente;

(*b*) por serem regidas pelo interesse público predominante, em razão do qual o ente público tem uma posição de superioridade decorrente do *imperium* (poder de império) de que é dotado, gozando, por isso, de prerrogativas especiais que o privilegiam relativamente ao outro termo da relação jurídica. Na relação jurídica de direito público não se pode falar, como princípio, em igualdade jurídica entre os figurantes, precisamente porque é área em que domina o princípio da relevância do interesse público. O ente público, seja sujeito ativo, seja sujeito passivo da relação, mantém essa condição de superioridade.

Em face dessa característica, é possível afirmar, por exclusão, que são de direito privado todas as demais relações jurídicas, mesmo quando figure como termo um ente público. A relação jurídica de direito público, como se vê, constitui uma categoria especial de relação jurídica, *atípica* pode-se dizer, considerando a generalidade das relações jurídicas. Tipicamente, as relações jurídicas de Direito privado se estabelecem entre particulares. Pode ocorrer, no entanto, que em relação de Direito privado seja sujeito um ente público, desde que não esteja atuando em função do *imperium*[435].

2. Espécies mais relevantes de relações jurídicas de direito público

As mais relevantes espécies de relações jurídicas de direito público são as relações jurídicas processuais e tributárias.

2.1. Relações jurídicas processuais

i*) Estrutura*

Desde que o Estado chamou a si o poder de realizar o direito[436], dirimindo as contendas jurídicas surgidas do entrechoque de interesses no meio

435. Exemplo: a União recebe um bem imóvel em doação de um particular. Em face do desenvolvimento do direito administrativo, que passou a regular, com minúcias, a atividade estatal, são cada vez mais raros os casos de relações jurídicas privadas em que figura um ente público como seu termo. *Vide* Lourival Vilanova, *Causalidade e relação no direito*, p. 253.

436. A realização do direito constitui o fim último de processo (Pontes de Miranda, *Comentários ao Código de Processo Civil*, Prólogo, p. XVII.

social, proibiu a justiça de mão própria (= autotutela dos direitos, justiça privada) e, como consequência, outorgou aos sujeitos jurídicos a *pretensão à tutela jurídica*[437] (*Rechtshultzanspruch*), assumiu a obrigação de conceder a prestação jurisdicional, sempre que pedida, atendidos os pressupostos legalmente estabelecidos. Em decorrência, quando um sujeito de direito (= autor), exercendo sua pretensão à tutela jurídica, formaliza declaração de vontade consubstanciada na petição inicial dirigida ao Estado-juiz, em que lhe pede a prestação jurisdicional, e este a recebe (admite o pedido), estabelece-se, desde logo, a relação jurídica processual[438], entre eles (= autor e Estado-juiz). O estabelecimento da relação jurídica processual, portanto, é resultado do exercício regular da pretensão à tutela jurídica e da admissão do pedido pelo juiz. Se, embora exercida regularmente a pretensão à tutela jurídica, o juiz, de plano, inadmite o pedido por falta de algum, ou alguns, dos pressupostos de admissibilidade, não se chegará a formar a relação jurídica processual[439]. Nos chamados procedimentos de jurisdição voluntária, ou em certos procedimentos administrativos que se desenvolvem perante o Judiciário (inventário e partilha, por exemplo), a relação jurídica processual tem a seguinte configuração:

JUIZ
↑↓
AUTOR (*angularidade não necessária*)

Se, no entanto, há demanda (= lide), o que supõe, em caráter essencial, a presença de réu, a relação jurídica passa a ter, *necessariamente*, estrutura angular, *triádica*[440], que se forma a partir de sua citação inicial válida:

---

437. José Frederico Marques a denomina *pretensão à tutela jurisdicional* (*Manual de direito processual civil*, v. I, p. 152 *et passim*).

438. O momento em que se forma a relação jurídica processual (despacho do juiz, trânsito em julgado do despacho, ou outro qualquer) depende do sistema jurídico. No direito brasileiro, parece-nos, a relação se instala desde o despacho que admite a inicial, embora possa ser revisto. A angularização se dá por meio da citação válida do réu, quando necessária.

439. Em rigor este é um momento pré-processual, que se refere ao exercício da pretensão à tutela jurídica, que é de direito material (constitucional, no Brasil). A fase processual, propriamente dita, somente inicia com a admissão do pedido.

440. Conforme a denominação de Lourival Vilanova, *Causalidade e relação no direito*, p. 204.

JUIZ

↙↗ ↘↖

AUTOR RÉU[441]

A relação jurídica processual, em caso de angularidade necessária, forma-se entre autor e juiz e juiz e réu. A angularidade, como se pode concluir, não é essencial à caracterização da relação jurídica processual, mas necessária, sempre que há réu. O juiz, embora seja termo (= sujeito) da relação jurídica processual, nunca figura como parte. Partes são autor e réu. Seu dever fundamental consiste em tornar efetiva a prestação jurisdicional que o Estado prometeu aos indivíduos. Em decorrência, põe-se em uma posição *acima* das partes, conforme sugerem as imagens de sua estrutura, em especial a angular, nunca, porém, no mesmo plano.

Porque a relação jurídica processual, em casos de angularidade necessária, se estabelece entre autor e juiz e entre este e réu, as partes dirigem suas declarações de vontade diretamente ao juiz, mesmo quando o pedido tenha como objetivo ato do autor ou do réu. As partes nunca se comunicam diretamente entre si, senão com a intermediação do juiz. Mesmo quando transigem extrajudicialmente, a comunicação pessoal entre elas, do ponto de vista processual, é questão apenas fáctica, uma vez que a interferência do juiz, por meio da homologação, constitui dado essencial à sua eficácia.

ii*) Conteúdo*

As relações jurídicas processuais se diferenciam daquelas geradas no campo do direito material não apenas em razão de sua estrutura possível, mas, também, pela natureza do conteúdo eficacial de cada uma.

No que respeita ao conteúdo eficacial, a relação jurídica de direito material produz direitos e pretensões, eventualmente, ações e exceções

441. Há opiniões que veem outras estruturas nas relações jurídicas processuais. Assim, para alguns, (a) as relações jurídicas processuais se formariam, exclusivamente, entre *autor* ⇆ *réu*, de modo que o juiz não a integraria, conforme a proposta de Köhler; (b) para outros, como Wach, a relação se estabeleceria entre autor, juiz e réu, integradamente, formando um triângulo, em que o juiz estaria no vértice e as partes nos ângulos da base, uma vez que todos os três poderiam relacionar-se diretamente, como representada na figura a seguir:

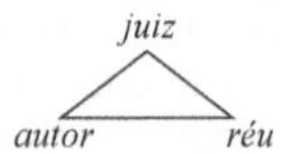

Conforme se demonstra no texto, autor e réu, no processo, não se relacionam diretamente, mas, sempre, por meio do juiz, donde serem errôneas essas concepções.

que se podem subjetivar, e são oponíveis a sujeitos passivos determinados, ou determináveis, ou a sujeitos passivos totais (*alter*), conforme sua natureza. Na relação jurídica de direito processual, diferentemente, os direitos e deveres, pretensões e obrigações que dela resultam têm natureza processual e restritos ao seu âmbito. Os direitos e deveres, as pretensões e obrigações, portanto, nascem *dentro* da relação, jamais se projetando para além de seus limites. Os sujeitos jurídicos são somente aqueles que sejam, no momento, termos na relação (o juiz, o autor e o réu). Eventualmente, há dentre as normas de processo civil ou penal regras de direito material, mas são normas tipicamente heterotópicas, como já mencionado. Das normas processuais nascem, somente, os direitos, deveres, pretensões e obrigações de caráter apenas instrumental[442].

Os figurantes da relação jurídica processual têm direitos e deveres específicos, reciprocamente. Diz-se que o autor está no polo ativo e o réu no polo passivo da relação; tal linguagem, porém, ao que parece, apenas reproduz aquela comum às relações jurídicas de direito material, que não é adequada à espécie processual. Em verdade, o autor é titular de direitos e deveres correlativos de deveres e direitos de que o juiz é sujeito. Assim também ocorre com o réu: entre ele e o juiz há direitos e deveres correspectivos. Por isso, autor, juiz e réu são, na relação jurídica processual, correlativa e simultaneamente, sujeitos ativos e passivos dos direitos e deveres que constituem seu conteúdo específico[443].

É de notar, ainda, que há direitos e deveres das pessoas e do Estado *antes do processo* (pré-processuais), como a pretensão à tutela jurídica (das partes) e o correspectivo dever do Estado de receber a petição de demanda, mesmo que seja para indeferi-la. O juiz não pode deixar de receber a petição inicial sob pretexto algum. Há sempre de proferir decisão de admissibilidade. No entanto, esses direitos e deveres pré-processuais têm natureza de

---

442. Pretensão ao remédio jurídico processual, pretensão ao devido processo legal (hoje elevada à categoria constitucional), pretensão aos recursos próprios etc.

443. São exemplos desses direitos e deveres: (*a*) das partes em relação ao Estado (juiz): (*a.a*) direito ao desenvolvimento regular do processo segundo a lei (devido processo legal); (*a.b*) direito a serem tratadas com isonomia; (*a.c*) direito à ciência dos atos e prazos processuais; (*a.d*) direito e dever de veracidade do conteúdo das exteriorizações de vontade; (*a.e*) dever de cooperação para que o processo se desenvolva de modo rápido e justo; (*b*) do Estado (juiz) em relação às partes: (*b.a*) tratar as partes com isonomia (= imparcialidade); (*b.b*) assegurar o desenvolvimento regular e rápido do processo; (*b.c*) buscar a mais justa solução para a lide.

direito material. A pretensão à tutela jurídica, por exemplo, é de Direito Constitucional no sistema jurídico brasileiro, como demonstrado antes.

iii) *Objeto*

A relação jurídica processual tem natureza de direito pessoal, portanto, seu objeto consiste em uma *promessa de ato* (= prestação), no caso específico, do Estado de prestar a tutela jurisdicional a que se obrigou, proferindo o provimento (= sentença de mérito ou satisfativa do direito do exequente) sobre aquilo que pretende a parte (= *res in iudicio deducta*). A jurisdição estatal somente atua quando alguém, inclusive o próprio Estado, exercendo a pretensão à tutela jurídica, a provoca com o fim de realizar o direito que considera ter; não age espontaneamente, mas sempre por iniciativa da parte. Todavia, o exercício da pretensão à tutela jurídica, para ser eficiente (= criar a obrigação do Estado de cumprir a *promessa da prestação jurisdicional*), está condicionado a certos pressupostos essenciais de admissibilidade[444]. A relação jurídica processual, por consequência, tem por finalidade que o juiz (Estado) preste a tutela jurisdicional, proferindo sua decisão final sobre aquilo que pede o autor ou que pedem autor e réu (= *res in iudicio deducta*), que constituem o mérito (*lato sensu*) do procedimento judicial administrativo ou da demanda, cumprindo assim a *promessa* a que se vinculou. Desse modo, quando, por falta de pressupostos de admissibilidade (= pressupostos pré-processuais, processuais ou processuais especiais), o juiz extingue a relação jurídica processual (= o processo), essa extinção se dá, em essência e precisamente, por inexistência de objeto da relação

444. O exercício da pretensão à tutela jurídica capaz de gerar a relação jurídica processual está condicionado a certos pressupostos (*a*) pré-processuais (porque anteriores ao processo), tais como a titularidade da própria pretensão à tutela jurídica, o interesse jurídico (= necessidade de tutela jurídica), a capacidade jurídica, a capacidade de ser parte, a jurisdição, e (*b*) processuais essenciais, como a *legitimatio ad processum*, a capacidade civil, a capacidade postulacional, a competência do juiz, a admissibilidade da via civil ou da penal, o poder de representação, a formulação adequada da demanda (que envolvem os pressupostos processuais especiais), por exemplo. Se inexistem esses pressupostos, a relação jurídica processual não se forma (porque são pressupostos de existência da relação). Por isso, mesmo que o juiz, por algum motivo, admita a demanda e dê seguimento ao processo, se ao final, reconhecendo-lhes a falta, vier a extingui-lo, sua decisão tem eficácia *ex tunc*: fazendo nenhum o processo, *ab initio*. É necessário, no direito brasileiro, distinguir os efeitos dessa extinção daquela outra que decorre de circunstâncias ocorridas no desenrolar do processo, como o abandono do feito por mais de um ano, por exemplo. No primeiro caso, não há efeitos a considerar; no segundo, há, como, *e. g.*, o de somente poder haver renovação da demanda (= propor nova ação) se pagos as custas e honorários advocatícios.

jurídica processual: a *promessa de prestação jurisdicional* (= tutela jurídica), cujo cumprimento supõe o atendimento dos pressupostos. Sua sentença, nessa hipótese, é meramente formal.

As pretensões e ações deduzidas em juízo pelo autor ou pelo autor e réu (= *res in iudicio deducta*), que são, em geral, de direito material[445], não constituem, como se pode constatar, o objeto da relação jurídica processual, mas o mérito da causa e seu objeto (do mérito). Sobre elas o juiz deve manifestar-se em sua sentença, prestando, assim, a *promessa de tutela jurídica,* esta, sim, o objeto da relação jurídica processual. Não importa se a sentença é favorável ou desfavorável ao autor. Para se considerar cumprida a *promessa de tutela jurídica* é apenas necessário que a sentença decida sobre a *res in iudicio deducta.*

2.2. Relação jurídica de direito tributário

i*) Conceito*

Denomina-se *relação jurídica tributária* toda relação jurídica que resulta de *fato jurídico tributário*, assim conceituado o fato jurídico criado por força da incidência de normas jurídicas regentes da atividade tributária do Estado, cuja eficácia consiste em imposições financeiras destinadas a financiar atividade pública, mesmo que não sejam tributos em sentido próprio (*stricto sensu*), ainda quando desenvolvida por entes privados, até a imposição de exigências instrumentais e formais que se destinem a tornar possível a operatividade da instituição tributária[446]. Por isso, nesta exposição, as referências a *tributos, natureza tributária, instituição tributária* e *administração tributária* terão esse sentido lato. Sempre que tivermos de limitar a referência a alguma espécie tributária em sentido estrito, procuraremos empregar o termo apropriado.

ii*) Natureza da relação jurídica tributária*

A relação jurídica tributária é sempre:

(ii') De direito público, mesmo quando o titular do polo ativo da relação jurídica seja uma entidade de direito privado, em razão de sua origem antes mencionada (resultar do fato jurídico tributário) e da circunstância de

---

445. Embora, em geral, a *res in iudicio deducta* seja de direito material, eventualmente pode ter natureza de direito processual, como ocorre nas ações rescisórias cujo fundamento de seu mérito seja a violação de norma jurídica processual.

446. Paulo de Barros Carvalho, *Curso de direito tributário*, p. 188.

tratar-se de atividade de natureza típica e exclusivamente pública, em que predomina o *imperium*.

(ii") De direito relativo, uma vez que tem como termos um sujeito ativo definido no suporte fáctico da norma tributária respectiva e um sujeito passivo determinado, que se individua na pessoa física ou jurídica ou no ente não personificado sobre a qual recai a obrigação tributária[447]. É irrelevante, para caracterizar o contribuinte, se o é *de fato* ou *de direito* ou se tem a condição de contribuinte dito substituto, bem como se se trata de ente público ou privado. A condição de sujeito passivo é atribuída àquele que esteja obrigado a recolher o tributo (dita *obrigação principal*), ou a atender a exigências instrumentais e formais que se destinem a tornar possível a operatividade da instituição tributária (chamadas, impropriamente, de *obrigações acessórias*). Não importa, ainda, qual pessoa jurídica haja instituído o tributo, porque ela não integra a relação jurídica tributária, mas sim quem seja competente para efetivar a *imposição* fiscal (= lançar, arrecadar e fiscalizar), como será mostrado mais adiante.

(ii"') de direito de crédito, pois, basicamente, se constitui em uma relação jurídica de cunho patrimonial, mesmo quando seu conteúdo se limita tão somente àquelas obrigações tributárias que, apesar de não consistirem em recolhimento de tributos, implicam, em última análise, a imposição da prática de atos que se destinam a assegurar a possibilidade de verificação das circunstâncias fácticas e jurídicas necessárias à identificação da ocorrência do fato jurídico tributário, do sujeito passivo e da exigibilidade tributária, permitindo o lançamento ou a homologação do lançamento feito pelo contribuinte, por delegação[448]. A nosso entender, portanto, as obrigações ditas (impropriamente) acessórias não descaracterizam o cunho patrimonial da relação jurídica porque, em sua essência, a ela está vinculada diretamente.

iii*) Os termos da relação jurídica tributária*

iii') O sujeito ativo

Nas relações jurídicas tributárias o sujeito ativo será o ente público ou privado[449] a quem as normas constitucionais ou legais imputam a compe-

---

447. O espólio, a massa falida, o condomínio edilício, por exemplo, são sujeitos passivos da relação jurídica tributária, sem que sejam pessoas.

448. O que ocorre quando há substituição tributária, hipótese em que o contribuinte substituído tem apenas o dever de manter os registros contábeis e fiscais, não lhe cabendo qualquer dever quanto ao recolhimento do tributo.

449. Conforme ensina Paulo de Barros Carvalho (*Direito tributário*: fundamentos jurídicos da incidência, p. 149), o sujeito ativo da relação jurídica tributária

tência para efetivar a imposição tributária, que consiste na atribuição para efetivar o lançamento, a arrecadação e a fiscalização de tributos.

No Direito brasileiro, a Constituição define a competência tributária, devolvendo entre as entidades intraestatais rígidas (= União, Estados, Distrito Federal e Municípios) o poder de legislar para a instituição de tributos. Esse poder (competência) não tem a mesma natureza nem se equipara à competência para efetivar a imposição tributária, lançando, arrecadando e fiscalizando os tributos. São competências absolutamente distintas a de instituir o tributo e a de tornar efetiva a sua imposição. Embora, na maioria dos casos, confundam-se na mesma pessoa jurídica, como ocorre relativamente aos impostos, é possível que o poder tributante seja diferente daquele a quem se atribui a competência para lançar e arrecadar o tributo e fiscalizar o contribuinte[450].

A pessoa jurídica que institui o tributo atua em sua função de legislador. Por isso, não se põe, necessariamente, em posição de sujeito ativo da relação jurídica que venha a nascer do fato jurídico tributário (ou outro qualquer) que se criar por força da incidência das normas jurídicas que decretou. O editar a lei é atividade que transcende o puro relacionamento intersubjetivo dos fatos jurídicos que dela possam decorrer. O sujeito ativo de qualquer relação jurídica é somente quem seja definido como elemento subjetivo do suporte fáctico[451] na qualidade de titular do direito, pretensão e ação que dela se irradiam. No caso da relação jurídica tributária, esse elemento subjetivo do suporte fáctico se individualiza na pessoa de quem tenha a competência para lançar e

---

tanto pode ser uma pessoa jurídica de direito público como de direito privado, ou mesmo uma pessoa física.

450. A União tem competência para instituir contribuições destinadas a custear a seguridade social, por exemplo, porém a competência para arrecadá-las não é da Fazenda Nacional, propriamente, mas de um órgão autárquico, portanto, autônomo, com personalidade jurídica própria. Na relação jurídica que se cria em razão da incidência das normas que regem essa espécie de contribuição, o sujeito ativo não é a União (Fazenda Nacional), mas, sim, a autarquia que tem a competência para efetivar a imposição tributária. Ainda como exemplo, quando se trata de taxa, apesar de instituída por alguma das entidades intraestatais rígidas, o sujeito ativo da relação jurídica é a entidade encarregada da prestação do serviço a que a taxa se destina, portanto, quem pode arrecadá-la, nunca quem a decretou, se não lhe cabe efetivar a imposição.

451. Sobre elemento subjetivo do suporte fáctico, *vide* nosso *Teoria do fato jurídico*: plano da existência, a partir da 10ª edição (Saraiva, 2000), § 12, 5.1.

arrecadar certo tributo, bem como para fiscalizar a regularidade da atuação do contribuinte, porque lhe cabem o direito, a pretensão e a ação respectivos. Quem decreta a instituição do tributo, mas não é, também, o competente para efetivar o seu lançamento, arrecadação e fiscalização, não se insere na relação jurídica que se cria da concreção do fato jurídico tributário que definiu[452].

iii") O sujeito passivo

O sujeito passivo da relação jurídica tributária é, necessariamente, o ente público ou privado, pessoa física ou jurídica, que tem o dever, e a consequente obrigação, de recolher o tributo devido, não somente o contribuinte do tributo. No caso de substituição tributária, o contribuinte substituído não tem obrigação de lançar e recolher o tributo. Tal obrigação cabe ao contribuinte substituto. Por essa razão, o sujeito passivo da relação jurídica tributária, aquele que tem os deveres e as obrigações correspectivas dos direitos e das pretensões do sujeito ativo, é o contribuinte dito substituto, não cabendo essa condição ao contribuinte substituído, ao menos com respeito à relação jurídica que gera a obrigação de lançar e recolher o tributo. Apesar disso, embora o contribuinte substituído não seja o sujeito passivo da chamada *obrigação principal*, assim considerada a de recolher o tributo, tem as obrigações de praticar os atos de natureza instrumental e formal conducentes a permitir a atuação do sujeito ativo na efetivação da imposição tributária, de modo que também é sujeito passivo da relação jurídica que as tenha como conteúdo[453].

iv*) Objeto da relação jurídica tributária*

Exceto as de direito real, cujos objetos são coisas ou bens imateriais, todas as demais relações jurídicas são de direito pessoal e têm por objeto uma *promessa de prestação*, comissiva ou omissiva (*vide*, antes, § 41, 3.1, ii). Essa regra é verdadeira mesmo para aquelas que têm na compulsoriedade a sua característica tipificante, como as relações jurídicas de direito tributário, porque o fato de os deveres que se irradiam da relação jurídica

452. O considerar como sujeito ativo da relação jurídica tributária aquele que apenas ditou a lei que instituiu o tributo, exclusivamente pelo fato de legislar (sem que lhe caiba a atribuição para efetivar a imposição tributária), conduziria ao absurdo de termos como inserida, na condição de sujeito ativo, nas relações jurídicas de direito civil, por exemplo, a União, porque decretara o Código Civil.

453. A hipótese de substituição tributária difere daquela da retenção do imposto de renda da pessoa física na fonte. Aqui não há substituição tributária, embora o ente pagador deva reter o imposto de renda devido e efetivar seu recolhimento, mas em nome e por conta do contribuinte de quem fez a retenção.

decorrerem de imposição cogente, tornando a obrigação compulsória, no sentido de que a vontade do sujeito passivo em obrigar-se, ou não, é irrelevante, não exclui seja o objeto da relação jurídica uma *promessa de prestação*. Em verdade, no conteúdo semântico do vocábulo *promessa* tem-se presente a ideia de dever que se assume espontaneamente, por livre vontade. Tal sentido pode levar o intérprete ao entendimento de haver uma incompatibilidade incontornável entre espontaneidade e compulsoriedade, de modo que não se poderia ter como *prometido*, mas tão só como *exigido*, o comportamento resultante da cogência normativa. Sem razão, porém. Na ordem jurídica, embora a obrigatoriedade constitua seu traço distintivo, a integração de um sujeito jurídico ao conjunto de relações jurídicas regidas por normas cogentes (= compulsoriedade), na condição de sujeito passivo, não dispensa, de modo algum e muito menos necessariamente, ato de vontade seu nesse sentido. Sem dúvida, ninguém se inclui nesse conjunto de relações jurídicas como sujeito passivo sem ato de vontade ou sem a prática de condutas conducentes a essa inclusão.

No caso específico das relações jurídicas tributárias, que nascem de fatos jurídicos cujas normas geradoras se caracterizam pela cogência e consequente compulsoriedade dos deveres e obrigações, não há como eliminar o ato de vontade para que algum sujeito jurídico seja incluído no âmbito de incidência das normas jurídicas que as regem. Algumas breves observações são suficientes para comprovar essas assertivas, a saber:

(*a*) Ninguém é contribuinte do ICMS *sem querer*, porque ninguém passa a ser empresário, seja comerciante, industrial, agricultor, transportador ou comunicador, sem o desejar. Mesmo quem, não integrando, oficialmente, alguma dessas categorias, se torna contribuinte do ICMS por praticar, com habitualidade, condutas que caracterizam sua hipótese de incidência, o faz voluntariamente. Porque é próprio da condição de comerciante, de industrial etc. o ser contribuinte do ICMS, não é preciso o ato de vontade que se dirija, explícita e especificamente, a essa qualificação tributária. Basta que alguém opte por exercer alguma das atividades de que resulte situação fáctica que concretize hipótese de incidência da norma tributária para tornar-se sujeito passivo de relações jurídicas tributárias relativas ao ICMS. Os efeitos jurídicos que se produzem dos atos jurídicos *lato sensu* não são apenas aqueles que o manifestante da vontade *quer*, mas os que a norma jurídica imputa ao fato jurídico. O poder de autorregramento da vontade em sua expressão mais ampla, o negócio jurídico, é poder de escolha de categoria jurídica e, dentro dos limites prescritos pelo ordenamento, dos diversos efeitos a ela atribuídos pelas normas regentes; jamais é ilimitado, mesmo quando amplíssimo[454]. Ao escolher a categoria jurídica, o manifestante da vontade elege, automática e compulsoriamente, portanto, mesmo sem o querer, a eficácia própria que lhe seja correspondente (os ditos elementos naturais do negócio = *naturalia negotii*), em especial quando há cogência.

(*b*) Quem não queira ser contribuinte do IPTU e de outros tributos de natureza semelhante (IPTR), basta não tornar-se proprietário, possuidor ou titular de direito real sobre bem imóvel.

(*c*) A herança a que todos os herdeiros renunciam não está sujeita ao ITBI *mortis causa*.

(*d*) A opção por não ter renda em nível tributável exclui a pessoa do IR.

Por isso, mesmo em se tratando de relação jurídica que se rege por normas cogentes impositivas, a relação jurídica tributária tem como objeto a *promessa de prestação* que se especifica na promessa de efetuar o pagamento do tributo se e quando devido.

---

454. Sobre isso, *vide* nosso *Teoria do fato jurídico:* plano da existência, § 49.2.

CAPÍTULO VIII
Conclusões

Diante de tudo o que foi exposto, podem-se formular as conclusões a seguir sumariadas:

1. Sobre a definição do mundo jurídico

1.1. O mundo em geral é o conjunto de todos os fatos, da natureza ou comportamentais, que aconteceram e que estão acontecendo. Quando fato do mundo interfere de modo relevante nas relações entre seres humanos, criando a possibilidade de conflitos em torno da atribuição de bens da vida, a comunidade jurídica, através de normas jurídicas, *o erige à condição de fato jurídico e lhe imputa consequências que dizem respeito à conduta humana em sua interferência intersubjetiva (= efeitos jurídicos).*

1.2. O ser *fato jurídico* e o poder irradiar *consequências jurídicas* constituem, respectivamente, uma *qualificação* e uma *imputação* feitas pelas normas jurídicas a fatos da vida, por sua relevância para a convivência do homem no meio social.

1.3. Porque somente os fatos qualificados de jurídico podem gerar os efeitos jurídicos que lhe são imputados, é correto classificar os fatos da vida (que integram o mundo em geral) em fatos jurídicos (= fatos capazes de produzir eficácia jurídica) e fatos não jurídicos (= fatos que não podem produzi-la).

1.4. Daí ser de essencial utilidade científica e prática adotar a dicotomia proposta por Pontes de Miranda de *mundo jurídico* e *mundo dos fatos*.

1.5. O mundo jurídico, criado pela *incidência* das normas jurídicas sobre seus *suportes fácticos concretizados* no mundo dos fatos, é integrado, exclusivamente, por fatos jurídicos e constitui o domínio próprio da juridicidade. Fora dele, não se pode falar em fato jurídico, em validade jurídica, eficácia jurídica ou qualquer categoria relacionada ao direito. A própria norma jurídica que o delimita, por sua previsão, e o constitui, por sua incidência, o integra como fato jurídico.

1.6. Por isso, na análise do fenômeno jurídico, visto em sua dimensão normativa, é essencial que se considerem: (*a*) a existência da norma jurídica que delimita o mundo jurídico, ao definir, abstratamente, os fatos jurídicos e imputar-lhes a eficácia jurídica própria; (*b*) sua vigência, sem a qual não tem força vinculativa; (*c*) sua incidência sobre o seu suporte fáctico quando concretizado no mundo das realidades, criando o fato jurídico; (*d*) as vicissitudes, sob os aspectos da validade, a que os fatos jurídicos estão sujeitos e, por fim, (*e*) a presença dos fatos jurídicos no plano da eficácia, onde, se estiver apto, poderá irradiar a eficácia jurídica que lhes corresponde.

2. Sobre a causalidade no mundo jurídico

2.1. Embora não mais se possa ter na *lei de causalidade*, como concebida desde a antiguidade, uma verdade científica, em face das conclusões da física quântica que culminaram no enunciado do *princípio da indeterminação* (Heisenberg), é inegável que em todos os domínios do conhecimento humano, exceto, apenas, o dos objetos ideais (lógicos e matemáticos), rege o *princípio universal de determinação*, uma vez que nada existe, se modifica ou extingue por si mesmo; tudo necessita de uma *causa* que lhe dê origem, altere ou extinga (*efeitos*).

2.2. Também é inegável que a relação de determinação se pode dar: (*a*) de modo unívoco e permanente, de maneira que à mesma causa corresponda o mesmo efeito, tal como concebido na lei de causalidade, ou (*b*), de modo imprevisível; a mesma causa produz efeitos vários (indeterminação).

2.3. Por isso, não pode ser considerado cientificamente incorreto dizer que há causalidade onde a relação de causa e efeito ocorre de modo unívoco e permanente, seja qual for o domínio do objeto a que o fato se refere.

2.4. No mundo do direito há nexos implicacionais necessários, de condicionante (antecedente) e condicionado (consequente), que se estabelecem: (*a*) de modo unívoco e permanente, entre a norma jurídica e o fato jurídico criado por sua incidência, o que caracteriza, sem dúvida, uma relação de causa e efeito; (*b*) entre o fato jurídico e sua eficácia (jurídica), em que há indeterminação, uma vez que pode haver fato jurídico sem que possa, eventualmente, irradiar sua eficácia própria. Diante disso, é correto afirmar que, no que se refere ao determinismo no mundo jurídico, somente existe um (*a*) *princípio de causalidade normativa,* uma vez que (*b*) entre o fato jurídico e sua eficácia há uma relação de probabilidade, ou de condicionalidade, inexistindo um *princípio de causalidade jurídica.*

3. Sobre a fonte da eficácia jurídica

3.1. Não tem fundamento científico o critério de indicar de modo analítico os diversos fatos jurídicos como fontes de eficácia jurídica, tendo em vista as dificuldades, praticamente insuperáveis, de uma enumeração que seja exaustiva.

3.2. Constitui erro imperdoável incluir a *lei* e a *vontade* dentre as fontes de eficácia jurídica, uma vez que: (*a*) a lei somente tem a eficácia de juridicizar o suporte fáctico, criando o fato jurídico, e a *vontade*, por ser apenas elemento de suporte fáctico, unicamente sofre a incidência da lei, tornando-se fato jurídico. A *lei* sozinha, sem a mediação dos fatos, ou a *vontade* sem a incidência da lei, não pode produzir qualquer eficácia jurídica. Só a cópula norma jurídica/suporte fáctico (= fato jurídico) pode gerar efeitos jurídicos.

3.3. Portanto, com absoluto rigor científico, deve-se enunciar que o fato jurídico é que constitui a fonte única da eficácia jurídica.

4. Sobre as várias categorias de eficácia jurídica

4.1. Categorias de eficácia jurídica, ou categorias eficaciais, são todas as espécies de efeitos jurídicos encontráveis no mundo do direito.

4.2. Constituem categorias eficaciais: (i) as situações jurídicas: (i') básicas; (i") simples ou unissubjetivas; (i"') complexas, ou intersubjetivas: (*a*) unilaterais e (*b*) relações jurídicas; (ii) o conteúdo das relações jurídicas: direitos ⇄ deveres, pretensões ⇄ obrigações, ações ⇄ situação de acionado e exceções ⇄ situação de excetuado; (iii) as sanções civis e penais; (iv) os ônus; e (v) as premiações.

4.3. Eficácia de direito material é aquela constituída por situações jurídicas de que resultam direitos passíveis de subjetivação ou que são transindividuais, aos quais correspondem ônus e sujeição para o sujeito passivo.

4.4. Eficácia de direito formal é a que não atribui direitos passíveis de subjetivação nem gera direitos transindividuais.

5. Sobre a irradiação da eficácia jurídica

5.1. *Eficácia jurídica* é expressão que pode ser empregada em sentido estrito, quando se refere aos efeitos próprios e finais dos fatos jurídicos, e em sentido lato, quando se quer mencionar, além desses efeitos próprios e finais do fato jurídico, efeitos interimísticos ou outros impróprios que podem gerar.

5.2. A eficácia jurídica está sujeita a limites e restrições: (*a*) *pessoais*, quando se limita à esfera jurídica do sujeito jurídico a que diz respeito, não alcançando outras esferas jurídicas; (*b*) *espacial*, uma vez que tem a mesma limitação territorial do sistema jurídico a que pertence o fato jurídico que a gera, somente extrapolando esse limite em casos previstos especificamente por normas jurídicas; (*c*) *temporal,* porque pode ter duração limitada no tempo; e (*d*) *contenutístico,* quando concernentes a seu conteúdo.

5.3. Esses limites e restrições podem resultar: (*a*) da natureza do próprio fato jurídico; (*b*) da vontade dos figurantes no ato jurídico; (*c*) de expressa disposição de lei; ou (*d*) do âmbito de valência do sistema jurídico em que o fato jurídico foi produzido (pertinência).

5.3.1. Há fatos jurídicos, em geral atos jurídicos, cuja eficácia própria e final é subordinada, em razão de sua própria natureza jurídica resultante da estrutura de seu suporte fáctico, à ocorrência de fatos futuros. São os atos jurídicos cuja eficácia depende de elemento integrativo do suporte fáctico.

5.3.2. Especificamente nos negócios jurídicos [porque nas demais espécies lícitas ou ilícitas, há impossibilidade lógica (fatos jurídicos *stricto sensu*, atos-fatos jurídicos e as várias espécies ilícitas) ou jurídica (ato jurídico *stricto sensu*) de subordinação da eficácia à vontade das pessoas] os figurantes podem, negocialmente, estabelecer condições e termos, fazendo com que sua eficácia, para iniciar-se ou permanecer no mundo jurídico, dependa de que ocorram. Nesses casos, em sentido próprio, há restrição, porque criada negocialmente, e não limitação, que somente decorre de normas jurídicas.

5.3.3. As normas jurídicas têm amplos poderes de limitar, protrair, restaurar, dar imediatidade, modificar ou extinguir efeitos jurídicos, respeitados, apenas, os limites traçados pelo *princípio da irretroatividade da lei* e pela *natureza das coisas.*

5.3.4. Cada sistema jurídico tem um âmbito espacial de valência que, em regra, corresponde ao espaço territorial em que a comunidade jurídica exerce seu poder político (*imperium*). Os fatos jurídicos, por serem criados pela incidência de normas jurídicas pertinentes a certo sistema jurídico, integram-no, de modo que a eficácia que podem irradiar se limita ao seu âmbito espacial de valência.

5.3.5. Diferentemente, o âmbito temporal de valência das normas jurídicas (= vigência) não influi em relação ao fato jurídico e sua eficácia, porque, após ser criado, o fato jurídico constitui um ser em si, independente da permanência no mundo da norma jurídica que incidiu e de seu suporte fáctico. Por isso, a norma jurídica pode perder sua vigência sem que isso afete a existência do fato jurídico e seus efeitos.

6. Sobre os modos de ser da eficácia jurídica

6.1. A irradiação da eficácia jurídica, que nem sempre se dá uniformemente, pode estar sujeita a vicissitudes que a afetam. Porque se irradia de modos vários, é possível classificar a eficácia jurídica segundo: sua amplitude, o exercício dos direitos, a definitividade, o surgimento, a origem, a atuação. Acrescente-se a eficácia putativa dos atos nulos.

6.2. A eficácia jurídica, quanto à sua amplitude, pode ser *total* ou *parcial*. O critério para essa classificação consiste em constatar se a eficácia se produziu toda ou não, independentemente de que se irradie de um só jato ou com sucessividade. Por isso, diz-se *total* a eficácia quando todo o conteúdo eficacial já se produziu e *parcial* quando algum ou alguns dos efeitos que constituem seu conteúdo não pode irradiar-se, ou ainda não pode, embora o possa depois.

6.3. Quanto ao exercício, pelo titular, do conteúdo eficacial da relação jurídica, a eficácia pode ser *plena* ou *limitada*. O critério para essa distinção leva em conta se há ou não limitações ou restrições, temporais ou materiais, à *possibilidade de exercício* do direito como um todo ou de algum ou alguns dos poderes e faculdades que constituem seu conteúdo. Tem-se como *plena* a eficácia quando não há qualquer limitação ou restrição ao exercício dos direitos e dos poderes e faculdades a eles inerentes. É *limitada* se houver alguma limitação ou restrição à possibilidade de exercício do direito ou de poderes e faculdades que integram seu conteúdo, bem assim se houver eficácia interimística.

6.4. Quanto à *definitividade,* a eficácia pode ser classificada em: (*a*) *definitiva*, quando não está sujeita a ser desfeita como decorrência de termos finais ou condições resolutivas; (*b*) *resolúvel*, quando pode ser desmanchada por força de implemento de condição resolutiva ou alcance de termo final; e (*c*) *interimística*, quando a eficácia é, por natureza, provisória, mas pode tornar-se definitiva.

6.5. Quanto ao *surgimento*, a eficácia pode ser (*a*) *instantânea*, se o seu conteúdo nasce de um só jato; (*b*) *sucessiva*, se o conteúdo eficacial surge com sucessividade; e (*c*) *protraída*, quando a produção da eficácia é diferida para momento posterior ao do surgimento do fato jurídico.

6.6. Quanto à *origem*, a eficácia diz-se (*a*) *própria*, quando os efeitos são aqueles imputados especificamente ao fato jurídico; (*b*) *anexa*, quando efeito jurídico próprio de um fato jurídico se adiciona à eficácia de outro fato jurídico que, normalmente, não na tem; e (*c*) *reflexa*, quando a eficácia de certo fato jurídico beneficia terceiro, sem incluí-lo, no entanto, na relação jurídica e, portanto, sem que lhe crie direitos.

6.7. Quanto à *atuação*, a eficácia jurídica pode tê-la (*a*) *ex nunc*, quando não tem efeitos retroativos, referindo-se sempre ao futuro; (*b*) *ex tunc*, quando opera retroativamente, indo à origem da eficácia para desfazê-la; (*c*) ou, ainda, *mista*, se opera retroativamente sobre certos efeitos e somente para o futuro em relação a outros.

6.8. Eficácia *putativa* é aquela atribuída, excepcionalmente, pela lei a ato jurídico nulo.

7. Sobre a ineficácia jurídica

7.1. Embora a eficácia jurídica seja a razão de ser do fato jurídico, sua função, seu fim último, sua irradiação não constitui dado essencial à sua caracterização, de sorte que pode haver fato jurídico ineficaz permanente ou temporariamente, sem que seja afetada sua existência.

7.2. Ineficácia do fato jurídico não se confunde com inexistência nem com invalidade, que são conceitos distintos.

7.3. Tanto a eficácia e a ineficácia quanto a validade e a invalidade têm como pressuposto essencial a existência do fato jurídico.

7.4. A expressão *ineficácia jurídica* pode ser empregada (*a*) em sentido lato, para referir-se a toda e qualquer situação em que o fato jurídico não produz, ou ainda não produziu, seus efeitos, e (*b*) em sentido estrito, para mencionar os casos em que a eficácia própria não se produziu ainda ou, se já se produziu, foi excluída do mundo jurídico.

7.5. A ineficácia pode ser: (*a*) *total*, quando o ato é privado de toda sua eficácia específica final, embora irradie eficácia mínima, ou (*b*) *parcial*, quando se refere apenas a alguns de seus efeitos possíveis.

7.6. Diz-se haver *ineficácia absoluta* quando o fato jurídico é privado de toda e qualquer eficácia, mesmo mínima. Nisso difere da ineficácia total. Em rigor não há ineficácia absoluta, visto que esta conduz à inexistência do fato jurídico. Portanto, não há fato jurídico absolutamente ineficaz.

7.7. A *ineficácia relativa* ocorre quando os efeitos do fato jurídico não se produzem em relação a algum ou alguns sujeitos de direito, mas se irradiam relativamente a outro ou outros.

7.8. O ato jurídico ineficaz pode tornar-se eficaz em decorrência de fato jurídico posterior. A essa espécie se dá o nome de pós-eficacização.

8. Sobre a retroeficácia e modificabilidade do conteúdo eficacial

8.1. Considerando o caráter ético do direito, é possível haver eficácia jurídica que, embora se irradie no presente, refira-se ao passado. São os casos de retroeficácia, ditos também de retroatividade.

8.2. Em geral a retroeficácia é inadmissível quando altera o conteúdo eficacial de fato jurídico que constitua direito adquirido, em face do denominado *princípio da irretroatividade da lei.*

8.3. Há, porém, espécies em que é possível modificar o conteúdo eficacial de certa relação jurídica, desde que a modificação opere *ex nunc.* A retroeficácia não pode ocorrer, salvo para beneficiar todos os sujeitos de direito envolvidos pela eficácia.

8.4. A retroeficácia benéfica da lei penal dá-se necessariamente, o mesmo não ocorrendo com as demais espécies normativas.

9. Sobre a deseficacização

9.1. A eficácia de ato jurídico lícito, mesmo que já haja sido produzida em caráter definitivo, pode ser desconstituída como decorrência de outros atos jurídicos (*lato sensu)*, que têm na deseficacização sua consequência específica, como a resolução *lato sensu* (resolução *stricto sensu* e resilição), a revogação, a rescisão, a anulação, a denúncia, o perdão, a renúncia e a quitação, por exemplo.

9.2. A eficácia de atos jurídicos lícitos também pode ser alcançada pelos efeitos de certos atos-fatos jurídicos, como a prescrição, a caducidade e a preclusão, ou de ato jurídico ilícito caducificante.

9.3. A eficácia de fatos jurídicos *stricto sensu,* de atos-fatos jurídicos e de fatos jurídicos *lato sensu* ilícitos somente pode ser afetada por consequência dos atos-fatos da prescrição e da caducidade, nunca por negócios ou atos jurídicos.

10. Sobre a aparência de eficácia jurídica

10.1. Existe aparência de eficácia jurídica quando, em razão de evidências no mundo dos fatos decorrentes de situações fácticas semelhantes àquelas que resultariam de fato jurídico, se tem como eficaz fato jurídico ineficaz.

10.2. A aparência de eficácia jurídica, no entanto, em certas situações, tem relevância jurídica, sendo recebida em relação a terceiros como se eficácia jurídica verdadeira houvesse.

11. Sobre a esfera jurídica

11.1. Constitui a esfera jurídica individual o conjunto de todos os bens da vida que tocam a um sujeito jurídico, nesse conceito abrangidas todas as relações jurídicas em que esteja inserido, bem assim os direitos, pretensões, ações e exceções, os deveres e obrigações que integram seu conteúdo, inclusive direitos públicos que não se subjetivam, e ainda as qualidades e qualificações relativas ao *status* das pessoas.

11.2. A esfera jurídica é protegida como decorrência do *princípio da incolumidade das esferas jurídicas*, em razão do qual quem quer que interfira na esfera jurídica de outrem sem autorização do titular ou permissivo normativo, causando dano, está obrigado à reparação (responsabilidade civil).

12. Sobre as situações jurídicas *in genere*

12.1. Todos os fatos jurídicos constituem uma mudança no mundo jurídico e geram, necessariamente, ao menos uma situação jurídica como eficácia jurídica.

12.2. A locução *situação jurídica* não é unívoca, tendo tanto sentido lato, que define toda e qualquer espécie de eficácia jurídica, como estrito, para designar, apenas, as de conteúdo mais simples.

12.3. Embora a relação jurídica seja a mais importante das categorias eficaciais, há hipóteses em que o fato jurídico: (*a*) somente pode gerar uma eficácia mínima, diferente daquela própria e final do fato jurídico; (*b*) apesar de se destinar a gerar uma relação jurídica, ainda não a pode concretizar; e, finalmente, (*c*) a eficácia se refere, preponderante e exclusivamente, apenas a uma esfera jurídica, não envolvendo, imediata e diretamente, outra ou outras esferas jurídicas em vinculação de ônus e sujeição.

12.4. Considerando essas hipóteses, as situações jurídicas (*lato sensu*) podem ser classificadas em: (*a*) básicas, que se desenvolvem em (*b*) simples, ou unissubjetivas, e (*c*) complexas, ou intersubjetivas, que, por sua vez, se dividem em (*c.a*) unilaterais e (*c.b*) relações jurídicas.

13. Sobre a situação jurídica básica

13.1. Quando o fato jurídico ainda não pode gerar a eficácia própria e final que lhe é atribuída, seja em razão de sua própria natureza, de defeito que o macula, ou, simplesmente, de outro motivo qualquer, produz eficácia de conteúdo mínimo, diferente daquele que lhe é específico, porque não há fato jurídico de todo ineficaz.

13.2. Essa eficácia, por ser a única e mínima que se produz ou porque a partir dela se erige a eficácia plena do fato jurídico, foi denominada *situação jurídica básica.*

14. Sobre as situações jurídicas simples ou unissubjetivas

14.1. Denominaram-se *situações jurídicas simples* ou *unissubjetivas* as espécies em que a eficácia jurídica se refere, direta e imediatamente, apenas a uma única esfera jurídica, definindo qualidades (ser pessoa, ser sujeito jurídico, ser capaz, *v. g.*) e qualificações (ser casado, ser viúvo, ser maior, ser mentalmente sadio, *e. g.*) que o ordenamento jurídico atribui aos seres humanos e a outros entes, ou as reconhece como relevantes, ainda quando a elas esteja relacionado direito subjetivo.

14.2. A distinção entre qualidades e qualificações jurídicas consiste em que aquelas são situações jurídicas asseguradas por direitos subjetivos específicos, enquanto estas constituem estados pessoais que são recebidos pelo Direito como elementos de suportes fácticos de normas jurídicas específicas.

14.3. Embora se possa constatar a existência de relações jurídicas de que decorrem os direitos subjetivos que as asseguram, três são os elementos que caracterizam as situações jurídicas simples ou unissubjetivas: (*a*) referibilidade a uma só esfera jurídica; (*b*) oponibilidade *erga omnes*; e (*c*) impositividade judicial.

14.4. O emprego do vocábulo *unissubjetiva* para adjetivar situações jurídicas não implica uma negação da necessária intersubjetividade que existe no fenômeno jurídico, mas serve apenas para qualificar a situação jurídica que diz respeito, direta e imediatamente, a uma só esfera jurídica, a um só sujeito jurídico, qualificando-o a inserir-se como termo ativo ou passivo em relação jurídica, habilitando-o a poder adquirir ou exercer direitos e contrair deveres, ou, simplesmente, a praticar conduta idônea a compor suportes fácticos e conducentes a gerar relações jurídicas. Não envolvem outras esferas jurídicas em vínculo de submissão ou de ônus, mesmo quando emanam de direito subjetivo, como o ser pessoa, o ser sujeito jurídico e o ser capaz, a que se referem os direitos subjetivos da personalidade, da capacidade jurídica e de outras capacidades específicas, *e. g.*

15. Sobre as várias espécies de situações jurídicas simples ou unissubjetivas

15.1. Constituem as mais importantes espécies de situações jurídicas simples ou unissubjetiva s: (*a*) ser pessoa; (*b*) ser sujeito jurídico; e (*c*) ser capaz, em geral.

i) Sobre as principais capacidades em direito

15.2. Capacidade, sob o aspecto jurídico, é aptidão atribuída pelo ordenamento jurídico às pessoas e outros entes para ser sujeito jurídico, portanto, para ser titular de situação jurídica, desde a mais simples à mais complexa relação jurídica e, por consequência, ter a titularidade de direitos e deveres e poder exercê-los.

i') Sobre as capacidades *in genere*

15.3. A capacidade jurídica, ou de direito, defere, genericamente, às pessoas, sem exceção, e a outros entes determinados, a condição para serem sujeitos de direito, portanto, para serem titulares de situações jurídicas, de direitos e deveres.

15.4. Como as demais capacidades dizem respeito, especificamente, ao exercício de direitos e deveres, *in genere*, têm na capacidade jurídica seu fundamento e pressuposto de existência: a titularidade de qualquer das capacidades específicas supõe, em caráter necessário, o ter capacidade jurídica.

15.5. O inverso, no entanto, não é verdadeiro. Ao menos em tese, é possível ter capacidade jurídica sem ter outra capacidade qualquer.

15.6. Como as capacidades específicas dizem respeito tão somente ao exercício de direitos, é possível tê-los (em decorrência da capacidade jurídica) sem poder exercê-los, diretamente.

i") Sobre a capacidade jurídica

15.7. A capacidade jurídica, ou de direito, é a aptidão que o ordenamento jurídico atribui às pessoas e a outros entes, inclusive universalidades patrimoniais, para serem titulares de uma situação jurídica, por mais simples que seja, não somente para ser termo de relação jurídica.

15.8. A capacidade jurídica, ao contrário do que afirma a maioria da doutrina, não é atributo, apenas, de pessoas, físicas ou jurídicas, mas cabe a qualquer ente que possa ter alguma posição no mundo do direito como titular de uma situação jurídica qualquer.

i"') Sobre as várias capacidades específicas

15.9. As capacidades específicas constituem instrumentos da capacidade jurídica na medida em que o exercício dos direitos delas dependem. O caráter instrumental das capacidades específicas implica que somente as possa ter quem seja titular de capacidade jurídica.

15.10. Em geral, as capacidades específicas, como a capacidade jurídica, constituem direito subjetivo. Excetuam-se as capacidades de obrigar-se por atos ilícitos e a capacidade delitual.

a) Sobre a capacidade de agir

15.11. A capacidade de agir constitui a aptidão genérica atribuída às pessoas para que, diretamente, exerçam os direitos e pratiquem os atos da vida civil.

15.12. Integram a capacidade de agir as capacidades: (*a*) de praticar ato-fato jurídico; (*b*) negocial; (*c*) de praticar ato jurídico *stricto sensu*; (*d*) de ser empresário; (*e*) de praticar ato ilícito; (*f*) de obrigar-se por fato jurídico indenizativo, dentre outras de menor significação.

a.1) Sobre a capacidade de praticar ato-fato jurídico

15.13. Considerando que o ato-fato jurídico tem como característica a circunstância de que a conduta que, necessariamente, compõe seu suporte fáctico é sempre recebida como avolitiva, mesmo quando haja vontade em sua origem, a capacidade de praticá-lo: (*a*) na espécie ato-fato real, é ilimitada em relação às pessoas físicas, mas limitada quanto às pessoas jurídicas aos casos em que a conduta de seu presentante (= órgão ou agente) seja tida como da própria pessoa jurídica; (*b*) nas espécies ato-fato indenizativo e ato-fato caducificante, cabe tanto às pessoas jurídicas quanto às pessoas físicas, sendo que em relação a estas é limitada.

a.2) Sobre as capacidades negocial e de ato jurídico *stricto sensu*

15.14. Existem, como espécies de uma capacidade genérica de praticar ato jurídico *lato sensu,* as capacidades negocial e de praticar ato jurídico *stricto sensu*, que se relacionam à validade dos atos jurídicos a que dizem respeito. A sua falta ou deficiência (incapacidade relativa) importa invalidade do ato jurídico. São, por isso, as mais importantes das encontráveis no campo do Direito privado material.

a.3) Sobre a capacidade de herdar

15.15. A capacidade de herdar (legitimação hereditária) constitui a aptidão deferida pelo ordenamento de alguém adquirir bens por meio de sucessão, universal ou singular, a causa de morte.

15.16. A capacidade de herdar pode ser classificada em legítima e testamentária, considerando se a sucessão decorre de parentesco ou de disposição testamentária.

15.17. A capacidade de herdar, como regra geral na sucessão legítima, é coextensiva da capacidade jurídica, de modo que somente a tem quem for titular de capacidade jurídica. Na sucessão testamentária, porém, a regra sofre duas exceções: a disposição em favor de prole eventual de pessoa existente e a dotação para que seja instituída fundação. Nesses dois casos, contudo, os beneficiários, que não têm capacidade jurídica, a adquirem: o *nundum conceptus*, por força da simples deixa testamentária e a fundação, pela sua instituição e registro.

15.18. Constitui pressuposto da capacidade de herdar que o herdeiro exista por ocasião da abertura da sucessão, excetuados, na sucessão testamentária, os casos do *nundum conceptus* e da fundação a ser constituída.

15.19. Somente a lei pode dispor sobre incapacidade de herdar. No Direito brasileiro, a capacidade de herdar, na espécie sucessão legítima, é absoluta para os parentes admitidos na ordem da vocação hereditária, sendo ilimitada quando se trata de linhas de descendência e ascendência e limitada ao 4º (quarto) grau, na colateral. Na espécie testamentária, o Código Civil enumera as incapacidades nos incisos I e IV do art. 1.801.

15.20. Constitui terminologia inadequada considerar incapazes de herdar as pessoas que não existam no momento da abertura da sucessão, porque quem não existe não pode ser qualificado. *Inexistência* é mais que *incapacidade*, pois incapacidade supõe existência.

a.4) Sobre a capacidade de ser empresário

15.21. A capacidade de ser empresário, embora diga respeito à prática de atos jurídicos, por sua especificidade, não se confunde com as capacidades negocial e de ato jurídico *stricto sensu*. Rege-se por normas próprias, mais especificamente, no Direito brasileiro, pelos arts. 972 e seguintes do Código Civil.

15.22. A incapacidade de ser empresário não se confunde com as proibições para exercer a empresa e não impede que o incapaz seja sócio ou acionista de sociedade comercial.

a.5) Sobre a capacidade de praticar ato ilícito civil

15.23. Há dois aspectos da capacidade de praticar ato ilícito civil a considerar: (*a*) de praticar ato ilícito relativo, que se caracteriza pela violação de direito conteúdo de relação jurídica de direito relativo, e (*b*) a de praticar ato ilícito *stricto sensu,* também denominado *absoluto* ou *delito,* que se configura na violação a direito conteúdo de relação jurídica de direito absoluto ou quando não há qualquer relação jurídica entre o agente e a vítima.

15.24. Têm capacidade de praticar ato ilícito civil tanto as pessoas físicas como as pessoas jurídicas.

15.25. A capacidade de praticar ato ilícito civil constitui a regra geral e a incapacidade, a exceção, e diz respeito somente às pessoas físicas, de modo que as pessoas jurídicas são sempre capazes.

15.26. A capacidade de praticar ato ilícito civil tem como fundamento a imputabilidade do agente, tendo em vista que se trata de elemento cerne de seu suporte fáctico.

a.6.) Sobre a capacidade de obrigar-se por fato jurídico indenizatório

15.27. A capacidade de obrigar-se por fato jurídico indenizativo corresponde à capacidade de alguém responder civilmente, com seu próprio patrimônio, por danos que cause a terceiros. Envolve, portanto, a responsabilidade civil resultante tanto de ato ilícito relativo ou absoluto, inclusive de natureza penal, como de ato-fato indenizativo. Na espécie relacionada ao ato ilícito, embora tenha os mesmos pressupostos fácticos da capacidade de praticar ato ilícito civil *in genere* e da capacidade criminal, delas se distingue em razão dos critérios de imputação, que são diferentes. Quando se trata de responsabilidade pelo ato-fato indenizativo nenhuma semelhança guarda com a causada por ilicitude, uma vez que nela não há contrariedade a direito nem se cogita de culpa.

15.28. A capacidade de obrigar-se por fato jurídico indenizativo, em suas duas espécies, diz respeito tanto às pessoas físicas como às pessoas jurídicas. A incapacidade, porém, somente se refere às pessoas físicas que a lei menciona.

b) Sobre a capacidade política

15.29. A capacidade política consiste no poder exercer os direitos inerentes à cidadania e à nacionalidade. É *plena* quando seu titular pode exercer todos os direitos que enchem seu conteúdo, e *limitada* quando apenas o pode em relação a alguns.

15.30. A capacidade política tem pressupostos próprios, diferentes de todos os das demais capacidades, motivo por que com elas não se confunde, em especial com a capacidade de agir.

c) Sobre a capacidade criminal

15.31. A capacidade criminal (capacidade de praticar condutas que constituem crimes e de poder sujeitar-se à sanção respectiva) constitui espécie da capacidade delitual. Supõe como elemento essencial a imputabilidade do agente.

15.32. A capacidade criminal não constitui um direito subjetivo, mas há direito subjetivo a ser considerado incapaz.

15.33. A capacidade criminal constitui a regra, sendo exceção a incapacidade. Desse modo, todas as pessoas são capazes, exceto aquelas que a lei declara inimputáveis.

15.34. A pessoa jurídica, embora tenha capacidade de praticar ato ilícito civil *stricto sensu*, não tem capacidade criminal, uma vez que, por ser uma realidade social que, no entanto, não tem materialidade física, não pode agir com dolo ou culpa, elementos essenciais à caracterização das espécies criminais. As penas pecuniárias e de outras naturezas não lhes são aplicáveis porque sejam criminosas, mas pela responsabilidade pelo ilícito civil.

d) Sobre a capacidade de ser parte

15.35. A capacidade de ser parte constitui pressuposto essencial para que alguém possa figurar, como parte ou terceiro interessado, em relação jurídica processual.

15.36. No Direito brasileiro é concedida indistintamente a todas as pessoas e também, com certas limitações, a alguns entes não personalizados.

15.37. A capacidade de ser parte das pessoas é ilimitada e tem natureza de direito material, decorrendo, no Direito brasileiro, de regra explícita da Constituição Federal.

15.38. A capacidade de ser parte não se confunde com a capacidade de estar em juízo (capacidade processual, dita também *legitimatio ad processum*). Suas naturezas e pressupostos são absolutamente diferentes. Enquanto a capacidade de ser parte é pré-processual, de direito material de cunho constitucional (no Brasil), a capacidade de estar em juízo é de Direito processual, portanto, de direito formal, resultante de normas jurídicas processuais.

15.39. Do mesmo modo, a capacidade de ser parte não se relaciona com a *legitimatio ad causam,* que, embora seja de direito material, diz respeito à titularidade da pretensão deduzida em juízo.

15.40. A capacidade de ser parte, ao menos no sistema jurídico brasileiro, é coextensiva da capacidade jurídica.

e) Sobre a competência funcional

15.41. A competência funcional constitui uma capacidade de direito público atribuída a titular de função ou cargo públicos que o habilita a praticar atos jurídicos de exercício de poderes e atribuições inerentes ao órgão público a que aquele cargo ou função diga respeito.

15.42. Em razão do princípio da legalidade, que rege o direito público, a competência funcional é estrita, limitando-se ao conteúdo definido pelo conjunto de atribuições deferidas ao órgão a que se refere, e, por isso, deve ser interpretada estritamente.

15.43. A falta de competência de quem pratica o ato importa sua nulidade.

15.44. Não se pode confundir (*a*) a falta de competência com (*b*) a falta de titularidade do agente que pratica o ato, uma vez que as consequências são absolutamente diferentes. Em (*a*) o ato é nulo, enquanto em (*b*) não existe ato jurídico algum, pois a titularidade do cargo ou função constitui elemento nuclear do ato jurídico de direito público, comparável à falta de capacidade jurídica.

f) Sobre a capacidade processual

15.45. A capacidade processual (*legitimatio ad processum*) é a aptidão de alguém estar em juízo, pessoalmente, sem a intermediação de representante legal.

15.46. A capacidade processual tem natureza de direito formal, porque é definida por leis processuais, diferentemente da capacidade de ser parte, que é de direito material. Por isso, pode-se ter capacidade de ser parte sem ter capacidade processual.

15.47. Aos absolutamente incapazes de agir e aos entes que têm capacidade de ser parte sem serem pessoas jurídicas falta capacidade *ad processum*. O mesmo não ocorre com as pessoas jurídicas e a sociedade não personificada (esta quando exerce direito próprio), porque não são representadas, mas, sim, presentadas em juízo.

g) Sobre a capacidade postulacional

15.48. A capacidade de postular em juízo a tem quem seja advogado e os órgãos do Ministério Público.

15.49. A capacidade postulacional do advogado pode ser plena ou limitada, conforme o advogado tenha ou não impedimentos para exercer a advocacia, segundo as regras do Estatuto da Ordem dos Advogados do Brasil. Em relação aos órgãos do Ministério Público, a capacidade postulacional depende de sua capacidade funcional.

ii*) Sobre o sujeito jurídico*

15.50. Todo ente a que o direito atribui a titularidade de uma situação no mundo jurídico, como termo de relação jurídica ou apenas de uma situação jurídica unissubjetiva qualquer, é sujeito jurídico.

15.51. Embora todo aquele que, juridicamente, é pessoa seja sujeito jurídico, nem todo sujeito jurídico é pessoa, porque no mundo do direito há mais sujeitos de direito do que pessoas, considerando que existem vários entes a que o direito atribui capacidade jurídica mas não os dota de personalidade jurídica.

15.52. Em face disso, constitui equívoco tratar o conceito de pessoa como coextensivo de sujeito jurídico.

15.53. Também constitui impropriedade terminológica a atitude doutrinária de usar a expressão *sujeito de direito* em sentido genérico, abrangendo o sujeito de deveres. Corretamente, para designar quem esteja no mundo do direito na condição de sujeito, parece-nos mais adequada a expressão *sujeito jurídico, sem importar a natureza da situação jurídica em que está inserido*, reservando-se as expressões *sujeito de direito* e *sujeito de deveres* para indicar a titularidade de direitos e deveres, respectivamente.

iii*) Sobre sujeitos jurídicos que não são pessoas*

15.54. São sujeitos jurídicos sem que tenham personalidade de direito todos os entes, seres humanos não nascidos ou mesmo ainda não concebidos, coletividades humanas e universalidades patrimoniais, aos quais as normas jurídicas, por lhes atribuir uma situação jurídica qualquer, como a titularidade de capacidade de ser parte, *e. g.*, defere-lhes a capacidade jurídica.

15.55. Nessa posição estão a sociedade em comum e a sociedade em conta de participação (= não personificadas), a sociedade irregular, a massa falida, o espólio, as heranças jacente e vacante, o condomínio, os consórcios e grupos de empresas, os consórcios para aquisição de bens, a fundação não personificada, o nascituro e o *nondum conceptus,* uma vez que a todos eles cabe, ao menos, a capacidade de ser parte.

iv*) Sobre as pessoas*

15.56. Personalidade jurídica constitui atributo que a ordem jurídica reconhece aos seres humanos, a coletividades humanas e universalidades de bens. Pessoa, no mundo jurídico, é, portanto, criação do Direito, imputação de normas jurídicas, não dado natural ao ser humano ou aos entes que são assim considerados.

15.57. Na atualidade, personalidade jurídica é qualidade que o Direito reconhece, indistintamente, a todos os seres humanos, independentemente de sexo, raça, cor, credo religioso ou político e nacionalidade.

15.58. As pessoas são classificadas em pessoas naturais, ou físicas, e jurídicas.

15.59. Em relação aos seres humanos, a personalidade de direito é efeito mínimo do fato jurídico *stricto sensu* do nascimento com vida e constitui um direito subjetivo de todo o homem.

15.60. O homem adquire personalidade jurídica, no Direito brasileiro, a partir do nascimento com vida, que termina com a morte, natural ou presumida.

15.61. Quanto às pessoas jurídicas, o início e o término de sua existência dependem do ramo do Direito a que pertencem.

15.61.1. A personificação das entidades internacionais (= pessoas jurídicas de direito público externo) se rege segundo os princípios do Direito das gentes. Todos os estados reconhecidos na ordem internacional são pessoas jurídicas de direito público externo, por exemplo.

15.61.2. No plano do direito público interno, a atribuição de personalidade depende da espécie de pessoa jurídica e do sistema constitucional. De todo modo, qualquer uma das entidades de direito público na ordem interna tem sua personalidade condicionada à conclusão dos atos de sua instalação.

15.61.3. No plano do Direito privado, a personalidade jurídica das sociedades, associações e fundações começa desde a inscrição de seus atos constitutivos no registro próprio, conforme a espécie.

15.62. O término da personalidade jurídica: (*a*) no campo do Direito Internacional se rege pelos princípios do Direito das gentes; (*b*) no plano do direito público interno, em face de disposição normativa de nível hierárquico igual ou superior ao que a criou (constitucional ou infraconstitucional) ou ato administrativo; (*c*) no direito privado, por força de lei ou ato de autoridade, ou pela desconstituição de seu registro.

16. Sobre as situações jurídicas complexas (ou intersubjetivas) unilaterais

16.1. Caracteriza uma situação jurídica complexa unilateral aquela em que, embora tenha na intersubjetividade pressuposto necessário de existência, sua eficácia se limita a uma esfera jurídica, não implicando correspectividade de direitos ⇄ deveres, portanto, não gerando uma relação jurídica.

16.2. As situações jurídicas complexas unilaterais constituem eficácia de negócios jurídicos unilaterais, em regra, de oferta e aceitação, embora existam no direito hereditário.

16.3. Os efeitos jurídicos que resultam dessas situações jurídicas são constituídos pela *vinculabilidade*, quando o negócio jurídico unilateral pode ser desjuridicizado por força de revogação da vontade manifestada, pela *vinculação*, quando há irrevogabilidade da vontade manifestada, e por *direitos formativos* geradores e extintivos que não são conteúdo de relação jurídica.

17. Sobre o conceito de relação jurídica

17.1. Diz-se relação jurídica toda relação intersubjetiva sobre a qual incidiu uma norma jurídica, juridicizando-a, ou que resultou de fato jurídico, à qual as normas jurídicas imputam a irradiação de direitos ⇄ deveres, pretensões ⇄ obrigações, ações ⇄ situações de acionados, exceções ⇄ situações de excetuados.

18. Sobre os princípios regentes das relações jurídicas

18.1. A relação jurídica se rege por quatro princípios fundamentais a saber: (*a*) da *intersubjetividade*: nenhuma relação jurídica se forma sem que tenha, ao menos, dois sujeitos de direito, sendo um titular de direito e outro, de correlato dever; (*b*) da *essencialidade do objeto*: não pode haver relação jurídica sem objeto; (*c*) da *correspectividade de direito e dever* etc.: todo direito, em geral, tem um correlato dever; (*d*) da *coextensão de direito, pretensão e ação*: a todo direito correspondem uma pretensão, que o torna exigível, e uma ação, que o faz impositivo.

18.2. Os três primeiros (da intersubjetividade, da essencialidade do objeto e da correspectividade de direitos e deveres) são princípios essenciais, de modo que sua falta implica não haver relação jurídica. O outro (da coextensão) não é essencial, uma vez que pode sofrer exceções sem que afete a essência da relação jurídica.

18.3. Em razão do princípio da intersubjetividade, são equivocadas as doutrinas que afirmam: (*a*) serem as relações jurídicas de direito real somente entre o sujeito ativo e a coisa, porque esta espécie de relação jurídica, em verdade, tem como sujeito passivo o *alter*, sendo o bem apenas seu objeto; (*b*) que as relações de domicílio e de nacionalidade, por exemplo, se estabeleceriam entre o sujeito ativo e o lugar (território), uma vez que o sujeito passivo ou é o *alter* (relações de domicílio) ou o Estado de que for cidadão, e, além disso, como nos direitos reais, o lugar não pode ser sujeito passivo, pois é mero elemento do suporte fáctico; (*c*) existiriam relações jurídicas entre coisas (relações de pertinencialidade ou de acessoriedade), porque, como anotado antes, coisas não podem ser sujeitos de direito ou de dever, mas, tão somente, ser objeto de direito; (*d*) haveria relações jurídicas em que a mesma pessoa se encontraria, simultaneamente, nas posições de sujeito ativo e passivo, pois, nessas espécies, ou há representação, como no chamado contrato consigo mesmo, ou há sujeito ativo total, como nos chamados deveres consigo mesmo, conforme ocorre no dever de não suicidar-se; (*e*) que haveria direitos sem sujeito, porque nas espécies invocadas como exemplo (herança jacente) há, em verdade, sujeito indeterminado em certo momento, mas não inexistência de sujeito.

18.4. A relação jurídica não pode prescindir de um objeto, porque seria mera entidade lógica, sem sentido e sem realidade. Podem ser objeto de relação jurídica os bens corpóreos (= coisas) e incorpóreos (= bem imaterial) e promessas de prestações.

18.5. Como decorrência do princípio da correspectividade de direitos ⇄ deveres, de pretensões ⇄ obrigações, de ações ⇄ situações de acionado, e exceções ⇄ situações de excetuado, tem-se que, em caráter essencial, não pode haver direito sem dever nem dever que não seja correlato de direito.

No entanto, há direitos potestativos, da espécie direitos formativos, que não nascem de relação jurídica, mas de situações jurídicas complexas unilaterais.

18.6. Não constitui um princípio essencial da relação jurídica o da coextensão de direito, pretensão e ação, tendo em vista a existência de direitos mutilados (direitos sem pretensão e ação), direitos com pretensão e ação encobertos pela prescrição, e pretensões e ações, ou somente ações sem direito.

19. Sobre o conteúdo eficacial das relações jurídicas

19.1. Cada relação jurídica de direito material tem seu conteúdo próprio, composto, abstratamente, por direito, pretensão e ação, do lado ativo, a que correspondem dever, obrigação e situação de acionado, do lado passivo. Acrescente-se, ainda, a exceção e a correspectiva situação de excetuado, que não existem em todas as espécies. Concretamente, cada uma dessas categorias tem seu conteúdo específico definido pelas normas jurídicas.

19.2. Direito, pretensão, ação e exceção, bem como dever, obrigação, situação de acionado e situação de excetuado, são categorias eficaciais que consistem em situações diferentes dentro de uma relação jurídica, a saber: (*a*) o direito e seu correlato dever existem *in potentia*, de modo que são inexigíveis só por si; (*b*) a pretensão e sua correspondente obrigação nascem a partir do momento em que o direito se torna exigível: constituem a fase de exigibilidade do direito; (*c*) a ação e a correspectiva situação de acionado nascem quando, descumprida a obrigação, o direito se torna impositivo: é o momento da impositividade do direito; (*d*) a exceção e a situação de excetuado, que lhe corresponde, existem quando o devedor é titular de um direito que, sem negar a existência da pretensão do credor, a ela se opõe, encobrindo-a ou extinguindo-a.

19.3. Essas são categorias eficaciais que se irradiam de relações jurídicas de direito material (= que resultam da incidência de normas jurídicas de direito material) e diferem, fundamentalmente, do conteúdo das relações jurídicas de direito formal (= que resultam da incidência de normas jurídicas processuais), uma vez que nestas os direitos ⇄ deveres, pretensões ⇄ obrigações, e exceções se referem ao exercício da pretensão à tutela jurídica (= direito de ação), da pretensão ao remédio jurídico processual e da correspectiva obrigação do Estado de fazer a prestação jurisdicional.

20. Sobre a classificação das relações jurídicas

20.1. As relações jurídicas podem ser classificadas segundo vários critérios, dos quais destacam-se, pela sua maior importância teórica e prática, os a seguir relacionados: (i) quanto à sua origem, em fundamentais e consequenciais; (ii) quanto à determinabilidade do sujeito passivo, em absolutas e relativas; (iii) quanto ao objeto, em reais e pessoais; (iv) quanto à natureza do conteúdo eficacial, em de direito material e de direito formal; (v) quanto à produção dos efeitos, em unigeradoras e multigeradoras; (vi) quanto ao ramo do Direito, em de direito público e de direito privado.

20.2. Sobre as relações jurídicas fundamentais e consequenciais.

20.2.1. São relações jurídicas fundamentais aquelas em que o núcleo do suporte fáctico é composto por uma relação interpessoal. O próprio fato jurídico já configura em si uma relação jurídica, com a possibilidade de produzir seu conteúdo eficacial específico.

20.2.2. Relações jurídicas consequenciais são aquelas que se irradiam de fato jurídico ou de outra relação jurídica, sem que já entrem no mundo jurídico como relações jurídicas.

20.2.3. A importância dessa classificação reside em que as relações jurídicas fundamentais, por serem originárias, constituem efeito mínimo e necessário dos fatos jurídicos de que dimanam, de modo que sempre serão irradiadas, independentemente da validade do ato jurídico, enquanto as relações jurídicas consequenciais, por serem derivadas, só se formam se o fato jurídico de que resultam for válido e eficaz.

20.3. Sobre as relações jurídicas de direito relativo e de direito absoluto.

20.3.1. De direito relativo é a relação jurídica que tem sujeito passivo determinado ou, ao menos, determinável. Por isso, a pretensão do sujeito ativo somente pode ser exigida do sujeito passivo específico, nunca de outro sujeito qualquer.

20.3.2. As relações de direito relativo são sempre de direito pessoal, quer sejam de crédito, mesmo que tenham bens corpóreos ou incorpóreos como objeto da prestação, quer sejam extrapatrimoniais, como as relações regidas pelo direito de família.

20.3.3. Relação jurídica de direito absoluto é aquela cujo sujeito passivo é sempre o *alter* (sujeito passivo total), de modo que todos, seja quem for, são sujeitos passivos.

20.3.4. Não são procedentes os argumentos em geral oferecidos contra a concepção dos direitos absolutos como direitos a sujeitos passivos totais, segundo os quais seria absurdo ter toda a humanidade como obrigada, se entendido que *alteridade* é conceito de teoria jurídica que não pode ser considerado sinônimo de *universalidade,* porque: (*a*) em primeiro lugar, *alteridade*, por ser conceito jurídico, supõe, necessariamente, limitação ao âmbito espacial de competência jurislativa de certa comunidade jurídica, de modo que somente se pode considerar sujeito passivo quem integre, permanente ou transitoriamente, a comunidade jurídica em que está inserido o titular do direito absoluto, estando sujeito a seu ordenamento jurídico (as relações jurídicas têm o mesmo âmbito de valência do sistema jurídico a que pertencem as normas jurídicas que criam os fatos jurídicos de que se irradiam); (*b*) ainda, que *alteridade* se refere a indeterminação individual do sujeito, não à universalidade de sujeitos (daí parecer imprópria a expressão *sujeito passivo universal* usada por alguns doutrinadores).

20.3.5. As relações jurídicas de direito absoluto podem ser de direito pessoal ou de direito real, sendo de abstenção as obrigações delas decorrentes.

21. Sobre as relações jurídicas reais e pessoais

21.1. *Relação jurídica real* é aquela que tem por objeto um bem, corpóreo ou incorpóreo, sobre que recaem os direitos, pretensões e ações que são seu conteúdo, cujo exercício pelo titular independe da cooperação de terceiro.

21.1.1. Somente coisas (= bens corpóreos) ou bens imateriais podem ser objeto de relação jurídica real.

21.1.2. O direito real vincula diretamente o bem objeto da relação jurídica (= direito de sequela), de maneira que o segue para onde for, só cessando em razão das causas previstas em normas jurídicas específicas.

21.1.3. Toda relação jurídica real tem eficácia *erga omnes,* o que a caracteriza como de direito absoluto.

21.1.4. O exercício do direito real por seu titular independe da cooperação de terceiros. Essa constitui a característica distintiva entre a relação de direito real e a de direito pessoal.

21.2. A *relação jurídica de direito pessoal* se caracteriza por ter como objeto uma promessa de prestação, omissiva ou comissiva, mesmo quando o dever seja de prestar com uma coisa ou bem imaterial (= objeto da prestação).

21.2.1. Em razão de seu objeto, a relação jurídica pessoal tem seu fundamento essencial na necessidade de cooperação do devedor para sua realização.

21.2.2. As relações jurídicas pessoais se classificam em (*a*) *patrimoniais*, assim consideradas aquelas que geram direitos e deveres referentes a créditos, e por isso são também denominadas relações jurídicas de crédito, e (*b*) *extrapatrimoniais*, aquelas em que os direitos e deveres não têm conteúdo econômico, mas se fundam em valores morais, espirituais, no amor, na solidariedade humana.

22. Sobre as relações jurídicas de direito material e de direito formal

22.1. Relações jurídicas de direito material são aquelas de que resultam (*a*) direitos que podem subjetivar-se (direito subjetivo, coletivo e individual homogêneo), (*b*) direito transindividual ou, ainda, (*c*) direitos públicos que não se subjetivam. Decorrem, necessariamente, de fatos jurídicos criados pela incidência de normas jurídicas de direito material (= substancial).

22.2. Relações jurídicas de direito formal são aquelas que se irradiam de fatos jurídicos nascidos da incidência de normas jurídicas de direito formal. São, em essência, as relações jurídicas processuais. Não são geradoras de direitos subjetivos, transindividuais, nem de direito público, que não se subjetivam. Seu conteúdo eficacial se resume a pretensões pré-processuais, como a pretensão à tutela jurídica, ou simplesmente processuais (que se limitam ao processo). A eficácia de seu conteúdo é restrita ao âmbito processual. Não se projetam além delas.

23. Sobre as relações jurídicas unigeradoras e multigeradoras

23.1. São relações jurídicas unigeradoras as de que somente se irradia um direito, pretensão, ação e exceção, e uma só vez, esgotando-se seu conteúdo eficacial.

23.2. Multigeradoras são as relações jurídicas que permanecem, no tempo, irradiando, sucessivamente, direitos, pretensões, ações, exceções e seus correspectivos deveres, obrigações, situações de acionado e de exceptuados.

23.2.1. As relações jurídicas multigeradoras, em geral, têm duração maior do que seus efeitos, de modo que sua eficácia se extingue mas continua ela a existir e a produzir novos efeitos. Pode, outrossim, ocorrer o contrário: extinguir-se a relação, persistindo os efeitos que produziu.

24. Sobre as relações jurídicas de direito público e de direito privado

24.1. A distinção entre as relações jurídicas de direito público e de direito privado se funda em dois dados essenciais: (*a*) a natureza dos sujeitos e (*b*) a predominância do interesse que a preside.

24.2. Constituem dados característicos essenciais das relações jurídicas de direito público terem, necessariamente, (*a*) como um dos seus termos uma pessoa jurídica de direito público e (*b*) dizerem respeito a interesse público predominante. Considerando suas peculiaridades, as relações jurídicas processuais e tributárias são espécies de direito público que merecem uma análise específica.

25. Sobre as relações jurídicas processuais

25.1. As relações jurídicas processuais se formam, basicamente, entre o sujeito jurídico que exerce sua pretensão à tutela jurídica e o Estado, presentado pelo juiz, a quem cabe a obrigação de cumprir a prestação jurisdicional, proferindo provimento que realize o direito objetivo (= sentença de mérito ou provimento de satisfação do direito do exequente).

25.2. Sempre que há demanda, rege a relação jurídica o princípio da angularidade necessária, de modo que se forma entre o sujeito ativo, denominado autor, e o juiz e entre este e o sujeito passivo, denominado réu, de forma angular.

25.3. A angularidade não é essencial à configuração da relação jurídica processual, mas necessária quando houver demandado (réu).

25.4. O juiz faz parte da relação jurídica processual como termo (= sujeito), porém nunca pode ser considerado como parte. Partes são apenas autor, réu e terceiros interessados que ingressem na relação processual.

25.5. A relação jurídica processual nunca se estabelece entre as partes, mas, sempre, entre as partes e o juiz, de modo que as partes jamais se comunicam diretamente entre si, senão com a intermediação do juiz.

25.6. As relações jurídicas processuais, diferentemente das de direito material que criam direitos e pretensões, eventualmente, ações e exceções, que se podem subjetivar e são oponíveis a sujeitos de direito determinados, ou determináveis, ou a sujeitos passivos totais, têm conteúdo eficacial cujos direito $\rightleftarrows$ deveres, pretensões $\rightleftarrows$ obrigações são de natureza exclusivamente processual e de titularidade exclusiva de sujeitos jurídicos determinados, que nascem *dentro* de seu âmbito e a eles se limitam.

25.7. Cada uma das partes (autor e réu), individualmente, é sujeito de direitos e de deveres que são correlatos de direitos e deveres de que o juiz é o sujeito (sem ser parte). Por isso, autor, juiz e réu são, na relação jurídica processual, correlativa e simultaneamente, sujeitos ativos e passivos dos direitos e deveres que constituem seu conteúdo específico.

25.8. O objeto da relação jurídica processual consiste na promessa do Estado de prestar a tutela jurisdicional, proferindo provimento (sentença) sobre a pretensão (sentido vulgar) que alguém lhe deduz (*res in iudicio deducta*), com o fito de realizar o direito objetivo que se entende infringido.

25.9. As pretensões e as ações deduzidas em juízo pelo autor ou por ele e o réu, a *res in iudicio deducta*, que, em geral, são de direito material, constituem o objeto litigioso no processo civil, e tão somente o mérito da causa sobre o qual se deve manifestar o juiz; não são, porém, o objeto da relação jurídica processual que se consubstancia na promessa do Estado-juiz de realizar a prestação jurisdicional.

26. Sobre a relação jurídica tributária

26.1. Relação jurídica tributária é aquela que se irradia de fato jurídico tributário, assim classificado o que resulta da incidência de normas jurídicas tributárias cuja eficácia consista (*a*) em imposições financeiras destinadas a prover as atividades públicas de meios para custeá-las, mesmo que não sejam tributos em sentido estrito, ainda quando desenvolvidas por entes privados, e também (*b*) a imposição de exigências instrumentais e formais que se destinem a tornar possível a operatividade da instituição tributária.

26.2. A relação jurídica tributária tem sempre natureza (*a*) de direito público, mesmo quando o titular de seu polo ativo seja entidade de direito privado, (*b*) de direito relativo, uma vez que seu sujeito passivo é sempre determinado, e (*c*) de direito pessoal de crédito, pois a obrigação principal que dela resulta consiste em uma promessa do sujeito passivo de pagamento do tributo (*lato sensu*) devido.

26.3. O sujeito ativo da relação jurídica tributária é o ente, público ou privado, a quem as normas constitucionais ou legais imputam a competência para efetivar a imposição tributária, que consiste na atribuição de efetuar o lançamento, a arrecadação e a fiscalização do tributo respectivo.

26.4. No direito brasileiro, o poder de instituir tributos não se confunde com a competência para efetivar a imposição tributária, embora, na maioria dos casos, compitam à mesma pessoa jurídica de direito público a instituição do tributo e sua imposição. Um constitui competência de legislar, poder de editar normas jurídicas que definem o fato jurídico tributário e lhe imputam a eficácia jurídica específica; a outra consiste no exercício de atividade administrativa de praticar os atos jurídicos necessários à aplicação da norma jurídica tributária incidente (= lançamento, arrecadação e fiscalização). Em geral, o poder de instituir tributos e a competência para imposição tributária constituem atribuição da mesma pessoa jurídica. No entanto, há espécies em que dizem respeito a pessoas jurídicas distintas.

26.5. O ente público ou privado, pessoa física ou jurídica, que tem o dever, e a consequente obrigação, (*a*) de recolher o tributo devido e de (*b*) cumprir as exigências instrumentais e formais que se destinem a tornar possível a operatividade da instituição tributária, é o sujeito passivo da relação jurídica tributária, mesmo que não seja seu contribuinte em sentido estrito.

26.6. Em caso de substituição tributária, são sujeitos passivos da relação jurídica tributária (*a*) o chamado contribuinte substituto, porque lhe cabe o dever de lançar (por delegação) ou de recolher o tributo, e (*b*) o substituído, porque lhe competem obrigações instrumentais e formais relativas à atividade tributária.

27. Sobre o objeto da relação jurídica tributária

27.1. Constitui objeto da relação jurídica tributária, por se tratar de uma relação pessoal de crédito, uma promessa de prestação do contribuinte de satisfazer a imposição tributária devida.

27.2. A circunstância de serem impositivas as consequências das relações jurídicas tributárias não altera o ser uma promessa do contribuinte o objeto da relação jurídica tributária, uma vez que ninguém é contribuinte senão inserindo-se em situação fáctica ou jurídica que constitua suporte fáctico de norma jurídica tributária.

BIBLIOGRAFIA

ABBAGNANO, Nicola. *Dicionário de filosofia*. Trad. Alfredo Bosi et al. São Paulo: Mestre Jou, 1970.

ABRANTES, José João. *Excepção de não cumprimento do contrato no direito civil português*: conceito e fundamento. Coimbra: Almedina, 1986.

ABREU, José. *O negócio jurídico e sua teoria geral*. São Paulo: Saraiva, 1984.

AFTALIÓN, Enrique R.; OLANO, Fernando Garcia; VILLANOVA, José. *Introducción al derecho*. 8. ed. Buenos Aires: La Ley, 1967.

AGUILA, Ramón Domínguez. *Teoría general del negocio jurídico*. Santiago: Ed. Jurídica de Chile, 1875.

AHRENS, Henri. *Cours de droit naturel ou de philosophie du droit*. 7. ed. Leipzig: F. A. Brockhaus, 1975.

ALDAZ, Carlos Martinez de Aguirre y. *El derecho civil a finales del siglo XX*. Madrid: Tecnos, 1991.

ALESSI, Renato. *Instituciones de derecho administrativo*. Trad. Buenaventura Pellisé Prats. Barcelona: Bosch, 1970.

ALLARA, Mario. *Le nozione fondamentali del diritto civile*. 5. ed. Torino: Giappichelli, 1958.

————. *La teoria generale del contrato*. 2. ed. (reimpr.). Torino: Giappichelli, [s.d.].

ALPA, Guido. *Istituzioni di diritto privato*. 2. ed. Torino: UTET, 1997.

ALPA, Guido; ANSALDO, Anna. *Il Codice Civile commentario*: le persone fisiche. Milano: Giuffrè, 1996.

ALPA, Guido; BESSONE, Mario. *Elementi di diritto civile*. Milano: Giuffrè, 1990.

ALVES, José Carlos Moreira (*vide* MOREIRA ALVES).

AMARAL NETO, Francisco dos Santos. *Da irretroatividade da condição suspensiva no direito civil brasileiro*. Rio de Janeiro: Forense, 1984.

AMATO, Salvatore. *Il soggetto e il soggetto di diritto*. Torino: Giappichelli, 1990.

ANDRADE, Manuel A. Domingues de. *Teoria geral da relação jurídica.* Coimbra: Almedina, 1974.

ANDRÉ, Vicente O. P., Ph I. *Génesis y desarrollo del voluntarismo jurídico.* Trad. Carlos R. Sanz. Buenos Aires: Ghersi Ed., 1978.

ÁNGELIS, Barrios de. *Teoría del proceso.* Buenos Aires: Depalma, 1979.

ARCILA, Carlos Ramírez. *Teoría de la acción.* Bogotá: Ed. Temis, 1969.

ASCENÇÃO, José de Oliveira. *O direito*: introdução e teoria geral. Lisboa: Fundação Calouste Gulbenkian, 1978.

———. *Teoria geral do direito civil.* Lisboa: F. D. L., 1995/1996.

———. *Direito civil*: teoria geral. Coimbra: Coimbra Ed., 1998.

———. *Relações jurídicas reais.* Lisboa: Livr. Morais, 1962.

ATALIBA, Geraldo. *Hipótese de incidência tributária.* 4. ed. São Paulo: Revista dos Tribunais, 1990.

AUBRY ET RAU. *Cours de droit civil français.* 5. ed. Paris: LGDJ, 1897.

AZEVEDO, Antonio Junqueira de. *Negócio jurídico*: existência, validade e eficácia. São Paulo: Saraiva, 1974.

BARBERO, Domenico. *Sistema del derecho privado.* Trad. Santiago Sentís Melendo. Buenos Aires: EJEA, 1967.

BARROS, Ramón Meza. *Manual de derecho civil*: de las fuentes de obligaciones. Santiago: Ed. Jurídica de Chile, 1966.

BAUDRY-LACANTINERIE, G.; BARDE, L. *Trattato di diritto civile.* Trad. P. Bonfante, G. Pachione e A. Saffa. Milano: Vallardi, [s.d.].

BECKER, Alfredo Augusto. *Teoria geral do direito tributário.* 3. ed. São Paulo: Lejus, 1998.

BECKER, Henry. *Vide*: MAY, Gaston.

BETTI, Emilio. *Teoria generale del negozio giuridico.* 2. ed. (reimpr.) corrigida. Napoli: Ed. Scientifiche Italiane, 1994.

———. *Teoria geral do negócio jurídico.* Trad. Fernando Miranda. Coimbra: Coimbra Ed., 1969.

———. *Teoría general de las obligaciones*. Trad. Jose Luis de los Mozos. Madrid: Ed. Revista de Derecho Privado, 1969.

———. *Cours de droit civil comparé des obligations.* Milano: Giuffrè, 1958.

———. *Système du Code Civil allemand.* Paris: Sirey, 1965.

BEVILÁQUA, Clóvis. *Código Civil comentado.* Rio de Janeiro: Francisco Alves, 1916.

———. *Teoria geral do direito civil.* Campinas (SP): RED livros, 1999.

BIANCA, C. Massimo. *Diritto civile* (reimpr.). Milano: Giuffrè, 1998.

BINDER, Julius. *Derecho de sucesiones.* Trad. José Luis Lacruz Berdejo. Barcelona: Labor, 1953.

BITTAR, Carlos Alberto. *Os direitos da personalidade.* Rio de Janeiro: Forense Universitária, 1989.

———. *Teoria geral do direito civil.* Rio de Janeiro: Forense Universitária, 1991.

BITTAR, Djalma. *Relação jurídica tributária em nível lógico.* São Paulo: LTr, 1993.

———. *Relação jurídica tributária instrumental.* São Paulo: LTr, 2002.

BLOCH, Leo. *Instituciones romanas.* 2. ed. Trad. Guillermo Zotter. Barcelona: Labor, 1942.

BOBBIO, Norberto. *Teoria della norma giuridica.* Torino: Giappichelli, 1958.

———. *O positivismo jurídico*: lições de filosofia do direito (compiladas por Nello Morra). Trad. Márcio Pugliesi, Edson Bini e Carlos E. Rodrigues. São Paulo: Ícone, 1995.

———. *Teoria do ordenamento jurídico.* Trad. Cláudio Cicco e Maria Salete C. J. Santos. São Paulo-Polis-Brasília: Ed. Universidade de Brasília, 1989.

———. *Contribuición a la teoría del derecho.* 2. ed. (a cargo de Alfonso Ruiz Miguel). Madrid: Ed. Debate, 1990.

BOCKELMANN, Paul. The principles of the rule of law. In: *Law and State,* v. 4 (1971).

BODENHEIMER, Edgar. *Ciência do direito, filosofia e metodologia jurídica.* Trad. Eneas Marzano. Rio de Janeiro: Forense, [s.d.].

BOLAFFI, Renzo. *Le eccezioni nel diritto sostanziale.* Milano: SEL, 1936.

BONNARD, Roger. *Précis de droit administratif.* Paris: Sirey, 1935.

BONNECASE, Julien. *Elementos de derecho civil.* Trad. José M. Cajica Jr. Puebla: Ed. José M. Cajica Jr., 1945.

———. *Traité théorique et pratique de droit civil* de G. Baudry-Lacantinerie. Suplemento. Paris: Sirey, 1926.

BORGES, José Souto Maior. *A obrigação tributária*: uma introdução metodológica. São Paulo: Saraiva, 1984.

———. *Isenções tributárias*. 2. ed. São Paulo: Sugestões Literárias, 1980.

BORGHI, Hélio. *Teoria da aparência no direito brasileiro*. São Paulo: Lejus, 1999.

BRAGA NETTO, Felipe. *Manual de defesa do consumidor*: à luz da jurisprudência do STJ. 14. ed. Salvador: JusPodivm, 2019.

———. *Vide* ROSENVALD.

BRETONE, Mario. *História do direito romano.* Trad. Isabel Teresa Santos e Hossein Seddighzaedh Shooja. Lisboa: Ed. Estampa, 1990.

BRISEÑO (SIERRA), Humberto. *Categorias institucionales del proceso.* Puebla: Ed. José M. Cajica Jr., 1956.

BULOW, Oskar von. *La teoría de las excepciones procesales y presupuestos procesales*. Trad. Miguel Angel Rosas Lichtschein. Buenos Aires: EJEA, 1964.

BUNGE, Mario. *La causalidad*: el principio de causalidad en la ciencia moderna. Trad. Hernán Rodriguez. Buenos Aires: Ed. Sudamericana, 1997.

CAENEGEM, R. C. van. *Uma introdução histórica ao direito privado.* Trad. Carlos Eduardo Machado. Rev. Eduardo Brandão. São Paulo: Martins Fontes, 1995.

CAMMARATA, Angelo Ermanno. *Formalismo e sapere giuridico*: studi. Reimpr. Milano: Giuffrè, 1963.

CAMPELLO, Manoel Netto Carneiro. *Direito romano.* Rio de Janeiro: Francisco Alves, 1929.

CAPITANT, Henri. *De la cause des obligations.* 3. ed. Paris: Dalloz, 1927.

CARBONNIER, Jean. *Sociologia jurídica.* Trad. Diogo Leite de Campos. Coimbra: Almedina, 1979.

CARIOTA-FERRARA, Luigi. *I negozi sul patrimonio altrui con particolare riguardo alla vendita di cosa altrui.* Padova: A. Milani, 1936.

CARNELLI, Larenzo. *Tiempo y derecho.* Buenos Aires: Libr. Jurídica, 1952.

CARNELUTTI, Francesco. *Estudios de derecho procesal.* Trad. Santiago Sentís Melendo. Buenos Aires: EJEA, 1952.

———. *Teoría general del derecho.* Trad. Francisco Javier Osset. Madrid: Ed. Revista de Derecho Privado, 1955.

———. *Metodologia do direito.* Trad. Luis da Câmara Pinto Coelho. Lisboa: Esc. Tipográfica das Oficinas São José, 1940.

CARRIÓ, Genaro R. *Sobre el concepto de deber jurídico.* Buenos Aires: Abeledo-Perrot, 1966.

CARVALHO, Manuel Vilhena de. *O nome das pessoas e o direito.* Coimbra: Almedina, 1989.

CARVALHO, Orlando de. *A teoria geral da relação jurídica*: seu sentido e limite. 2. ed. Coimbra: Ed. Centelha, 1981.

CARVALHO, Paulo de Barros. *Curso de direito tributário.* 9. ed. São Paulo: Saraiva, 1997.

———. *Direito tributário*: fundamentos jurídicos da incidência. São Paulo: Saraiva, 1998.

———. *Teoria da norma tributária.* 3. ed. São Paulo: Max Limonad, 1998.

CASSIN, René. *L'exception tirée de la inexécution dans les rapports synallagmatiques (exception non adimpleti contractus).* Paris: Sirey, 1914.

CASTRO, Torquato. O fato jurídico. *Anuário do Mestrado em Direito, da Faculdade de Direito do Recife*, ano 2, n. 3, 1984.

———. *Teoria da situação jurídica em direito privado nacional*: estrutura, causa e título legitimário do sujeito. São Paulo: Saraiva, 1985.

CASTRO Y BRAVO, Federico. *El negocio jurídico.* Madrid: Ed. Civitas, 1991.

———. *La persona jurídica.* 2. ed. (reimpr.). Madrid: Ed. Civitas, 1991.

CATTANEO, Giovanni. *La cooperazione del creditore all'adempimento.* Milano: Giuffrè, 1964.

CAVALCANTI, José Paulo. *Direito civil*: escritos diversos. Rio de Janeiro: Forense, 1983.

———. *O penhor chamado alienação fiduciária em garantia.* Recife: [s.l.], 1989.

———. *O contrato consigo mesmo.* Rio de Janeiro-São Paulo: Freitas Bastos, 1956.

CHAPARRO, Enrique Ramos. *La persona y su capacidad civil*. Madrid: Tecnos, 1995.

CHIOVENDA, Giuseppe. *Saggi di diritto processuale civile*. Roma: Foro Italiano, 1930.

CICALA, Francesco Bernardino. *Il rapporto giuridico*. 4. ed. Milano: Giuffrè, 1959.

CIMBALI, Eurico. *A nova fase do direito civil*. Trad. Aderbal de Carvalho. Porto-Rio de Janeiro: Livr. Chardron/Livr. Clássica, 1900.

COELHO, A. Ferreira. *Código Civil dos Estados Unidos do Brasil*. Rio de Janeiro: Officinas Gráficas do Jornal do Brasil, 1922.

COELHO, Fábio Ulhoa. *Curso de direito civil*. São Paulo: Saraiva, 2003. v. 1.

________. *Comentários à lei de falências e de recuperação de empresas*. 13. ed. rev. e atual. São Paulo: Thomson Reuters Brasil, 2018.

COLIN, Ambroise; CAPITANT, Henri. *Cours élémentaire de droit civil français*. 7. ed. Paris: Dalloz, 1931.

COSSIO, Carlos. *Teoría de la* verdad *jurídica*. Buenos Aires: Ed. Losada, 1954.

COSTA, Wille Duarte. *Relação jurídica*. Belo Horizonte: Del Rey, 1994.

COTTA, Sergio. *Soggetto umano-soggetto giuridico*. Milano: Giuffrè, 1997.

COUTO E SILVA, Clóvis V. do. *A obrigação como processo*. São Paulo: Bushatsky, 1976.

COVELLO, Sergio Carlos. *A obrigação natural*. São Paulo: Ed. Universitária de Direito, 1996.

COVIELLO, Nicola. *Manuale di diritto civile italiano*: parte generale. Milano: SEL, 1929.

CRISCUOLI, Giovanni. *La nullità parziale del negozio giuridico*: teoria generale. Milano: Giuffrè, 1969.

CROME, Karl. *Diritto privato francese moderno*. Trad. e notas de A. Ascoli e F. Cammeo. Milano: SEL, 1906.

CUNHA, Paulo Ferreira da. *Problemas fundamentais de direito*. Porto: Rés, [s.d.].

DABIN, J. *La teoría de la causa*. Trad. Francisco de Pelsmaeker. Madrid: Ed. Revista de Derecho Privado, 1929.

DAIBERT, Jefferson. *Introdução ao direito civil*. Rio de Janeiro: Forense, 1971.

DANTAS, Francisco Wildo Lacerda. *Jurisdição, ação (defesa) e processo.* São Paulo: Ed. Dialética, 1997.

DAVID, René. *Tratado de derecho civil comparado.* Trad. Javier Osset. Madrid: Ed. Revista de Derecho Privado, 1953.

————. *Les grands systèmes de droit contemporains.* 5. ed. Paris: Dalloz, 1973.

DE GASPERI, Luis. *Tratado de las obligaciones.* Buenos Aires: Depalma, 1945.

DEGNI, Francesco. *Le persone fisiche e i diritti della personalità.* Torino: UTET, 1939.

DELL'OLIO, Matteo. *I soggetti e l'oggetto del rapporto di lavoro.* Torino: UTET, 1998.

DEL VECCHIO, Giorgio. *Lições de filosofia do direito.* 3. ed. Trad. Antônio José Brandão. Coimbra: Arménio Amado Ed., 1959.

————. *Supuestos, conceptos y principios del derecho* (*trilogia*). Trad. Cristobal Niasso Escofet. Barcelona: Bosch, 1962.

————. *Los principios generales del derecho.* 3. ed. Trad. Juan Ossorio Morales. Barcelona: Bosch, 1978.

DE MORELLO, Augusto M. *Tratado de derecho civil.* Buenos Aires: TEA, 1964.

DE PAGE, Henri. *Traité élémentaire de droit civil belge.* 2. ed. Bruxelles: Émile Bruylant, 1942.

DERNBURG, Heinrich. *Pandette.* Trad. Francesco Bernardino Cicala. Torino: Fratelli Bocca, 1906.

DÍEZ-PICAZO, Luis; GULLÓN, Antonio. *Sistema de derecho civil.* 7. ed. Madrid: Tecnos, 1995.

DINIZ, Maria Helena. *Curso de direito civil brasileiro.* 16. ed. São Paulo: Saraiva, 2000.

DI PIETRO, Maria Sylvia Zanella. *Direito administrativo.* 8. ed. São Paulo: Atlas, 1997.

DOUCET, Michel. *Dictionnaire juridique et economique* (Wörterbuch der deutschen und französischen Rechtssprache). Paris: Librairies Tecniques; Munchen-Berlin: C. H. Beck'sche Verlagsbuchhandlung, 1960.

DUCLOS, Michèle. *Rome et le droit.* Paris: LGDJ, 1996.

DUGUIT, Léon. *Las transformaciones generales del derecho privado desde el Código de Napoleón.* 2. ed. Trad. Carlos G. Posada. Madrid: Libr. Española y Extranjera, [s.d.].

———. *Traité de droit constitutionnel.* Paris: Fontemoing & Cie., 1911.

DUMONTO-KISLIAKOFF, Nadia. *La simulation en droit romain.* Paris: Cujas, 1970.

DUSI, Bartolomeo. *Istituzioni di diritto privato.* 7. ed. renovada e ampliada por Sergio Maiorca. Torino: Giappichelli, 1977.

ECHAVE, Delia Teresa; URQUIJO, Maria Eugenia; GUIBOURG, Ricardo A. *Lógica, proposicion y norma.* 3. reimpr. Buenos Aires: Ed. Astrea, 1991.

EHRHARDT JR., Marcos. *Direito civil*: LINDB e parte geral. 2. ed. Salvador: Juspodivm, 2011. v. 1.

ENGISCH, Karl. *Introdução ao pensamento jurídico.* 3. ed. Trad. Baptista Machado. Lisboa: Fundação Calouste Gulbenkian, 1972.

ENNECCERUS, Ludwig; KIPP, Theodor; WOLFF, Martin. *Tratado de derecho civil.* 2. ed. Trad. Bías Pérez Gonzáles e José Alguer. Barcelona: Bosch, 1953.

ESPÍNOLA, Eduardo. *Sistema do direito civil.* Edição histórica. Rio de Janeiro: Ed. Rio, 1977.

FACHIN, Luiz Edson. *Teoria crítica do direito civil.* Rio de Janeiro-São Paulo: Renovar, 2000.

———. *Novo conceito de ato e negócio jurídico.* Curitiba: EDUCA/ Scientia et Labor, 1988.

FAGUNDES, Miguel Seabra. *O controle dos atos administrativos pelo poder judiciário*. São Paulo: Saraiva, 1984.

FALCÃO, Amílcar de Araújo. *Fato gerador da obrigação tributária.* Rio de Janeiro: Ed. Financeiras, 1964.

FALZEA, Ângelo. *Introduzione alle scienze giuridiche*. 5. ed. Milano: Giuffrè, 1996.

FERNANDES, Luís A. Carvalho. *Teoria geral do direito civil.* Lisboa: Lex, 1995.

FERRARA, Francesco. *Teoría de las personas jurídicas.* Trad. Eduardo Ovejero y Maury. Madrid: Ed. Reus, 1929.

FERRARI, Regina Maria Macedo Nery. *Efeitos da declaração de inconstitucionalidade*. 2. ed. São Paulo: Revista dos Tribunais, 1990.

FERRAZ JR., Tercio Sampaio. *Teoria da norma jurídica*. Rio de Janeiro: Forense, 1978.

————. *Conceito de sistema no direito*. São Paulo: Revista dos Tribunais, 1976.

————. *Introdução ao estudo do direito*. 3. ed. São Paulo: Atlas, 2001.

FRIEDRICH, Carl J. *La filosofía del derecho*. Trad. Margarita Alvarez Franco. 1. ed. esp. (5. reimpr.). México (DF): Fondo de Cultura Económica, 1993.

GALGANO, Francesco. *Diritto privato*. 10. ed. Milano: Cedam, 1999.

————. *El negocio jurídico*. Trad. Francisco de P. Blasco Gascó e Lorenzo Prats Albentosa. Valencia: Tirant lo Blanch, 1992.

GALLI, Gianni. *Il problema dell'erede apparente*. Milano: Giuffrè, 1971.

GARCIA DEL CORRAL, Ildefonso L. *Cuerpo del derecho civil romano*. Fac-símile da edição de 1889. Valladolid: Ed. Lex Nova, [s.d.].

GASPERI, Luis de. *Tratado de derecho civil*. Buenos Aires: Ed. Tipográfica Argentina, 1964.

GASSET, Ramon Badenes. *Conceptos fundamentales del derecho*: las relaciones jurídicas patrimoniales. 2. ed. Barcelona: Boixareu, 1974.

GAUDEMET, Eugéne. *Théorie générale des obligations*. Paris: Sirey, 1937.

GIANNINI, Massimo Severo. *Diritto ammnistrativo*. 2. ed. Milano: Giuffrè, 1988.

GIOVANNI, Biaggio. *La nulità nella logica del diritto*. Napoli: Morano, 1964.

GIOVENE, Achile. *Negozio giuridico rispetto ai terzi*. 2. ed. Torino: UTET, 1917.

GOLDSCHIMIDT, James. *Problemas generales del derecho*. Buenos Aires: Depalma, 1944.

GOMES, Danilo Heber. *Ato procesual (in)existente*. Curitiba: Juruá, 2013.

GOMES, Orlando. *Direito privado*: novos aspectos. Rio de Janeiro-São Paulo: Freitas Bastos, 1961.

————. *Transformações gerais do direito das obrigações*. São Paulo: Revista dos Tribunais, 1967; 2. ed. 1980.

———. *Introdução ao direito civil.* 10. ed. Rio de Janeiro: Forense, 1993.

———. *Obrigações.* 6. ed. Rio de Janeiro: Forense, 1981.

———. *Direitos reais.* 8. ed. Rio de Janeiro: Forense, 1983.

———. *Direito de família.* 7. ed. Rio de Janeiro: Forense, 1993.

GONÇALVES, Luiz da Cunha. *Tratado de direito civil.* Rio de Janeiro: Max Limonad, 1955.

GRASSI, Silvério. *I nascituri concepiti e i concepiti artificiali.* Torino: Giappichelli, 1995.

GRASSO, Biagio. *Eccezione d'inadempimento e risoluzione del contrato.* Camerino: Jovene, 1973.

GRAU, Eros Roberto. Ônus, dever e obrigação: conceitos e distinções. *RT*, 559/50.

GROPPALI, Alessandro. *Introdução ao estudo do direito.* 3. ed. Trad. Manoel Alarcão. Coimbra: Coimbra Ed., 1978.

GURVITCH, Georges. *Sociology of law.* 2. ed. Londres: Routledge & Kegan Paul Limited, 1953.

GUSMÃO, Paulo Dourado de. *Introdução ao estudo do direito.* 8. ed. Rio de Janeiro: Forense, 1978.

HAURIOU, Maurice. *La teoría de la institución y de la fundación.* Trad. Arturo Enrique Sampay. Buenos Aires: Abeledo-Perrot, 1968.

HAUSER, Jean. *Objetivisme et subjectivisme dans l'acte juridique.* Paris: LGDJ, 1971.

HEDEMANN, Justus Wilhelm. *Vide* LEHMANN, Heinrich.

HENKEL, Heinrich. *Introducción a la filosofía del derecho.* Trad. Enrique Gimbernat Ordeig. Madrid: Ed. Taurus, 1968.

HESSE, Konrad. *Elementos de direito constitucional da República Federal da Alemanha.* Trad. Luís Afonso Heck. Porto Alegre: Sergio A. Fabris, Editor, 1998.

HÖRSTER, Heinrich Ewald. *A parte geral do Código Civil português*: teoria geral do direito civil. Coimbra: Almedina, 1992.

HUC, Theóphile. *Commentaire théorique & pratique du Code Civil.* Paris: F. Pichon, Sucesseur, 1894.

IHERING, Rudolf von. *A evolução do direito (Zweck im Recht).* Salvador: Livr. Progresso, 1953 (sem indicação de tradutor).

IRTI, Natalino. *Introduzione allo studio del diritto privato.* 3. ed. Torino: Giappichelli, 1976.

IVO, Gabriel. A incidência da norma jurídica. *Revista Trimestral de Direito Civil,* ano 1, v. 4, p. 23, out./dez. 2000.

JARACH, Dino. *O fato imponível.* Trad. Dejalma de Campos. São Paulo: Revista dos Tribunais, 1989.

———. *El hecho imponible.* 3. ed. Buenos Aires: Abeledo-Perrot, 1996.

JELLINECK, Georg. *Teoría general del Estado.* Trad. Fernando de los Ríos Urruti. México (DF): Ed. Continental, 1958.

JÖRS, Paul; KUNKEL, Wolfgang. *Derecho privado romano.* Trad. L. Prieto Castro. Barcelona: Labor, 1965.

JOSSERAND, Louis. *Les mobiles dans les actes juridiques du droit privé.* Paris: Dalloz, 1928.

———. *Cours de droit civil positif français.* 2. ed. Paris: Sirey, 1932.

———. *Concepto, fundamento y concreción del derecho.* Vários tradutores. Buenos Aires: Abeledo-Perrot, 1982.

JUSTEN FILHO, Marçal. *Desconsideração da personalidade societária no direito brasileiro.* São Paulo: Revista dos Tribunais, 1987.

KANT, Immanuel. *Principios metafísicos de la doctrina del derecho.* Seleção, prólogo e notas de Arnaldo Córdova. México (DF): Dirección General de Publicaciones, 1968.

KASER, Max. *Direito privado romano.* Trad. Samuel Rodrigues e Ferdinand Hämmerle. Lisboa: Fundação Calouste Gulbenkian, 1999.

KAUFMANN, Armin. *Teoría de las normas.* Trad. Enrique Bacigalupo e Ernesto Garzón Valdés. Buenos Aires: Depalma, 1977.

KAUFMANN, Arthur. *Analogía y naturaleza de la cosa.* Trad. Enrique Barros Bourie. Santiago: Ed. Jurídica de Chile, 1976.

KELSEN, Hans. *Teoría general del Estado.* Trad. L. Legaz y Lacambra. México: Ed. Nacional, 1957.

———. *Teoría pura del derecho*: introducción a la ciencia del derecho. 2. ed. Trad. Moisés Nilve. Buenos Aires: EUDEBA, 1960.

———. *Teoria pura do direito.* 2. ed. Trad. João Batista Machado. Coimbra: Arménio Amado Ed., 1962.

———. *Teoria pura do direito.* 6. ed. 4. tir. Trad. João Batista Machado. São Paulo: Martins Fontes, 2000.

———. *Teoria geral das normas*. Trad. José Florentino Duarte. Porto Alegre: Sérgio A. Fabris, Editor, 1986.

———. *General theory of norms*. Trad. Michael Hartney. Oxford: Clarendon Press, 1991.

KORKOUNOV, N. M. *Cours de théorie générale du droit*. Trad. M. J. Tchernoff. Paris: V. Giard & E. Brière, 1903.

KUORY, Suzy Elizabeth Cavalcante. *A desconsideração da personalidade jurídica ("disregard doctrine") e os grupos de empresas*. 2. ed. Rio de Janeiro: Forense, 1998.

LANDIM, Francisco. *A propriedade imóvel na teoria da aparência*. São Paulo: Ed. CD, 2001.

LARENZ, Karl. *Derecho civil*: parte general. Trad. Miguel Izqierdo y Macias-Picavea. Madrid: Ed. Revista de Derecho Privado Editoriales de Derecho Reunidas, 1978.

———. *Metodología de la ciencia del derecho*. Trad. Enrique Gimbernat Ordeig. Barcelona: Ed. Ariel, 1966.

———. *Derecho de obligaciones*. Trad. Jaime Santos Briz. Madrid: Ed. Revista de Derecho Privado, 1958.

LAURANT, F. *Cours élémentaire de droit civil*. Paris: Émile Bruylant/ Libr. A. Marescq Ainé, 1878.

LEGAZ Y LACAMBRA, Luiz. *Filosofía del derecho*. 3. ed. Barcelona: Bosch, 1972.

———. *Horizontes del pensamiento jurídico*. Barcelona: Bosch, 1947.

LEHMANN, Heinrich; HEDEMANN, Justus Wilhelm. *Tratado de derecho civil*. Trad. José Maria Navas. Madrid: Ed. Revista de Derecho Privado, 1956.

LEVENEUR, Laurent. Le choix des mots en droit des personnes et de la famille. In: *Les mots de la loi* (*Collection Études Juridiques*, sob a direção de Nicolas Molfessis). Paris: Economica, 1999.

LIMA, João Franzen de. *Curso de direito civil*. Rio de Janeiro-São Paulo: Forense, 1961.

LINDON, Raymond. *Les droits de la personnalité*. Paris: Dalloz, 1974.

LÍVIO, Tito. *História de Roma*. Trad. Paulo Matos Peixoto. São Paulo: PAUMAPE, 1989.

LLAMBIAS, Jorge Joaquim. *Efectos de la nulidad y de la anulación de los actos jurídicos*. Buenos Aires: Ed. Arayú, 1953.

LÔBO, Paulo Luiz Netto. *Do contrato no estado social.* Maceió: EDUFAL, 1983.

———. O controle da constitucionalidade das leis e o direito adquirido. *Revista de Informação Legislativa*, ano 27, n. 106, p. 37, abr./jun. 1990.

———. *O contrato*: exigências e concepções atuais. São Paulo: Saraiva, 1986.

———. *Condições gerais dos contratos e cláusulas abusivas*. São Paulo: Saraiva, 1991.

———. *Direito das obrigações*. Brasília: Brasília Jurídica, 1999.

———. *Teoria geral das obrigações.* São Paulo: Saraiva, 2005.

———. *Direito civil:* parte geral. 3. ed. São Paulo: Saraiva, 2012.

———. *Direito civil:* obrigações. 2. ed. São Paulo: Saraiva, 2011.

———. Função atual da pessoa jurídica. *Revista de Direito Civil,* n. 46, p. 50, out./dez. 1988.

LOMONACO, Giovanni. *Delle obbligazioni e dei contratti in genere.* 2. ed. reimpr. Napoli-Torino: Eugenio Marghieri/UTET, 1924.

LOPES, Miguel Maria de Serpa. *Curso de direito civil.* Rio de Janeiro: Freitas Bastos, 1953.

LUKIC, Radmir. *Théorie de l'Etat et du droit.* Trad. Marc Gjidara. Paris: Dalloz, 1974.

LUMIA, Giuseppe. *Lineamenti di teoria e ideologia del diritto.* 2. ed. Milano: Giuffrè, 1978.

MACHADO, Marcelo Lavénère. *Da parte geral do Projeto do Código Civil.* Maceió, 1973 (edição do Autor).

MACHADO NETO, Antonio Luiz. *Teoria da ciência jurídica.* São Paulo: Saraiva, 1975.

———. *Compêndio de introdução à ciência do direito.* 5. ed. São Paulo: Saraiva, 1984.

———. *Sociologia jurídica.* 5. ed. São Paulo: Saraiva, 1984.

MAIORCA, Sergio. *Istituzioni di diritto privato.* Torino: Giappichelli, 1983.

MALACHINI, Edson Ribas. *Ato administrativo.* Curitiba: Juruá, 1990.

MARQUES, José Frederico. *Manual de direito processual civil.* 13. ed. São Paulo: Saraiva, 1990.

MARTÍNEZ, Soares. *Filosofia do direito.* Coimbra: Almedina, 1991.

MARTY, G. *Derecho civil.* Trad. José M. Cajica Jr. Puebla: Ed. José M. Cajica Jr., 1952.

MAY, Gaston. *Éléments de droit romain.* 18. ed. Paris: Sirey, 1932.

MAY, Gaston; BECKER, Henry. *Précis des institutions du droit privé de Rome.* Paris: L. Larose & Forcel, 1892.

MAYNEZ, Eduardo García. *Introducción al estudio del derecho.* 21. ed. México: Porrúa, 1973.

———. *Filosofía del derecho.* 2. ed. México: Porrúa, 1977.

MAYNZ, Charles. *Cours de droit romain.* Bruxelles: Émile Bruylant, 1877.

MAZEAUD, Henri; Léon et Jean. *Lecciones de derecho civil.* Trad. Luiz Alcalá-Zamora y Castillo. Buenos Aires: EJEA, 1959.

MELLO, Marcos Bernardes de. *Teoria do fato jurídico*: plano da existência. 18. ed. São Paulo: Saraiva, 2012.

———. *Teoria do fato jurídico*: plano da validade. 12. ed. São Paulo: Saraiva, 2013.

———. *Breve estudo sobre a eficácia do negócio jurídico sob condição suspensiva. Anuário do Mestrado em Direito*, Recife, n. 213, 1984.

———. *Sobre a natureza jurídica da legitimidade "ad causam".* Maceió: Imprensa Oficial, 1973.

———. *Direito*: uma concepção de sua validade. Maceió: Imprensa Oficial, 1973.

———. Contribuição ao estudo da incidência da norma jurídica tributária. In: BORGES, José Souto Maior (coord.). *Direito tributário moderno*. São Paulo: Bushatsky, 1977.

———. Achegas para uma teoria das capacidades em direito. *Revista de Direito Privado*, n. 3, p. 9-34, jul./set. 2000 e *Direitos & Deveres* (Revista do CEJUR/ UFAL), ano II, n. 4. p. 3-40, jan./jun. 1999.

———. *Da revogação dos negócios jurídicos.* Maceió: Grafset, 1972.

———. *Aspectos do despacho saneador*. Tese. Maceió, publicação do autor, [s.d.].

———. Da ação como objeto litigioso no processo civil. *Teoria quinária da ação*: Estudos em homenagem a Pontes de Miranda nos 30 anos do seu falecimento. Coord. Eduardo José da Fonseca Costa, Luiz Eduardo Ribeiro Mourão e Pedro Henrique Pedrosa Nogueira, p. 367-404. Salvador: JusPodivm, 2010.

———. Breves anotações sobre a teoria do fato jurídico no âmbito do direito processual. In: DIDIER JR., Fredie; NOGUEIRA, Pedro Henrique; GOUVEIA FILHO, Roberto (coord.). *Pontes de Miranda e o processo*. Coletâneas ANNEP. Salvador: JusPodivm, 2021. p. 479-505.

MELO, José Xisto Gomes de. Preclusão da prescrição. *Letras Jurídicas*, ano I, n. 1, p. 16 e s.

MENDES, João de Castro. *Teoria geral do direito civil* (reimpr.). Lisboa: Associação Acadêmica da Faculdade de Direito de Lisboa, 1996.

MERKEL, Adolfo. *Enciclopédia jurídica*. Trad. W. Roces. Madrid: Ed. Reus, 1924.

MESSINEO, Francesco. *Manual de derecho civil y comercial*. Trad. Santiago Sentís Melendo. Buenos Aires: EJEA, 1971.

MIGUENS, Nina Ponssa de la Veja de. *Reglas de Ulpiano*. Buenos Aires: Ed. Lerner, 1970.

MIRABELLI, Giuseppe. *L'atto non negoziale nel diritto privato italiano*. Napoli: Jovene, 1955.

———. *Dei contratti in generale*. 2. ed. Torino: UTET, 1967.

MODUGNO, Franco. *Appunti per una teoria generale del diritto*: la teoria del diritto oggettivo. Torino: Giappichelli, 1994.

MOMMSEM, Theodor. *Compendio del derecho público romano*. Trad. Pedro Dorado Montero. Madrid: Jiménez Gil, Editor, 1999.

———. *Historia de Roma*. 6. ed. Trad. A. Garcia Moreno. Madrid: Aguilar, 1965.

MONCADA, Luis Cabral de. *Lições de direito civil*. 4. ed. Coimbra: Almedina, 1995.

———. *Filosofia do direito e do Estado*. Coimbra: Coimbra Ed., 1995.

MONTEIRO, Washington de Barros. *Curso de direito civil*. 36. ed. São Paulo: Saraiva, 1999.

MOREIRA ALVES, José Carlos. *Direito romano*. 8. ed. Rio de Janeiro: Forense, 1992.

———. *Posse*. Rio de Janeiro: Forense, 1990.

NADER, Paulo. *Introdução ao estudo do direito*. 3. ed. Rio de Janeiro: Forense, 1985.

NASCIMENTO, Carlos Valder do. *Crédito tributário*. Rio de Janeiro: Forense, 1986.

NEGRI, Hector. *El negocio jurídico* (*en la doctrina germano italiana*). *Separata de la Enciclopedia Jurídica Omeba.* Buenos Aires: Omeba,1965.

NEGULESCO, Démètre. *Le problème juridique de la personnalité morale.* Paris: Libr. Nouvelle de Droit et Jurisprudence, 1900.

NICHOLS-PUGH, Nina. Rapport Louisianais. *La Vérité et le Droit (Journées canadiennes).* Travaux de l'Association Henri Capitant, t. XXXVIII, p. 147, 1987.

NOBREGA, Vandick Londres da. *Compêndio de direito civil.* Rio de Janeiro: Freitas Bastos, 1971.

NOGUEIRA, Pedro Henrique Pedrosa. *Teoria da ação de direito material.* Salvador: JusPodivm, 2008.

NONATO, Orozimbo. *Curso de obrigações*: generalidades – espécies. Rio de Janeiro: Forense, 1959.

OERTMANN, Paul. *Introducción al derecho civil.* Trad. Luiz Sancho Seral. Barcelona: Labor, 1933.

OFFIDANI, Alessandro Mariano. *Contributo alla teoria della posizione giuridica*. Torino: Giappichelli, 1952.

OLIVEIRA, Arthur Vasco Itabaina de. *Tratado de direito das sucessões.* 5. ed. Rio de Janeiro: Freitas Bastos, 1957.

OLIVEIRA, J. M. Leoni Lopes de. *Direito civil*: introdução ao direito civil. 2. ed. Rio de Janeiro: Lumen Juris, 2000.

OLIVEIRA, José Lamartine Corrêa de. *A dupla crise da pessoa jurídica.* São Paulo: Saraiva, 1979.

ORGAZ, Alfredo. *Hechos y actos o negocios jurídicos.* Buenos Aires: Victor P. de Zavala, 1963.

ORTOLAN, M. *Compendio del derecho romano*. Trad. Francisco Perez de Anaya y Melquiades Perez Rivas. Buenos Aires: Atalaya, 1947.

OSPINA, F. Guillermo; OSPINA, A. Eduardo. *Teoría general de los actos o negocios jurídicos.* Bogotá: Ed Temis, 1980.

PALAZZOLO, Salvatore. *Il diritto come rapporto*. Milano: Giuffrè, 1994.

PASSARELLI, F. Santoro. *Teoria geral do direito civil*. Trad. Manoel Alarcão. Coimbra: Atlântida Ed., SARL, 1967.

————. *Doctrinas generales del derecho civil*. Trad. Agustín Luna Serrano. Madrid: Ed. Revista de Derecho Privado, 1964.

PELLAT. *Institutes de Gaíus, traduites et commentées*. Paris: Fain et Thunot, [s. d.].

PEREIRA, Caio Mário da Silva. *Instituições de direito civil*. 4. ed. Rio de Janeiro: Forense, 1974.

PEREIRA, Lafayette Rodrigues. *Direito das cousas*. Rio de Janeiro: Ed. Garnier, 1877.

PEREIRA, Moacir Araújo. Incidência: direito fiscal. In: *Repertório Enciclopédico do Direito Brasileiro*, v. 26.

PEREIRA, M. S. D. Neves. *Introdução ao direito e às obrigações*. Coimbra: Almedina,1992.

PERELMAN, Ch. *Logique juridique. Nouvelle rhétorique*. Paris: Dalloz, 1976.

PÉREZ, Jesús Gonzáles. *El derecho a la tutela jurisdiccional*. 2. ed. Madrid: Ed. Civitas, 1989.

PERLINGIERI, Pietro. *Profili del diritto civile*. 3. ed. Napoli: Ed. Scientifiche Italiane, 1994.

————. *La personalità umana nell'ordinamento giuridico*. Camerino: Jovene, [s. d.].

PÉRSICO, Giovanni. *L'eccezione d'inadempimento*. Milano: Giuffrè, 1955.

PESCATORE, Pierre. *Introduction à la science du droit*. Luxemburgo: Office des Imprimés de l'État, 1960.

PESSOA, Robertônio. *Curso de direito administrativo*. Brasília: Consulex, 2000.

PICARD, Edmond. *Le droit pur*. Bruxelles-Paris: F. Alcan, 1899.

PILLEBOUT, Jean-François. *Recherches sur l'exception d'inexécution*. Paris: LGDJ, 1971.

PINHO, Alessandra Gondim. *Fato jurídico tributário*. São Paulo: Max Limonad, 2001.

PINTO, Carlos Alberto Mota. *Teoria geral do direito civil*. Coimbra: Coimbra Ed., 1976.

PLANIOL, Marcel. *Traité élémentaire de droit civil.* 10. ed. Paris: LGDJ, 1927.

PLANITZ, Hans. *Principios de derecho privado germanico.* Trad. Carlos Melon Infante. Barcelona: Bosch, 1957.

PONTES DE MIRANDA, Francisco Cavalcanti. *Tratado de direito privado.*

———. *Comentários à Constituição de 1946.* 3. ed. Rio de Janeiro: Borsoi, 1960.

———. *Comentários à Constituição de 1967, com a Emenda n. 1, de 1969.* 2. ed. São Paulo: Revista dos Tribunais, 1970.

———. *Sistema de ciência positiva do direito.* 2. ed. Rio de Janeiro: Borsoi, 1972.

———. *Tratado das ações.* São Paulo: Revista dos Tribunais, 1970.

———. *Comentários ao Código de Processo Civil.* 5. ed. Rio de Janeiro: Forense, 1996.

———. *Introdução à política científica.* Rio de Janeiro: Forense,1983.

POTHIER, R. J. *Tratado de los contratos.* Buenos Aires: Atalaya, 1948 (sem indicação de tradutor).

———. *Tratado das obrigações*. Trad. Adian Sotero de Witt Batista e Douglas Dias Ferreira. Campinas: Servanda, 2002.

PUGLIATTI, Salvatore. *Diritto civile*: metodo, teoria, pratica, saggi. Milano: Giuffrè, 1951.

———. *Istituzioni di diritto civile.* 2. ed. Milano: Giuffrè, 1935.

RADBRUCH, Gustav. *Filosofia do direito.* Trad. Cabral de Moncada. Coimbra: Arménio Amado Ed., Suc., 1961.

RÁO, Vicente. *Ato jurídico.* São Paulo: Max Limonad, 1961.

———. *O direito e a vida dos direitos.* 2. ed. São Paulo: Resenha Universitária, 1976.

REALE, Miguel. *Filosofia do direito.* 6. ed. São Paulo: Saraiva, 1972.

———. *Lições preliminares de direito.* 10. ed. São Paulo: Saraiva, 1983.

———. *O direito como experiência.* São Paulo: Saraiva, 1968.

———. *Teoria tridimensional do direito.* São Paulo: Saraiva, 1968.

REDENTI, Enrico. *Derecho procesal civil.* Trad. Santiago Sentís Melendo e M. Ayerra Redín. Buenos Aires: EJEA, 1957.

RENARD, Georges. *La valeur de la loi*. Paris: Sirey, 1928.

RIGAUD, Luis. *El derecho real*. Trad. J. R. Xirau. Madrid: Ed. Reus, 1928.

RÍO, José M. Lete del. *Derecho de la persona*. 3. ed. Madrid: Tecnos, 1996.

ROCCO, Ugo. *Tratado de derecho procesal civil*. Trad. Santiago Sentís Melendo e M. Ayerra Redín. Bogotá-Buenos Aires: Temis/Depalma, 1969.

ROCHA, José de Albuquerque. *Teoria geral do processo*. 2. ed. São Paulo: Saraiva, 1991.

ROCHA, Marcio de Oliveira. Relação jurídica de direito absoluto e restrição de direitos fundamentais – Uma perspectiva à luz da Teoria do Fato Jurídico. *Revista Fórum de Direito Civil – RFDC*, Belo Horizonte, ano 2, n. 2, p. 241-256, jan./abr. 2013.

ROCHA, M. A. Coelho da. *Instituições de direito civil português*. 8. ed. Lisboa: Livr. Clássica, 1917.

RODRIGUES, Silvio. *Direito civil*. 26. ed. São Paulo: Saraiva, 1999.

ROMANO, Santi. *Fragmentos de un diccionario jurídico*. Trad. Santiago Sentís Melendo e Marino Ayerra Redín. Buenos Aires: EJEA, 1964.

————. *L'ordre juridique*. Trad. Lucien François e Pierre Gothot. Paris: Dalloz, 1975.

RONCERO, F. Capilla. *La persona jurídica: funciones y disfunciones*. 1. ed. reimpr. Madrid: Tecnos, 1993.

ROSAS, Roberto. *Direito sumular*. 8. ed. São Paulo: Malheiros, 1997.

ROSENVALD, Nelson; BRAGA NETTO, Felipe. *Código Civil comentado artigo por artigo*. Prefácio de Paulo Lôbo. Salvador (BA): JusPodivm, 2020.

ROUBIER, Paul. *Droits subjectifs et situations juridiques*. Paris: Dalloz, 1963.

RUBINO, Domenico. *La fattispecie e gli efetti giuridici preliminari*. Milano: Giuffrè, 1939.

————. *El negocio jurídico indirecto*. Trad. L. Rodriguez-Arías. Madrid: Ed. Revista de Derecho Privado, 1953.

RUGGIERO, Roberto de. *Instituições de direito civil*. Trad. Ary dos Santos. São Paulo: Saraiva, 1973.

SÁ, Fernando Augusto Cunha de. *Direito ao cumprimento e direito a cumprir*. Coimbra: Almedina, 1997.

SALEILLES, Raymond. *De la déclaration de volonté.* 3. ed. Paris: LGDJ, 1914.

———. *Étude sur la théorie générale de l'obligation.* Paris: LGDJ, 1914.

SALES, Sheila Jorge Selim de. *Do sujeito ativo na parte especial do Código Penal*. Belo Horizonte: Del Rey, 1993.

SALOMÃO FILHO, Calixto. *A sociedade unipessoal*. São Paulo: Malheiros, 1995.

SANTA MARIA, José Serpa de. *Direitos da personalidade e a sistemática civil geral*. São Paulo: Julex, 1987.

SANTI, Eurico Marcos Diniz de. *Lançamento tributário.* São Paulo: Max Limonad, 1996.

———. *Decadência e prescrição no direito tributário.* São Paulo: Max Limonad, 2000.

SAVIGNY, M. F. C. von. *Sistema del derecho romano actual*. 2. ed. Trad. Jacinto Messia y Manoel Poley Centro. Madrid: Góngora, [s. d.].

———. Los fundamentos de la ciencia del derecho. In: *La ciencia del derecho*. Buenos Aires: Losada, 1949.

SCHMIDT, Eberhard. La ley y los jueces. Valores positivos y negativos del positivismo. In: *Derecho injusto y derecho nulo.* Madrid: Aguilar, 1971.

SCHÖNKE, Adolf. *Derecho procesal civil.* 5. ed. alemã. Trad. L. Prieto Castro. Barcelona: Bosch, 1950.

SCHREIER, Fritz. *Conceptos y formas fundamentales del derecho*. Trad. E. G. Maynez. México (DF): Ed. Nacional, 1975.

SCOGNAMIGLIO, Renato. *Contributo alla teoria del negozio giuridico.* 2. ed. Napoli: Jovene, 1969.

SERPA LOPES, Miguel Maria de. *Exceções substanciais*: a exceção do contrato não cumprido. Rio de Janeiro-São Paulo: Freitas Bastos, 1959.

SERRAMALERA, Ricardo Ruiz. *Derecho civil*: el negocio jurídico. Madrid: Universidad Complutense, Facultad de Derecho, 1980.

SHECAIRA, Sérgio Salomão. *Responsabilidade penal da pessoa jurídica.* São Paulo: Revista dos Tribunais, 1998.

SICHES, Luis Recaséns. *Filosofía del derecho.* 4. ed. México (DF): Porrúa, 1970.

———. *Nueva filosofía de la interpretación del derecho.* 2. ed. México (DF): Porrúa, 1973.

SOHM, Rudolf. *Historia e instituciones del derecho privado romano.* Trad. P. Dorado. Madrid: La Espatia Moderna, [s. d.].

SOUZA, Rabindranath V. A. Capelo de. *O direito geral de personalidade.* Coimbra: Coimbra Ed., 1995.

STAMLER, Rudolf. *Tratado de filosofía del derecho.* Trad. W. Roces. México (DF): Ed. Nacional, 1974.

STARCK, Boris. *Droit civil*: introduction. Paris: Libr. Techniques, 1972.

———. *Obligations.* Paris: Libr. Techniques, 1972.

STOLFI, Giuseppe. *Teoría del negocio jurídico.* Trad. Jaime Santos Briz. Madrid: Ed. Revista de Derecho Privado, 1959.

SZANIAWSKI, Elimar. *Direitos da personalidade e sua tutela.* São Paulo: Revista dos Tribunais, 1993.

TARANTINO, Antonio *et al. Culture giuridiche e diritti del nascituro.* Milano: Guiffrè, 1997.

TEIXEIRA DE FREITAS, Augusto. *Consolidação das leis civis* (introdução). 3. ed. Rio de Janeiro: B. L. Garnier, 1876.

———. *Esboço de Código Civil.* Ministério da Justiça, Serviço de Documentação, 1952.

———. *Regras de direito.* São Paulo: Lejus, 2000.

TELLES, Inocêncio Galvão. *Introdução ao estudo do direito.* 9. tir., Lisboa: Associação Acadêmica da Faculdade de Direito de Lisboa,1997.

TERAN, Juan Manuel. *Filosofía del derecho.* 5. ed. México (DF): Porrúa, 1971.

THON, August. *Norma giuridica e diritto soggettivo.* Padova: A. Milani, 1939 (sem indicação de tradutor).

TOBEÑAS, Jose Castán. *Situaciones jurídicas subjetivas.* Madrid: Ed. Reus, 1963.

TORANZO, Miguel Villoro. *Las relaciones jurídicas.* México (DF): Ed. Jus, 1976.

TORRE, A. Sanchez de la. *Sociología del derecho.* Madrid: Ed. Revista de Derecho Privado, 1965.

———. *Curso de sociología jurídica.* Madrid: Ed. Revista de Derecho Privado, 1965.

TORRENTE, Andrea; SCHLESINGER, Piero. *Manuale di diritto privato.* 17. ed. Millano: Giuffrè, 1999.

TRABUCCHI, Alberto. *Instituciones de derecho civil.* Trad. Luis Martinez-Calcerrada. Madrid: Ed. Revista de Derecho Privado, 1967.

TRIGEAUD, Jean-Marc. La personne. In: *Archives de Philosophie du Droit*: Le suget de droit. Paris: Sirey, t. 34, p. 103-121, 1989.

TROPLONG, M. *De l'influence du chistianisme sur le droit civil des romains.* Paris: Victor Lecou e Charles Hingray – Libr. Éditeurs, 1855.

TUHR, Andreas von. *Teoría general del derecho civil alemán.* Trad. Tito Ravà. Buenos Aires: Depalma, 1946.

———. *Tratado de las obligaciones*. Trad. W. Roces. Madrid: Ed. Reus, 1934.

VARELA, João de Matos Antunes. *Das obrigações em geral*. Coimbra: Almedina, 1991.

VARRONE, Cláudio. *Ideologia e dogmatica nella teoria del negozio giuridico.* Napoli: Jovene, 1972.

VARSI-ROSPIGLIOSI, Enrique. *Tratado del derecho de la prescripción y de la caducidad.* Lima: Universidad de Lima, Fondo Editorial Derecho, 2021.

VELOSO, Zeno. *Condição, termo e encargo.* São Paulo: Malheiros, 1997.

———. Fato jurídico – Ato jurídico – Negócio Jurídico. *Revista de Informação Legislativa*, ano 32, n. 125, p. 87-95, jan./mar. 1995.

VENOSA, Sílvio de Salvo. *Direito civil*. São Paulo: Atlas, 2001.

VÉSCOVI, Enrique. *Teoría general del proceso.* Bogotá: Ed. Temis, 1984.

VILANOVA, José. *Filosofía del derecho y fenomenologia existencial.* Buenos Aires: Cooperadoría de Derecho y Ciencias Sociales, 1973.

VILANOVA, Lourival. *As estruturas lógicas e o sistema do direito positivo.* São Paulo: Revista dos Tribunais, 1977.

———. *Lógica jurídica.* São Paulo: Bushatsky, 1976.

———. A causalidade no direito. *Anuário do Mestrado em Direito,* ano 2/3, Recife, 1984.

———. *Causalidade e relação no direito.* 4. ed. São Paulo: Revista dos Tribunais, 2000.

VILLEY, Michel. *Direito romano.* Trad. Fernando Couto. Porto: Rés, [s.d.].

VIVES, Álvaro Perez. *Teoría general de las obligaciones.* Bogotá: Ed. Temis, 1953.

WALINE, Marcel. *Manuel élémentaire de droit administratif.* Paris: Sirey, 1936.

WAYAR, Ernesto C. *Derecho civil*: obligaciones. Buenos Aires: Depalma, 1990.

WEILL, Alex. *Droit civil*: introduction générale. 12. ed. Paris: Dalloz, 1970.

WESTERMANN, Harry. *Código Civil alemão*: parte geral. Trad. Luiz Dória Furkim. Porto Alegre: Sérgio A. Fabris, Editor, 1991.

WIEACKER, Franz. *Historia del derecho privado de la edad moderna.* Trad. Francisco Fernandes Jardón. Madrid: Aguilar, 1957.

———. *El principio general de la buena fé.* Trad. José Luiz Carro. Madrid: Ed. Civitas, 1977.

WINDSHEID, Bernard. *Diritto delle pandette.* Trad. Fadda e Bensa. Torino: UTET, 1902.

WOLTER, Aleksander. *Diritto Civile polacco*: parte generale. Trad. Da Scuola di Perfezionamento in Diritto Civile dell'Università di Camerino, sob orientação de Pietro Perlingieri. Camerino: Jovene, 1976.

ZANOBINI, Guido. *Corso di diritto amministrativo.* 2. ed. Miliano: Giuffrè, 1958/1959.

ZANZUCCHI, Marco Tulio. *Diritto procesuale civile.* Milano: Giuffrè, 1964.

ZITELMANN, Ernst. Las lagunas del derecho. In: *La ciencia del derecho.* Buenos Aires: Losada, 1949.

ZITSCHER, Harriet Christiane. *Introdução ao direito civil alemão e inglês.* Belo Horizonte: Del Rey, 1999.

ÍNDICE ALFABÉTICO-REMISSIVO